高等院校应用型特色教材·财经管理类系列

税务代理实务

（第 2 版）

主　　编　荣红霞
副 主 编　付宁宁　谷　丰

清 华 大 学 出 版 社
北京交通大学出版社
·北京·

内 容 简 介

本书先阐述税务代理实务相关理论，继而进行税务代理实务操作能力训练。全书共 10 章，分 5 篇，内容包括总论、代理涉税服务、代理纳税申报实务、代理税务纳税审查和其他税务代理。

本书可作为财政专业、税务专业、会计专业、财务管理专业、审计专业，以及工商管理类专业的本科教材，同时适用于高职高专院校相关专业，也可作为财会人员、税务人员的业务用书或供自学者使用。

本书封面贴有清华大学出版社防伪标签，无标签者不得销售。

版权所有，侵权必究。侵权举报电话：010-62782989 13501256678 13801310933

图书在版编目（CIP）数据

税务代理实务 / 荣红霞主编. —2 版. —北京：北京交通大学出版社；清华大学出版社，2022. 8（2025. 1 重印）

ISBN 978-7-5121-4799-7

Ⅰ. ① 税…　Ⅱ. ① 荣…　Ⅲ. ① 税务代理-高等学校-教材　Ⅳ. ① F810. 423

中国版本图书馆 CIP 数据核字（2022）第 174989 号

税务代理实务

SHUIWU DAILI SHIWU

策划编辑：郭东青

责任编辑：郭东青

出版发行：清华大学出版社　　邮编：100084　　电话：010-62776969　　http://www.tup.com.cn

　　　　　北京交通大学出版社　邮编：100044　　电话：010-51686414　　http://www.bjtup.com.cn

印　刷　者：北京时代华都印刷有限公司

经　　销：全国新华书店

开　　本：185 mm×260 mm　　印张：24.25　　字数：606 千字

版 印 次：2018 年 1 月第 1 版　　2022 年 8 月第 2 版　　2025 年 1 月第 4 次印刷

印　　数：4 001～5 000 册　　定价：69.00 元

本书如有质量问题，请向北京交通大学出版社质监组反映。对您的意见和批评，我们表示欢迎和感谢。

投诉电话：010-51686043，51686008；传真：010-62225406；E-mail：press@bjtu.edu.cn。

编　委　会

主　编　荣红霞

副主编　付宁宁　谷　丰

参编者　万　宇　殷旭阳　梁　雪　曲新宇　赵　璇

第 2 版前言

本教材第 1 版出版后多次重印，应读者要求，我们参阅国家最新出台的税收法规（截至 2022 年 7 月），密切结合税收征纳实务，吸纳了第 1 版教材读者的宝贵建议，进行再版。编写过程中，突出与办学定位、教学目标的一致性和适应性，既严格遵照学科体系的知识构成和教材编写的一般规律，又针对应用型本科人才培养目标及与之相适应的教学特点，精心设计写作体例，科学安排知识内容，围绕应用讲授理论，做到"专业理论管用、基础知识够用、实践技能实用"。基于此，本教材具有以下特点。

1. 坚持"理论体系完整性"

应用型本科人才的培养首先要求为学生打下扎实的理论基础，使其掌握完整的学科理论体系，既有利于其深造学习，又有利于其实践能力与创新能力的培养与发挥。本教材展现了我国完整的税制体系，包括程序性税收制度与实体性税收制度。程序性税收制度介绍了税收管理、纳税管理、发票管理等内容，实体性税收制度介绍了流转税、所得税、资源税等税种的有关纳税人、征税对象、税率、纳税地点等内容。

2. 强调"知识内容实用性"

本教材在知识内容的介绍与讲解中，注重实际工作对知识内容的要求，所依据的是截至出版时间最新的税收法规、最新的税务代理实务操作要求、最新的实际业务工作动态，使学生所学知识与实际需求零距离，减少实际工作中知识运用时的"错位"现象。在知识内容数量的把握上，坚持以"够用"为标准，不求面面俱到，所以只介绍和讲解基本税收法规、基本税务处理方法与税收实务操作方法。

3. 突出"实践技能职业化"

"学以致用"，在掌握基本理论、基本知识的基础上培养适合职业化要求的实践技能是应用型本科教育必须面临与解决的问题。因此，本教材结合税收征纳实践工作，设计了符合学生职业能力培养要求的模拟操作案例，模拟操作案例以"过程"为导向，用"任务"进行驱动，教学中可按照实际工作流程在教师指导下进行纳税实务模拟操作，在此基础上深化对理论知识的理解并形成符合纳税实务工作的职业能力。

本教材由荣红霞教授担任主编，付宁宁、谷丰担任副主编。具体分工如下：第 1、2 章由哈尔滨金融学院殷旭阳编写；第 3、4 章由哈尔滨金融学院曲新宇编写；第 5 章由哈尔滨金融学院荣红霞编写；第 6 章 6.1 节由哈尔滨商业大学谷丰编写，6.2 节由哈尔滨金融学院赵璇编写；第 7 章由哈尔滨金融学院付宁宁编写；第 8 章由哈尔滨金融学院梁雪编写；第 9 章由哈尔滨金融学院万宇编写；第 10 章由哈尔滨商业大学谷丰编写。

由于编者水平和时间所限，书中疏漏不足之处实属难免，敬请各位专家和读者提出宝贵意见。

编者
2022 年 7 月

第 1 版前言

应用型本科院校的人才培养目标是面对现代社会生产、建设、管理、服务等一线岗位，培养能直接从事实际工作、解决具体问题、维持工作有效运行的高等应用型人才。优化教材建设是深化教育教学改革的重要组成部分，并在一定意义上起着先导作用。目前，国内应用型本科院校所采用的教材往往只是对理论性较强的本科院校教材的简单删减，针对性、应用性不够突出，难以达到因材施教的目的。因此，我们组织既具有深厚的理论功底又有长期实践于税收征纳工作一线的教师编写了《税务代理实务》教材，以满足当前人才培养目标的需求。

在本教材编写过程中，突出与办学定位、教学目标的一致性和适应性，既严格遵照学科体系的知识构成和教材编写的一般规律，又针对应用型本科人才培养目标及与之相适应的教学特点，精心设计写作体例，科学安排知识内容，围绕应用讲授理论，做到"专业理论管用、基础知识够用、实践技能实用"。基于此，本教材具有以下特点。

1. 坚持"理论体系完整性"

应用型本科人才的培养首先要求为学生打下扎实的理论基础，使其掌握完整的学科理论体系，既有利于其深造学习，又有利于其实践能力与创新能力的培养与发挥。本教材展现了我国完整的税制体系，包括程序性税收制度与实体性税收制度。程序性税收制度介绍了税收管理、纳税管理、发票管理等内容，实体性税收制度介绍了流转税、所得税、资源税等税种的有关纳税人、征税对象、税率、纳税地点等内容。

2. 强调"知识内容实用性"

本教材在知识内容的介绍与讲解中，注重实际工作对知识内容的要求，所依据的是至出版时最新的税收法规、最新的税务代理实务操作要求、最新的实际业务工作动态，使学生所学知识与实际需求零距离，减少实际工作中知识运用时的"错位"现象。在知识内容数量的把握上，坚持以"够用"为标准，不求面面俱到，所以只介绍和讲解基本税收法规、基本税务处理方法与基本税收实务操作方法。

3. 突出"实践技能职业化"

"学以致用"，在掌握基本理论、基本知识的基础上培养适合职业化要求的实践技能是应用型本科教育必须面临与解决的问题。因此，本教材结合税收征纳实践工作，设计了符合学生职业能力培养要求的模拟操作案例，模拟操作案例以"过程"为导向，用"任务"进行驱动，教学中可按照实际工作流程在教师指导下进行纳税实务模拟操作，在此基础上深化对理论知识的理解并形成符合纳税实务工作的职业能力。

本教材由荣红霞担任主编，王娜、刘巍担任副主编。具体分工为：第1、5章由荣红霞编写；第2、3章由张小锋编写；第4、8、9章由刘巍编写；第6章由王娜编写；第7章由赵璇编写；第10章中10.1节至10.4节由赵璇编写、10.5节由王娜编写；参加本书编写工作的还有崔艳辉、付宁宁、赵凯。由荣红霞拟定教材的编写原则、编写体例，并对教材进行了统纂定稿。

本教材在编写过程中，参阅了国家最新出台的税收法规（至 2017 年 7 月），密切结合营业税改征增值税政策，参考了最近出版的税法教材、税务会计教材、纳税申报教材及其他纳税实务类教材，并密切结合税收征纳实务工作，吸纳了税务系统一线工作者的宝贵建议，北京交通大学出版社的编辑郭东青也给予了很大支持并提出不少有见地的建议，借此机会向他们表示衷心的感谢。

由于作者水平和时间所限，书中疏漏不足之处实属难免，敬请各位专家和读者提出宝贵意见。

编者

2017 年 12 月

目　　录

第1篇　总　　论

第2篇　代理涉税服务

第5篇　其他税务代理

第 1 篇

总　　论

第1章　税务代理总论

学习目标

通过本章的学习，使学生对代理与税务代理的内涵有所了解，了解并掌握税务代理的特性、原则，以及税务代理制度的模式。重点掌握税务师在税务代理业务中应承担的法律责任，为在实际税务代理工作中能依法代理奠定基础。

导入案例

小型企业更需要税务代理

某大型国有企业每月缴纳的流转税、附加税费及其他相关费用合计均在 2 000 万元左右。武汉某税务师事务所负责向该企业提供税务代理业务。2020 年，该大型国有企业因上级单位改制，需将企业名称变更，却因上级单位改制时统一申办了该企业的新工商营业执照，导致该企业无法直接办理税务变更登记，须将原企业先行注销，再以新企业办理税务登记，并需额外增加办理增值税金税卡相关费用 2 万余元。该企业将此业务委托给该税务师事务所办理。经该所人员与主管税务机关多次沟通协调后，主管税务机关根据该企业实际情况予以"专事专办"，为该企业办理了原企业注销、新企业税务登记等手续，并将金税卡直接办理了变更，为该企业节约了 2 万余元的费用。

无论是那些上档次、够规模的大中型企业还是小型企业，聘请税务代理都是不可或缺的。税务代理能在一定程度上使企业避免遭受罚款、罚滞纳金，使整个企业的税务问题更加规范化。实行税务代理是建立社会主义市场经济体制的客观要求，是加强税收征收管理的内在需要，也是发挥社会力量促进税收发展的一种比较好的形式。

1.1　税务代理概述

1.1.1　税务代理的含义

所谓代理，是指代理人以被代理人的名义在代理权限内进行对被代理人直接发生法律效力的法律行为。《中华人民共和国民法典》依照代理权产生的根据不同，将代理分为委托代理和法定代理。税务代理是代理业的一个组成部分，具有代理的一般共性，是一种专项代理，属于委托代理的一种。因此，税务师必须通过委托人的委托和授权才能以委托人（被代理人）的名义进行税务事宜的代理。

所谓税务代理，是指税务师在国家法律规定的代理范围内，以税务师事务所的名义接受纳税人、扣缴义务人的委托，代为办理税务事宜的各项行为的总称。税务代理的兴起，适应了社会经济发展的需要，成千上万的企业和个人都可以通过税务代理履行纳税义务，量大面广，因此税务代理具有广泛的社会性。

1.1.2　税务代理的特点

1. 主体资格的特定性

在税务代理法律关系中，代理行为发生的主体资格是特定的，作为代理人必须是经批准具有税务代理执业资格的税务师和税务师事务所。不符合上述条件的单位和个人均不能从事税务代理业务。作为被代理人一方必须是负有纳税义务或扣缴税款义务的纳税人或扣缴义务人。主体资格的特定性是税务师执业的法定要求，也是税务师行业有序发展的基本条件。

2. 代理活动的公正性

税务师是沟通税收征收机关与纳税人的中介，与征纳双方没有任何利益冲突。因此，在执业过程中，税务师站在客观、公正的立场上，以税法为准绳，以服务为宗旨，既维护纳税人合法权益，又维护国家税法的尊严。公正性是税务师执业的基本要求，离开公正性，税务师就失去了存在的意义。

3. 法律约束性

税务师从事的税务代理业务不是一般意义上的事务委托或劳务提供，而是负有法律责任的契约行为。税务师与被代理人之间的关系是通过代理协议建立起来的，税务师在从事税务代理活动的过程中，必须站在客观、公正的立场上行使代理权限，且其行为受税法及有关法律的约束。

4. 活动的知识性与专业性

税务代理行业从事的是一种知识密集型专业活动。税务师应当具有专业知识和实践经验，有综合分析能力，有较高的政策水平。由此可见，税务代理的知识性十分突出。此外，税务师执业还表现出较强的专业性。在执业过程中，税务师须以税收法规和民事代理法规为依据，专门从事有关税务事宜的代理。

5. 执业内容的确定性

税务师的税务代理业务范围，由国家以法律、行政法规和行政规章的形式确定，税务师不得超越规定的内容从事代理活动。除税务机关按照法律、行政法规规定委托其代理外，税务师不得代理应由税务机关行使的行政职权。

6. 税收法律责任的不转嫁性

税务代理活动是一项民事活动，代理关系的建立并不改变纳税人、扣缴义务人对其本身所固有的税收法律责任的承担。在代理过程中产生的税收法律责任，无论由于纳税人、扣缴义务人的原因，还是由于税务师的原因，其承担者均应为纳税人或扣缴义务人，而不能因为建立了税务代理关系而转移征纳关系，即转移纳税人、扣缴义务人的法律责任。但是这种法律责任的不转嫁性，并不意味着税务师在执业过程中可以对纳税人、扣缴义务人的权益不负责任，不承担任何代理过错。若因税务师工作过失而导致纳税人、扣缴义务人产生损失的，纳税人、扣缴义务人可以通过民事诉讼程序向税务师提出赔偿要求。

7. 有偿服务性

税务代理行业是伴随着市场经济产生和发展起来的，它以服务为宗旨，以社会效益为目的，在获取一定报酬的前提下，既服务于纳税人、扣缴义务人，又间接服务于税务机关，服务于社会。

1.1.3　税务代理的原则

从事税务代理活动必须遵循以下原则。

1. 自愿委托原则

税务师从事的业务属于委托代理范畴，必须依照民法有关代理活动的基本原则，坚持自愿委托。这种代理关系的建立要符合代理双方的共同意愿。纳税人、扣缴义务人有委托或不委托的选择权，同时也有选择谁为其代理的权利；税务师也同样具有选择其所代理对象的自由，在被代理人向其寻求代理时，税务师拥有接受委托或拒绝代理的选择权。双方依法确立的代理关系不是依据任何行政隶属的关系，而是依据合同的契约关系。税务师不能以任何方式强迫纳税人、扣缴义务人委托其代理，被代理人也不得违背代理人意志，胁迫为其代理。只有在双方自愿和合法的基础上订立契约，双方的税收法律关系才能真正确立。

2. 依法代理原则

依法代理是税务师执业的一个重要原则。首先，从事税务代理的机构必须是依法成立的税务师事务所，从事税务代理的税务师必须是经过全国统一考试合格，并在税务师管理机构注册登记的具有税务代理执业资格的代理人员；其次，税务师承办一切代理业务，都要以法律、法规为指针，其所有活动都必须在法律、法规规定的范围内进行。税务师制作涉税文书，须符合国家法律、法规规定的原则，依照税法规定，正确计算被代理人应纳或应扣缴的税款。税务师在执业过程中，要充分体现被代理人的合法意愿，在被代理人授权的范围内开展活动。

3. 独立、公正原则

税务代理执业的独立性是指税务师在其代理权限内，独立行使代理权，不受其他机关社会团体和个人的干预。税务师是独立行使自己职责的行为主体，其从事的具体代理活动不受税务机关控制，更不受纳税人、扣缴义务人左右，而是严格按照税法的规定，靠自己的知识和能力独立处理受托业务，帮助纳税人、扣缴义务人准确履行纳税或扣缴义务，并维护他们的合法权益，从而使税法意志得以真正实现。

税务师的执业行为是一项社会性中介服务活动，涉及税务师、涉税服务对象和国家的利益关系。因此，客观公正地开展代理活动是税务代理的一项重要原则。税务师在实施税务代理过程中，必须站在公正的立场上，在维护税法尊严的前提下，公正、客观地为纳税人、扣缴义务人代办税务事宜，绝不能因收取委托人的报酬而偏袒或迁就纳税人、扣缴义务人。

4. 维护国家利益和保护委托人合法权益原则

税务师在税务代理活动中应向纳税人、扣缴义务人宣传有关税收政策，按照税法规定督促纳税人、扣缴义务人自觉依法履行纳税义务；保护委托人的合法权益是税务师执业的又一重要原则。权益和义务是对称的，履行纳税（或扣缴）义务，就应享有纳税（或扣缴）权益。通过税务师的税务代理业务，纳税人可避免因不知法而受到不必要的处罚，而且还可以通过税务师在合法、合理的基础上进行税收筹划，节省不必要的税收支出，减少损失。

1.1.4　税务代理在税收征纳关系中的作用

税务代理是税务机关和纳税人之间的桥梁和纽带，通过具体的代理活动，不仅有利于纳税人正确履行纳税义务，而且对国家税收政策的正确贯彻落实具有积极作用。

1. 税务代理有利于促进依法治税

依法治税是税收工作的基本原则。依法治税的基本要求是税务机关依法行政，纳税人、扣缴义务人依法纳税。推行税务代理制度，选用熟悉财税业务的专家作为沟通征纳双方的桥梁，以客观公正的立场协调征纳双方的行为，帮助纳税人准确及时地缴纳税款，并监督纠正征纳双方可能的背离税法规定的行为，将有利于推进我国依法治税的进程。

2. 税务代理有利于完善税收征管的监督制约机制

加强税收征管工作的一个重要环节，是建立一个科学、严密的监督制约体系，确保税收任务的完成。实行税务代理制度可以在税收征纳双方之间通过税务代理业务形成纳税人、税务师、税务机关三方的制约关系。纳税人作为履行纳税义务的主体，要自觉纳税，同时，受到税务机关与税务师的依法监督制约；税务机关作为税收征收的主体，要严格执法，同时又受到纳税人与税务师的监督制约；税务师在开展代理活动时，也要受纳税人和税务机关的监督制约。这就形成了一个全方位的相互制约体系，从而促进税收征管制度的进一步完善。

3. 税务代理有利于增强纳税人自觉纳税的意识

我国宪法规定，每个公民都有依法纳税的义务。从国际上看，无论是发达国家还是发展中国家，一般都建立了申报纳税制度。《中华人民共和国税收征收管理法》（以下简称《税收征管法》）也对纳税人作了自觉申报纳税的规定，但由于税种多、计算复杂，让纳税人自行准确计算、申报纳税是有一定难度的。实行税务代理制度，正是适应了纳税人准确履行纳税义务的需要，他们可以选择自己信赖的税务师，代为履行申报纳税义务。税务代理制度的实施，有利于提高纳税人主动申报纳税的自觉性，增强纳税意识。

4. 税务代理有利于保护纳税人的合法权益

实行税务代理制度，纳税人可以在税务师的帮助下减少纳税错误，用足用好税收优惠政策，做好税收筹划。税务师还可以协调税收征纳双方的分歧和矛盾，依法提出意见，进行调解，如有需要，税务师可以接受纳税人的委托向上级税务机关申请行政复议。这些都切实有效地维护了纳税人的合法权益。

1.2 税务代理制度

1.2.1 税务代理制度的内涵和类型

1. 税务代理制度的内涵

税务代理制度是指在税务代理活动中，税务师应遵循的法律制度和规范。它包括国家有关税务代理的法规、规章、制度和税务代理行业协会所制定的本行业业务操作规程两个层次。

2. 税务代理制度的类型

各国一般根据本国的政治制度、宪法程序及文化背景等因素确定其税务代理制度的类型。根据管理体制的不同，税务代理制度可以分为3种类型：集中型税务代理制度、松散型税务代理制度、混合型税务代理制度。

1. 2. 2　税务代理制度的产生与发展

1. 税务代理制度产生与发展的历史渊源

税务代理制度的起源可以追溯到日本的明治时代。1896 年，日本政府制定了《营业税法》，确定营业税以工商业者为纳税人。随着税收负担的加重，工商业者中的一些人向退职税务官吏及财会方面有造诣的人士寻求"关于税的商谈"和委托代理申报，以求合理纳税。1904 年日俄战争爆发，日本政府为了筹措战争经费，采取增收营业税的办法，增加了纳税人计缴税款的难度和工作量，纳税人寻求税务咨询和委托代理申报的业务迅速增加，使专职于这种工作的人员有了较为稳定的市场，并以税务专家的职业固定下来。1911 年，大阪首先制定出《税务代办监督制度》，这是日本税务代理制度的前身。在日本税理士制度形成和发展的过程中，英、美、德、法、韩等国相继推行了税务代理制度。尽管世界各国（地区）税务代理制度的内容与模式不同，但是，税务代理制度产生的历史渊源却是相近的。

1）寻求最小合理纳税的帮助

税务代理是依法受托代理的民事行为，纳税人自愿委托的意愿是税务代理存在的基本前提之一。纳税人在最小合理纳税与办税成本之间作出比较后，如果认为寻求专业人士的帮助是最为经济的，这种意识就会直接促进税务代理制度的产生与孕育。例如，在英国 1920 年的税制改革中，由于税率的提高和税法内容的繁杂，纳税人为了避免因不通晓税法而多缴税款，开始向专家请教。于是，在英国的特许会计师、税务律师中出现了以提出建议为职业的专家。10 年以后，税务检察官吉尔巴德·巴尔与其他税务专家共同创立了租税协会，成为英国唯一的专门从事税务代理业务的专业团体。租税协会的大多数会员限于某一税种的专业服务，为使委托人的应纳税额合法地减少到最小而提出建议。

2）寻求解决税收争议的帮助

纳税人在履行纳税义务的过程中，因对税法理解的差异可能会与征税机关发生纳税争议，由于纳税人与税务官员在税收专业判断能力方面的差距，使其不具备为解决纳税争议而与税务机关充分交换意见的条件，寻求专家的指导或由其代为处理，会有效地保护纳税人自身的合法权益，这是税务师具有独立存在价值的重要原因之一。例如，为日本税理士制度奠定思想基础的《夏普宣言》就强调以下观点：当纳税人与具有丰富知识的税务官员发生争执时，就非常需要专家队伍的援助，双方可以在对等的条件下判断征税关系正确与否。虽然税务官员和税理士在维护国民的权利，以及使其正确完成纳税义务方面负有共同的使命和责任，但是当有两个以上的合理选择时，税务官员往往会选择可以确保税收的方法，而税理士则会站在与征税机关平等的立场上给纳税人以专业化的援助，为最大限度地保护客户的利益而尽其努力。

3）推行申报纳税制度的客观要求

纳税人自行申报纳税制度是现代税收管理的一个基本特征，特别是所得税由稽核课税向自行申报纳税方式的转变，更直接地促进了税务代理制度的发展。因为自行申报纳税制度意味着从计算应纳税额、履行申报手续到办理缴税事宜的整个过程，纳税人均应自行承担相应的法律责任，并因此会有一定的纳税风险。为了免受责罚，寻求税务专家代理申报就成为必要途径。例如，韩国的税务士是在第一次世界大战期间出现的。20 世纪 60 年代初，韩国的《税务士法》规定税务士主要从事代理纳税人制作税务方面的申报、申请、请求、异议申请和税务咨询。从 20 世纪 70 年代中期开始，韩国规定由税务士制作法人所得税的文书——《税务调整计算书》和申报纳税前的审核，个人所得税申报表如能附送税务士审核后编制的《税务调整计算书》，则可免除税务调查，这一举措使韩国税务士的代理服务有了较大的发展。据韩国税务士会 1992 年度的统计资料，80% 的法人所得税纳税人和近 30 万的个人所得税纳税人是通过税务士制作、提交《税务调整计算书》而完成纳税申报的。

2. 我国税务代理制度产生与发展的基本历程

1）我国税务代理制度产生与发展的背景

我国的税务代理制度是适应国家建立和完善社会主义市场经济体制，税制改革特别是税收征管改革不断深化的要求，顺应纳税人的客观需求而逐步产生和发展的。

（1）市场经济体制的建立推动了作为服务贸易组成部分的社会中介服务体的建立和发展。税务代理的行业独特性和社会性也逐渐显现出来，一支以税务代理为职业的队伍逐步形成。

（2）税收征管模式的转换，税务专管员制度的改革，分清了税收征纳双方的权利、义务、责任，企业为了能独立完成纳税义务，客观上需要社会中介提供服务。

2）我国税务代理制度产生与发展的各个阶段

（1）20 世纪 80 年代初的税务咨询业。20 世纪 80 年代，随着国家税制进行一系列改革，我国的税收从单一税制改变为复合税制，纳税难度相应加大。为帮助纳税人准确纳税，一些地区的离退休税务干部组建了税务咨询机构，为纳税人解答税法方面的问题。这是税务代理的雏形。

（2）20 世纪 90 年代初税务代理市场的启动。在国家推行一系列税制改革的同时，从 1988 年起，全国逐步开展税收征管改革，辽宁省、吉林省一些地区结合征管方式的改变，进行了税务代理的试点，取得了一定成效。为此，在 1992 年颁布的《税收征管法》第五十七条中明确规定："纳税人扣缴义务人可以委托税务代理人代为办理税务事宜。"（2001 年 4 月、2013 年 6 月、2015 年 4 月修订后的《税收征管法》均为第八十九条），并授权国家税务总局制定具体办法。1994 年，国家税务总局颁发了《税务代理试行办法》，要求各地有步骤地开展税务代理的试点工作，税务代理市场开始启动。

（3）税务代理制度的全面推行。进入 20 世纪 90 年代中后期，我国的税收征管改革进入深化阶段，税收征管实现了程序化，纳税人必须自觉履行各项纳税义务。但仅凭纳税人自身的努力难以准确地履行其纳税义务，寻求税务代理的客观需求越来越迫切。特别是经过几年的试点，税务代理已逐渐被纳税人和社会各界所接受，并已形成一定的规模。

（4）税务代理制度的规范管理。进入 21 世纪，注册税务师行业作为涉税专业服务社会组织，其定位逐渐清晰；行业队伍逐步壮大，制度建设得到加强，执业水平不断提高，管理体制初步理顺。2005 年，《注册税务师管理暂行办法》（国家税务总局令第 14 号）的出台标志着注册税务师行业进入一个崭新规范时期，2009 年 12 月 2 日，国家税务总局出台了《关于印发〈注册税务师执业基本准则〉的通知》（国税发〔2009〕149 号），完善了注册税务师执业规范体系，明确了涉税服务的业务标准，保障了涉税中介服务当事人的合法权益，促进了税收专业服务市场的健康发展。

2015 年，根据《国务院机构改革和职能转变方案》和国家职业资格证书制度的有关规定，注册税务师职业资格由准入类调整为水平评价类，并更名为"税务师"，纳入全国专业技术人员职业资格证书制度统一规则。通过税务师职业资格考试并取得职业资格证书的人员，表明已具备从事涉税专业服务的职业能力和水平，可以进入税务师事务所等涉税专业服务机构中，从事税务代理、税务鉴证、税务审计和税务咨询等服务。

1.3　税务师及税务师事务所

1.3.1　税务师及其服务范围

1. 税务师的概念

税务师是在中华人民共和国境内依法取得税务师执业资格证书，从事涉税专业服务的专业人员。税务师执业应当精通税收法律及财务会计制度，能够熟练地承担税务代理、税收筹划等业务，具备进行实务操作的素质和技能。税务师在纳税人、扣缴义务人的委托之下，从事相关涉税事宜。

税务师执业，应当依托于税务师事务所。税务师事务所是依法设立并承办法律、法规、规章规定的涉税服务和鉴证业务的社会中介机构。税务师和税务师事务所承办业务，应当以委托方自愿为前提，以有关法律、行政法规、规章为依据，并受法律保护。税务师事务所及税务师应当对其出具的鉴证报告及其他执业行为承担法律责任。

2. 税务师的服务范围

税务师的服务范围主要包括涉税鉴证和非鉴证服务两个方面。

涉税鉴证服务是指鉴证人接受委托，按照税收法律、法规及相关规定对被鉴证人涉税事项的合法性、合理性进行鉴定和证明，并出具书面专业意见的服务活动。涉税鉴证业务包括纳税申报类鉴证、涉税审批类鉴证和其他涉税鉴证三种类型。当前税务师行业开展的涉税鉴证业务包括：企业注销登记鉴证、土地增值税清算鉴证、企业交产损失税前扣除鉴证、研发费用税前加计扣除鉴证、高新技术企业专项认定鉴证、涉税交易事项鉴证、涉税会计事项鉴证、税收权和义务事项鉴证和其他涉税事项鉴证。非鉴证服务是指税务师事务所及其税务师，向委托人或者委托人指向的第三人，提供涉税信息、知识和相关劳务等不具有证明性的服务活动。涉税服务业务包括税务咨询类服务、申报准备类服务、涉税代理类服务和其他涉税服务四种类型。当前税务师行业开展的涉税服务主要有代办税务登记、纳税和退税、减免税申报、建账记账，增值税一般纳税人资格认定申请，利用主机共享服务系统为增值税一般纳税人代开增值税专用发票，代为制作涉税文书，以及开展税务咨询（顾问）、税收筹划、涉税培训等业务。税务师承办的涉税鉴证业务包括：① 企业所得税汇算清缴纳税申报的鉴证；② 企业税前弥补亏损和财产损失的鉴证；③ 国家税务总局和省税务局规定的其他涉税鉴证业务。

1.3.2　税务师资格的取得

为了提高税务师的执业素质，《注册税务师资格制度暂行规定》要求从事税务代理业务的专业技术人员应具有税务师证书，该证书纳入了国家专业技术职称证书制度范畴，以促进税务代理业的健康发展。

1. 税务师资格考试制度

税务师应是精通税法和财务会计制度，并能熟练进行实务操作的专业技术人员，必须具备从事税务代理工作的素质和工作技能。实行税务师资格考试制度是保证执业准入控制的基本前提。

1）报名参加税务师资格考试的条件

凡中华人民共和国公民，遵纪守法并具备下列条件之一者，可申请参加税务师资格考试。

（1）取得经济学、法学、管理学学科门类大学专科学历，从事经济、法律相关工作满 2 年；或者取得其他学科门类大学专科学历，从事经济、法律相关工作满 3 年。

（2）取得经济学、法学、管理学学科门类大学本科及以上学历（学位）；或者取得其他学科门类大学本科学历，从事经济、法律工作满 1 年。

符合上述报名条件，暂未取得学历证（学位证）的大学生可以报名，待取得学历（学位）证书后再修改个人信息，上传证书电子图片。

符合报名条件，并具备下列条件之一者，可免试相应科目。

（1）已评聘经济、审计等高级专业技术职务，从事涉税工作满 2 年的，可免试《财务与会计》科目。

（2）已评聘法律高级专业技术职务，从事涉税工作满 2 年的，可免试《涉税服务相关法律》科目。

2）税务师资格考试科目

税务师资格考试实行全国统一大纲、统一命题、统一组织的考试制度，原则上每年举行一次，具体考试办法由中华人民共和国人力资源和社会保障部与国家税务总局共同制定。考试共分 5 个科目：税法（Ⅰ）、税法（Ⅱ）、涉税服务实务、涉税服务相关法律、财务与会计。

税法（Ⅰ）：主要内容包括税法基本原理及增值税、消费税、城市维护建设税、教育费附加、烟叶税、资源税、车辆购置税、土地增值税、关税、环境保护税的相关法律、法规和规章。

税法（Ⅱ）：主要内容包括国际税收及企业所得税、个人所得税、印花税、房产税、车船税、契税、城镇土地使用税、耕地占用税和船舶吨税的相关法律、法规和规章。

涉税服务实务：主要内容包括涉税专业服务制度、税务管理、涉税服务业务、各类代理与审核业务、税务咨询与税务顾问等涉税服务实务方面的专业知识。

涉税服务相关法律：包括法律基础理论及若干涉税单行法律，如行政法、民商法、刑法等。

财务与会计：侧重于财会业务和实际操作。

3）考试成绩有效期

考试以五年为一个周期，参加全部五个考试科目的人员必须在连续五个考试年度（即第一年至第五年为一个周期，第二年至第六年为一个周期，以此类推）内通过全部五个科目的考试并合格，才可取得税务师职业资格证书。

2. 税务师的权利与义务

（1）税务师依法独立、客观、公正执法受法律保护，不受区域限制，任何单位和个人不得违法干预。

（2）依照税收法律、法规和相关执业规范、标准，通过执行规定的审核鉴别程序，对委托方涉税事项真实性或者合法性进行职业判断，提供具有公信力的专业结论。

（3）在法律、法规及相关规定许可的范围内，对委托方的经营、投资和理财活动做出事先筹划和安排，为委托方取得合法的税收经济利益。

（4）自税务机关查询税收法律、法规、规章和其他规范性文件。

（5）参加税务机关组织的培训和税收政策研讨，对税收政策存在的问题向税务机关提出意见和修改建议；对税务机关和税务人员的违法、违纪行为提出批评或者向上级主管部门反映。

（6）要求委托人提供相关会计、经营等涉税资料（包括电子数据）以及其他必要的协助。

（7）委托人与税务机关发生涉税争议时，代表委托人与税务机关协商。

（8）法律、法规及相关规定确定的其他权利和义务。

1.3.3 税务师事务所

税务师事务所是专职从事税务代理的工作机构，由税务师出资设立，其组织形式为有限责任制税务师事务所和合伙制税务师事务所，以及国家税务总局规定的其他形式。

1. 申请设立税务师事务所应报送资料

申请设立税务师事务所，应当向省级税务师管理中心提出书面申请，并报送下列有关资料。

（1）税务师事务所的名称、组织机构、业务场所。

（2）税务师事务所主要负责人的姓名、简历及有关证明文件。

（3）税务师事务所的从业人员情况，包括税务师的姓名、简历及有关证明文件。

（4）税务师事务所的章程、合同和协议。

（5）税务师管理中心要求的其他资料。

2. 税务师事务所的经营、变更及注销等有关事宜

（1）税务师事务所应当就本所税务师变动情况，向省税务师管理中心备案；省税务师管理中心应当将本地区当年税务师变动情况汇总，上报国家税务总局。

（2）税务师事务所应当依法纳税，并建立健全内部管理制度，严格财务管理，建立职业风险基金，办理职业保险。

（3）税务师事务所承接委托业务，应当与委托人签订书面合同并按照国家价格主管部门的有关规定收取费用。

（4）税务师事务所在工商行政管理部门办理合并、变更、注销等手续后，应当到省税务师管理中心备案。

（5）对合并、变更的税务师事务所，符合设立条件的，核发新的税务师事务所执业证；不符合设立条件的，收回税务师事务所执业证，不再核发。

（6）注销的税务师事务所，由省税务师管理中心核销税务师事务所执业证。

（7）合并、变更、注销的税务师事务所，省税务师管理中心办理完相关手续后，应当在30 日内报国家税务总局备案。省税务师管理中心应当将已办理完相关备案手续的税务师事务所通报税务师事务所所在地主管税务机关并向社会公示。

1.4 税务代理的业务范围及执业规则

1.4.1 税务代理的业务范围

税务代理的业务范围是指按照国家有关法律规定，允许税务师从事的业务内容。尽管世界各国所规定的业务不尽相同，但其基本原则大致是相同的，即税务代理的业务范围主要是纳税人所委托的各项涉税事宜。

税务师可以接受委托人的委托从事以下范围内的业务代理。

（1）办理税务登记、变更税务登记和注销税务登记手续；

（2）办理除增值税专用发票外的发票领购手续；

（3）办理纳税申报或扣缴税款报告；

（4）办理缴纳税款和申请退税手续；

（5）制作涉税文书；

（6）审查纳税情况；

（7）建账建制，办理账务；

（8）税务咨询、受聘税务顾问；

（9）税务行政复议手续；

（10）国家税务总局规定的其他业务。

1.4.2 税务代理中税务师的执业规则

1. 税务师拒绝出具报告的情形

税务师执业时，遇有下列情形之一的，应当拒绝出具有关报告。

（1）委托人示意其做不实报告或不当证明的。

（2）委托人故意不提供有关资料和文件的。

因委托人有其他不合理的要求，致使税务师出具的报告不能对涉税的重要事项作出正确表述的。

2. 税务师出具报告的行为规范

税务师执业，应当按照业务规程确定的工作程序建立工作底稿、出具有关报告。

税务师出具报告时，不得有以下行为。

（1）明知委托人对重要涉税事项的处理与国家税收法律、法规及有关规定相抵触，而不予指明。

（2）明知委托人对重要涉税事项的处理会损害报告使用人或其他利害关系人的合法权益，而予以隐瞒或做不实的报告。

（3）明知委托人对重要涉税事项的处理会导致报告使用人或其他利害关系人产生重大误解，而不予指明。

（4）明知委托人对重要涉税事项的处理有其他不实内容，而不予指明。

3. 税务师的其他行为规范

税务师不得有以下行为。

（1）执业期间，买卖委托人的股票、债券。

（2）索取、收受委托合同约定以外的酬金或其他财物，或者利用执业之便，牟取其他不正当的利益。

（3）允许他人以本人名义执业。

（4）向税务机关工作人员行贿，或者指使、诱导委托人行贿。

（5）其他违反法律、行政法规的行为。

1.5 税务代理的法律关系和法律责任

税务代理的法律关系是指纳税人、扣缴义务人委托税务师办理涉税事宜而产生的委托方与受托方之间的权利、义务和责任关系。税务师以委托方的名义进行代理工作，其代理过程中所产生的法律后果直接归属委托方，税务代理法律关系的确定以委托代理协议书的签订为标志。同时，委托代理项目、委托期限等的变化，将直接影响双方的权利、义务关系，税务代理法律关系将随之发生变更。

1.5.1 税务代理的法律关系

1. 税务代理关系的确立

1) 税务代理关系确立的前提

税务代理不同于一般民事代理，税务代理关系的确立，应当以双方自愿委托和自愿受理为前提，同时还要受代理人资格、代理范围及委托事项的限制。

（1）委托项目必须符合法律规定。税务师可以接受纳税人、扣缴义务人的委托从事规定范围内的业务代理，税务师不得超越法律规定范围进行代理，并严禁代理偷税、骗税行为。

（2）受托代理机构及专业人员必须具有一定资格。税务代理是一项政策性较强、法律约束较高的工作。因此，受托代理机构及从业人员必须取得一定资格。按现行规定，从事税务代理的机构只能是经国家税务总局及其授权部门确认批准的负有限责任的税务师事务所和合伙税务师事务所，其他机构不得从事税务代理业务。同时，税务代理专业人员必须经考试取得中华人民共和国税务师执业资格证书，方可从事代理业务。

（3）税务师承办业务必须由所在的税务师事务所统一受理。

（4）签订委托代理协议书。

税务代理关系的确立必须签订书面委托代理协议书，而不得以口头或其他形式。未经签订委托代理协议书而擅自开展代理业务的，不受法律保护。

2) 税务代理关系确立的程序及形式

税务代理关系的确立大致有两个阶段：第一阶段是准备阶段，主要就委托内容与权利、义务进行洽谈；第二阶段是签约阶段，即委托代理关系确立阶段。

（1）确立税务代理关系的准备阶段。税务代理关系确立前，代理双方应就委托项目及服务标准协商一致，并对双方的权利与义务进行商定，特别是应由纳税人、扣缴义务人提供的、与委托税务事宜有关的情况、数据、证件、资料等，必须如期、完整、准确地提供。同时，双方应就代理费收取等事宜协商一致。这一阶段，税务师处于税务代理关系确立前的主导地位，必须向委托人阐明税务代理业务范围、税务代理责任，双方的权利与义务，以及税务代理收费等,取得委托人认同。

(2)委托代理协议书签约阶段。在委托方、受托方就协议约定内容取得一致意见后,委托方、受托方应就约定内容签订委托代理协议书。委托代理协议书应当载明委托方、受托方名称,代理事项,代理权限,代理期限,以及其他应明确的事项,并由税务师及其所在的税务代理机构和委托方签名盖章。协议书经委托方、受托方签章后,正式生效。

税务代理委托协议书

编号:第　　号

甲方:　　　　　　　　　　　　　　乙方:

法定代表人:　　　　　　　　　　　法定代表人:

地址:　　　　　　　　　　　　　　地址:

电话:　　　　　　　　　　　　　　电话:

联系人:　　　　　　　　　　　　　联系人:

纳税人识别号:

兹有 _____(甲方)委托 _____(乙方),提供_____服务。经双方协商,现将双方责任及有关事项约定如下。

一、委托事项

(一)项目名称:

(二)具体内容及要求:

(三)完成时间:

二、代理费用及支付方式

(一)完成约定事项的代理费用为人民币(大写)_____元。

(二)上述费用按_____方式,自协议签订后_____日内支付完毕。

三、甲方义务及责任

(一)甲方应对乙方开展审核工作给予充分的合作,提供必要的条件,并按乙方的要求,提供账册、凭证、报表,以及其他在审核过程中需要查看的各种文件资料。

(二)甲方必须向乙方及时提供与委托事项有关的凭证及其他涉税资料,并对其真实性、合法性、完整性负责。如因甲方提供的涉税资料失实,造成代理结果错误的,乙方不负赔偿责任。

(三)作为审核程序的一部分,在乙方认为必要时,甲方应提供一份管理当局声明书,对有关会计报表方面的情况做必要的说明。

(四)甲方不得授意乙方代理人员实施违反税收法律、法规的行为。如有此类情况,经劝告后仍不停止者,乙方有权终止代理。

(五)甲方应按约定的条件,及时足额支付代理费。不按约定时间支付的,应按约定数额的_____比例支付违约金。

四、乙方的义务及责任

(一)乙方接受委托后,应及时委派代理人员为甲方提供约定的服务。

(二)乙方委派代理人员必须对执业中知悉的甲方商业秘密保密,维护甲方的合法权益。

（三）按照国家有关税收法规的要求，对甲方提供的企业所得税税前扣除项目相关资料，实施必要的税务审核程序，并按时出具代理报告。如超过约定时限，给甲方造成损失的，应按收取代理费的_____比例支付违约金。

（四）因乙方违反税收法律、法规，造成被审核企业未缴或少缴税款的，除由甲方缴纳或补缴税款、滞纳金外，乙方应承担相应的赔偿责任。

五、协议签订后，双方应积极按约履行，不得无故终止。如有法定情形或特殊原因确需终止的，提出终止的一方应及时通知另一方，并给对方以必要的准备时间。

六、协议履行中如遇情况变化，需要变更、补充有关条款的，由双方协商议定。

七、协议履行中如有争议，双方应协商解决，协商不成，可通过诉讼方式解决。

八、本协议经双方法定代表人签字并加盖单位公章后生效。

九、本协议一式两份，甲、乙双方各执一份，并具有同等法律效力。

十、本协议未尽事宜，经双方协商同意后，可另行签订补充协议。

签订时间：　　年　　月　　日

签订地点：

2. 税务代理关系的变更

委托代理协议书签订后，税务师及其助理人员应按协议约定的税务代理事项进行工作，但遇有下列问题之一的，应由协议双方协商对原订协议书进行修改和补充。

（1）委托代理项目发生变化的。这里有两种情况。第一种是原委托代理项目有了新发展，代理内容超越了原约定范围，经双方同意增加或减少代理内容的。例如，原来签订的是单项代理，后改为综合代理。第二种是由于客观原因，委托代理内容发生变化，需要相应修改或补充原协议内容的。

（2）税务师发生变化的。

（3）由于客观原因，需要延长完成协议时间的。

上述内容的变化将使税务代理关系发生变化。因此，必须先修订委托代理协议书，并经过委托方和受托方，以及税务师共同签章后生效，修订后的协议书具有同等法律效力。

3. 税务代理关系的终止

税务代理委托协议约定的代理期限届满或代理事项完成，税务代理关系终止。

1）委托方单方终止代理行为

有下列情形之一的，委托方在代理期限内可单方终止代理行为。

（1）税务代理执业人员未按代理协议的约定提供服务。

（2）税务师事务所被注销资格。

（3）税务师事务所破产、解体或被解散。

2）税务师事务所单方终止代理行为

有下列情形之一的，税务师事务所在代理期限内可单方终止代理行为。

（1）委托人死亡、解体或破产。

（2）委托人自行实施或授意税务代理执业人员实施违反国家法律、法规行为，经劝告仍不停止其违法活动的。

（3）委托人提供虚假的生产经营情况和财务会计资料，造成代理错误的。

委托关系存续期间，一方如遇特殊情况需要终止代理行为的，提出终止的一方应及时通知另一方，并向当地主管税务机关报告，终止的具体事项由双方协商解决。

1.5.2 税务代理的法律责任

为了维护税务代理双方的合法权益，保证税务代理活动顺利进行，使税务代理事业能够在法制的轨道上健康发展，必须明确税务代理的法律责任。

规范税务代理法律责任的法律是《中华人民共和国民法典》《中华人民共和国税收征收管理法》及其实施细则和其他有关法律、行政法规，承担的法律责任既包括民事法律责任，也包括刑事法律责任。

1. 委托方的法律责任

《中华人民共和国民法典》第五百七十七条规定，当事人一方不履行合同义务或履行合同义务不符合约定的，应当承担继续履行、采取补救措施或赔偿损失等违约责任。因此，如果委托方违反代理协议的规定，致使税务师不能履行或不能完全履行代理协议，由此而产生法律后果的法律责任应全部由委托方承担，其中，纳税人除了应按规定承担本身应承担的税收法律责任以外，还应按规定向受托方支付违约金和赔偿金。

2. 受托方的法律责任

《中华人民共和国民法典》第一百六十四条规定，代理人不履行或者不完全履行职责造成被代理人损害的，应当承担民事责任。根据这项规定，税务代理人如因工作失误或未按期完成税务代理事务等未履行税务代理职责，给委托方造成不应有的损失的，应由受托方负责。

《中华人民共和国税收征管法实施细则》第九十八条规定，税务代理人违反税收法律、行政法规，造成纳税人未缴或少缴税款的，除由纳税人缴纳或补缴应纳税款、滞纳金外，对税务代理人处纳税人未缴或少缴税款 50% 以上 3 倍以下的罚款。

3. 对属于共同法律责任的处理

《中华人民共和国民法典》第一百六十七条规定，代理人知道或者应当知道代理事项违法仍然实施代理行为，或者被代理人知道或者应当知道代理人的代理行为违法来作表示反对的，被代理人和代理人应当承担连带责任。根据这项规定，代理人与被代理人如果互相勾结、偷税抗税、共同违法，应按共同违法论处，双方都要承担法律责任。涉及刑事犯罪的，还要移送司法部门依法处理。

思考与练习

1. 简述税务代理的特征。
2. 简述税务代理的范围。

第 2 篇

代理涉税服务

第2章 税务管理与代理税务登记实务

学习目标

通过本章的学习，学生对税务管理与企业税务登记范围的基本内容有所了解。通过学习，学生应重点掌握税务登记的类型与内容，以及有关表格的填制方法，熟悉纳税事项代理税务登记实务的操作。

导入案例

2019年7月16日，某地国税局稽查人员在对某加油站进行日常纳税检查时发现，该加油站于6月8日根据城市规划的统一安排，由原经营地新华大街33号，搬到马路对面38号经营，并于6月10日到工商行政机关办理了变更登记。加油站认为，经营地址中只是门牌号稍有所不同，并不影响相关纳税事宜，所以就将税务登记证件中的地址33号直接改为38号。

请问：该加油站的行为有无违法之处，请用税务登记相关知识加以说明。

2.1 税务管理概述

税务管理是国家税务机关依照税收政策、法令、制度对税收分配全过程所进行的计划、组织、协调和监督控制的一种管理活动。它是保证财政收入及时、足额入库，实现税收分配目标的重要手段。税务管理可分为两个层次：① 税收政策、法令、制度的制定，即税收立法；② 税收政策、法令、制度的执行，即税收的征收管理，也称为税收执法。

2.1.1 税务管理体制

税务管理体制是指在中央与地方，以及地方各级政府之间划分税收管理权限的一种制度，是税收管理制度的重要组成部分。税收管理权限包括税收立法权和税收管理权两个方面。

1. 税收立法权

税收立法权是指国家最高权力机关依据法定程序赋予税收法律效力时所具有的权力。税收立法权包括税法制定权、审议权、表决权和公布权。

2. 税收管理权

税收管理权是指贯彻执行税法所拥有的权限，它实质上是一种行政权力，属于政府及其职能部门的职权范围。税收管理权包括税种的开征与停征权、税法的解释权、税目的增减与税率的调整权、减免税的审批权。

2.1.2 分税制下的税务管理体制

1. 分税制的概念

分税制是指在划分各级政府事权的基础上，按照税种划分各级政府财政收入的一种财政管理体制。分税制不仅是财政管理体制的目标模式，同时也是税务管理体制改革的重要内容。实行分税制，有利于进一步理顺各级政府的财政分配关系，更好地发挥国家财政的职能作用，增强中央的宏观调控能力，促进社会主义市场经济体制的建立和国民经济又好又快发展。

2. 分税制的优点

分税制是一种比较理想的财政管理体制，符合我国政治体制和经济体制的要求。

（1）分税制根据事权与财权相结合的原则划分各级政府财政收支范围，具有合理性和稳定性。一部分政府主要负责国防、外交、武警、国家重点建设、中央国家机关经费以及实施宏观调控所必需的支出；另一部分政府主要承担某些地区政权机关经费及经济和事业发展所需支出。

（2）分税制划分税种的方法比较科学。在税种划分的依据上，改变按企业行政隶属关系划分税收收入的办法，依据税种的特征划分税源。在税收划分的方法上，以划分税源为主，改变总额分成的办法。这种分税办法有利于政府减少对企业的干预和对市场的封锁。

（3）完善的分税制必然有完备的法律与之配套，因而分税制是一种透明度高、稳定性强的财政管理体制。

2.1.3 我国税务管理机构的设置及其职能划分

1. 税务管理机构的设置

税务机关是主管我国税收征收管理工作的部门。1994年，为了进一步理顺中央与地方的财政分配关系，更好地发挥国家财政的职能作用，增强中央的宏观调控能力，促进社会主义市场经济体制的建立和国民经济持续、快速、健康的发展，我国开始实行分税制财政管理体制。同时，为了适应分税制财政管理体制的需要，我国对税收管理机构也进行了相应的配套改革。中央政府设立国家税务总局，它是国务院主管税收工作的直属机构。

国家税务局系统的机构设置为四级，即：国家税务局；省、自治区、直辖市税务局；地区、省辖市、自治州（盟）税务局；县（市）、自治县（旗）税务局。国家税务局系统实行国家税务总局垂直管理的领导体制，在机构、编制、经费、领导干部职务的审批等方面按照下管一级的原则，实行垂直管理。

国家税务局系统依法设置，对外称谓统一为国家税务局、税务分局、税务所和国家税务局稽查局，按照行政级次、行政（经济）区划或隶属关系命名税务机关名称并明确其职责。各级税务局为全职能局，按照省（自治区、直辖市），副省级城市，地区（市、盟、州）以及直辖市的区、副省级市的区，县（旗），县级市、地级市城区的行政区划设置，地级以上城市的区也可按经济区划设置。税务分局、税务所为非全职能局（所），是上级税务机关的派出机构。可按行政区划设置，也可按经济区划设置。较大县的城区、管辖五个以上乡镇（街道）的可设置税务分局。管辖四个以下乡镇（街道）的机构称税务所。各级税务局稽查局是各级税务局依法对外设置的直属机构。地级市的城区如有需要，可以设置稽查局，城区稽查局视不同情况既可按行政区划设置，也可跨区设置。

2. 税收征收范围的划分

1）国家税务局系统的征收范围

国家税务局系统负责征收和管理的项目有：增值税、消费税（其中进口环节的增值税、消费税由国税负责征收、委托海关代征）、车辆购置税、营业税改征的增值税（除 2016 年 5 月 1 日全面推开营改增后，二手房交易环节的增值税），铁道部门、各银行总行、各保险公司总公司集中缴纳的企业所得税、城市维护建设税和教育费附加，中央企业缴纳的企业所得税，中央与地方所属企业、事业单位组成的联营企业、股份制企业缴纳的企业所得税，地方银行、非银行金融企业缴纳的企业所得税，海洋石油企业缴纳的企业所得税、资源税，2002—2008 年注册的企业、事业单位缴纳的企业所得税，对储蓄存款利息征收的个人所得税（目前暂免征收），对股票交易征收的印花税，废弃电气电子产品处理基金（国产部分）。

西藏自治区只设立国家税务局，征收和管理税务系统负责的所有项目，但是暂不征收房产税、契税。

2）海关系统的征收范围

海关系统负责征收和管理的项目有：关税、船舶吨税和废弃电器电子产品处理基金（进口部分）。此外，负责代征进口环节的增值税、消费税。

2.2　代理企业税务登记实务

企业税务登记的范围主要涉及两个方面：一个是按照"多证合一"等商事制度改革要求、领取加载统一社会信用代码证件的企业、农民专业合作社、个体工商户及其他组织；另一个是"多证合一"改革之外的其他组织，如事业单位、社会组织、境外非政府组织等。

《中华人民共和国税收征管法》第十二条规定，从事生产、经营的纳税人应当自领取营业执照之日起 30 日内，向生产、经营地或者纳税义务发生地的主管税务机关申报办理税务登记，如实填写税务登记表，并按照税务机关的要求提供有关证件、资料。前款规定以外的纳税人，除国家机关和个人外，应当自纳税义务发生之日起 30 日内，持有关证件向所在地的主管税务机关申报办理税务登记。税务登记是指纳税人为依法履行纳税义务就有关纳税事宜依法向税务机关办理登记的一种法定手续。税务登记是整个税收征管的首要环节，是纳税人与税务机关建立税务联系的开始。

2.2.1　税务登记

1. "五证合一、一照一码"登记制度

2016 年 7 月 5 日，国务院办公厅印发《关于加快推进"五证合一、一照一码"登记制度改革的通知》（以下简称《通知》），对在全面实施工商营业执照、组织机构代码证、税务登记证"三证合一"登记制度改革的基础上，再整合社会保险登记证和统计登记证，实现"五证合一、一照一码"作出部署。《通知》要求，从 2016 年 10 月 1 日起正式实施"五证合一、一照一码"，在更大范围、更深层次实现信息共享和业务协同。

需要明确的是，"五证合一"登记制度改革并非是将税务登记取消了，税务登记的法律地位仍然存在，只是政府简政放权将此环节改为工商行政管理部门一口受理，核发一个加载法人和其他组织统一社会信用代码的营业执照，这个营业执照在税务机关完成信息补录后具备税务登记证的法律地位和作用。

新设立企业、农民专业合作社领取由市场监督部门核发加载法人和其他组织统一社会信用代码的营业执照后，无须再次进行税务登记，不再领取税务登记证。企业办理涉税事宜时，在完成补充信息采集后，加载统一代码的营业执照可代替税务登记证使用。

除以上情形外，其他税务登记按照原有法律制度执行。

过渡期间，未换发"五证合一、一照一码"营业执照的企业，原税务登记证件继续有效，如企业申请注销，税务机关按照原规定办理。

2. 代理税务登记操作规范

1）申报注意事项

税务师以企业的名义向税务机关办理税务登记的申报注意事项如下。

（1）企业在工商登记，取得"五证合一、一照一码"证照后，30 日内未去税务机关报到，不属于逾期登记。

（2）《申请税务登记报告书》应详细写明申请税务登记的原因和要求。

（3）提供办理税务登记所必备的资料和复印件。

2）代理填报《税务登记表》

《税务登记表》有三种类型，分别适用于单位纳税人、个体经营纳税人、临时税务登记纳税人。税务师应根据企业的经济类型领取相应的登记表，填写完毕后将税务登记表及有关资料报送税务机关审核。适用于单位纳税人的税务登记表，具体格式如表 2-1 所示。

2.2.2 变更税务登记

变更税务登记是指纳税人办理税务登记后，需要对原登记内容进行更改，而向税务机关申报办理的税务登记。

1. 变更税务登记适用范围

（1）改变纳税人名称、法定代表人的；

（2）改变住所或经营地点（不含改变主管税务机关）；

（3）改变经济性质或企业类型的；

（4）改变经营范围、经营方式的；

（5）改变产权关系的；

（6）改变注册资金的。

2. 变更税务登记管理规程

（1）领取"一照一码"营业执照的企业，如果生产经营地、财务负责人、核算方式三项信息由企业登记机关在新设立时采集。在企业经营过程中，上述信息变化的，企业应向主管税务机关申请变更，不再向市场管理部门申请变更。除上述三项信息外，企业在登记机关新设立时采集的信息发生变更的，均由企业向市场管理部门申请变更。对于税务机关在后续管理中采集的其他必要涉税基础信息发生变更的，企业直接向税务机关申请变更即可。

表 2-1　税务登记表

（适用单位纳税人）

国税档案号：　　　地税档案号：　　　填表日期：

纳税人名称		纳税人识别号	
登记注册类型		批准设立机关	
组织机构代码		批准设立证明或文件号	
生产经营期限	开业（设立）日期	证照名称	证照号码
注册地址		邮政编码	联系电话
生产经营地址		邮政编码	联系电话
核算方式	请选择对应项目打"√"	□独立核算　□非独立核算	从业人数 _____，其中外籍人数
单位性质	请选择对应项目打"√"	□企业　□事业单位　□社会团体　□民办非企业单位　□其他	
网站网址		国标行业	□□□□□□ □□
适用会计制度	请选择对应项目打"√"	□企业会计制度　□小企业会计制度　□金融企业会计制度　□行政事业单位会计制度	
经营范围			

联系人\内容	姓名	身份证件		固定电话	移动电话	电子邮箱
		种类	号码			
法定代表人						
财务负责人						
办税人						

请将法定代表人（负责人）身份证件复印件粘贴在此处

税务代理人名称		纳税人识别号		联系电话	电子邮箱

注册资本或投资总额	金额	币种

投资方名称	投资方经济性质	投资比例	证件种类	证件号码	国籍或地址

自然人投资比例	外资投资比例	国有投资比例

续表

分支机构名称		纳税人识别号	
总机构名称		纳税人识别号	
注册地址		经营范围	
法定代表人姓名		注册地址邮政编码	
联系电话			
代扣代缴、代收代缴税款情况	代扣代缴、代收代缴业务内容		代扣代缴、代收代缴税种

附报资料：

经办人签章：　　　年　月　日	法定代表人（负责人）签章：　　　年　月　日	纳税人公章：　　　年　月　日

以下由税务机关填写：

纳税人所处街乡		隶属关系	
国税主管税务局		是否属于国税、地税共管户	
地税主管税务局			

经办人（签章）：	国家税务登记机关（税务登记专用章）：	地方税务登记机关（税务登记专用章）：
国税经办人：	国税主管税务所（科）：	核准日期：
地税经办人：	地税主管税务所（科）：	地税主管税务机关：
受理日期：　　　年　月　日	国税主管税务机关：	
国税核发《税务登记证副本》　数量：　　本	发证日期：　　　年　月　日	
地税核发《税务登记证副本》　数量：　　本	发证日期：　　　年　月　日	

国家税务总局监制

《税务登记表》填表说明

（一）本表适用于各类单位纳税人填用。

（二）从事生产、经营的纳税人应当自领取营业执照，或者自有关部门批准设立之日起30日内，或者自纳税义务发生之日起30日内，到税务机关领取税务登记表，填写完整后提交税务机关，办理税务登记。

（三）办理税务登记应当出示、提供以下证件资料（所提供资料原件用于税务机关审核，复印件留存税务机关）。

1. 营业执照副本或其他核准执业证件原件及其复印件。

2. 组织机构代码证书副本原件及其复印件。

3. 注册地址及生产、经营地址证明（不动产产权证、租赁协议）原件及其复印件；如为自有房产，请提供产权证或买卖契约等合法的产权证明原件及其复印件；如为租赁的场所，请提供租赁协议原件及其复印件，出租人为、自然人的还须提供产权证明的复印件；如生产、经营地址与注册地址不一致，请分别提供相应证明。

4. 公司章程复印件。

5. 有权机关出具的验资报告或评估报告原件及其复印件。

6. 法定代表人（负责人）居民身份证、护照或其他证明身份的合法证件原件及其复印件；复印件分别粘贴在税务登记表的相应位置上。

7. 纳税人跨县（市）设立的分支机构办理税务登记时，还须提供总机构的税务登记证（国、地税）副本复印件。

8. 改组改制企业还须提供有关改组改制的批文原件及其复印件。

9. 税务机关要求提供的其他证件资料。

四、纳税人应向税务机关申报办理税务登记，完整、真实、准确、按时地填写此表。

五、使用碳素或蓝墨水的钢笔填写本表。

六、本表一式二份（国、地税联办税务登记的本表一式三份）。税务机关留存一份，退回纳税人一份（纳税人应妥善保管，验换证时需携带查验）。

七、纳税人在新办或换发税务登记时应报送房产、土地和车船有关证件，包括不动产产权证、土地使用证、机动车行驶证等证件的复印件。

八、表中有关栏目的填写说明。

1. "纳税人名称"栏，是指《企业法人营业执照》或《营业执照》或有关核准执业证书上的"名称"。

2. "身份证件名称"栏：一般填写"居民身份证"，如无身份证，则填写"军官证""士兵证""护照"等有效身份证件；

3. "注册地址"栏，是指工商营业执照或其他有关核准开业证照上的地址。

4. "生产经营地址"栏，填写办理税务登记的机构生产经营地地址。

5. "国籍或地址"栏：外国投资者填国籍，中国投资者填地址。

6. "登记注册类型"栏：即经济类型，按营业执照的内容填写；不需要领取营业执照的，选择"非企业单位"或者"港、澳、台商企业常驻代表机构及其他"、"外国企业"；如为分支机构，按总机构的经济类型填写。

7. "投资方经济性质"栏，单位投资的，按其登记注册类型填写；个人投资的，填写自然人。

8. "证件种类"栏：单位投资的，填写其组织机构代码证；个人投资的，填写其身份证件名称。

9. "国标行业"栏：按纳税人从事生产经营行业的主次顺序填写，其中第一个行业填写纳税人的主行业。

（资料来源：国家税务总局官网。）

（2）未领取"一照一码"营业执照的企业申请变更登记或者申请换发营业执照的，税务机关应告知企业在登记机关申请变更，并换发载有统一社会信用代码的营业执照。原税务登记证由企业登记机关收缴、存档。企业"财务负责人""核算方式""经营地址"三项信息发生变化的，应直接向税务机关申请变更。

（3）个体工商户及其他机关批准设立的未列入"一照一码"登记范围主体的变更事项，按照以下业务规程操作。

① 纳税人税务登记内容发生变化的，应当向原税务机关申报办理变更税务登记，报送材料有《变更税务登记表》、工商营业执照原件及复印件、纳税人变更登记内容的有关证明文件原件、复印件。

② 税务登记情形发生变化的，但不涉及改变税务登记证件内容的纳税人，向原主管税务机关申报办理变更税务登记，报送材料有《变更税务登记表》、工商营业执照原件及复印件、纳税人变更登记内容的有关证明文件原件、复印件。

③ 纳税人已在工商行政管理机关办理变更登记的，应当自工商行政管理机关变更登记之日起30日内，向原税务机关申报办理变更税务登记。

④ 纳税人按照规定不需要在市场监管部门办理变更登记，或者其变更登记的内容与市场监管部门内容无关的，应当自税务登记内容实际发生变化之日起30日内，或者自有关机关批准或宣布变更之日起30日内，到原税务登记机关申报办理变更税务登记。

（4）变更税务登记流程，变更税务登记流程如图2-1所示。

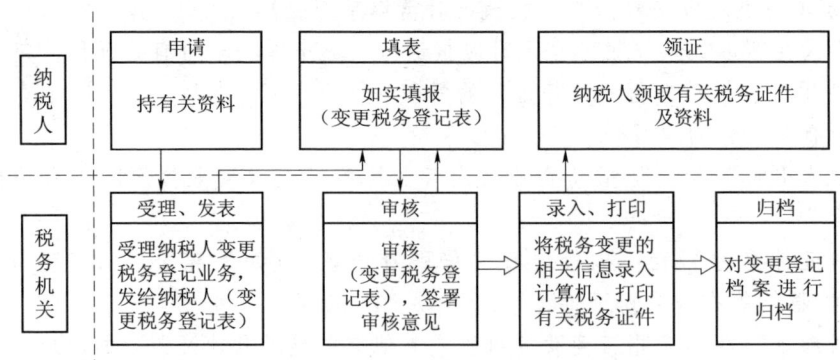

图2-1　变更税务登记流程图

3. 代理变更税务登记操作要点

1）代理变更税务登记申报

纳税人在工商行政管理机关办理变更登记的，应当自工商行政管理部门办理变更登记之日起 30 日内，向原税务机关如实提供下列证件、资料，申报办理变更税务登记。

（1）工商变更登记表及工商营业执照复印件。

（2）纳税人变更登记内容的决议及有关证明文件。

（3）其他有关资料。

2）仅变更税务登记所需证件

纳税人按照规定不需要在工商行政管理机关办理变更登记，或者其变更登记的内容与工商登记内容无关的，应当自税务登记内容实际发生变化之日起 30 日内，或者自有关机关批准或宣布变更之日起 30 日内，到原税务登记机关申报办理变更税务登记。

3）代理填写《变更税务登记表》

代理填写《变更税务登记表》（如表 2-2 所示）提交税务机关审核。

表 2-2　变更税务登记表

纳税人名称			纳税人识别号		
国税档案号码			地税计算机代码		
变更登记事项					
序号	变更项目	变更前内容		变更后内容	批准机关名称及文件
送缴证件情况：					
纳税人： 经办人：　　　　　　　　法定代表人（负责人）：　　　　　　　　　　纳税人（签章） 　年　　月　　日　　　　　　　　　　年　　月　　日　　　　　　　　　年　　月　　日					
经办税务机关审核意见： 经办人：　　　　　　　　　　　负责人：　　　　　　　　　　　税务机关（签章） 　年　　月　　日　　　　　　　　　　年　　月　　日　　　　　　　　　年　　月　　日					

注：本表一式二份，税务机关与纳税人各执一份。

税务师领取《变更税务登记表》以后，应根据企业的实际情况，详细填写纳税人名称、纳税人识别号、填表日期、变更登记事项及其变更前后的内容，并办理签章手续。

4）领取变更后的税务登记证件及有关资料

税务师应及时到税务机关领取重新核发的税务登记证件及有关资料，送交企业存档。

2.2.3 停业、复业税务登记

1. 停业、复业税务登记管理规程

（1）实行定期定额征收的个体工商户或比照定期定额户进行管理的个人独资企业发生停业的，应当在停业前向税务机关书面提出停业报告。

（2）纳税人在申报办理停业税务登记时，应如实填写停业申请登记表，说明停业理由、停业期限、停业前的纳税情况和发票的领、用、存情况，并结清应纳税款、滞纳金、罚款。税务机关应收存其税务登记证件及副本、发票领购簿、未使用完的发票和其他税务证件。

（3）纳税人在停业期间发生纳税义务的，应当按照税收法律、行政法规的规定申报缴纳税款。

（4）纳税人应当于恢复生产经营之前，向税务机关申报办理复业税务登记，如实填写《停业、复业（提前复业）报告书》，领回并启用税务登记证件、发票领购簿及其停业前领购的发票。

（5）纳税人停业期满不能及时恢复生产经营的，在停业期满前到主管税务机关申报办理延长停业报告，并如实填写《停业、复业（提前复业）报告书》（如表2-3所示）。

表2-3 停业、复业（提前复业）报告书

填表日期：　　　年　　月　　日

纳税人基本情况	纳税人名称		纳税人识别号		经营地点		
停业期限				复业时间			
缴回发票情况	种类	号码	本数	领回发票情况	种类	号码	本数
缴存税务资料情况	发票领购簿	税务登记证	其他资料	领用税务资料情况	发票领购簿	税务登记证	其他资料
	是（否）	是（否）	是（否）		是（否）	是（否）	是（否）
结清税款情况	应纳税款	滞纳金	罚款	停业期是（否）纳税	已缴应纳税款	已缴滞纳金	已缴罚款
	是（否）	是（否）	是（否）		是（否）	是（否）	是（否）
				纳税人（签章） 　　　年　　月　　日			
税务机关复核	经办人： 　　年　　月　　日		负责人： 　　年　　月　　日		税务机关（签章） 　　　年　　月　　日		

2. 停业、复业税务登记管理流程

停业、复业税务登记管理流程分别如图2-2和图2-3所示。

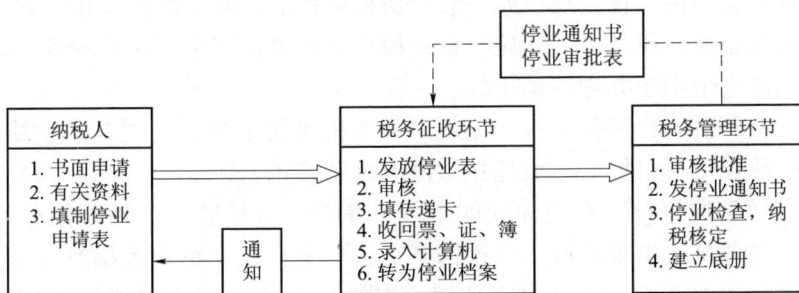

图 2-2　停业税务登记管理流程图

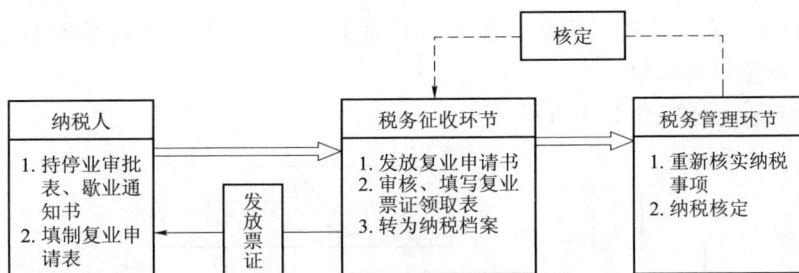

图 2-3　复业税务登记管理流程图

3. 代理停业、复业税务登记操作要点

（1）代理停业、复业税务登记申报。税务师应按照规定的期限以纳税人的名义向税务机关办理停业、复业税务登记申报，填报《停业、复业报告书》，并提交相关证明文件和资料。

（2）代理填报停业、复业税务登记表。根据企业实际情况，填写停业、复业税务登记表。

（3）代理领取企业停业、复业税务登记的有关批件。

2.2.4　注销税务登记

1. 注销税务登记管理规程

（1）已实行"一照一码"登记模式的纳税人向市场监督管理等部门申请办理注销登记前，须先向税务机关申报清税。清税完毕后，税务机关向纳税人出具《清税证明》，纳税人持《清税证明》到原登记机关办理注销。

向市场监管部门申请简易注销的纳税人，符合下列情形之一的，可免予到税务机关办理《清税证明》：未办理过涉税事宜的；办理过涉税事宜但未领用发票、无欠税（滞纳金）及罚款的。

纳税人办理一照一码户清税申报，应结清应纳税款、多退（免）税款滞纳金和罚款，缴销发票和其他税务证件，其中：企业所得税纳税人办理一照一码户清税申报，就其清算所得向税务机关申报并依法缴纳企业所得税；纳税人未办理土地增值税清算手续的，应在办理一照一码户清税申报前进行土地增值税清算；出口企业应在结清出口退（免）税款后、办理照一码户清税申报。

处于非正常状态纳税人在办理一照一码户清税申报前，需要解除非正常状态，补办申报纳税手续。被调查企业在税务机关实施特别纳税调查调整期间申请注销税务登记的，税务机关在调查结案前原则上不予办理注销手续。

纳税人办理一照一码户清税申报，无须向税务机关提出终止"委托扣款协议书"。税务机关办结一照一码户清税申报后，委托扣款协议自动终止。

（2）已实行"两证整合"登记模式的个体工商户向市场监督管理部门申请办理注销登记前，应当先向税务机关申报清税。清税完毕后，税务机关向纳税人出具《清税证明》，纳税人持《清税证明》到原登记机关办理注销。需要在 20 个工作日内办结。定期定额个体工商户 5 个工作日内办结。税务机关在核查、检查过程中发现涉嫌偷、逃、骗、抗税或虚开发票的，或者需要进行纳税调整等情形的，办理时限中止。处于非正常状态纳税人在办理"两证整合"个体工商户清税申报前，需要解除非正常状态，补办申报纳税手续。

2. 注销税务登记的程序

注销税务登记流程如图 2-4 所示。

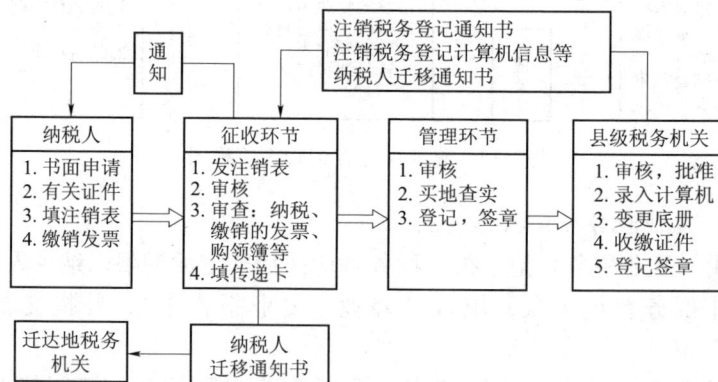

图 2-4　注销税务登记流程图

3. 代理注销税务登记操作要点

1）代理注销税务登记申报

税务师应按照规定的期限以纳税人的名义向税务机关办理注销税务登记申报，填报《注销税务登记申请审批表》（见表 2-4）并提交相关证明文件和资料。

2）代理填报《注销税务登记申请审批表》

根据企业的实际情况填写《注销税务登记申请审批表》，经企业盖章后报送税务机关办理审批手续。将已领购的或已购未用的发票《发票领购簿》等税收票证交回税务机关审验核销。

3）代理领取注销税务登记的有关批件

税务机关在纳税人结清全部纳税事项后，核发《注销税务登记通知书》。税务师应及时到税务机关领回有关注销税务登记的批件、资料，交给纳税人。

表 2-4　注销税务登记申请审批表

纳税人名称	纳税人识别号			
注销原因				
附送资料				
纳税人： 经办人： 　年　月　日	法定代表人（负责人）： 　　　年　月　日		纳税人（签章） 　　年　月　日	
以下由税务机关填写				
受理时间	经办人： 　年　月　日		负责人： 　年　月　日	
消缴税款、滞纳金、罚款情况	经办人： 　年　月　日		负责人： 　年　月　日	
缴销发票情况	经办人： 　年　月　日		负责人： 　年　月　日	
税务检查意见	检查人员： 　年　月　日		负责人： 　年　月　日	
收缴税务证件情况	种类	税务登记证正本	税务登记证副本	临时税务登记证正本　临时税务登记证副本
	收缴数量			
	经办人： 　年　月　日		负责人： 　年　月　日	
批准意见	部门负责人： 　年　月　日		税务机关（签章） 　年　月　日	

2.2.5　跨区域涉税事项

《中华人民共和国税收征收管理法实施细则》第二十一条规定，从事生产、经营的纳税人到外县（市）临时从事生产、经营活动的，应当持税务登记证副本和所在地税务机关填开的外出经营活动税收管理证明，向营业地税务机关报验登记，接受税务管理。从事生产、经营的纳税人外出经营，在同一地累计超过180天的，应当在营业地办理税务登记手续。

1. 跨区域涉税事项报告

纳税人跨省（自治区、直辖市和计划单列市）临时从事生产经营活动的，向机构所在地的税务机关填报《跨区域涉税事项报告表》。

2. 跨区域涉税事项报验

纳税人首次在经营地办理涉税事宜时，向经营地税务机关报验跨区域涉税事项。

3. 跨区域涉税事项信息反馈

纳税人跨区域经营活动结束后，应当结清经营地税务机关的应纳税款以及其他涉税事项，向经营地税务机关填报《经营地涉税事项反馈表》。

经营地税务机关核对《经营地涉税事项反馈表》后，及时将相关信息反馈给机构所在地的税务机关。纳税人不需要另行向机构所在地的税务机关反馈。

2.3 代理纳税事项税务登记实务

本节主要介绍增值税一般纳税人资格认定登记、税种认定登记。

2.3.1 增值税一般纳税人资格认定登记

1. 增值税一般纳税人资格认定登记管理规程

（1）符合增值税一般纳税人条件的企业，应在向税务机关办理税务登记的同时，申请办理一般纳税人资格认定手续；已开业经营的增值税小规模企业（商业零售企业除外），若当年应税销售额超过增值税小规模纳税人标准的，应在次年1月底之前，申请办理增值税一般纳税人资格认定手续。

（2）企业申请办理增值税一般纳税人资格认定手续，应向所在地主管国税局提出书面申请，说明企业的经济形式、生产经营范围、产品名称及用途、企业注册资本、会计核算等问题，经税务机关审核后填写《增值税一般纳税人资格登记表》（如表2-5所示）。

（3）企业总、分支机构不在同一县市的，应分别向其机构所在地主管税务机关申请办理一般纳税人资格认定登记手续。企业总机构已被认定为增值税一般纳税人的，其分支机构可持总机构为增值税一般纳税人开具的证明，向主管税务机关申请认定为增值税一般纳税人。除商业企业以外，纳税人总分支机构实行统一核算，其总机构年应税销售额超过增值税小规模企业标准，但分支机构年应税销售额未超过增值税小规模企业标准的，其分支机构可申请办理增值税一般纳税人资格认定手续。在办理认定手续时，须提供总机构所在地主管税务机关批准其总机构为增值税一般纳税人的证明。

（4）主管税务机关在为纳税人办理增值税一般纳税人登记时，纳税人税务登记证件上不再加盖"增值税一般纳税人"戳记。经主管税务机关核对后退还纳税人留存的《增值税一般纳税人资格登记表》，可以作为证明纳税人具备增值税一般纳税人资格的凭据。对从事商业经营的新办企业和小规模企业，一般是先认定为"增值税临时一般纳税人"，经过3个月或半年时间的考核后，再转为正式的增值税一般纳税人。

（5）新办小型商贸企业是指新办小型商贸批发企业。由于新办小型商贸批发企业尚未进行正常经营，对其增值税一般纳税人资格，一般情况下需要经过一定时间的实际经营才能审核认定。对新办工业企业增值税一般纳税人资格的认定，主管税务机关也应及时组织对纳税人的实地查验，核实是否拥有必要的厂房、机器设备和生产人员，是否具备增值税一般纳税人财务核算条件。在2004年6月30日前已办理税务登记并正常经营的属于增值税小规模纳税人的商贸企业，按其实际纳税情况核算年销售额实际达到180万元后，经主管税务机关审核，可直接认定为增值税一般纳税人，不实行辅导期一般纳税人管理。

表 2-5　增值税一般纳税人资格登记表

纳税人名称				社会信用代码 （纳税人识别号）		
法定代表人 （负责人、业主）			证件名称及号码		联系电话	
财务负责人			证件名称及号码		联系电话	
办税人员			证件名称及号码		联系电话	
税务登记日期						
生产经营地址						
注册地址						
纳税人类别：企业□　非企业性单位□　个体工商户□　其他□						
主营业务类别：工业□　商业□　服务业□　其他□						
会计核算健全：是□						
一般纳税人资格生效之日：当月 1 日□　次月 1 日□						
纳税人（代理人）承诺： 会计核算健全，能够提供准确税务资料，上述各项内容真实、可靠、完整。如有虚假，愿意承担相关法律责任。 　　　　经办人：　　　　　法定代表人：　　　　代理人：　　　　　（签章） 　　　　　　　　　　　　　　　　　　　　　　　　　　　　　　年　　月　　日						
以下由税务机关填写						
税务机 关受理 情况	受理人：　　　　　　　　　　　　　　　　　　　受理税务机关（章） 　　　　　　　　　　　　　　　　　　　　　　　年　月　日						

填表说明：1. 本表由纳税人如实填写。

2. 表中"证件名称及号码"相关栏次，根据纳税人的法定代表人、财务负责人、办税人员的居民身份证、护照等有效身份证件及号码填写。

3. 表中"一般纳税人资格生效之日"由纳税人自行勾选。

4. 本表一式二份，主管税务机关和纳税人各留存一份。

（6）增值税纳税人的分类与认定。由于增值税实行凭增值税专用发票抵扣税款的制度，因此要求增值税纳税人会计核算健全，并能够准确核算销项税额、进项税额和应纳税额。为了严格增值税的征收管理，将纳税人按其经营规模大小及会计核算健全与否划分为增值税一般纳税人和增值税小规模纳税人。对增值税一般纳税人实行凭发票扣税的计税方法；对增值税小规模纳税人规定简便易行的计税方法和征收管理办法。

① 增值税小规模纳税人的认定。从事货物生产或提供应税劳务的纳税人，以及以从事货物生产或提供应税劳务为主，并兼营货物批发或零售的纳税人，年应税销售额在 50 万元（含）以下；从事货物批发或零售的纳税人，年应税销售额在 80 万元（含）以下；提供应

税服务的纳税人，应税服务年销售额在 500 万元（含）以下；年应税销售额超过增值税小规模纳税人标准的其他个人、非企业性单位和不经常发生应税行为的企业，视同增值税小规模纳税人纳税。

② 增值税一般纳税人的认定。年应税销售额超过财政部、国家税务总局规定的增值税小规模纳税人认定标准的企业和企业性单位（以下简称"企业"），均为增值税一般纳税人；应税服务年销售额超过财政部和国家税务总局规定标准的纳税人；年应税销售额未超过标准的商业企业以外的其他增值税小规模纳税企业，会计核算健全，能准确核算销项税额、进项税额和应纳税额，并按规定报送有关税务资料的，经企业申请，税务部门可将其认定为增值税一般纳税人；纳税人总、分支机构实行统一核算，其总机构年应纳税销售额超过小规模纳税企业标准，但分支机构年应税销售额未超过增值税小规模纳税企业标准的，其分支机构可申请办理一般纳税人资格认定手续，但须提供总机构所在地税务机关批准其总机构为增值税一般纳税人的证明；试点实施前应税服务年销售额未超过 500 万元的试点纳税人，如符合相关规定条件，也可以向主管税务机关申请增值税一般纳税人资格认定。

2. 代理增值税一般纳税人资格认定登记操作要点

（1）针对《增值税一般纳税人申请认定表》的主要内容，税务师应要求企业提供有关资料，如企业设立的合同、章程，工商营业执照，企业已实现销售的情况，会计、财务核算的原始资料等。对企业可能实现或已经实现的年度应税销售额，企业会计、财务处理的方法和管理制度，企业财务人员的办税能力能否具备增值税一般纳税人的条件等问题，写出有关增值税一般纳税人资格认定登记的核查报告，作为《增值税一般纳税人申请认定表》的附件，报送主管国税局。

（2）对于税务机关审核后认定为正式增值税一般纳税人的企业，税务师可将《增值税一般纳税人申请认定表》交企业存档，并告知增值税一般纳税人办税的要求。如果企业暂被认定为增值税临时一般纳税人，应指导企业准确核算增值税的进项税额、销项税额，待临时增值税一般纳税人期满后，向税务机关提出转为正式增值税一般纳税人的申请。

纳税人在办理税务登记时，可以按预计销售额填写，经主管税务机关审核后，认定为增值税一般纳税人，享有增值税一般纳税人的所有权利与义务。一个会计年度结束后，纳税人根据实际经营情况，据实填写《增值税一般纳税人申请认定表》，交主管税务机关审核。

2.3.2 代理税种认定登记实务

税种认定登记是在纳税人办理了开业税务登记和变更税务登记之后，由主管税务局纳税人的生产经营项目，进行适用税种、税目、税率的鉴定，以指导纳税人、扣缴义务人办理纳税事宜。

1. 税种认定登记管理规程

（1）纳税人应在领取营业执照后和申报纳税之前，到主管税务机关的征收管理部门申请税种认定登记，填写《纳税人税（费）认定表》（如表 2-6 所示）。纳税人如果变更税务登记的内容涉及税种、税目、税率变化的，应在变更税务登记之后重新申请税种认定登记，并附送申请报告。

以上内容纳税人必须如实填写，如内容发生变化，应及时办理变更登记。

表 2-6　纳税人税（费）认定表

纳税人识别号						纳税人名称									
行业															
行业明细															
增值税企业类型						增值税经营类别									
增值税纳税人类型						营改增纳税人类型									
征收项目	征收品目	子目	申报期限	纳税（费）期限	缴纳期限	预缴期限	预缴方式	税率或单位税额	征收率	预征率	征收方式	预算科目	预算级次	预算分配比例	收缴国库	认定有效期起	认定有效期止
认定人								认定日期							
认定税务机关															

注：1. 该表适用于税务机关鉴定纳税人的征收项目；

　　2. 同一纳税人涉及多个税种的应分税种填写表格；

　　3. 本表一式一份，由税务机关填写后留存。

（2）税务机关对纳税人报送的《纳税人税（费）认定表》及有关资料进行审核，也可根据实际情况派人到纳税人的生产经营现场调查之后，对纳税人适用的税种、税目、税率、纳税期限、纳税方法等作出确认，在《纳税人税（费）认定表》的有关栏目中注明，或者书面通知纳税人税种认定结果，以此作为办税的依据。

2. 代理税种认定登记操作要点

（1）在进行代理税种认定登记时，税务师应在核查纳税人有关资料的基础上，结合纳税事项深入调查，特别是对于增值税企业的混合销售行为，兼营的纳税事项，生产加工应税消费品的企业消费税适用税目、税率的纳税事项，以及商品出口企业、高新技术企业的认定，应详细核查纳税人的合同、章程有关的批文和证件，会计科目处理及原始凭证等资料，逐一核实认定后，再向主管税务机关提交核查报告和《纳税人税（费）认定表》，履行申报手续。

（2）在取得主管税务机关税种认定的通知之后，税务师应指导纳税人具体办税事宜。如果纳税人对税务机关的认定提出异议，应进一步调查并提出意见，提交主管税务机关重新加以认定。

思考与练习

1. 简述代理增值税一般纳税人认定登记操作要点。

2. 实务题。

德鑫塑料制品有限公司，成立于 2019 年 2 月，注册资本 80 万元，主营塑料制品的加工，被税务机关认定为小规模纳税人，纳税人识别号：210211610450116。因为市场好，

2021 年销售收入达到 120 万元。为应对企业高速成长对资金的需求，股东大会于 2015 年 12 月 20 日通过增加注册资本 150 万元的决议，并于 2022 年 10 月 5 日办理工商登记变更手续，2022 年 10 月德鑫公司委托税务师代办上述涉税业务。

要求：

（1）税务师可承办哪些具体涉税业务？

（2）具体说明上述业务的操作要点。

第3章 代理发票领购与审查实务

学习目标

通过本章的学习，学生对发票的种类与使用范围有一个全面的了解，在此基础上掌握增值税专用发票的内容和填开要求，掌握代理发票领购的管理规程，以及发票审查实务。

导入案例

××税务师事务所受托对亚桑公司 2010 年 10 月—2011 年 12 月的发票使用情况进行审查。税务师通过增值税应交税费明细分类账与增值税专用发票抵扣联等进项原始凭证核对，其他业务收入与开出发票的记账联核对等方法，发现以下问题。

2010 年 12 月筹建期内采购低值易耗品从某商场取得增值税专用发票未附"销货清单" 3 份。

2011 年 2 月 5 日、11 日、23 日从某生铁厂采购原料取得的增值税专用发票抵扣联 3 份为旧版专用发票，应予以缴销金额为 124 000 元，已计提进项税额 21 080 元。

2010 年 10—12 月销售边角余料取得其他业务收入 74 100 元，已作销售处理，但是开具企业事业单位往来结算收据，属于以非经营性票据结算经营性收入。

2011 年 10—12 月该公司采购原材料，取得运费发票 6 份未加盖财务专用章，金额 25 070 元。

针对上述问题，税务师应提出哪些建议？

（资料来源：全国注册税务师执业资格考试教材编写组. 税务代理实务. 北京：中国税务出版社，2011.）

3.1 代理发票领购实务

发票是指一切单位和个人在购销商品、提供或接受劳务、服务，以及从事其他经营活动时，所提供给对方的收付款的书面证明。它是财务收支的法定凭证，是会计核算的原始凭据，也是税务检查的重要依据。

代理发票领购事宜，首先要了解发票的种类与适用范围，税务机关有关发票管理权限的划分，发票领购的管理制度等各项规定，根据纳税人适用的发票种类和领购发票的方式，办理发票领购事宜。

3.1.1 发票的种类与使用范围

发票种类繁多，其主要是按行业特点和纳税人的生产经营项目分类，每种发票都有特定的使用范围。

1. 增值税专用发票

增值税专用发票只限于增值税一般纳税人领购使用，增值税小规模纳税人不得领购使用。包括用于结算销售货物、提供应税劳务、销售服务、无形资产或者不动产使用的发票。

根据国家税务局《关于修订〈增值税专用发票使用规定〉的通知》（国税发〔2006〕156号），一般纳税人有下列情形之一的，不得领购开具增值税专用发票。

（1）会计核算不健全，不能向税务机关准确提供增值税销项税额、进项税额、应纳税额数据及其他有关增值税税务资料的。

（2）有《税收征管法》规定的税收违法行为，拒不接受税务机关处理的。

（3）有下列行为之一，经税务机关责令限期改正而仍未改正的，不得开具增值税专用发票。

① 虚开增值税专用发票；

② 私自印制增值税专用发票；

③ 向税务机关以外的单位和个人买取增值税专用发票；

④ 借用他人增值税专用发票；

⑤ 未按规定开具增值税专用发票；

⑥ 未按规定保管增值税专用发票和专用设备；

⑦ 未按规定申请办理防伪税控系统变更发行；

⑧ 未按规定接受税务机关检查。

（4）销售的货物全部属于免税项目者。

（5）自 2007 年 7 月 1 日起，一般纳税人经营商业零售的烟、酒、食品、服装、鞋帽（不包括劳保专用的部分）、化妆品等消费品不得开具增值税专用发票。

自 2003 年 8 月 1 日起，增值税一般纳税人必须通过防伪税控系统开具增值税专用发票，同时全国统一废止增值税一般纳税人所用的手写版专用发票。

（6）根据国家税务总局《关于废旧物资发票抵扣增值税有关事项的公告》（〔2008〕第 1 号）规定，自 2009 年 1 月 1 日起，从事废旧物资回收经营业务的增值税一般纳税人销售废旧物资，不得开具印有"废旧物资"字样的增值税专用发票。纳税人取得的 2009 年 1 月 1 日以后开具的废旧物资专用发票，不再作为增值税扣税凭证。

（7）自 2016 年 1 月 1 日起，增值税一般纳税人提供货物运输服务，使用增值税专用发票和增值税普通发票。

（8）根据 2017 年 11 月 19 日《国务院关于废止〈中华人民共和国营业税暂行条例〉和修改〈中华人民共和国增值税暂行条例〉的决定》第二次修订第二十一条（原 1993 年 12 月 13 日中华人民共和国国务院令第 134 号），纳税人发生应税销售行为，应当向索取增值税专用发票的购买方开具增值税专用发票，并在增值税专用发票上分别注明销售额和销项税额。

属于下列情形之一的，不得开具增值税专用发票：

① 应税销售行为的购买方为消费者个人的；

② 发生应税销售行为适用免税规定的。

2. 增值税普通发票

增值税普通发票主要由增值税小规模纳税人使用，增值税一般纳税人在不能开具专用发票的情况下也可使用普通发票。

3. 专业发票

专业发票是国有金融、保险企业的存贷、汇兑、转账凭证，保险凭证；国有邮政、电信企业的邮票、邮单，电报收据；国有铁路、民用航空企业和交通部门，国有公路、水上运输企业的客票、货票等。经国家税务总局或省、自治区、市税务机关批准，专业发票可由政府主管部门自行管理，不套印税务机关的统一发票监制章，也可根据税收征管的需要纳入统一发票管理。

4. 网络发票

根据国家税务总局《关于推行通过增值税电子发票系统开具的增值税电子普通发票有关问题的公告》（〔2015〕第 84 号）规定，自 2015 年 12 月 1 日起在全国推行通过增值税电子发票系统开具增值税电子发票。增值税电子普通发票的开票方和受票方需要纸质发票的，可以自行打印增值税电子普通发票的版式文件，其法律效力、基本用途、基本使用规定等与税务机关监制的增值税普通发票相同。

增值税电子普通发票的发票代码为 12 位，编码规则：第 1 位为 0，第 2~5 位代表省、自治区、直辖市和计划单列市，第 6~7 位代表年度，第 8~10 位代表批次，第 11~12 位代表票种（11 代表增值税电子普通发票）。发票号码为 8 位，按年度、分批次编制。

3.1.2　发票领购管理规程

1. 发票领购的适用范围

（1）依法办理税务登记的单位和个人，可以申请领购发票，属于法定的发票领购对象；如果单位和个人办理变更或注销税务登记，则应同时办理发票和发票领购簿的变更、缴销手续。

（2）依法不需要办理税务登记的单位，发生临时经营业务需要使用发票的，可以凭单位介绍信和其他有效证件，到税务机关代开发票。

（3）临时到本省、自治区、直辖市和计划单到市以外从事生产经营活动的纳税人（税总发〔2017〕103 号和国家税务总局公告）应当向机构所在地税务机关填报《跨区域涉税事项报告表》对按规定需要领用经营地发票的，应在按要求提供保证人或交纳保证金的前提下，向经营地税务机关申请领用。

2. 发票领购手续

根据国家税务总局《关于普通发票行政审批取消和调整后有关税收管理问题的通知》（国税发〔2008〕15 号）规定，取消增值税普通发票领购行政审批事项，纳税人领购增值税普通发票的审核将作为税务机关一项日常发票管理工作。纳税人办理了税务登记或领取营业执照办理落户手续后，即具有领购增值税普通发票的资格，无须办理行政审批事项。纳税人可根据经营需要向主管税务机关提出领购增值税普通发票申请。纳税人领用发票的数量由纳税人申请，主管税务机关根据领用单位和个人的经营范围和规模，确认领用发票的数量。《国家税务总局关于增值税发票综合服务平台等事项的公告》（国家税务总局公告 2020 年第 1 号）规定，自 2020 年 1 月起，纳税人办理增值税普通发票、增值税电子普通发票、收费公路通行费增值税电子普通发票、机动车销售统一发票、二手车销售统一发票票种核定事项，除税务机关确定的高风险等情形外，主管税务机关应当即时办结。符合《国家税务总局关于新办纳税人首次申领增值税发票有关事项的公告》（国家税务总局公告 2018 年第 29 号）中规定的新办纳税人首次申领增值税发票条件的，主管税务机关应当自受理申请之日起 2 个工作日内办结。根据国务院《关于修改<中华人民共和国发票管理办法>的决定》（中华人民共和国国务院令第 587 号），需要临时使用发票的单位或个人，可以凭购销商品、提供或者接受服务以及从事其他经营活动的书面证明、经办人身份证明，直接向经营地税务机关申请代开发票。税务机关对外省、自治区、直辖市来本辖区从事临时经营活动的单位和个人领购发票的，可以要求其提供保证人或者根据所领购发票的票面限额及数量交纳不超过 1 万元的保证金，并限期缴销发票。

3.1.3　代理领购发票操作要点

1. 代理自制发票审批程序与操作要点

《发票管理办法实施细则》规定，凡有固定生产经营场所，财务核算和发票管理制度健全，发票使用量较大的单位，可以申请印制印有本单位名称的发票即自制发票。如果统一发票式样不能满足业务需要，也可以自行设计本单位的发票式样，报经省级以上税务机关批准到指定的印刷厂印制。自制发票仅限于增值税普通发票。

（1）要求用票单位根据业务特点和经营需要，设计发票式样，预计使用数量。

（2）代理填写《企业自制发票申请审批表》（如表 3-1 所示），写明所需发票的种类、名称、格式、联次和需求数量，连同发票式样一同提交主管税务机关审批。

表 3-1　企业自制发票申请审批表

纳税人识别号			纳税人编码			
纳税人名称			纳税人分类码			
生产经营地址			联系电话		邮政编码	
发票名称						
订印本数（份数）	份数/本	金额版	文字版	规格/cm	联次	纸质	装订方式
申请理由： （公章） 发票经办人：　　　　法定代表人：　　　　申请日期：　年　月　日						
以下由税务机关填写						
主管税务机关发票管理环节审批意见		经办人：　　部门负责人：			（公章） 主管局长： 年　月　日	
上级税务机关发票管理环节审批意见		经办人：			部门负责人（签章）： 年　月　日	
发票承印单位签收：　　　　　　　　　　　　　　　　年　月　日						

（3）取得税务机关核准的《发票印制通知书》后，到指定的印刷厂印制。发票印制完毕，税务师应指导用票单位建立发票领用存的管理制度，按季度向主管税务机关报送《发票领用存情况季报表》。

2. 代理统印发票领购操作要点

1）统印发票的领购方式

统印发票的领购有以下 3 种方式。

（1）批量供应。税务机关根据用票单位业务量对发票需求量的大小，确定一定时期内的合理领购数量，用量大的可以按月领购，用量不太大的可以按季领购，防止其积存较多发票而引起管理上的问题。这种方式主要适用于财务制度较健全、有一定经营规模的纳税人。

（2）交旧购新。用票单位交回旧的（即已填用过的）发票存根联，经主管税务机关审核后留存，才允许领购新发票。主管税务机关对旧发票存根联进行审核，主要查看其存根联是否按顺序号完整保存，作废发票是否全份缴销，填开的内容是否真实、完整、规范等。

（3）验旧购新。这种方式与交旧购新基本相同，主要区别是税务机关审验旧发票存根以后，由用票单位自己保管。

后两种方式适用于财务制度不太健全、经营规模不大的单位和个体工商业户，以便于税务机关能及时检查并纠正其发票使用过程中出现的问题。

2）代理统印发票领购操作要点

（1）税务师应根据用票单位适用的发票领购方式，办理发票领购手续。在初次办理统印发票的领购时，应填写《发票领购申请审批表》，经核准后，持《普通发票领购簿》、单位公章、经办人印章等到主管税务机关办理发票领购手续，按规定缴纳发票工本费，并取得收据。

（2）发票领购以后，税务师应将其与《普通发票领购簿》记载的种类、数量、起止号码进行核对，确认无误后交给用票单位并履行签收手续。

（3）对于再次领购发票的用票单位，税务师应按税务机关发票保管与使用的规定，认真审查发票存根联的各项内容，对于发现的问题应提示用票单位予以纠正后，再按用票单位适用的购票方式办理发票领购手续。

（4）对于用票单位已经发生的发票丢失、发票使用不符合规范等问题，税务师应指导用票单位向主管税务机关提交检查报告，并办理有关手续。

3.2　发票填开的要求及操作要点

税务师在代理建账建制、办理账务、开展税务咨询、受聘税务顾问等业务过程中，必然涉及企业在经济业务往来中如何开具和取得发票的问题。因此，对于发票的开具要求和填开的操作要点也是税务师必备的专业技术要求。

3.2.1　发票的开具要求

1. 发票开具使用的要求

任何填开发票的单位和个人必须在发生经营业务并确认营业收入时，才能开具发票，未发生经营业务的一律不得开具发票；不得转借、转让或代开发票；未经税务机关批准，不得拆本使用发票，即不能将一本发票拆成一份一份使用；不得自行扩大专用发票的使用范围，如将增值税专用发票用于非增值税一般纳税人。

2. 发票开具时限的要求

增值税专用发票开具的时限为：采用预收货款、托收承付、委托银行收款结算方式的，为货物发出的当天；采用交款发货结算方式的，为收到货款的当天；采用赊销、分期付款结算方式的，为合同约定的收款日期的当天；将货物交给他人代销，为收到受托人送交的代销清单的当天；设有两个以上机构并实行统一核算的纳税人，将货物从一个机构移送其他机构用于销售，按照规定应当征收增值税的，为货物移送的当天；将货物作为投资提供给其他单位或个体经营者、将货物分给股东或投资者的，均为货物移送的当天。增值税一般纳税人必须按照上述规定的时限开具增值税专用发票，不得提前或滞后。

3. 发票开具地点的要求

发票限于领购单位和个人在本省（自治区、直辖市）范围内开具，有些省级税务机关规定仅限于在本县、市内开具；有些省级税务机关虽然规定可以在本省（自治区、直辖市）跨县、市开具，但附有限定条件。任何单位和个人未经批准，不得跨规定使用区域携带、邮寄或运输发票，更不得携带、邮寄或运输发票出入国境。

4. 电子计算机开具发票的要求

用票单位使用电子计算机开具发票，必须报经主管税务机关批准，并使用税务机关统一监制的机外发票，即经税务机关批准的在定点印制发票企业印制的供电子计算机开具的发票。同时，开具后的存根联应当按照顺序号装订成册，以备税务机关检查。

3.2.2　发票填开的操作要点

1. 发票的开具

任何单位和个人销售商品、提供服务及从事经营活动时，对外发生经营业务收取款项，收款方应当向付款方开具发票。特殊情况下，由付款方向收款方开具发票：① 收购单位和扣缴义务人支付个人款项的；② 国家税务总局认为其他需要由付款方向收款方开具发票的。

2. 发票的填写

开具发票时，应该按照规定的时限，做到按照号码顺序填开，填写项目齐全，内容真实，字迹清楚，全部联次一次打印，内容完全一致，并在发票联和抵扣联加盖发票专用章。开具发票应当使用中文，民族自治地方可以同时使用当地通用的一种民族文字；任何单位和个人不得有下列虚开发票行为：

（1）为他人、为自己开具与实际经营业务情况不符的发票；

（2）让他人为自己开具与实际经营业务情况不符的发票；

（3）介绍他人开具与实际经营业务情况不符的发票。

增值税专用发票的开具要求：

（1）项目齐全，与实际交易相符；

（2）字迹清楚，不得压线、错格；

（3）发票联和抵扣联加盖发票专用章；

（4）按照增值税纳税义务的发生时间开具。汇总开具增值税专用发票的，同时使用新系统开具《销售货物或者提供应税劳务清单》并加盖发票专用章。

3. 发票的取得

为了便于进行会计核算，任何单位和从事生产经营活动的个人在购买商品、接受服务，以及从事其他经营活动时支付款项，应当向收款方索取发票。根据《发票管理办法》规定，在取得发票时，不得要求变更品名和金额。同时，不符合规定的发票，即应经而未经税务机关监制的发票；填写项目不齐全，内容不真实，字迹不清楚的发票；没有加盖发票专用章的发票；伪造、作废及其他不符合税务机关规定的发票，一律不得作为财务报销凭证，任何单位和个人有权拒收。

4. 发票的作废

用票单位和个人开具发票发生错填、误填等需要重新开具发票的，可在原发票上注明"作废"字样后，重新开具发票；如果发生销货退回需开红字发票，必须收回原发票并注明"作废"字样或取得对方的有效证明；发生销售折让的，必须收回原发票并注明"作废"字样后，重新开具销售发票或取得对方有效证明后开具红字发票。开具增值税专用发票填写有误的，应当另行开具，并在误填的专用发票上注明"误填作废"4 个字；如增值税专用发票开具后因购货方不索取而成为废票，也应按填写有误办理。

3.3　代理发票审查实务

发票审查是税收检查的重要内容和发票管理的重要环节。税务师开展发票审查业务属于用票单位自查，可以有效地指导用票单位的发票管理，减少纳税风险。

3.3.1　代理发票审查的基本内容

代理发票审查一般不单独进行，而是税务师在计算填报纳税申报表和办理发票领购手续之前所做的准备工作。当然，在审查纳税情况时，代理发票审查也是不可缺少的环节。

税务师接受纳税人委托进行发票审查时，首先应明确发票审查的目的和要求，以及审查的对象和范围，然后深入纳税人的生产经营场所进行实地审查。

1. 代理增值税普通发票审查操作要点

1）审查发票基础管理情况

发票基础管理工作状况直接影响发票的使用、保管等各个环节的管理成效。发票基础管理工作包括用票单位发票管理人员的配备、发票存放的安全性、发票取得与开具管理环节的严密性等。

2）审查发票领购、发放、保管情况

对发票领购环节主要审查发票领购的手续是否合法，有无私印、私售发票的问题；对发票发放环节主要审查发票的发放是否符合规定的范围，按序时登记并有领取人的签收手续；对发票保管环节主要审查发票存根、库存未用的发票是否保存完整，账面数与实际库存数是否相等，有无发生丢失、霉烂等情况；已用的发票存根联及作废发票是否完整保存，是否按规定登记并报税务机关销毁。

3）审查发票使用情况

税务师审查发票的使用情况，主要从以下三个方面入手。

（1）审查发票开具内容是否真实，即票面各项内容所反映的业务是否为用票单位的真实情况。

（2）审查发票有无超经济范围填开的问题，填开的方法是否符合规定要求，如发票各栏项目的填写是否准确无误，各联次是否一次性开具，是否加盖了财务专用章或发票专用章，大小写金额是否封顶等。

（3）审查发票取得是否符合发票管理制度的规定，有无转借、代开或虚开发票的问题。对于从中国境外取得的发票如有疑问，可要求纳税人提供境外公证部门或注册会计师的确认证明。

2. 代理增值税专用发票审查操作要点

增值税专用发票是纳税人经济活动中的重要原始凭证，是兼记销货方纳税义务和购货方进项税额的合法证明，对增值税的计算和管理起着决定性的作用。因此，做好增值税专用发票的代理审查工作，对保证纳税人正确核算应纳税额是十分重要的。增值税专用发票的审查除上述审查普通发票的操作要点以外，还应侧重以下几个方面。

（1）增值税专用发票开具的范围。审查发生销售免税项目、在境外销售应税劳务、向消费者销售应税项目时，用票单位是否有开具增值税专用发票的问题。

（2）增值税专用发票抵扣联的取得。对用票单位取得增值税专用发票的时间、内容、税额计算等方面进行详细核查，凡属于未按规定取得增值税专用发票的情况，应提示纳税人不得计算抵扣进项税额。

（3）增值税专用发票的缴销。为了保证增值税专用发票的安全使用，纳税人要按规定的期限缴销，如从开具第一张专用发票的时间算起至60天内要办理缴销手续。对于填开有误的增值税专用发票要加盖"误填作废"的条形专用章后予以缴销。

3.3.2　代理发票审查的基本方法

审查发票的方法可以因事而异，其目的是帮助纳税人严格按照发票管理制度的规定取得和开具发票，保证原始凭证的真实性与合法性。

1. 对照审查法

对照审查法是将出票单位发票使用的实际情况与《发票领购簿》及发票领用存的情况核对，审查私印发票、丢失发票、转借发票、虚开发票、代开发票、使用作废发票和超经营范围填开发票的问题。

2. 票面逻辑推理法

票面逻辑推理法是根据发票各个栏目所列内容之间，发票与用票单位有关经济业务之间的关系进行分析审核，从中发现问题的一种审查方法。

（1）利用发票的各项内容之间的逻辑关系进行分析审核。发票所列各项内容之间，有其内在的逻辑关系或规律性，如果违背了这些规律，就说明发票使用存在问题。例如，增值税专用发票中购、销双方的名称与纳税人识别号有着直接的对应关系；根据销售货物或劳务的名称可以确定适用税率；根据计算单价、数量、单位、金额、税率和税额之间的逻辑关系可以推断金额和税额的计算有无错误等。

（2）利用发票和企业经济业务的关系进行分析审核。发票与企业的购销业务有着直接的联系，而购销业务与企业存货数量及货币资金（包括债权、债务）的增减变化有着一定的对应关系，利用这一逻辑关系可以审查发票使用有无问题。

首先，取得发票的金额与存货、费用增加额，货币资金减少额，流动负债增加额呈同步变化趋势；其次，填开发票的金额与存货减少额、货币资金或应收债权增加额呈同步变化趋势。如果企业取得或填开的发票与购销业务之间的关系违背了上述规律，在数量、金额上的逻辑关系不符，就有可能存在问题，需进一步审查核实。

3. 发票真伪鉴别方法

在实际工作中，用票单位和个人往往会遇到真伪发票的鉴别问题。因此，学会鉴别真伪发票的方法，对于指导纳税人依法取得合法有效的结算凭证，保护自身的经济利益是十分有益的。

（1）普通发票真伪鉴别方法。自 2016 年第四季度起印制的增值税普通发票采用新的防伪措施，调整后的增值税普通发票的防伪措施为灰变红防伪油墨。增值税普通发票各联次颜色：第一联为蓝色，第二联为棕色，第三联为绿色，第四联为紫色，第五联为粉红色。使用白纸摩擦票面的发票代码和字母 N、O 标识的 Number 区域，在白纸表面以及发票代码和字母 N、O 标识的 Number 的摩擦区域均会产生红色擦痕。增值税普通发票（卷票）税徽使用光变油墨印制，直视颜色为金属金色，斜视颜色为金属绿色，显示效果明显、清晰。鉴别方法为：增值税普通发票（卷票）税徽在目视观察下，光学入射角分别为 90 度和 30 度时，呈不同颜色。（《国家税务总局关于调整增值税普通发票防伪措施有关事项的公告》（国家税务总局公告 2016 年第 68 号））

（2）增值税专用发票真伪鉴别方法。取得增值税专用发票的单位和个人可登录全国增值税发票查验平台（https：//inv-veri. chinatax. gov. cn），对新系统开具的增值税专用发票、增值税普通发票、机动车销售统一发票和增值税电子普通发票的发票信息进行查验。单位和个人通过网页浏览器首次登录平台时，应下载安装根目录证书文件，查看平台提供的发票查验操作说明。具体种类包括：①增值税专用发票；②增值税普通发票（折叠票）、增值税普通发票（卷票）；③增值税电子普通发票（含收费公路通行费增值税电子普通发票）；④机动车销售统一发票；⑤二手车销售统一发票。

除上述发票类型以外的其他发票的查验途径，可咨询开具发票所在地各省 12366，核实具体查询途径。（《国家税务总局关于启用全国增值税发票查验平台的公告》（国家税务总局公告 2016 年第 87 号））。

思考与练习

1. 简述代理统印发票领购操作要点。

2. 实务题。

某贸易公司 2022 年 5 月 25 日从外地某钢铁厂购进螺纹钢一批，钢铁厂于当日开具增值税专用发票并将发票联和抵扣联交给贸易公司业务人员。2022 年 6 月 4 日，贸易公司业务人员在返程途中被盗，将增值税专用发票的发票联和抵扣联丢失。因此项购销业务涉及金额巨大，贸易公司当即于 2022 年 6 月 5 日派相关人员去钢铁厂进行沟通，说明情况并希望钢铁厂再开一张相同金额的增值税专用发票，钢铁厂财务人员拒绝另行开具增值税专用发票。

要求：

（1）钢铁厂为什么拒绝另行开具增值税专用发票？

（2）贸易公司在钢铁厂不另开增值税专用发票的情况下，怎样才能取得此项业务的增值税进项税额抵扣凭证？

（3）贸易公司最迟应于何时办妥各项相关手续，才能保证此项业务的进项税额可以抵扣？

第4章 代理建账建制实务

学习目标

通过本章的学习，学生了解建账建制的意义和作用，掌握建账建制的适用范围与基本要求，以及代理建账建制的基本内容和操作规程。

导入案例

浪时服装厂属于个体经营者，为增值税小规模纳税人，现委托方正税务师事务所代理记账，税务师事务所派王丽为浪时服装厂代理记账。2022年，浪时服装厂部分经济业务为购入材料、销售产品、支付工资等。

问题： 王丽如何为浪时服装厂代制会计凭证？

4.1 代理建账建制的基本要求及范围

建账建制、代理记账是税务师执业的一项内容，其主要服务对象是财务核算制度不够健全，缺少合格会计人员的集体、私营中小企业，还有数量庞大的个体工商户。

4.1.1 代理建账建制的适用范围

根据《国务院关于批转国家税务总局加强个体私营经济税收征管强化查账征收工作意见的通知》和《个体工商户建账管理暂行办法》规定，个体、私营业户可自行建账，也可以聘请社会中介机构代理建账，具体范围如下。

（1）有固定经营场所的个体、私营经营业户。

（2）名为国有或集体实为个体、私营经营业户。

（3）个人租赁、承包经营企业。

对于经营规模小、达不到建账标准的业户，均实行上述规定。

4.1.2 代理建账建制的基本要求

在个体、私营业户中全面实行建账，采取查账征收的方法，涉及面广、综合性强，单凭税务机关独立运作难以实现有效的控管，特别是大多数个体、私营业户存在从业人员素质普遍偏低、财务人员短缺、自行建账困难的情况，由税务代理等社会中介机构介入这项工作，是十分必要的。税务师首先应了解国家有关代理记账的管理制度，在代理建账建制的过程中，主动接受税务机关的监督与管理，区别不同的业户实施分类建账。对于达到一定经营规模的个体工商户，按定期定额征收的私营企业，各类名为国有、集体实为个体或私营的企业，个人租赁承包经营的企业要建立复式账，其他业户建立简易账。

1. 复式账建账建制的基本要求

符合下列情形之一的个体户应建复式账。

（1）注册资金在 20 万元以上的。

（2）提供增值税应税劳务的纳税人月销售额在 40 000 元以上；从事货物生产的增值税纳税人月销售额在 60 000 元以上；从事货物批发或零售的增值税纳税人月销售额在 80 000元以上的。

（3）省级税务机关确定应设置复式账的其他情形。

2. 简易账建账建制的基本要求

符合下列情形之一的个体工商户，应当设置简易账，并积极创造条件设置复式账。

（1）注册资金在 10 万元以上 20 万元以下的。

（2）提供增值税应税劳务的纳税人月销售额在 15 000～40 000 元；从事货物生产的增值税纳税人月销售额在 30 000～60 000 元；从事货物批发或零售的增值税纳税人月销售额在40 000～80 000 元的。

（3）省级税务机关确定应当设置简易账的其他情形。

建立简易账的个体工商户应建立经营收入账、经营费用账、商品（材料）购进账、库存商品（材料）盘点表、利润表，以收支方式记录和反映生产经营情况并进行简易会计核算。简易账簿均采用订本式，建立简易账簿核算的个体户其会计制度和财务制度应与设立复式账的个体业户相同，只是会计核算科目、核算方法要简单得多。

4.2 代理建账建制的基本内容及规范

代理建账建制的基本内容主要是针对应按个体工商户会计制度、财务制度核算的纳税单位。就个体工商户的会计制度与个人所得税计税办法而言，属于按经济性质设置会计与财务制度，虽然其核算的基本原则与方法趋同于现行财务、会计制度，但是具体会计科目的运用、税前成本费用列支的标准都有一定差别。

4.2.1 代理建账建制的基本内容

1. 代建个体工商户会计制度

1）代建个体工商户复式账会计制度

税务师为个体工商户建立复式账簿，应按《个体工商户会计制度（试行）》的规定，设置和使用会计科目，也可以根据实际情况自行增加、减少或合并某些会计科目，编制资产负债表（如表 4-1 所示）、应税所得表（如表 4-2 所示）和留存利润表（如表 4-3 所示），报送主管税务机关。

2）代建个体工商户简易账会计制度

建立简易账的个体工商户，生产经营的特点是规模小、收入少，因而核算内容从会计科目的设置到编制会计报表都大大简化，主要是控制收支两方面的核算和反映盈亏。税务师代为建账建制除设置简易会计科目核算外，还要编制应税所得表，在办理当期纳税申报时向主管财政、税务机关报送。

表4-1 资产负债表

编制单位：ﾠﾠﾠﾠﾠﾠﾠﾠﾠ年ﾠﾠ月ﾠﾠ日ﾠﾠﾠﾠﾠﾠﾠﾠﾠﾠﾠ单位：元

资　　产	金　额	负债及业主权益	金　额
资产：		负债：	
现金		借入款项	
银行存款		应付款项	
应收款项		应付职工薪酬	
存货		应交税费	
长期待摊费用		负债合计	
待处理财产损溢			
固定资产原价			
减：累计折旧			
固定资产净值		业主权益：	
固定资产清理		业主投资	
在建工程		留存利润	
无形资产		业主权益合计	
资产总计		负债及业主权益合计	

表4-2 应税所得表

编制单位：ﾠﾠﾠﾠﾠﾠﾠﾠﾠﾠﾠﾠﾠﾠﾠﾠﾠﾠﾠ年ﾠﾠﾠﾠﾠﾠﾠﾠﾠﾠﾠﾠﾠﾠﾠﾠﾠ单位：元

项　　目	行　次	金　额
营业收入		
减：税金及附加		
营业成本		
销售费用		
营业外收支（如净收益以"－"号表示）		
本年经营所得（如经营亏损以"－"号表示）		
减：应弥补的以前年度亏损		
本年应税所得（如为亏损以"－"号表示）		

表4-3 留存利润表

编制单位：ﾠﾠﾠﾠﾠﾠﾠﾠﾠﾠﾠﾠﾠﾠﾠﾠﾠﾠﾠ年ﾠﾠﾠﾠﾠﾠﾠﾠﾠﾠﾠﾠﾠﾠﾠﾠﾠ单位：元

项　　目	行　次	金　额
本年应税所得		
减：个人所得税		
税后列支费用		
转入逾期亏损		
加：年初留存利润		
年末留存利润		

2. 代建个体工商户财务制度

长期以来，个体、私营业户税款征收的基本方法是定期定额，查账征收所占比例较低。改变所得税的计算方法实行查账征收，不仅要建立个体工商户的会计制度，还必须有规范的财务核算制度。凡是按个体工商户进行税务登记管理的，均以每一纳税年度的收入总额减除成本、费用、损失、税金、其他支出以及允许弥补的以前年度亏损后的余额为应纳税所得额，作为计算个人所得税的依据。

（1）收入确认是按权责发生制的原则，确认从事生产经营及与此相关活动所取得的各项收入。属于当期的收入和费用，不论款项是否收付，均作为当期的收入和费用；不属于当期的收入和费用，即使款项已经在当期收付，均不作为当期的收入和费用。

（2）成本是指个体工商户在生产经营活动中发生的销售成本、销货成本、业务支出以及其他耗费。

（3）费用是指个体工商户在生产经营活动中发生的销售费用、管理费用和财务费用，已经计入成本的有关费用除外。

（4）税金是指个体工商户在生产经营活动中发生的除个人所得税和允许抵扣的增值税外的各项税金及其附加。

（5）损失是指个体工商户在生产经营活动中发生的固定资产和存货的盘亏、毁损、报废损失，转让财产损失，坏账损失，自然灾害等不可抗力因素造成的损失以及其他损失。

个体工商户发生的损失，减除责任人赔偿和保险赔款后的余额，参照财政部、国家税务总局有关企业资产损失税前扣除的规定扣除。

个体工商户已经作为损失处理的资产，在以后纳税年度又全部收回或者部分收回时，应当计入收回当期的收入。

（6）其他支出是指除成本、费用、税金、损失外，个体工商户在生产经营活动中发生的与生产经营活动有关的、合理的支出。

（7）个体工商户发生的支出应当区分收益性支出和资本性支出。

收益性支出在发生当期直接扣除，资本性支出应当分期扣除或者计入有关资产成本，不得在发生当期直接扣除。

支出，是指与取得收入直接相关的支出。

（8）个体工商户下列支出不得税前扣除：

①个人所得税税款；

②税收滞纳金；

③罚金、罚款和被没收财物的损失；

④不符合扣除规定的捐赠支出；

⑤赞助支出；

⑥用于个人和家庭的支出；

⑦与取得生产经营收入无关的其他支出；

⑧国家税务总局规定不准扣除的支出。

（9）个体工商户生产经营活动中，应当分别核算生产经营费用和个人、家庭费用。对于生产经营与个人、家庭生活混用难以分清的费用，其40%视为与生产经营有关费用，准予扣除。

（10）个体工商户纳税年度发生的亏损，准予向以后年度结转，用以后年度的生产经营所得弥补，但结转年限最长不得超过5年。

4.2.2　代理记账操作规范

税务师代理记账，应购领统一格式的账簿凭证，启用账簿时送主管税务机关审验盖章。

账簿和凭证要按发生的时间先后顺序填写、装订或粘贴，凭证和账簿不得涂改、销毁、挖补。对各种账簿、凭证、表格必须保存 10 年以上，销毁时须经主管税务机关审验和批准。

1. 代制会计凭证

会计凭证是记录经济业务、明确经济责任的书面证明，是登记账簿的依据。会计凭证按其填制的程序和用途不同，分为原始凭证和记账凭证两种。税务师代制会计凭证主要是在审核原始凭证的基础上代制记账凭证。

1）审核原始凭证

原始凭证是进行会计核算的原始资料，分为自制原始凭证和外来原始凭证两种。例如，个体户销售货物提供应税劳务所开具的发票，材料验收入库时填制的收料单，产品（商品）出库时填制的出库单等。税务师代理记账但不代客户制作原始凭证，仅指导其正确填制或依法取得有效的原始凭证。为了保证记账凭证的真实合法性，应注意从以下几个方面审核原始凭证。

（1）原始凭证内容的真实性与完整性。原始凭证所记录的经济业务应与实际情况相符，各项内容应填写齐全。例如，开具或取得的发票，其客户名称、业务内容、单位价格、金额等栏目应真实完整地反映某项经济业务的来龙去脉，凡属名实不符或项目填列不全的发票，税务师应指导纳税单位加以改正。

（2）原始凭证取得的时效性与合法性。原始凭证入账的时间有一定的时限要求，其凭证上注明的时间应与会计核算期间相符，凭证的取得也应符合现行财务和税收征管法规的要求。

2）代制记账凭证

记账凭证是根据合法的原始凭证或原始凭证汇总表编制的，它是登记账簿的依据。税务师应根据纳税单位原始凭证的多寡和繁简情况，按月或按旬到户代制记账凭证。记账凭证可以根据每一张原始凭证单独填制，也可以按反映同类经济业务的若干原始凭证汇总填制。

（1）根据原始凭证简要概括业务内容，填入"摘要"栏内，有助于登记账簿和日后查阅凭证。

（2）根据会计科目的内容正确编制会计分录，做到账户对应关系清晰。

（3）将记账凭证连续编排号码并附列原始凭证，按月装订成册。

会计凭证是重要的经济资料和会计档案，税务师完成记账凭证的编制后，应帮助纳税单位建立立卷归档制度，指定专人保管。

2. 代为编制会计账簿

税务师根据记账凭证所确定的会计分录，分别在日记账和分类账的有关账户中进行登记的工作简称为记账。代记简易账的记账工作是以收支方式记录、反映生产情况并进行简易会计核算，在编制记账凭证后根据业务内容按时间顺序记入相关账户，实际上是俗称的流水账。代记复式账的操作应根据会计账户的特点进行。

（1）现金日记账和银行存款日记账，应由纳税单位的出纳人员登记，税务师审核有关凭证和登记内容，使其能逐日反映库存现金和银行存款收入的来源、支出与结存的情况，保证账实相符。

（2）总分类账一般应采用借、贷、余额三栏式的订本账，直接根据各种记账凭证逐笔进行登记，也可先编制成汇总记账凭证或科目汇总表，再据以登记。每月应将当月已完成的经济业务全部登记入账，并于月份终了时结出总账、各分类账户的本期发生额和期末余额，作为编制会计报表的主要依据。

（3）明细分类账是总分类账的明细科目，可分类连续地记录和反映个体户资产、负债、所有者权益、成本、费用、收入等明细情况，税务师应根据个体、私营业户所属经营行业的特点，经营项目的主要范围，设置明细分类账。例如，从事饮食服务的业户，可设置"存货""固定资产""应收款项""应付款项""应付职工薪酬""应交税费""营业收入""营业成本""销售费用""本年应税所得""留存利润"等明细分类账。

明细分类账一般采用活页式账簿，其格式可选择三栏式、数量金额式或多栏式。登记方法可根据原始凭证逐日定期汇总登记，或者逐笔登记。

税务师将上述账簿登记编制完毕，还要进行对账工作，进行账证核对、账账核对和账实核对，在会计期末即月份、季度和年度终了时进行结账，以确定本期收入成本、费用和应税所得，同时也为编制会计报表准备数据。

3. 代为编制会计报表

会计报表是提供会计资料的重要手段。个体工商户的会计报表比企业的要简单。设置复式账的个体工商户要编报资产负债表、应税所得表和留存利润表；设置简易账的个体工商户仅要求编报应税所得表，该表除可以总括反映业户的资产负债情况外，最重要的是为个人所得税的计算提供真实可靠的依据。

（1）数字真实，内容完整。根据权责发生制的要求，会计报表应在全部经济业务都登记入账，进行对账、结账和试算平衡后，再根据账簿资料编制，应做到内容填报齐全，数字编报真实可靠。

（2）计算准确，报送及时。会计报表要以会计账簿各明细科目期末余额为依据，反映出表账之间、表表之间严密的数字逻辑关系，既不能漏报，也不可随意编报，并应在规定的时间内报送主管财税机关。

4. 代理纳税申报

税务师代理建账、记账过程中，对于客户生产经营情况应有较为全面、深入的了解，在按月结账编制报表的同时，可代理纳税申报事宜。

关于个体工商户的所得税，应在月度或季度终了后 15 日内，填报《个人所得税经营所得纳税申报表（A 表）》，在取得所得的次年 3 月 31 日前向经营管理所在地主管税务机关办理汇算清缴，实行多退少补。

5. 代理纳税审查

代理纳税审查的作用是帮助个体户正确、完整地履行纳税义务，避免因不了解税法或财务会计制度的规定而漏缴税款。税务师代理纳税审查工作的重点，是审查应税所得表所列各项是否符合个体工商户财务会计制度的规定。

思考与练习

1. 税务师代制会计凭证要注意哪些问题？

2. 税务师代编会计报表要注意哪些问题？

第 3 篇

代理纳税申报实务

第 5 章　代理流转税纳税申报实务

学习目标

通过本章的学习，学生掌握代理流转税申报实务，内容包括流转税的基本税制内容，代理申报操作规范，账务处理和申报表的填制。学生应该掌握这些内容，为税务代理的实施奠定基础。

导入案例

山西省某煤气化公司是增值税一般纳税人，主要生产和销售居民用煤气、焦炭和焦油等产品。在销售过程中，针对不同产品的市场需求情况，该公司采用了不同的销售方式，既有现款销售，也有分期付款等销售方式，生产原料既有从增值税一般纳税人处购进也有从增值税小规模纳税人处购买。在运营过程中，由于管理不善造成一批原煤丢失。

税务机关核定纳税期限为 1 个月。该公司委托兰天税务师事务所为其代理增值税纳税申报事宜。

问题：（1）兰天税务师事务所在办理纳税申报时应提供哪些资料？

（2）如何填写纳税申报表？

（资料来源：奚卫华．税务代理实务．北京：中国人民大学出版社，2008.）

5.1　代理增值税纳税申报实务

自 2019 年 4 月 1 日起，我国实行深化增值税改革有关政策，即增值税一般纳税人发生增值税应税销售行为或者进口货物，原适用 16% 税率的，税率调整为 13%；原适用 10% 税率的，税率调整为 9%；并且扩大了进项税抵扣范围，使得部分行业税负明显降低，促进企业良性竞争，进一步激活了市场动力。

5.1.1　增值税的计算方法

根据《增值税暂行条例》和《营业税改征增值税试点实施办法》的规定，增值税是对在我国境内销售或进口货物，提供加工、修理修配劳务（以下简称应税劳动），销售服务、无形资产或者不动产的行为征税。

1. 增值税一般纳税人应纳税额计算

增值税一般纳税人销售货物、提供应税劳务、销售服务、销售无形资产或者不动产应纳税额为当期销项税额抵扣当期进项税额后的余额。应纳税额的计算公式为

$$应纳税额 = 当期销项税额 - 当期进项税额 - 上期留抵税额$$

如果应纳税额大于 0，则为当期应缴纳的增值税税额；如果应纳税额小于 0，则其不足

部分可以结转下期继续抵扣。

1）销项税额

销项税额是指纳税人销售货物、提供应税劳务、销售服务、销售无形资产或者不动产按照销售额和适用税率计算并向购买方收取的增值税额，其计算公式为

$$销项税额＝销售额×税率$$

上述销售额是指纳税人销售货物、提供应税劳务、销售服务、销售无形资产或者不动产向购买方收取的全部价款和价外费用，但是不包括收取的销项税额。

2）进项税额

进项税额是指纳税人购进货物、接受应税劳务、接受应税服务、购进无形资产或者不动产所支付或负担的增值税额。其主要包括以下内容。

（1）从销售方取得的增值税专用发票上注明的增值税税额。自 2019 年 4 月 1 日起，纳税人取得不动产或者不动产在建工程的进项税额不再分 2 年抵扣。此前按照原规定尚未抵扣完毕的待抵扣进项税额，可自 2019 年 4 月税款所属期起从销项税额中抵扣。

（2）从海关取得的海关进口增值税专用缴款书上注明的增值税额。

（3）自 2019 年 4 月 1 日起购进农产品，除取得增值税专用发票或海关进口增值税专用缴款书外，按照农产品收购发票或销售发票上注明的农产品买价和 9% 的扣除率计算的进项税额。营业税改征增值税试点期间，纳税人购进用于生产销售或委托加工 13% 税率货物的农产品，按照 10% 的扣除率计算进项税额。

（4）自境外单位或者个人购进劳务、服务、无形资产或者境内的不动产，从税务机关或者扣缴义务人取得的解缴税款的完税凭证上注明的增值税额。

3）不得从销项税额中抵扣的进项税额

（1）纳税人取得的增值税扣税凭证不符合法律、行政法规或者国家税务总局有关规定的，其进项税额不得从销项税额中抵扣。

（2）用于简易计税方法计税项目、免征增值税项目、集体福利或者个人消费。其中涉及的固定资产、无形资产、不动产，仅指专用于上述项目的固定资产、无形资产（不包括其他权益性无形资产）、不动产。纳税人的交际应酬消费属于个人消费。

（3）非正常损失的购进货物，以及相关的加工修理修配劳务和交通运输服务。

（4）非正常损失的在产品、产成品所耗用的购进货物（不包括固定资产）、加工修理修配劳务和交通运输服务。

（5）非正常损失的不动产，以及该不动产所耗用的购进货物、设计服务和建筑服务。

（6）非正常损失的不动产在建工程所耗用的购进货物、设计服务和建筑服务。纳税人新建、改建、扩建、修缮、装饰不动产，均属于不动产在建工程。

（7）购进的贷款服务、餐饮服务、居民日常服务和娱乐服务。自 2019 年 4 月 1 日起，购进的旅客运输服务，其进项税额准予从销项税额中抵扣。

（8）财政部和国家税务总局规定的其他情形。

4）进项税额的抵扣时限

自 2020 年 3 月 1 日起，增值税一般纳税人取得 2017 年 1 月 1 日及以后开具的增值税专用发票、海关进口增值税专用缴款书、机动车销售统一发票、收费公路通行费增值税电子普通发票，取消认证确认、稽核比对、申报抵扣的期限。纳税人在进行增值税纳税申报时，应

当通过本省（自治区、直辖市和计划单列市）增值税发票综合服务平台对上述扣税凭证信息进行用途确认。

自 2020 年 3 月 1 日起，增值税一般纳税人取得 2016 年 12 月 31 日及以前开具的增值税专用发票、海关进口增值税专用缴款书、机动车销售统一发票，超过认证确认、稽核比对、申报抵扣期限，但符合规定条件的，仍可按照《国家税务总局关于逾期增值税扣税凭证抵扣问题的公告》（2011 年第 50 号，国家税务总局公告 2017 年第 36 号、2018 年第 31 号修改）、《国家税务总局关于未按期申报抵扣增值税扣税凭证有关问题的公告》（2011 年第 78 号，国家税务总局公告 2018 年第 31 号修改）规定，继续抵扣进项税额。

5）进项税额的扣减

（1）因进货退出或折让而收回的增值税额，应从发生进货退出或折让当期的进项税额中扣减。

（2）已抵扣进项税额的购进货物、接受应税劳务、接受应税服务、购进无形资产或者不动产发生进项税额不得从销项税额中抵扣情况的，应将该项购进货物、接受应税劳务、接受应税服务、购进无形资产或者不动产的进项税额从当期的进项税额中扣减。

（3）自 2019 年 4 月 1 日至 2022 年 12 月 31 日，对生产、生活性服务业纳税人当期可抵扣进项税额分别按 10% 和 15% 加计抵减应纳税额。生产、生活性服务业纳税人，是指提供邮政服务、电信服务、现代服务、生活服务取得的销售额占全部销售额的比重超过 50% 的纳税人。

6）进项税额不足抵扣的处理

因当期销项税额小于当期进项税额不足抵扣，其不足部分可以结转下期继续抵扣。

2. 增值税小规模纳税人的征收率及应纳税额的计算

小规模纳税人缴纳增值税采用简易计税方法适用征收率。我国增值税的法定征收率是 3%；一些特殊项目适用 3% 的征收率减按 2% 征收增值税；自 2020 年 5 月 1 日至 2023 年 12 月 31 日，从事二手车经销的纳税人销售其收购的二手车，减按 0.5% 征收率征收增值税。自 2022 年 4 月 1 日至 2022 年 12 月 31 日，增值税小规模纳税人适用 3% 征收率的应税销售收入，免征增值税；适用 3% 预征率的预缴增值税项目，暂停预缴增值税。

增值税小规模纳税人按照销售货物、提供应税劳务、销售服务、销售无形资产或者不动产销售额和规定的征收率计算应纳税额，不得抵扣进项税额。应纳税额的计算公式为

$$应纳税额＝销售额×征收率$$

销售额比照一般纳税人规定确定。需要指出的是，增值税小规模纳税人的销售额也不包括其应纳税额，增值税小规模纳税人如果采用销售额和应纳税额合并定价方法的，按下列公式计算销售额

$$销售额＝含税销售额/（1+征收率）$$

【例 5-1】某企业为增值税一般纳税人，2021 年 3 月发生以下业务。

（1）外购原材料 100 吨，取得增值税专用发票，支付价款（不含税）50 000 元；取得运输公司开具的增值税专用发票，注明金额 2 500 元。

（2）外购辅助材料 5 吨，取得增值税专用发票，每吨支付价款（不含税）5 000 元。

（3）企业生产需要进口一台设备，应纳关税完税价格为 100 000 元，已纳关税 20 000 元。

（4）销售外购的原材料 30 吨，取得不含税销售收入 20 000 元。

（5）销售产品 500 件，每件价税合计为 226 元，用自备汽车运输，向买方收取运输费 5 000 元，包装费 1 780 元（与销售货物不能分别核算）。

（6）用上述产品 100 件发放职工福利。

假设上述各项购销货物的增值税税率均为 13%。

根据以上条件，计算该企业当月增值税应纳税额。

① 销项税额 = 20 000×13% +[（500+100）×226/（1+13%）]×13% +
   [（5 000+1 780）/（1+13%）]×13% = 18 980（元）

② 进项税额 = 50 000×13% +2 500×9% +5×5 000×13%
   = 9 975（元）

③ 应纳税额 = 18 980-9 975 = 9 005（元）

④ 进口设备应纳税额 =（100 000+20 000）×13% = 15 600（元）

⑤ 该企业合计应纳税额 = 9 005+15 600 = 24 605（元）

3. 出口货物应退税额的计算方法

1）外贸企业出口货物退税计算方法

对有进出口经营权的外贸企业收购货物直接出口或委托其他外贸企业代理出口货物的，应依据购进出口货物所取得的增值税专用发票上列明的进项金额和该货物适用的退税率计算退税。其计算公式为

应退税额 = 购进货物的进项金额×退税率

2）生产企业出口货物免、抵、退税计算方法

实行免、抵、退税管理办法的，"免"税是指对生产企业出口的自产货物，免征本企业生产销售环节的增值税；"抵"税是指生产企业出口的自产货物所耗用的原材料、零部件等应予退还的进项税额，抵顶内销货物的应纳税款；"退"税是指生产企业出口的自产货物在当期内因抵顶的进项税额大于应纳税额而未抵顶完的税额，经主管税务机关批准后，予以退税。

生产企业出口货物免、抵、退税额应根据出口货物离岸价、出口货物退税率计算。出口货物离岸价（FOB）以出口货物发票上的离岸价为准（委托代理出口的，出口货物发票可以是委托方开具的或受托方开具的），若以其他价格条件成交，应扣除按会计制度规定允许冲减出口销售收入的运费、保险费、佣金等。申报数与实际支付数有差额的，在下次申报退税时调整（或年终清算时一并调整）。若出口货物发票不能如实反映离岸价，企业应按实际离岸价申报免、抵、退税，税务机关有权按照《税收征管法》《增值税暂行条例》等的规定予以核定。

（1）免、抵、退税不得免征和抵扣税额的计算。

免、抵、退税不得免征和抵扣税额 = 当期出口货物离岸价×外汇人民币牌价×
   （出口货物征税率-出口货物退税率）-
   免、抵、退税不得免征和抵扣税额抵减额

免、抵、退税不得免征和抵扣税额抵减额 = 免税购进原材料价格×（出口货物征税率-
   出口货物退税率）

（2）当期应纳税额的计算。

当期应纳税额 = 当期内销货物的销项税额-（当期进项税额-

当期免抵退税不得免征和抵扣税额）－上期留抵税额

（3）免、抵、退税额的计算。

免、抵、退税额＝出口货物离岸价×外汇人民币牌价×出口货物退税率－

免、抵、退税额抵减额

免、抵、退税额抵减额＝免税购进原材料价格×出口货物退税率

免税购进原材料包括国内购进免税原材料和进料加工免税进口料件，其中进料加工免税进口料件的价格为组成计税价格。

进料加工免税进口料件的组成计税价格＝货物到岸价格+海关实征关税+

海关实征消费税

（4）当期应退税额和当期免抵税额的计算。

当期免抵税额＝当期免抵退税额－当期应退税额

当当期期末留抵税额≤当期免抵退税额时：

当期应退税额＝当期期末留抵税额

当当期期末留抵税额>当期免抵退税额时：

当期应退税额＝当期免抵退税额

当期免抵税额＝0

"当期期末留抵税额"为当期《增值税及附加税费申报表》上的"期末留抵税额"。

5.1.2　代理增值税纳税申报操作规范

为深入推进税务领域"放管服"改革，国家税务总局发布《关于简并税费申报有关事项的公告》，自 2021 年 8 月 1 日起全面推进增值税与附加税费申报表整合工作，此举优化了税收营商环境，营造了征纳互信的良好氛围，切实减轻了纳税人、缴费人的申报负担。

代理增值税纳税申报时，应当按照法律、行政法规及相关规定的期限和内容，代理委托人如实向税务机关办理纳税申报和报送纳税资料，做到申报资料齐全、逻辑关系正确、税额（费）计算准确、纳税申报及时。

我国现行增值税政策将纳税人分为一般纳税人和小规模纳税人，由于两类纳税人增值税的计税方法不同，适用的纳税申报表及其附列资料也有差异。

1. 增值税一般纳税人

委托人为增值税一般纳税人的，其申报特点是报表体系严密，计税资料齐全。一般纳税人纳税申报表及其附列资料包括：

增值税及附加税费申报表（一般纳税人适用）；

增值税及附加税费申报表附列资料（一）（本期销售情况明细）；

增值税及附加税费申报表附列资料（二）（本期进项税额明细）；

增值税及附加税费申报表附列资料（三）（服务、不动产和无形资产扣除项目明细）；

增值税及附加税费申报表附列资料（四）（税额抵减情况表）；

增值税及附加税费申报表附列资料（五）（附加税费情况表）；

增值税减免税申报明细表；

增值税及附加税费预缴表；

增值税及附加税费预缴表附列资料（附加税费情况表）。

2. 增值税小规模纳税人

委托人为增值税小规模纳税人的，由于计税方法简单，其纳税申报的操作也相对容易。小规模纳税人纳税申报表及其附列资料包括：

增值税及附加税费申报表（小规模纳税人适用）；

增值税及附加税费申报表（小规模纳税人适用）附列资料（一）（服务、不动产和无形资产扣除项目明细）；

增值税及附加税费申报表（小规模纳税人适用）附列资料（二）（附加税费情况表）；

增值税减免税申报明细表；

增值税及附加税费预缴表；

增值税及附加税费预缴表附列资料（附加税费情况表）。

税务师在编制纳税申报表时，应按以下规范操作。

（1）核查销售原始凭证及相关账户，稽核销售货物、提供应税劳务、销售服务、销售无形资产或者不动产及视同销售的收入。

（2）对于有经营免税项目或有混合销售、兼营的，应通过核查原始凭证及核算过程，正确区分征免税项目及应税项目的销售收入，将免税销售额分离出来。

（3）核查"应交税费——应交增值税"明细分类账，将含税收入换算成不含税销售额乘以征收率计算出当期应纳税额。

3. 纳税申报其他资料

已开具的税控机动车销售的统一发票和普通发票的存根联；

符合抵扣条件且在本期申报抵扣的增值税专用发票（含税控机动车销售的统一发票）的抵扣联；

符合抵扣条件且在本期申报抵扣的海关进口增值税专用缴款书、购进农产品取得的普通发票的复印件；

符合抵扣条件且在本期申报抵扣的税收完税凭证及其清单，书面合同、付款证明和境外单位的对账单或者发票；

纳税人销售服务、不动产和无形资产，在确定服务、不动产和无形资产销售额时，按照有关规定可以从取得的全部价款和价外费用中扣除价款的合法凭证及其清单；

主管税务机关规定的其他资料。

5.1.3　代理填制增值税及附加税费申报表的方法

1. 增值税一般纳税人纳税申报表

1）模拟案例

企业概况如下。

（1）纳税人识别号：912301021271310×××

（2）所属行业：工业制造业

（3）纳税人名称：哈尔滨××机械制造有限公司

（4）法定代表人：许峰

（5）注册地址：哈尔滨市道里区新阳路49号

（6）生产经营地址：哈尔滨市道里区新阳路49号

（7）开户银行及账号：哈尔滨银行股份有限公司新阳支行　　账号：313261002×××

（8）登记注册类型：有限责任公司

（9）电话号码：0451-84667962

（10）主管税务机关：哈尔滨市道里区国家税务局

业务资料如下。

【业务1】2022年2月3日，因产品生产需要，购入甲型钢材，取得供货方开具的防伪税控增值税专用发票和运输单位开具的增值税专用发票。货款400 000元，税款52 000元，运费6 000元（含税），取得增值税专用发票，装卸费600元，保险费200元，相关款项已从结算账户转账付讫，发票已通过税务机关认证。

【业务2】2022年2月9日，进行1月份增值税纳税申报并通过网上划款缴纳增值税93 500元，并取得工商银行电子缴税付款凭证。

【业务3】2022年2月11日，销售一批甲产品，开出增值税专用发票，取得运输单位开具的增值税专用发票，发票已通过税务机关认证，货款800 000元、税款104 000元已收讫，运费3 000元（含税）、装卸费300元、保险费100元已支付。

【业务4】2022年2月12日，因管理不善，导致库存乙型钢材丢失，购进该材料时已取得增值税专用发票，进项税额已在购进月份申报抵扣。该批材料实际成本价104 650元，其中运费成本4 650元。

【业务5】2022年2月13日，支付电费，取得香坊区国家电网公司开具的增值税专用发票，生产用电149 000元，税款19 370元；不动产在建工程购入装饰材料37 250元，税款4 842.50元，以上款项已通过转账付讫。发票已通过税务机关认证。

【业务6】2022年2月15日，以自产丙产品4台作价1 200 000元，与哈尔滨海天工贸公司联合组建哈尔滨市天元工业有限公司，占该公司10%股份，已知每台产品对外不含税售价300 000元，成本价250 000元。已开出增值税专用发票。

【业务7】2022年2月28日，根据业务1至业务7，计算该企业增值税应纳税额并填写相应纳税申报表。

2）业务分析

【业务1】根据上述运费发票计算可抵扣的运费进项税额。

运费进项税额=［6 000/（1+9%）］×9%=495.41（元）

计入原材料成本的运杂费=6 800-［6 000/（1+9%）］×9%=6 304.59（元）

【业务3】根据上述运费发票计算可抵扣的运费进项税额。

运费进项税额=［3 000/（1+9%）］×9%=247.71（元）

计入销售费用的运杂费=3 400-247.71=3 152.29（元）

【业务4】根据领料单及材料明细分类账，计算进项税额转出。

进项税额转出=（104 650-4 650）×13%+4 650×9%

=13 000+418.50

=13 418.50（元）

应计入管理费用的金额=104 650+13 418.5=118 068.50（元）

【业务5】外购货物用于在建工程，自2019年4月1日起，纳税人取得不动产在建工程的进项税额不再分2年抵扣。可自2019年4月税款所属期起从销项税额中抵扣，即税款

4 842.50元可在当期抵扣。

【业务6】 根据相关原始凭证及同类产品对外不含税售价，计算销项税额。

销项税额＝1 200 000×13%＝156 000（元）

【业务7】 销项税额＝104 000+156 000＝260 000（元）

进项税额＝52 000+495.41+247.71+19 370+4 842.50＝76 955.62（元）

进项税额转出＝13 418.50（元）

应抵扣税额合计＝76 955.62－13 418.50＝63 537.12（元）

实际抵扣税额合计＝63 537.12（元）

应纳增值税额＝260 000－63 537.12＝196 462.88（元）

3）《增值税及附加税费申报表（一般纳税人适用）》及其附列资料的填写（见表5-1至表5-7）。

表5-1　增值税及附加税费申报表
（一般纳税人适用）

根据国家税收法律、法规及增值税相关规定制定本表。纳税人不论有无销售额，均应按税务机关核定的纳税期限填写本表，并向当地税务机关申报。

税款所属时间：自2022年2月1日至2022年2月28日　填表日期：2022年3月15日　金额单位：元（列至角分）

纳税人识别号（统一社会信用代码）：９１２３０１０２１２７１３１０×××　所属行业：工业制造业

纳税人名称：哈尔滨×× 机械制造有限公司		法定代表人姓名	许峰	注册地址	哈尔滨市道里区 新阳路49号	生产经营地址	哈尔滨市道里区 新阳路49号
开户银行及账号	哈尔滨银行股份有限公司 新阳支行313261002×××		登记注册类型	有限责任公司		电话号码	0451-84667962

	项目	栏次	一般项目		即征即退项目	
			本月数	本年累计	本月数	本年累计
销售额	（一）按适用税率计税销售额	1	2 000 000.00			
	其中：应税货物销售额	2	2 000 000.00			
	应税劳务销售额	3				
	纳税检查调整的销售额	4				
	（二）按简易办法计税销售额	5				
	其中：纳税检查调整的销售额	6				
	（三）免、抵、退办法出口销售额	7			—	—
	（四）免税销售额	8			—	—
	其中：免税货物销售额	9			—	—
	免税劳务销售额	10			—	—
税款计算	销项税额	11	260 000.00			
	进项税额	12	76 955.62			
	上期留抵税额	13				—
	进项税额转出	14	13 418.50			
	免、抵、退应退税额	15			—	—
	按适用税率计算的纳税检查应补缴税额	16				

续表

	项目	栏次	一般项目		即征即退项目	
			本月数	本年累计	本月数	本年累计
税款计算	应抵扣税额合计	17＝12＋13－14－15＋16	63 537.12	—		—
	实际抵扣税额	18（如17＜11，则为17，否则为11）	63 537.12			
	应纳税额	19＝11－18	196 462.88			
	期末留抵税额	20＝17－18				—
	简易计税办法计算的应纳税额	21				
	按简易计税办法计算的纳税检查应补缴税额	22			—	—
	应纳税额减征额	23				
	应纳税额合计	24＝19＋21－23	196 462.88			
税款缴纳	期初未缴税额（多缴为负数）	25	93 500.00			
	实收出口开具专用缴款书退税额	26				
	本期已缴税额	27＝28＋29＋30＋31	93 500.00			
	①分次预缴税额	28		—		
	②出口开具专用缴款书预缴税额	29		—		
	③本期缴纳上期应纳税额	30	93 500.00			
	④本期缴纳欠缴税额	31				
	期末未缴税额（多缴为负数）	32＝24＋25＋26－27	196 462.88			
	其中：欠缴税额（≥0）	33＝25＋26－27		—		—
	本期应补（退）税额	34＝24－28－29	196 462.88	—		—
	即征即退实际退税额	35	—			
	期初未缴查补税额	36			—	—
	本期入库查补税额	37			—	—
	期末未缴查补税额	38＝16＋22＋36－37			—	—
附加税费	城市维护建设税本期应补（退）税额	39	13 752.40		—	—
	教育费附加本期应补（退）费额	40	5 893.89		—	—
	地方教育附加本期应补（退）费额	41	3 929.26		—	—

声明：此表是根据国家税收法律、法规及相关规定填写的，本人（单位）对填报内容（及附带资料）的真实性、可靠性、完整性负责。

纳税人（签章）：　　　　　年　月　日

经办人： 经办人身份证号： 代理机构签章： 代理机构统一社会信用代码：	受理人： 受理税务机关（章）：　受理日期：　年　月　日

表5-2　增值税及附加税费申报表附列资料（一）

（本期销售情况明细）

税款所属时间：2022年2月1日至2022年2月28日

纳税人名称：（公章）哈尔滨××机械制造有限公司　　　　　　　　　　　金额单位：元（列至角分）

项目及栏次			开具增值税专用发票		开具其他发票		未开具发票		纳税检查调整		合计		价税合计	服务、不动产和无形资产扣除项目本期实际扣除金额	扣除后	
			销售额	销项（应纳）税额	销售额	销项（应纳）税额	销售额	销项（应纳）税额	销售额	销项（应纳）税额	销售额	销项（应纳）税额			含税（免税）销售额	销项（应纳）税额
			1	2	3	4	5	6	7	8	9=1+3+5+7	10=2+4+6+8	11=9+10	12	13=11-12	14=13÷(100%+税率或征收率)×税率或征收率
一般计税方法计税	全部征税项目	13%税率的货物及加工修理修配劳务	1	2 000 000.00	260 000.00							2 000 000.00	260 000.00	2 260 000.00			
		13%税率的服务、不动产和无形资产	2														
		9%税率的货物及加工修理修配劳务	3														
		9%税率的服务、不动产和无形资产	4														
		6%税率	5	—	—	—	—	—	—	—	—			—		—	—
	其中：即征即退项目	即征即退货物及加工修理修配劳务	6	—	—	—	—	—	—	—	—			—		—	—
		即征即退服务、不动产和无形资产	7	—	—	—	—	—	—	—	—			—		—	—

续表

项目及栏次	栏次	开具增值税专用发票 销售额	开具增值税专用发票 销项(应纳)税额	开具其他发票 销售额	开具其他发票 销项(应纳)税额	未开具发票 销售额	未开具发票 销项(应纳)税额	纳税检查调整 销售额	纳税检查调整 销项(应纳)税额	合计 销售额	合计 销项(应纳)税额	价税合计	服务、不动产和无形资产扣除项目本期实际扣除金额	扣除后 含税(免税)销售额	扣除后 销项(应纳)税额
（列号）		1	2	3	4	5	6	7	8	9=1+3+5+7	10=2+4+6+8	11=9+10	12	13=11-12	14=13÷(100%+税率或征收率)×税率或征收率
二、简易计税方法计税 全部征税项目 6%征收率	8							—	—			—	—	—	—
5%征收率的货物及加工修理修配劳务	9a							—	—			—	—	—	—
5%征收率的服务、不动产和无形资产	9b							—	—						
4%征收率	10							—	—			—	—	—	—
3%征收率的货物及加工修理修配劳务	11							—	—			—	—	—	—
3%征收率的服务、不动产和无形资产	12							—	—						
预征率　％	13a							—	—			—	—	—	—
预征率　％	13b							—	—			—	—	—	—
预征率　％	13c							—	—			—	—	—	—

续表

项目及栏次		开具增值税专用发票		开具其他发票		未开具发票		纳税检查调整		合计		价税合计	服务、不动产和无形资产扣除项目本期实际扣除金额	扣除后	
		销售额	销项（应纳）税额	销售额	销项（应纳）税额	销售额	销项（应纳）税额	销售额	销项（应纳）税额	销售额	销项（应纳）税额	价税合计		含税（免税）销售额	销项（应纳）税额
		1	2	3	4	5	6	7	8	$9=1+3+5+7$	$10=2+4+6+8$	$11=9+10$	12	$13=11-12$	$14=13\div(100\%+$ 税率或征收率$)\times$ 税率或征收率
二、简易计税方法计税	其中：即征即退货物及加工修理修配劳务 14	—		—	—	—	—	—	—				—	—	—
	即征即退服务、不动产和无形资产项目 15	—	—	—	—	—	—	—	—	—	—	—		—	—
三、免抵退税	货物及加工修理修配劳务 16	—	—	—	—	—	—	—	—	—	—	—	—	—	—
	服务、不动产和无形资产 17	—	—	—	—	—	—	—	—	—	—	—		—	—
四、免税	货物及加工修理修配劳务 18	—	—	—	—	—	—	—	—	—	—	—	—	—	—
	服务、不动产和无形资产 19	—	—	—	—	—	—	—	—	—	—	—		—	—

表5-3　增值税及附加税费申报表附列资料（二）

（本期进项税额明细）

税款所属时间：2022 年 2 月 1 日至 2022 年 2 月 28 日

纳税人名称：（公章）哈尔滨××机械制造有限公司　　　　　　　金额单位：元（列至角分）

一、申报抵扣的进项税额				
项目	栏次	份数	金额	税额
（一）认证相符的增值税专用发票	1=2+3		594 506.88	76 955.62
其中：本期认证相符且本期申报抵扣	2		594 506.88	76 955.62
前期认证相符且本期申报抵扣	3			
（二）其他扣税凭证	4=5+6+7+8a+8b			
其中：海关进口增值税专用缴款书	5			
农产品收购发票或者销售发票	6			
代扣代缴税收缴款凭证	7			
加计扣除农产品进项税额	8a	—	—	
其他	8b			
（三）本期用于购建不动产的扣税凭证	9		37 250.00	4 842.50
（四）本期用于抵扣的旅客运输服务扣税凭证	10			
（五）外贸企业进项税额抵扣证明	11	—	—	
当期申报抵扣进项税额合计	12=1+4+11		594 506.88	76 955.62
二、进项税额转出额				
项目	栏次		税额	
本期进项税额转出额	13=14 至 23 之和		13418.50	
其中：免税项目用	14			
集体福利、个人消费	15			
非正常损失	16			
简易计税方法征税项目用	17			
免抵退税办法不得抵扣的进项税额	18			
纳税检查调减进项税额	19			
红字专用发票信息表注明的进项税额	20			
上期留抵税额抵减欠税	21			
上期留抵税额退税	22			
异常凭证转出进项税额	23a			
其他应作进项税额转出的情形	23b		13 418.50	

三、待抵扣进项税额				
项目	栏次	份数	金额	税额
（一）认证相符的增值税专用发票	24	—	—	—
期初已认证相符但未申报抵扣	25			
本期认证相符且本期未申报抵扣	26			
期末已认证相符但未申报抵扣	27			
其中：按照税法规定不允许抵扣	28			
（二）其他扣税凭证	29＝30至33之和			
其中：海关进口增值税专用缴款书	30			
农产品收购发票或者销售发票	31			
代扣代缴税收缴款凭证	32		—	
其他	33			
	34			
四、其他				
项目	栏次	份数	金额	税额
本期认证相符的增值税专用发票	35			
代扣代缴税额	36	—	—	

表5-4　增值税及附加税费申报表附列资料（三）

（服务、不动产和无形资产扣除项目明细）

税款所属时间：2022年2月1日至2022年2月28日

纳税人名称：（公章）哈尔滨××机械制造有限公司　　　　　　　　　　　金额单位：元（列至角分）

项目及栏次		本期服务、不动产和无形资产价税合计额（免税销售额）	服务、不动产和无形资产扣除项目				
			期初余额	本期发生额	本期应扣除金额	本期实际扣除金额	期末余额
		1	2	3	4＝2+3	5(5≤1且5≤4)	6＝4-5
13%税率的项目	1						
9%税率的项目	2						
6%税率的项目（不含金融商品转让）	3						
6%税率的金融商品转让项目	4						
5%征收率的项目	5						
3%征收率的项目	6						
免抵退税的项目	7						
免税的项目	8						

表 5-5　增值税及附加税费申报表附列资料（四）

（税额抵减情况表）

税款所属时间：2022 年 2 月 1 日至 2022 年 2 月 28 日

纳税人名称：（公章）哈尔滨××机械制造有限公司　　　　　　　　　金额单位：元（列至角分）

一、税额抵减情况						
序号	抵减项目	期初余额	本期发生额	本期应抵减税额	本期实际抵减税额	期末余额
		1	2	3＝1+2	4≤3	5＝3-4
1	增值税税控系统专用设备费及技术维护费					
2	分支机构预征缴纳税款					
3	建筑服务预征缴纳税款					
4	销售不动产预征缴纳税款					
5	出租不动产预征缴纳税款					
二、加计抵减情况						
序号	加计抵减项目	期初余额	本期发生额	本期调减额	本期可抵减额	本期实际抵减额	期末余额
		1	2	3	4＝1+2-3	5	6＝4-5
6	一般项目加计抵减额计算						
7	即征即退项目加计抵减额计算						
8	合计						

表5-6 增值税及附加税费申报表（一般纳税人适用）附列资料（五）
（附加税费情况表）

税（费）款所属时间：2022年2月1日至2022年2月28日

纳税人名称：(公章)哈尔滨××机械制造有限公司　　　　金额单位：元（列至角分）

本期是否适用小微企业"六税两费"减免政策　□是　□否　　□个体工商户　□小型微利企业

税（费）种	计税（费）依据 增值税税额 (1)	增值税免抵税额 (2)	留抵退税本期扣除额 (3)	税（费）率(%) (4)	本期应纳税（费）额 5=(1+2-3)×4	适用减免政策 本期减免税（费）额 减免性质代码 (6)	减免税（费）额 (7)	减免政策适用主体 小微企业"六税两费"减免政策 减征比例(%) (8)	减征额 9=(5-7)×8	试点建设培育产教融合型企业 减免性质代码 (10)	本期抵免金额 (11)	本期已缴税（费）额 (12)	本期应补（退）税（费）额 13=5-7-9-11-12
1 城市维护建设税	196 462.88	0.00	0.00	7%	13 752.40					—	—		13 752.40
2 教育费附加	196 462.88	0.00	0.00	3%	5 893.89					—	—		5 893.89
3 地方教育附加	196 462.88	0.00	0.00	2%	3 929.26					—	—		3 929.26
4 合计	—	—	—	—	23 575.55		—	—	—	—	—		23 575.55

本期是否适用试点建设培育产教融合型企业减免政策　□是　□否

当期新增投资额	5
上期留抵可抵免金额	6
结转下期可抵免金额	7

可用于扣除的增值税留抵退税额使用情况

当期新增可用于扣除的留抵退税额	8
上期结存可用于扣除的留抵退税额	9
结转下期可用于扣除的留抵退税额	10

表 5-7　增值税减免税申报明细表

税款所属时间：自 2022 年 2 月 1 日至 2022 年 2 月 28 日

纳税人名称（公章）：哈尔滨××机械制造有限公司　　　　　　　　金额单位：元（列至角分）

一、减税项目						
减税性质代码及名称	栏次	期初余额	本期发生额	本期应抵减税额	本期实际抵减税额	期末余额
		1	2	3＝1+2	4≤3	5＝3-4
合计	1					
	2					
	3					
	4					
	5					
	6					
二、免税项目						
免税性质代码及名称	栏次	免征增值税项目销售额	免税销售额扣除项目本期实际扣除金额	扣除后免税销售额	免税销售额对应的进项税额	免税额
		1	2	3＝1-2	4	5
合计	7					
出口免税	8	—	—	—		
其中：跨境服务	9					
	10			—		
	11			—		
	12			—		
	13			—		
	14			—		
	15			—		
	16			—		

《增值税及附加税费申报表（一般纳税人适用）》
及其附列资料填写说明

本申报表及其附列资料填写说明（以下简称本表及填写说明）适用于增值税一般纳税人（以下简称纳税人）。

一、名词解释

（一）本表及填写说明所称"货物"，是指增值税的应税货物。

（二）本表及填写说明所称"劳务"，是指增值税的应税加工、修理、修配劳务。

（三）本表及填写说明所称"服务、不动产和无形资产"，是指销售服务、不动产和无形资产。

（四）本表及填写说明所称"按适用税率计税""按适用税率计算"和"一般计税方法"，均指按"应纳税额=当期销项税额-当期进项税额"公式计算增值税应纳税额的计税方法。

（五）本表及填写说明所称"按简易办法计税""按简易征收办法计算"和"简易计税方法"，均指按"应纳税额=销售额×征收率"公式计算增值税应纳税额的计税方法。

（六）本表及填写说明所称"扣除项目"，是指纳税人销售服务、不动产和无形资产，在确定销售额时，按照有关规定允许其从取得的全部价款和价外费用中扣除价款的项目。

二、《增值税及附加税费申报表（一般纳税人适用）》填写说明

（一）"税款所属时间"：指纳税人申报的增值税应纳税额的所属时间，应填写具体的起止年、月、日。

（二）"填表日期"：指纳税人填写本表的具体日期。

（三）"纳税人识别号（统一社会信用代码）"：填写纳税人的统一社会信用代码或纳税人识别号。

（四）"所属行业"：按照国民经济行业分类与代码中的小类行业填写。

（五）"纳税人名称"：填写纳税人单位名称全称。

（六）"法定代表人姓名"：填写纳税人法定代表人的姓名。

（七）"注册地址"：填写纳税人税务登记证件所注明的详细地址。

（八）"生产经营地址"：填写纳税人实际生产经营地的详细地址。

（九）"开户银行及账号"：填写纳税人开户银行的名称和纳税人在该银行的结算账户号码。

（十）"登记注册类型"：按纳税人税务登记证件的栏目内容填写。

（十一）"电话号码"：填写可联系到纳税人的常用电话号码。

（十二）"即征即退项目"列：填写纳税人按规定享受增值税即征即退政策的货物、劳务和服务、不动产、无形资产的征（退）税数据。

（十三）"一般项目"列：填写除享受增值税即征即退政策以外的货物、劳务和服务、不动产、无形资产的征（免）税数据。

（十四）"本年累计"列：一般填写本年度内各月"本月数"之和。其中，第13、20、25、32、36、38栏及第18栏"实际抵扣税额""一般项目"列的"本年累计"分别按本填写说明第（二十七）、（三十四）、（三十九）、（四十六）、（五十）、（五十二）、（三十二）条要求填写。

（十五）第1栏"（一）按适用税率计税销售额"：填写纳税人本期按一般计税方法计算缴纳增值税的销售额，包含：在财务上不作销售但按税法规定应缴纳增值税的视同销售和价外费用的销售额；外贸企业作价销售进料加工复出口货物的销售额；税务、财政、审计部门检查后按一般计税方法计算调整的销售额。

营业税改征增值税的纳税人，服务、不动产和无形资产有扣除项目的，本栏应填写扣除之前的不含税销售额。

本栏"一般项目"列"本月数"=《附列资料（一）》第9列第1至5行之和-第9列第6、7行之和；

本栏"即征即退项目"列"本月数"=《附列资料（一）》第9列第6、7行之和。

（十六）第2栏"其中：应税货物销售额"：填写纳税人本期按适用税率计算增值税的应税货物的销售额。包含在财务上不作销售但按税法规定应缴纳增值税的视同销售货物和价外费用销售额，以及外贸企业作价销售进料加工复出口货物的销售额。

（十七）第3栏"应税劳务销售额"：填写纳税人本期按适用税率计算增值税的应税劳务的销售额。

（十八）第4栏"纳税检查调整的销售额"：填写纳税人因税务、财政、审计部门检查，并按一般计税方法在本期计算调整的销售额。但享受增值税即征即退政策的货物、劳务和服务、不动产、无形资产，经纳税检查属于偷税的，不填入"即征即退项目"列，而应填入"一般项目"列。

营业税改征增值税的纳税人，服务、不动产和无形资产有扣除项目的，本栏应填写扣除之前的不含税销售额。

本栏"一般项目"列"本月数"=《附列资料（一）》第7列第1至5行之和。

（十九）第5栏"按简易办法计税销售额"：填写纳税人本期按简易计税方法计算增值税的销售额，包含纳税检查调整按简易计税方法计算增值税的销售额。

营业税改征增值税的纳税人，服务、不动产和无形资产有扣除项目的，本栏应填写扣除之前的不含税销售额；服务、不动产和无形资产按规定汇总计算缴纳增值税的分支机构，其当期按预征率计算缴纳增值税的销售额也填入本栏。

本栏"一般项目"列"本月数"≥《附列资料（一）》第9列第8至13b行之和-第9列第14、15行之和；

本栏"即征即退项目"列"本月数"≥《附列资料（一）》第9列第14、15行之和。

（二十）第6栏"其中：纳税检查调整的销售额"：填写纳税人因税务、财政、审计部门检查，并按简易计税方法在本期计算调整的销售额。但享受增值税即征即退政策的货物、劳务和服务、不动产、无形资产，经纳税检查属于偷税的，不填入"即征即退项目"列，而应填入"一般项目"列。

营业税改征增值税的纳税人，服务、不动产和无形资产有扣除项目的，本栏应填写扣除之前的不含税销售额。

（二十一）第7栏"免、抵、退办法出口销售额"：填写纳税人本期适用免、抵、退税办法的出口货物、劳务和服务、无形资产的销售额。

营业税改征增值税的纳税人，服务、无形资产有扣除项目的，本栏应填写扣除之前的销售额。

本栏"一般项目"列"本月数"=《附列资料（一）》第9列第16、17行之和。

（二十二）第8栏"免税销售额"：填写纳税人本期按照税法规定免征增值税的销售额和适用零税率的销售额，但零税率的销售额中不包括适用免、抵、退税办法的销售额。

营业税改征增值税的纳税人，服务、不动产和无形资产有扣除项目的，本栏应填写扣除之前的免税销售额。

本栏"一般项目"列"本月数"=《附列资料（一）》第9列第18、19行之和。

（二十三）第9栏"其中：免税货物销售额"：填写纳税人本期按照税法规定免征增值税的货物销售额及适用零税率的货物销售额，但零税率的销售额中不包括适用免、抵、退税办法出口货物的销售额。

（二十四）第10栏"免税劳务销售额"：填写纳税人本期按照税法规定免征增值税的劳务销售额及适用零税率的劳务销售额，但零税率的销售额中不包括适用免、抵、退税办法的劳务的销售额。

（二十五）第11栏"销项税额"：填写纳税人本期按一般计税方法计税的货物、劳务和服务、不动产、无形资产的销项税额。

营业税改征增值税的纳税人，服务、不动产和无形资产有扣除项目的，本栏应填写扣除之后的销项税额。

本栏"一般项目"列"本月数"=《附列资料（一）》（第10列第1行、第3行之和－第10列第6行）+（第14列第2、4、5行之和－第14列第7行）；

本栏"即征即退项目"列"本月数"=《附列资料（一）》第10列第6行+第14列第7行。

（二十六）第12栏"进项税额"：填写纳税人本期申报抵扣的进项税额。

本栏"一般项目"列"本月数"+"即征即退项目"列"本月数"=《附列资料（二）》第12栏"税额"。

（二十七）第13栏"上期留抵税额"："本月数"按上一税款所属期申报表第20栏"期末留抵税额""本月数"填写。本栏"一般项目"列"本年累计"不填写。

（二十八）第14栏"进项税额转出"：填写纳税人已经抵扣，但按税法规定本期应转出的进项税额。

本栏"一般项目"列"本月数"+"即征即退项目"列"本月数"=《附列资料（二）》第13栏"税额"。

（二十九）第15栏"免、抵、退应退税额"：反映税务机关退税部门按照出口货物、劳务和服务、无形资产免、抵、退办法审批的增值税应退税额。

（三十）第16栏"按适用税率计算的纳税检查应补缴税额"：填写税务、财政、审计部门检查，按一般计税方法计算的纳税检查应补缴的增值税税额。

本栏"一般项目"列"本月数"≤《附列资料（一）》第8列第1至5行之和+《附列资料（二）》第19栏。

（三十一）第17栏"应抵扣税额合计"：填写纳税人本期应抵扣进项税额的合计数。按表中所列公式计算填写。

（三十二）第18栏"实际抵扣税额"："本月数"按表中所列公式计算填写。本栏"一般项目"列"本年累计"不填写。

（三十三）第19栏"应纳税额"：反映纳税人本期按一般计税方法计算并应缴纳的增值税额。

1. 适用加计抵减政策的纳税人，按以下公式填写。

本栏"一般项目"列"本月数"=第11栏"销项税额""一般项目"列"本月数"－第18栏"实际抵扣税额""一般项目"列"本月数"－"实际抵减额"；

本栏"即征即退项目"列"本月数"=第11栏"销项税额""即征即退项目"列"本月数"－第18栏"实际抵扣税额""即征即退项目"列"本月数"－"实际抵减额"。

适用加计抵减政策的纳税人是指，按照规定计提加计抵减额，并可从本期适用一般计税方法计算的应纳税额中抵减的纳税人（下同）。"实际抵减额"是指按照规定可从本期适用一般计税方法计算的应纳税额中抵减的加计抵减额，分别对应《附列资料（四）》第6行"一般项目加计抵减额计算"、第7行"即征即退项目加计抵减额计算"的"本期实际抵减额"列。

2. 其他纳税人按表中所列公式填写。

（三十四）第20栏"期末留抵税额"："本月数"按表中所列公式填写。本栏"一般项目"列"本年累计"不填写。

（三十五）第21栏"简易计税办法计算的应纳税额"：反映纳税人本期按简易计税方法计算并应缴纳的增值税额，但不包括按简易计税方法计算的纳税检查应补缴税额。按以下公式计算填写：

本栏"一般项目"列"本月数"=《附列资料（一）》（第10列第8、9a、10、11行之和-第10列第14行）+（第14列第9b、12、13a、13b行之和-第14列第15行）；

本栏"即征即退项目"列"本月数"=《附列资料（一）》第10列第14行+第14列第15行。

营业税改征增值税的纳税人，服务、不动产和无形资产按规定汇总计算缴纳增值税的分支机构，应将预征增值税额填入本栏。预征增值税额=应预征增值税的销售额×预征率。

（三十六）第22栏"按简易计税办法计算的纳税检查应补缴税额"：填写纳税人本期因税务、财政、审计部门检查并按简易计税方法计算的纳税检查应补缴税额。

（三十七）第23栏"应纳税额减征额"：填写纳税人本期按照税法规定减征的增值税应纳税额，包含按照规定可在增值税应纳税额中全额抵减的增值税税控系统专用设备费用以及技术维护费，支持和促进重点群体创业就业、扶持自主就业退役士兵创业就业等有关税收政策可扣减的增值税额，按照规定可填列的减按征收对应的减征增值税税额等。

当本期减征额小于或等于第19栏"应纳税额"与第21栏"简易计税办法计算的应纳税额"之和时，按本期减征额实际填写；当本期减征额大于第19栏"应纳税额"与第21栏"简易计税办法计算的应纳税额"之和时，按本期第19栏与第21栏之和填写。本期减征额不足抵减部分结转下期继续抵减。

（三十八）第24栏"应纳税额合计"：反映纳税人本期应缴增值税的合计数。按表中所列公式计算填写。

（三十九）第25栏"期初未缴税额（多缴为负数）"："本月数"按上一税款所属期申报表第32栏"期末未缴税额（多缴为负数）""本月数"填写。"本年累计"按上年度最后一个税款所属期申报表第32栏"期末未缴税额（多缴为负数）""本年累计"填写。

（四十）第26栏"实收出口开具专用缴款书退税额"：本栏不填写。

（四十一）第27栏"本期已缴税额"：反映纳税人本期实际缴纳的增值税额，但不包括本期入库的查补税款。按表中所列公式计算填写。

（四十二）第28栏"①分次预缴税额"：填写纳税人本期已缴纳的准予在本期增值税应纳税额中抵减的税额。

营业税改征增值税的纳税人，分以下几种情况填写：

1. 服务、不动产和无形资产按规定汇总计算缴纳增值税的总机构，其可以从本期增值税应纳税额中抵减的分支机构已缴纳的税款，按当期实际可抵减数填入本栏，不足抵减部分结转下期继续抵减。

2. 销售建筑服务并按规定预缴增值税的纳税人，其可以从本期增值税应纳税额中抵减的已缴纳的税款，按当期实际可抵减数填入本栏，不足抵减部分结转下期继续抵减。

3. 销售不动产并按规定预缴增值税的纳税人，其可以从本期增值税应纳税额中抵减的已缴纳的税款，按当期实际可抵减数填入本栏，不足抵减部分结转下期继续抵减。

4. 出租不动产并按规定预缴增值税的纳税人，其可以从本期增值税应纳税额中抵减的已缴纳的税款，按当期实际可抵减数填入本栏，不足抵减部分结转下期继续抵减。

（四十三）第29栏"②出口开具专用缴款书预缴税额"：本栏不填写。

（四十四）第30栏"③本期缴纳上期应纳税额"：填写纳税人本期缴纳上一税款所属期应缴未缴的增值税额。

（四十五）第31栏"④本期缴纳欠缴税额"：反映纳税人本期实际缴纳和留抵税额抵减的增值税欠税额，但不包括缴纳入库的查补增值税额。

（四十六）第32栏"期末未缴税额（多缴为负数）"："本月数"反映纳税人本期期末应缴未缴的增值税额，但不包括纳税检查应缴未缴的税额。按表中所列公式计算填写。"本年累计"与"本月数"相同。

（四十七）第33栏"其中：欠缴税额（≥0）"：反映纳税人按照税法规定已形成欠税的增值税额。按表中所列公式计算填写。

（四十八）第34栏"本期应补（退）税额"：反映纳税人本期应纳税额中应补缴或应退回的数额。按表中所列公式计算填写。

（四十九）第35栏"即征即退实际退税额"：反映纳税人本期因符合增值税即征即退政策规定，而实际收到的税务机关退回的增值税额。

（五十）第36栏"期初未缴查补税额"："本月数"按上一税款所属期申报表第38栏"期末未缴查补税额""本月数"填写。"本年累计"按上年度最后一个税款所属期申报表第38栏"期末未缴查补税额""本年累计"填写。

（五十一）第37栏"本期入库查补税额"：反映纳税人本期因税务、财政、审计部门检查而实际入库的增值税额，包括按一般计税方法计算并实际缴纳的查补增值税额和按简易计税方法计算并实际缴纳的查补增值税额。

（五十二）第38栏"期末未缴查补税额"："本月数"反映纳税人接受纳税检查后应在本期期末缴纳而未缴纳的查补增值税额。按表中所列公式计算填写，"本年累计"与"本月数"相同。

（五十三）第39栏"城市维护建设税本期应补（退）税额"：填写纳税人按税法规定应当缴纳的城市维护建设税。本栏"一般项目"列"本月数"=《附列资料（五）》第1行第11列。

（五十四）第40栏"教育费附加本期应补（退）费额"：填写纳税人按规定应当缴纳的教育费附加。本栏"一般项目"列"本月数"=《附列资料（五）》第2行第11列。

（五十五）第41栏"地方教育附加本期应补（退）费额"：填写纳税人按规定应当缴纳的地方教育附加。本栏"一般项目"列"本月数"=《附列资料（五）》第3行第11列。

三、《增值税及附加税费申报表（一般纳税人适用）附列资料（一）》（本期销售情况明细）填写说明

（一）"税款所属时间""纳税人名称"的填写同《增值税及附加税费申报表（一般纳税人适用）》（以下简称主表）。

（二）各列说明。

1. 第 1 至 2 列"开具增值税专用发票"：反映本期开具增值税专用发票（含税控机动车销售统一发票，下同）的情况。

2. 第 3 至 4 列"开具其他发票"：反映除增值税专用发票以外本期开具的其他发票的情况。

3. 第 5 至 6 列"未开具发票"：反映本期未开具发票的销售情况。

4. 第 7 至 8 列"纳税检查调整"：反映经税务、财政、审计部门检查并在本期调整的销售情况。

5. 第 9 至 11 列"合计"：按照表中所列公式填写。

营业税改征增值税的纳税人，服务、不动产和无形资产有扣除项目的，第 1 至 11 列应填写扣除之前的征（免）税销售额、销项（应纳）税额和价税合计额。

6. 第 12 列"服务、不动产和无形资产扣除项目本期实际扣除金额"：营业税改征增值税的纳税人，服务、不动产和无形资产有扣除项目的，按《附列资料（三）》第 5 列对应各行次数据填写，其中本列第 5 栏等于《附列资料（三）》第 5 列第 3 行与第 4 行之和；服务、不动产和无形资产无扣除项目的，本列填写"0"。其他纳税人不填写。

营业税改征增值税的纳税人，服务、不动产和无形资产按规定汇总计算缴纳增值税的分支机构，当期服务、不动产和无形资产有扣除项目的，填入本列第 13 行。

7. 第 13 列"扣除后""含税（免税）销售额"：营业税改征增值税的纳税人，服务、不动产和无形资产有扣除项目的，本列各行次 = 第 11 列对应各行次 − 第 12 列对应各行次。其他纳税人不填写。

8. 第 14 列"扣除后""销项（应纳）税额"：营业税改征增值税的纳税人，按以下要求填写本列，其他纳税人不填写。

（1）服务、不动产和无形资产按照一般计税方法计税。

本列第 2 行、第 4 行：若本行第 12 列为 0，则该行次第 14 列等于第 10 列。若本行第 12 列不为 0，则仍按照第 14 列所列公式计算。计算后的结果与纳税人实际计提销项税额有差异的，按实际填写。

本列第 5 行 = ［第 13 列/（100% + 对应行次税率）］× 对应行次税率。

本列第 7 行"按一般计税方法计税的即征即退服务、不动产和无形资产"具体填写要求见"各行说明"第 2 条第（2）项第③点的说明。

（2）服务、不动产和无形资产按照简易计税方法计税。

本列各行次 = ［第 13 列/（100% + 对应行次征收率）］× 对应行次征收率。

本列第 13 行"预征率%"不按本列的说明填写。具体填写要求见"各行说明"第 4 条第（2）项。

（3）服务、不动产和无形资产实行免抵退税或免税的，本列不填写。

（三）各行说明。

1. 第1至5行"一、一般计税方法计税""全部征税项目"各行：按不同税率和项目分别填写按一般计税方法计算增值税的全部征税项目。有即征即退征税项目的纳税人，本部分数据中既包括即征即退征税项目，又包括不享受即征即退政策的一般征税项目。

2. 第6至7行"一、一般计税方法计税""其中：即征即退项目"各行：只反映按一般计税方法计算增值税的即征即退项目。按照税法规定不享受即征即退政策的纳税人，不填写本行。即征即退项目是全部征税项目的其中数。

（1）第6行"即征即退货物及加工修理修配劳务"：反映按一般计税方法计算增值税且享受即征即退政策的货物和加工修理修配劳务。本行不包括服务、不动产和无形资产的内容。

① 本行第9列"合计""销售额"栏：反映按一般计税方法计算增值税且享受即征即退政策的货物及加工修理修配劳务的不含税销售额。该栏不按第9列所列公式计算，应按照税法规定据实填写。

② 本行第10列"合计""销项（应纳）税额"栏：反映按一般计税方法计算增值税且享受即征即退政策的货物及加工修理修配劳务的销项税额。该栏不按第10列所列公式计算，应按照税法规定据实填写。

（2）第7行"即征即退服务、不动产和无形资产"：反映按一般计税方法计算增值税且享受即征即退政策的服务、不动产和无形资产。本行不包括货物及加工修理修配劳务的内容。

① 本行第9列"合计""销售额"栏：反映按一般计税方法计算增值税且享受即征即退政策的服务、不动产和无形资产的不含税销售额。服务、不动产和无形资产有扣除项目的，按扣除之前的不含税销售额填写。该栏不按第9列所列公式计算，应按照税法规定据实填写。

② 本行第10列"合计""销项（应纳）税额"栏：反映按一般计税方法计算增值税且享受即征即退政策的服务、不动产和无形资产的销项税额。服务、不动产和无形资产有扣除项目的，按扣除之前的销项税额填写。该栏不按第10列所列公式计算，应按照税法规定据实填写。

③ 本行第14列"扣除后""销项（应纳）税额"栏：反映按一般计税方法征收增值税且享受即征即退政策的服务、不动产和无形资产实际应计提的销项税额。服务、不动产和无形资产有扣除项目的，按扣除之后的销项税额填写；服务、不动产和无形资产无扣除项目的，按本行第10列填写。该栏不按第14列所列公式计算，应按照税法规定据实填写。

3. 第8至12行"二、简易计税方法计税""全部征税项目"各行：按不同征收率和项目分别填写按简易计税方法计算增值税的全部征税项目。有即征即退征税项目的纳税人，本部分数据中既包括即征即退项目，也包括不享受即征即退政策的一般征税项目。

4. 第13a至13c行"二、简易计税方法计税""预征率%"：反映营业税改征增值税的纳税人，服务、不动产和无形资产按规定汇总计算缴纳增值税的分支机构，预征增值税销售额、预征增值税应纳税额。其中，第13a行"预征率%"适用于所有实行汇总计算缴纳增值税的分支机构纳税人；第13b、13c行"预征率%"适用于部分实行汇总计算缴纳增值税的铁路运输纳税人。

（1）第13a至13c行第1至6列，按照销售额和销项税额的实际发生数填写。

（2）第 13a 至 13c 行第 14 列，按"应预征缴纳的增值税＝应预征增值税销售额×预征率"公式计算后据实填写。

5. 第 14 至 15 行"二、简易计税方法计税""其中：即征即退项目"各行：只反映按简易计税方法计算增值税的即征即退项目。按照税法规定不享受即征即退政策的纳税人，不填写本行。即征即退项目是全部征税项目的其中数。

（1）第 14 行"即征即退货物及加工修理修配劳务"：反映按简易计税方法计算增值税且享受即征即退政策的货物及加工修理修配劳务。本行不包括服务、不动产和无形资产的内容。

① 本行第 9 列"合计""销售额"栏：反映按简易计税方法计算增值税且享受即征即退政策的货物及加工修理修配劳务的不含税销售额。该栏不按第 9 列所列公式计算，应按照税法规定据实填写。

② 本行第 10 列"合计""销项（应纳）税额"栏：反映按简易计税方法计算增值税且享受即征即退政策的货物及加工修理修配劳务的应纳税额。该栏不按第 10 列所列公式计算，应按照税法规定据实填写。

（2）第 15 行"即征即退服务、不动产和无形资产"：反映按简易计税方法计算增值税且享受即征即退政策的服务、不动产和无形资产。本行不包括货物及加工修理修配劳务的内容。

① 本行第 9 列"合计""销售额"栏：反映按简易计税方法计算增值税且享受即征即退政策的服务、不动产和无形资产的不含税销售额。服务、不动产和无形资产有扣除项目的，按扣除之前的不含税销售额填写。该栏不按第 9 列所列公式计算，应按照税法规定据实填写。

② 本行第 10 列"合计""销项（应纳）税额"栏：反映按简易计税方法计算增值税且享受即征即退政策的服务、不动产和无形资产的应纳税额。服务、不动产和无形资产有扣除项目的，按扣除之前的应纳税额填写。该栏不按第 10 列所列公式计算，应按照税法规定据实填写。

③ 本行第 14 列"扣除后""销项（应纳）税额"栏：反映按简易计税方法计算增值税且享受即征即退政策的服务、不动产和无形资产实际应计提的应纳税额。服务、不动产和无形资产有扣除项目的，按扣除之后的应纳税额填写；服务、不动产和无形资产无扣除项目的，按本行第 10 列填写。

6. 第 16 行"三、免抵退税""货物及加工修理修配劳务"：反映适用免、抵、退税政策的出口货物、加工修理修配劳务。

7. 第 17 行"三、免抵退税""服务、不动产和无形资产"：反映适用免、抵、退税政策的服务、不动产和无形资产。

8. 第 18 行"四、免税""货物及加工修理修配劳务"：反映按照税法规定免征增值税的货物及劳务和适用零税率的出口货物及劳务，但零税率的销售额中不包括适用免、抵、退税办法的出口货物及劳务。

9. 第 19 行"四、免税""服务、不动产和无形资产"：反映按照税法规定免征增值税的服务、不动产、无形资产和适用零税率的服务、不动产、无形资产，但零税率的销售额中不包括适用免、抵、退税办法的服务、不动产和无形资产。

四、《增值税及附加税费申报表（一般纳税人适用）附列资料（二）》（本期进项税额明细）填写说明

（一）"税款所属时间""纳税人名称"的填写同主表。

（二）第1至12栏"一、申报抵扣的进项税额"：分别反映纳税人按税法规定符合抵扣条件，在本期申报抵扣的进项税额。

1. 第1栏"（一）认证相符的增值税专用发票"：反映纳税人取得的认证相符本期申报抵扣的增值税专用发票情况。该栏应等于第2栏"其中：本期认证相符且本期申报抵扣"与第3栏"前期认证相符且本期申报抵扣"数据之和。适用取消增值税发票认证规定的纳税人，通过增值税发票综合服务平台选择用于抵扣的增值税专用发票，视为"认证相符"（下同）。

2. 第2栏"其中：本期认证相符且本期申报抵扣"：反映本期认证相符且本期申报抵扣的增值税专用发票的情况。本栏是第1栏的其中数，本栏只填写本期认证相符且本期申报抵扣的部分。

3. 第3栏"前期认证相符且本期申报抵扣"：反映前期认证相符且本期申报抵扣的增值税专用发票的情况。本栏是第1栏的其中数。

纳税人本期申报抵扣的收费公路通行费增值税电子普通发票（以下简称通行费电子发票）应当填写在第1至3栏对应栏次中。

第1至3栏中涉及的增值税专用发票均不包含从小规模纳税人处购进农产品时取得的专用发票，但购进农产品未分别核算用于生产销售13%税率货物和其他货物服务的农产品进项税额情况除外。

4. 第4栏"（二）其他扣税凭证"：反映本期申报抵扣的除增值税专用发票之外的其他扣税凭证的情况。具体包括：海关进口增值税专用缴款书、农产品收购发票或者销售发票（含农产品核定扣除的进项税额）、代扣代缴税收完税凭证、加计扣除农产品进项税额和其他符合政策规定的扣税凭证。该栏应等于第5至8b栏之和。

5. 第5栏"海关进口增值税专用缴款书"：反映本期申报抵扣的海关进口增值税专用缴款书的情况。

6. 第6栏"农产品收购发票或者销售发票"：反映纳税人本期购进农业生产者自产农产品取得（开具）的农产品收购发票或者销售发票情况。从小规模纳税人处购进农产品时取得增值税专用发票情况填写在本栏，但购进农产品未分别核算用于生产销售13%税率货物和其他货物服务的农产品进项税额情况除外。

"税额"栏=农产品销售发票或者收购发票上注明的农产品买价×9%+增值税专用发票上注明的金额×9%。

上述公式中的"增值税专用发票"是指纳税人从小规模纳税人处购进农产品时取得的专用发票。

执行农产品增值税进项税额核定扣除办法的，填写当期允许抵扣的农产品增值税进项税额，不填写"份数""金额"。

7. 第7栏"代扣代缴税收缴款凭证"：填写本期按规定准予抵扣的完税凭证上注明的增值税额。

8. 第8a栏"加计扣除农产品进项税额"：填写纳税人将购进的农产品用于生产销售或

委托受托加工 13% 税率货物时加计扣除的农产品进项税额。该栏不填写"份数""金额"。

9. 第 8b 栏"其他"：反映按规定本期可以申报抵扣的其他扣税凭证情况。

纳税人按照规定不得抵扣且未抵扣进项税额的固定资产、无形资产、不动产，发生用途改变，用于允许抵扣进项税额的应税项目，可在用途改变的次月将按公式计算出的可以抵扣的进项税额，填入本栏"税额"中。

10. 第 9 栏"（三）本期用于购建不动产的扣税凭证"：反映按规定本期用于购建不动产的扣税凭证上注明的金额和税额。

购建不动产是指纳税人 2016 年 5 月 1 日后取得并在会计制度上按固定资产核算的不动产或者 2016 年 5 月 1 日后取得的不动产在建工程。取得不动产，包括以直接购买、接受捐赠、接受投资入股、自建以及抵债等各种形式取得不动产，不包括房地产开发企业自行开发的房地产项目。

本栏次包括第 1 栏中本期用于购建不动产的增值税专用发票和第 4 栏中本期用于购建不动产的其他扣税凭证。

本栏"金额""税额"≥0。

11. 第 10 栏"（四）本期用于抵扣的旅客运输服务扣税凭证"：反映按规定本期购进旅客运输服务，所取得的扣税凭证上注明或按规定计算的金额和税额。

本栏次包括第 1 栏中按规定本期允许抵扣的购进旅客运输服务取得的增值税专用发票和第 4 栏中按规定本期允许抵扣的购进旅客运输服务取得的其他扣税凭证。

本栏"金额""税额"≥0。

第 9 栏"（三）本期用于购建不动产的扣税凭证"＋第 10 栏"（四）本期用于抵扣的旅客运输服务扣税凭证"税额≤第 1 栏"认证相符的增值税专用发票"＋第 4 栏"其他扣税凭证"税额。

12. 第 11 栏"（五）外贸企业进项税额抵扣证明"：填写本期申报抵扣的税务机关出口退税部门开具的《出口货物转内销证明》列明允许抵扣的进项税额。

13. 第 12 栏"当期申报抵扣进项税额合计"：反映本期申报抵扣进项税额的合计数。按表中所列公式计算填写。

（三）第 13 至 23b 栏"二、进项税额转出额"各栏：分别反映纳税人已经抵扣但按规定应在本期转出的进项税额明细情况。

1. 第 13 栏"本期进项税额转出额"：反映已经抵扣但按规定应在本期转出的进项税额合计数。按表中所列公式计算填写。

2. 第 14 栏"免税项目用"：反映用于免征增值税项目，按规定应在本期转出的进项税额。

3. 第 15 栏"集体福利、个人消费"：反映用于集体福利或者个人消费，按规定应在本期转出的进项税额。

4. 第 16 栏"非正常损失"：反映纳税人发生非正常损失，按规定应在本期转出的进项税额。

5. 第 17 栏"简易计税方法征税项目用"：反映用于按简易计税方法征税项目，按规定应在本期转出的进项税额。

营业税改征增值税的纳税人，服务、不动产和无形资产按规定汇总计算缴纳增值税的分支机构，当期应由总机构汇总的进项税额也填入本栏。

6. 第18栏"免抵退税办法不得抵扣的进项税额"：反映按照免、抵、退税办法的规定，由于征税税率与退税税率存在税率差，在本期应转出的进项税额。

7. 第19栏"纳税检查调减进项税额"：反映税务、财政、审计部门检查后而调减的进项税额。

8. 第20栏"红字专用发票信息表注明的进项税额"：填写增值税发票管理系统校验通过的《开具红字增值税专用发票信息表》注明的在本期应转出的进项税额。

9. 第21栏"上期留抵税额抵减欠税"：填写本期经税务机关同意，使用上期留抵税额抵减欠税的数额。

10. 第22栏"上期留抵税额退税"：填写本期经税务机关批准的上期留抵税额退税额。

11. 第23a栏"异常凭证转出进项税额"：填写本期异常增值税扣税凭证转出的进项税额。异常增值税扣税凭证转出后，经核实允许继续抵扣的，纳税人重新确认用于抵扣的，在本栏次填入负数。

12. 第23b栏"其他应作进项税额转出的情形"：反映除上述进项税额转出情形外，其他应在本期转出的进项税额。

（四）第24至34栏"三、待抵扣进项税额"各栏：分别反映纳税人已经取得，但按税法规定不符合抵扣条件，暂不予在本期申报抵扣的进项税额情况及按税法规定不允许抵扣的进项税额情况。

1. 第24至28栏涉及的增值税专用发票均不包括从小规模纳税人处购进农产品时取得的专用发票，但购进农产品未分别核算用于生产销售13%税率货物和其他货物服务的农产品进项税额情况除外。

2. 第25栏"期初已认证相符但未申报抵扣"：反映前期认证相符，但按照税法规定暂不予抵扣及不允许抵扣，结存至本期的增值税专用发票情况。

3. 第26栏"本期认证相符且本期未申报抵扣"：反映本期认证相符，但按税法规定暂不予抵扣及不允许抵扣，而未申报抵扣的增值税专用发票情况。

4. 第27栏"期末已认证相符但未申报抵扣"：反映截至本期期末，按照税法规定仍暂不予抵扣及不允许抵扣且已认证相符的增值税专用发票情况。

5. 第28栏"其中：按照税法规定不允许抵扣"：反映截至本期期末已认证相符但未申报抵扣的增值税专用发票中，按照税法规定不允许抵扣的增值税专用发票情况。

纳税人本期期末已认证相符待抵扣的通行费电子发票应当填写在第24至28栏对应栏次中。

6. 第29栏"（二）其他扣税凭证"：反映截至本期期末仍未申报抵扣的除增值税专用发票之外的其他扣税凭证情况。具体包括：海关进口增值税专用缴款书、农产品收购发票或者销售发票、代扣代缴税收完税凭证和其他符合政策规定的扣税凭证。该栏应等于第30至33栏之和。

7. 第30栏"海关进口增值税专用缴款书"：反映已取得但截至本期期末仍未申报抵扣的海关进口增值税专用缴款书情况。

8. 第31栏"农产品收购发票或者销售发票"：反映已取得但截至本期期末仍未申报抵扣的农产品收购发票或者农产品销售发票情况。从小规模纳税人处购进农产品时取得增值税专用发票情况填写在本栏，但购进农产品未分别核算用于生产销售 13% 税率货物和其他货物服务的农产品进项税额情况除外。

9. 第 32 栏 "代扣代缴税收缴款凭证"：反映已取得但截至本期期末仍未申报抵扣的代扣代缴税收完税凭证情况。

10. 第 33 栏 "其他"：反映已取得但截至本期期末仍未申报抵扣的其他扣税凭证的情况。

（五）第 35 至 36 栏 "四、其他" 各栏。

1. 第 35 栏 "本期认证相符的增值税专用发票"：反映本期认证相符的增值税专用发票的情况。纳税人本期认证相符的通行费电子发票应当填写在本栏次中。

2. 第 36 栏 "代扣代缴税额"：填写纳税人根据《中华人民共和国增值税暂行条例》第十八条扣缴的应税劳务增值税额与根据营业税改征增值税有关政策规定扣缴的服务、不动产和无形资产增值税额之和。

五、《增值税及附加税费申报表（一般纳税人适用）附列资料（三）》（服务、不动产和无形资产扣除项目明细）填写说明

（一）本表由服务、不动产和无形资产有扣除项目的营业税改征增值税纳税人填写。其他纳税人不填写。

（二）"税款所属时间""纳税人名称"的填写同主表。

（三）第 1 列 "本期服务、不动产和无形资产价税合计额（免税销售额）"：营业税改征增值税的服务、不动产和无形资产属于征税项目的，填写扣除之前的本期服务、不动产和无形资产价税合计；营业税改征增值税的服务、不动产和无形资产属于免抵退税或免税项目的，填写扣除之前的本期服务、不动产和无形资产免税销售额。本列各行次等于《附列资料（一）》第 11 列对应行次，其中本列第 3 行和第 4 行之和等于《附列资料（一）》第 11 列第 5 栏。

营业税改征增值税的纳税人，服务、不动产和无形资产按规定汇总计算缴纳增值税的分支机构，本列各行次之和等于《附列资料（一）》第 11 列第 13a、13b 行之和。

（四）第 2 列 "服务、不动产和无形资产扣除项目""期初余额"：填写服务、不动产和无形资产扣除项目上期期末结存的金额，试点实施之日的税款所属期填写 "0"。本列各行次等于上期《附列资料（三）》第 6 列对应行次。

本列第 4 行 "6% 税率的金融商品转让项目""期初余额"年初首期填报时应填 "0"。

（五）第 3 列 "服务、不动产和无形资产扣除项目""本期发生额"：填写本期取得的按税法规定准予扣除的服务、不动产和无形资产扣除项目金额。

（六）第 4 列 "服务、不动产和无形资产扣除项目""本期应扣除金额"：填写服务、不动产和无形资产扣除项目本期应扣除的金额。

本列各行次＝第 2 列对应各行次＋第 3 列对应各行次。

（七）第 5 列 "服务、不动产和无形资产扣除项目""本期实际扣除金额"：填写服务、不动产和无形资产扣除项目本期实际扣除的金额。

本列各行次≤第 4 列对应各行次，且本列各行次≤第 1 列对应各行次。

（八）第 6 列 "服务、不动产和无形资产扣除项目""期末余额"：填写服务、不动产和无形资产扣除项目本期期末结存的金额。

本列各行次＝第4列对应各行次－第5列对应各行次。

六、《增值税及附加税费申报表（一般纳税人适用）附列资料（四）》（税额抵减情况表）填写说明

（一）税额抵减情况

1. 本表第1行由发生增值税税控系统专用设备费用和技术维护费的纳税人填写，反映纳税人增值税税控系统专用设备费用和技术维护费按规定抵减增值税应纳税额的情况。

2. 本表第2行由营业税改征增值税纳税人，服务、不动产和无形资产按规定汇总计算缴纳增值税的总机构填写，反映其分支机构预征缴纳税款抵减总机构应纳增值税税额的情况。

3. 本表第3行由销售建筑服务并按规定预缴增值税的纳税人填写，反映其销售建筑服务预征缴纳税款抵减应纳增值税税额的情况。

4. 本表第4行由销售不动产并按规定预缴增值税的纳税人填写，反映其销售不动产预征缴纳税款抵减应纳增值税税额的情况。

5. 本表第5行由出租不动产并按规定预缴增值税的纳税人填写，反映其出租不动产预征缴纳税款抵减应纳增值税税额的情况。

（二）加计抵减情况

本表第6至8行仅限适用加计抵减政策的纳税人填写，反映其加计抵减情况。其他纳税人不需填写。第8行"合计"等于第6行、第7行之和。各列说明如下：

1. 第1列"期初余额"：填写上期期末结余的加计抵减额。

2. 第2列"本期发生额"：填写按照规定本期计提的加计抵减额。

3. 第3列"本期调减额"：填写按照规定本期应调减的加计抵减额。

4. 第4列"本期可抵减额"：按表中所列公式填写。

5. 第5列"本期实际抵减额"：反映按照规定本期实际加计抵减额，按以下要求填写。

若第4列≥0，且第4列<主表第11栏－主表第18栏，则第5列＝第4列；

若第4列≥主表第11栏－主表第18栏，则第5列＝主表第11栏－主表第18栏；

若第4列<0，则第5列等于0。

计算本列"一般项目加计抵减额计算"行和"即征即退项目加计抵减额计算"行时，公式中主表各栏次数据分别取主表"一般项目""本月数"列、"即征即退项目""本月数"列对应数据。

6. 第6列"期末余额"：填写本期结余的加计抵减额，按表中所列公式填写。

七、《增值税及附加税费申报表（一般纳税人适用）附列资料（五）》（附加税费情况表）填写说明

1. "税（费）款所属时间"：指纳税人申报的附加税费应纳税（费）额的所属时间，应填写具体的起止年、月、日。

2. "纳税人名称"：填写纳税人名称全称。

3. "本期是否适用小微企业'六税两费'减免政策"：纳税人在税款所属期内适用个体工商户、小型微利企业减免政策的，勾选"是"；否则，勾选"否"。

4. "减免政策适用主体"：适用小微企业"六税两费"减免政策的，填写本项。纳税人是个体工商户的，在"≤个体工商户"处勾选；纳税人是小型微利企业的，在"□小型微

利企业"处勾选。登记为增值税一般纳税人的新设立企业，从事国家非限制和禁止行业，且同时符合设立时从业人数不超过300人、资产总额不超过5 000万元两项条件的，勾选"小型微利企业"。

5. "适用减免政策起止时间"：填写适用减免政策的起止月份，不得超出当期申报的税款所属期限。

6. "本期是否适用试点建设培育产教融合型企业抵免政策"：符合《财政部关于调整部分政府性基金有关政策的通知》（财税〔2019〕46号）规定的试点建设培育产教融合型企业，选择"是"；否则，选择"否"。

7. 第5行"当期新增投资额"：填写试点建设培育产教融合型企业当期新增投资额减去股权转让、撤回投资等金额后的投资净额，该数值可为负数。

8. 第6行"上期留抵可抵免金额"：填写上期的"结转下期可抵免金额"。

9. 第7行"结转下期可抵免金额"：填写本期抵免应缴教育费附加、地方教育附加后允许结转下期抵免部分。

10. 第8行"当期新增可用于扣除的留抵退税额"：填写本期经税务机关批准的上期留抵税额退税额。本栏等于《附列资料二》第22栏"上期留抵税额退税"。

11. 第9行"上期结存可用于扣除的留抵退税额"：填写上期的"结转下期可用于扣除的留抵退税额"。

12. 第10行"结转下期可用于扣除的留抵退税额"：填写本期扣除后剩余的增值税留抵退税额，结转下期可用于扣除的留抵退税额＝当期新增可用于扣除的留抵退税额＋上期结存可用于扣除的留抵退税额－留抵退税本期扣除额。

13. 第1列"增值税税额"：填写主表增值税本期应补（退）税额。

14. 第2列"增值税免抵税额"：填写上期经税务机关核准的增值税免抵税额。

15. 第3列"留抵退税本期扣除额"：填写本期因增值税留抵退税扣除的计税依据。当第8行与第9行之和大于第1行第1列与第1行第2列之和时，第3列第1至3行分别按对应行第1列与第2列之和填写。当第8行与第9行之和（大于0）小于或等于第1行第1列与第1行第2列之和时，第3列第1至3行分别按第8行与第9行之和对应填写。当第8行与第9行之和（小于等于0）小于或等于第1行第1列与第1行第2列之和时，第3列第1至3行均填写0。

16. 第4列"税（费）率"：填写适用税（费）率。

17. 第5列"本期应纳税（费）额"：填写本期按适用的税（费）率计算缴纳的应纳税（费）额。计算公式为：本期应纳税（费）额＝（增值税税额＋增值税免抵税额－留抵退税本期扣除额）×税（费）率。

18. 第6列"减免性质代码"：按《减免税政策代码目录》中附加税费适用的减免性质代码填写，增值税小规模纳税人、小型微利企业和个体工商户"六税两费"减免政策优惠不填写，试点建设培育产教融合型企业抵免不填写。有减免税（费）情况的必填。

19. 第7列"减免税（费）额"：填写本期减免的税（费）额。

20. 第8列"减征比例（%）"：填写当地省级政府根据《……》（财税〔2022〕××号）确定的减征比例填写。

21. 第9列"减征额"：填写纳税人本期享受小微企业"六税两费"减征政策减征额。

计算公式为：小微企业"六税两费"减征额＝（本期应纳税（费）额－本期减免税（费）额）×减征比例。

22. 第 10 列"减免性质代码"：符合《财政部关于调整部分政府性基金有关政策的通知》（财税〔2019〕46 号）规定的试点建设培育产教融合型企业分别填写教育费附加产教融合试点减免性质代码 61101402、地方教育附加产教融合试点减免性质代码 99101401。不适用建设培育产教融合型企业抵免政策的则为空。

23. 第 11 列"本期抵免金额"：填写试点建设培育产教融合型企业本期抵免的教育费附加、地方教育附加金额。

24. 第 12 列"本期已缴税（费）额"：填写本期应纳税（费）额中已经缴纳的部分。该列不包括本期预缴应补（退）税费情况。

25. 第 13 列"本期应补（退）税（费）额"：该列次与主表第 39 至 41 栏对应相等。计算公式为：本期应补（退）税（费）额＝本期应纳税（费）额－本期减免税（费）额－试点建设培育产教融合型企业本期抵免金额－本期已缴税（费）额。

八、《增值税减免税申报明细表》填写说明

（一）本表由享受增值税减免税优惠政策的增值税一般纳税人和小规模纳税人（以下简称增值税纳税人）填写。仅享受支持小微企业免征增值税政策或未达起征点的增值税小规模纳税人不需填报本表，即小规模纳税人当期《增值税及附加税费申报表（小规模纳税人适用）》第 12 栏"其他免税销售额""本期数"和第 16 栏"本期应纳税额减征额""本期数"均无数据时，不需填报本表。

（二）"税款所属时间""纳税人名称"的填写同申报表主表，申报表主表是指《增值税及附加税费申报表（一般纳税人适用）》或者《增值税及附加税费申报表（小规模纳税人适用）》。

（三）"一、减税项目"由本期按照税收法律、法规及国家有关税收规定享受减征（包含税额式减征、税率式减征）增值税优惠的增值税纳税人填写。

1. "减税性质代码及名称"：根据国家税务总局最新发布的《减免税政策代码目录》所列减免性质代码、减免项目名称填写。同时有多个减征项目的，应分别填写。

2. 第 1 列"期初余额"：填写应纳税额减征项目上期"期末余额"，为对应项目上期应抵减而不足抵减的余额。

3. 第 2 列"本期发生额"：填写本期发生的按照规定准予抵减增值税应纳税额的金额。

4. 第 3 列"本期应抵减税额"：填写本期应抵减增值税应纳税额的金额。本列按表中所列公式填写。

5. 第 4 列"本期实际抵减税额"：填写本期实际抵减增值税应纳税额的金额。本列各行≤第 3 列对应各行。

一般纳税人填写时，第 1 行"合计"本列数＝申报表主表第 23 行"一般项目"列"本月数"。

小规模纳税人填写时，第 1 行"合计"本列数＝申报表主表第 16 行"本期应纳税额减征额""本期数"。

6. 第 5 列"期末余额"：按表中所列公式填写。

（四）"二、免税项目"由本期按照税收法律、法规及国家有关税收规定免征增值税的增值税纳税人填写。仅享受小微企业免征增值税政策或未达起征点的小规模纳税人不需填写，即小规模纳税人申报表主表第 12 栏"其他免税销售额""本期数"无数据时，不需填写本栏。

1. "免税性质代码及名称"：根据国家税务总局最新发布的《减免税政策代码目录》所列减免性质代码、减免项目名称填写。同时有多个免税项目的，应分别填写。

2. "出口免税"填写增值税纳税人本期按照税法规定出口免征增值税的销售额，但不包括适用免、抵、退税办法出口的销售额。小规模纳税人不填写本栏。

3. 第 1 列"免征增值税项目销售额"：填写增值税纳税人免税项目的销售额。免税销售额按照有关规定允许从取得的全部价款和价外费用中扣除价款的，应填写扣除之前的销售额。

一般纳税人填写时，本列"合计"等于申报表主表第 8 行"一般项目"列"本月数"。

4. 第 2 列"免税销售额扣除项目本期实际扣除金额"：免税销售额按照有关规定允许从取得的全部价款和价外费用中扣除价款的，据实填写扣除金额；无扣除项目的，本列填写"0"。

5. 第 3 列"扣除后免税销售额"：按表中所列公式填写。

6. 第 4 列：本列不填写。

7. 第 5 列"免税额"：一般纳税人不填写本列。小规模纳税人按下列公式计算填写，且本列各行数应大于或等于 0。

小规模纳税人公式：第 5 列"免税额"＝第 3 列"扣除后免税销售额"×征收率。

2. 增值税小规模纳税人申报表（见表 5-8 至表 5-10）

表 5-8　增值税及附加税申报表
（小规模纳税人适用）

纳税人识别号（统一社会信用代码）：□□□□□□□□□□□□□□□□□□

纳税人名称：　　　　　　　　　　　　　　　　　　　　金额单位：元（列至角分）
税款所属期：　　年　月　日至　　年　月　日　　　　　填表日期：　　年　月　日

项　目		栏次	本期数		本年累计	
			货物及劳务	服务、不动产和无形资产	货物及劳务	服务、不动产和无形资产
一、计税依据	（一）应征增值税不含税销售额（3%征收率）	1				
	增值税专用发票不含税销售额	2				
	其他增值税发票不含税销售额	3				
	（二）应征增值税不含税销售额（5%征收率）	4				
	增值税专用发票不含税销售额	5			—	
	其他增值税发票不含税销售额	6			—	
	（三）销售使用过的固定资产不含税销售额	7（7≥8）		—		—
	其中：其他增值税发票不含税销售额	8		—		—

项　目	栏次	本期数		本年累计	
		货物及劳务	服务、不动产和无形资产	货物及劳务	服务、不动产和无形资产
一、计税依据　（四）免税销售额	9＝10＋11＋12				
其中：小微企业免税销售额	10				
未达起征点销售额	11				
其他免税销售额	12				
（五）出口免税销售额	13（13≥14）				
其中：其他增值税发票不含税销售额	14				
二、税款计算　本期应纳税额	15				
本期应纳税额减征额	16				
本期免税额	17				
其中：小微企业免税额	18				
未达起征点免税额	19				
应纳税额合计	20＝15－16				
本期预缴税额	21			—	—
本期应补（退）税额	22＝20－21			—	—
三、附加税费　城市维护建设税本期应补（退）税额	23				
教育费附加本期应补（退）费额	24				
地方教育附加本期应补（退）费额	25				

声明：此表是根据国家税收法律、法规及相关规定填写的，本人（单位）对填报内容（及附带资料）的真实性、可靠性、完整性负责。

納税人（签章）：　　　年　月　日

经办人： 经办人身份证号： 代理机构签章： 代理机构统一社会信用代码：	受理人： 受理税务机关（章）： 受理日期：　　　年　月　日

《增值税及附加税申报表》（小规模纳税人适用）填表说明

本申报表及其附列资料填写说明（以下简称本表及填写说明）适用于增值税小规模纳税人（以下简称纳税人）。

一、名词解释

（一）本表及填写说明所称"货物"，是指增值税的应税货物。

（二）本表及填写说明所称"劳务"，是指增值税的应税加工、修理、修配劳务。

（三）本表及填写说明所称"服务、不动产和无形资产"，是指销售服务、不动产和无形资产（以下简称应税行为）。

（四）本表及填写说明所称"扣除项目"，是指纳税人发生应税行为，在确定销售额时，按照有关规定允许其从取得的全部价款和价外费用中扣除价款的项目。

二、《增值税及附加税费申报表（小规模纳税人适用）》填写说明

本表"货物及劳务"与"服务、不动产和无形资产"各项目应分别填写。

（一）"税款所属期"是指纳税人申报的增值税应纳税额的所属时间，应填写具体的起止年、月、日。

（二）"纳税人识别号（统一社会信用代码）"：填写纳税人的统一社会信用代码或纳税人识别号。

（三）"纳税人名称"：填写纳税人名称全称。

（四）第 1 栏"应征增值税不含税销售额（3%征收率）"：填写本期销售货物及劳务、发生应税行为适用 3%征收率的不含税销售额，不包括应税行为适用 5%征收率的不含税销售额、销售使用过的固定资产（不含不动产，下同）和销售旧货的不含税销售额、免税销售额、出口免税销售额、查补销售额，国家税务总局另有规定的除外。

纳税人发生适用 3%征收率的应税行为且有扣除项目的，本栏填写扣除后的不含税销售额，与当期《附列资料（一）》第 8 栏数据一致，适用小微企业免征增值税政策的纳税人除外。

（五）第 2 栏"增值税专用发票不含税销售额"：填写纳税人自行开具和税务机关代开的增值税专用发票销售额合计。

（六）第 3 栏"其他增值税发票不含税销售额"：填写增值税发票管理系统开具的增值税专用发票之外的其他发票不含税销售额。

（七）第 4 栏"应征增值税不含税销售额（5%征收率）"：填写本期发生应税行为适用 5%征收率的不含税销售额。

纳税人发生适用 5%征收率应税行为且有扣除项目的，本栏填写扣除后的不含税销售额，与当期《附列资料（一）》第 16 栏数据一致，适用小微企业免征增值税政策的纳税人除外。

（八）第 5 栏"增值税专用发票不含税销售额"：填写纳税人自行开具和税务机关代开的增值税专用发票销售额合计。

（九）第 6 栏"其他增值税发票不含税销售额"：填写增值税发票管理系统开具的增值税专用发票之外的其他发票不含税销售额。

（十）第 7 栏"销售使用过的固定资产不含税销售额"：填写销售自己使用过的固定资产和销售旧货的不含税销售额，销售额＝含税销售额／（1+3%）。

（十一）第 8 栏"其中：其他增值税发票不含税销售额"：填写纳税人销售自己使用过的固定资产和销售旧货，在增值税发票管理系统开具的增值税专用发票之外的其他发票不含税销售额。

（十二）第 9 栏"免税销售额"：填写销售免征增值税的货物及劳务、应税行为的销售额，不包括出口免税销售额。

应税行为有扣除项目的纳税人，填写扣除之后的销售额。

（十三）第 10 栏"小微企业免税销售额"：填写符合小微企业免征增值税政策的免税销

售额，不包括符合其他增值税免税政策的销售额。个体工商户和其他个人不填写本栏次。

（十四）第11栏"未达起征点销售额"：填写个体工商户和其他个人未达起征点（含支持小微企业免征增值税政策）的免税销售额，不包括符合其他增值税免税政策的销售额。本栏次由个体工商户和其他个人填写。

（十五）第12栏"其他免税销售额"：填写销售免征增值税的货物及劳务、应税行为的销售额，不包括符合小微企业免征增值税和未达起征点政策的免税销售额。

（十六）第13栏"出口免税销售额"：填写出口免征增值税货物及劳务、出口免征增值税应税行为的销售额。

应税行为有扣除项目的纳税人，填写扣除之前的销售额。

（十七）第14栏"其中：其他增值税发票不含税销售额"：填写出口免征增值税货物及劳务、出口免征增值税应税行为，在增值税发票管理系统开具的增值税专用发票之外的其他发票销售额。

（十八）第15栏"本期应纳税额"：填写本期按征收率计算缴纳的应纳税额。

（十九）第16栏"本期应纳税额减征额"：填写纳税人本期按照税法规定减征的增值税应纳税额。包含可在增值税应纳税额中全额抵减的增值税税控系统专用设备费用以及技术维护费，可在增值税应纳税额中抵免的购置税控收款机的增值税税额，支持和促进重点群体创业就业、扶持自主就业退役士兵创业就业等有关税收政策可扣减的增值税额，按照规定可填列的减按征收对应的减征增值税税额等。

当本期减征额小于或等于第15栏"本期应纳税额"时，按本期减征额实际填写；当本期减征额大于第15栏"本期应纳税额"时，按本期第15栏填写，本期减征额不足抵减部分结转下期继续抵减。

（二十）第17栏"本期免税额"：填写纳税人本期增值税免税额，免税额根据第9栏"免税销售额"和征收率计算。

（二十一）第18栏"小微企业免税额"：填写符合小微企业免征增值税政策的增值税免税额，免税额根据第10栏"小微企业免税销售额"和征收率计算。

（二十二）第19栏"未达起征点免税额"：填写个体工商户和其他个人未达起征点（含支持小微企业免征增值税政策）的增值税免税额，免税额根据第11栏"未达起征点销售额"和征收率计算。

（二十三）第21栏"本期预缴税额"：填写纳税人本期预缴的增值税额，但不包括查补缴纳的增值税额。

（二十四）第23栏"城市维护建设税本期应补（退）税额"：填写《附列资料（二）》城市维护建设税对应第9栏本期应补（退）税（费）额。

（二十五）第24栏"教育费附加本期应补（退）费额"：填写《附列资料（二）》教育费附加对应第9栏本期应补（退）税（费）额。

（二十六）第25栏"地方教育附加本期应补（退）费额"：填写《附列资料（二）》地方教育附加对应第9栏本期应补（退）税（费）额。

表5-9　增值税及附加税费申报表（小规模纳税人适用）附列资料（一）

（服务、不动产和无形资产扣除项目明细）

税款所属期：　　年　月　日至　　年　月　日　　　　　　　　填表日期：　年　月　日

纳税人名称（公章）：　　　　　　　　　　　　　　　　　　　　金额单位：元（列至角分）

应税行为（3%征收率）扣除额计算			
期初余额	本期发生额	本期扣除额	期末余额
1	2	3（3≤1+2之和，且3≤5）	4=1+2-3
应税行为（3%征收率）计税销售额计算			
全部含税收入（适用3%征收率）	本期扣除额	含税销售额	不含税销售额
5	6=3	7=5-6	8=7÷1.03
应税行为（5%征收率）扣除额计算			
期初余额	本期发生额	本期扣除额	期末余额
9	10	11（11≤9+10之和，且11≤13）	12=9+10-11
应税行为（5%征收率）计税销售额计算			
全部含税收入（适用5%征收率）	本期扣除额	含税销售额	不含税销售额
13	14=11	15=13-14	16=15÷1.05

《增值税及附加税费申报表（小规模纳税人适用）附列资料（一）》
（服务、不动产和无形资产扣除项目明细）填写说明

一、名词解释

（一）本表及填写说明所称"货物"，是指增值税的应税货物。

（二）本表及填写说明所称"劳务"，是指增值税的应税加工、修理、修配劳务。

（三）本表及填写说明所称"服务、不动产和无形资产"，是指销售服务、不动产和无形资产（以下简称应税行为）。

（四）本表及填写说明所称"扣除项目"，是指纳税人发生应税行为，在确定销售额时，按照有关规定允许其从取得的全部价款和价外费用中扣除价款的项目。

二、《增值税及附加税费申报表（小规模纳税人适用）附列资料（一）》填写说明

本附列资料由发生应税行为且有扣除项目的纳税人填写，各栏次均不包含免征增值税项目的金额，但适用小微企业免征增值税政策且有扣除项目的纳税人应填写。

（一）"税款所属期"是指纳税人申报的增值税应纳税额的所属时间，应填写具体的起止年、月、日。

（二）"纳税人名称"：填写纳税人名称全称。

（三）第1栏"期初余额"：填写适用3%征收率的应税行为扣除项目上期期末结存的金额。

（四）第2栏"本期发生额"：填写本期取得的按税法规定准予扣除的适用3%征收率的应税行为扣除项目金额。

（五）第3栏"本期扣除额"：填写适用3%征收率的应税行为扣除项目本期实际扣除的金额。

第3栏"本期扣除额"≤第1栏"期初余额"+第2栏"本期发生额"之和，且第3栏"本期扣除额"≤第5栏"全部含税收入（适用3%征收率）"。

（六）第4栏"期末余额"：填写适用3%征收率的应税行为扣除项目本期期末结存的金额。

（七）第5栏"全部含税收入（适用3%征收率）"：填写纳税人适用3%征收率的应税行为取得的全部价款和价外费用数额。

（八）第6栏"本期扣除额"：填写本附列资料第3栏"本期扣除额"的数据。

第6栏"本期扣除额"=第3栏"本期扣除额"。

（九）第7栏"含税销售额"：填写适用3%征收率的应税行为的含税销售额。

第7栏"含税销售额"=第5栏"全部含税收入（适用3%征收率）"-第6栏"本期扣除额"。

（十）第8栏"不含税销售额"：填写适用3%征收率的应税行为的不含税销售额。

第8栏"不含税销售额"=第7栏"含税销售额"÷（1+征收率），其中"征收率"按照第7栏"含税销售额"对应的征收率计算。

第8栏与《增值税及附加税费申报表（小规模纳税人适用）》第1栏"应征增值税不含税销售额（3%征收率）""本期数""服务、不动产和无形资产"栏数据一致，适用小微企业免征增值税政策的纳税人除外。

（十一）第9栏"期初余额"：填写适用5%征收率的应税行为扣除项目上期期末结存的金额。

（十二）第10栏"本期发生额"：填写本期取得的按税法规定准予扣除的适用5%征收率的应税行为扣除项目金额。

（十三）第11栏"本期扣除额"：填写适用5%征收率的应税行为扣除项目本期实际扣除的金额。

第11栏"本期扣除额"≤第9栏"期初余额"+第10栏"本期发生额"之和，且第11栏"本期扣除额"≤第13栏"全部含税收入（适用5%征收率）"。

（十四）第12栏"期末余额"：填写适用5%征收率的应税行为扣除项目本期期末结存的金额。

（十五）第13栏"全部含税收入（适用5%征收率）"：填写纳税人适用5%征收率的应税行为取得的全部价款和价外费用数额。

（十六）第14栏"本期扣除额"：填写本附列资料第11栏"本期扣除额"的数据。

第14栏"本期扣除额"=第11栏"本期扣除额"。

（十七）第15栏"含税销售额"：填写适用5%征收率的应税行为的含税销售额。

第15栏"含税销售额"=第13栏"全部含税收入（适用5%征收率）"-第14栏"本

期扣除额"。

（十八）第16栏"不含税销售额"：填写适用5%征收率的应税行为的不含税销售额。

第16栏"不含税销售额"＝第15栏"含税销售额"÷1.05。

第16栏与《增值税及附加税费申报表（小规模纳税人适用）》第4栏"应征增值税不含税销售额（5%征收率）""本期数""服务、不动产和无形资产"栏数据一致，适用小微企业免征增值税政策的纳税人除外。

表 5-10　增值税及附加税费申报表（小规模纳税人适用）附列资料（二）

（附加税费情况表）

税（费）款所属时间：　　年　月　日至　　年　月　日

纳税人名称：（公章）　　　　　　　　　　　　　　　　　　　　　　　金额单位：元（列至角分）

税（费）种	计税（费）依据 增值税税额	税（费）率（%）	本期应纳税（费）额	本期减免税（费）额		增值税小规模纳税人"六税两费"减征政策		本期已缴税（费）额	本期应补（退）税（费）额
				减免性质代码	减免税（费）额	减征比例（%）	减征额		
	1	2	3＝1×2	4	5	6	7＝(3−5)×6	8	9＝3−5−7−8
城市维护建设税									
教育费附加									
地方教育附加									
合计	—	—				—			

《增值税及附加税费申报表（小规模纳税人适用）附列资料（二）》（附加税费情况表）填写说明

1. "税（费）款所属时间"：指纳税人申报的附加税费应纳税（费）额的所属时间，应填写具体的起止年、月、日。

2. "纳税人名称"：填写纳税人名称全称。

3. 第1栏"增值税税额"：填写主表增值税本期应补（退）税额。

4. 第2栏"税（费）率"：填写适用税（费）率。

5. 第3栏"本期应纳税（费）额"：填写本期按适用的税（费）率计算缴纳的应纳税（费）额。计算公式为：本期应纳税（费）额＝增值税税额×税（费）率。

6. 第4栏"减免性质代码"：按《减免税政策代码目录》中附加税费适用的减免性质代码填写，增值税小规模纳税人"六税两费"减征政策优惠不在此栏填写。有减免税（费）情况的必填。

7. 第5栏"减免税（费）额"：填写本期减免的税（费）额。

8. 第6栏"减征比例（%）"：填写当地省级政府根据《财政部税务总局关于实施小微企业普惠性税收减免政策的通知》（财税〔2019〕13号）确定的减征比例填写。

9. 第7栏"减征额"：填写纳税人本期享受增值税小规模纳税人"六税两费"减征政策减征额。计算公式为：增值税小规模纳税人"六税两费"减征额＝（本期应纳税（费）

额−本期减免税（费）额×减征比例。

10. 第8栏"本期已缴税（费）额"：填写本期应纳税（费）额中已经缴纳的部分。该栏不包括本期预缴应补（退）税费情况。

11. 第9栏"本期应补（退）税（费）额"：该列次与主表第23至25栏对应相等。计算公式为：本期应补（退）税（费）额=本期应纳税（费）额−本期减免税（费）额−增值税小规模纳税人"六税两费"减征额−本期已缴税（费）额。

3. 增值税及附加税费预缴表（见表5-11至表5-12）

表5-11　增值税及附加税费预缴表

税款所属时间：　　　年　月　日至　　　年　月　日

纳税人识别号（统一社会信用代码）：☐☐☐☐☐☐☐☐☐☐☐☐☐☐☐☐☐☐

　　　　　　　　　　　　　　　　是否适用一般计税方法　是☐　否☐

纳税人名称：　　　　　　　　　　　　　　　金额单位：元（列至角分）

项目编号：　　　　　　　　项目名称：

项目地址：

预征项目和栏次		销售额	扣除金额	预征率	预征税额
		1	2	3	4
建筑服务	1				
销售不动产	2				
出租不动产	3				
	4				
	5				
合计	6				
附加税费					
城市维护建设税实际预缴税额			教育费附加实际预缴费额		地方教育附加实际预缴费额	

声明：此表是根据国家税收法律、法规及相关规定填写的，本人（单位）对填报内容（及附带资料）的真实性、可靠性、完整性负责。

　　　　　　　　　　　　　　　　纳税人（签章）：　　　年　月　日

经办人： 经办人身份证号： 代理机构签章： 代理机构统一社会信用代码：	受理人： 受理税务机关（章）： 受理日期：　年　月　日

表 5-12　增值税及附加税费预缴表附列资料

(附加税费情况表)

税(费)款所属时间：　　年　月　日至　　年　月　日

纳税人名称：(公章)　　　　　　　　　　　　　　　　　　　金额单位：元(列至角分)

税(费)种	计税(费)依据	税(费)率(%)	本期应纳税(费)额	本期减免税(费)额		小微企业"六税两费"减征政策		本期实际预缴税(费)额

本期是否适用小微企业"六税两费"减免政策　　□是　□否

减免政策适用主体

增值税小规模纳税人：□是　□否

增值税一般纳税人：□个体工商户　□小型微利企业

适用减免政策起止时间　　年　月至　　年　月

税(费)种	计税(费)依据	税(费)率(%)	本期应纳税(费)额	本期减免税(费)额		小微企业"六税两费"减征政策		本期实际预缴税(费)额
	增值税预缴税额			减免性质代码	减免税(费)额	减征比例(%)	减征额	
	1	2	3=1×2	4	5	6	7=(3-5)×6	8=3-5-7
城市维护建设税								
教育费附加								
地方教育附加								
合计	—	—		—				

《增值税及附加税费预缴表》及其附列资料填写说明

一、本表适用于纳税人发生以下情形按规定在税务机关预缴增值税时填写。

(一)纳税人(不含其他个人)跨县(市)提供建筑服务。

(二)房地产开发企业预售自行开发的房地产项目。

(三)纳税人(不含其他个人)出租与机构所在地不在同一县(市)的不动产。

二、基础信息填写说明：

(一)"税款所属时间"：指纳税人申报的增值税预缴税额的所属时间，应填写具体的起止年、月、日。

(二)"纳税人识别号(统一社会信用代码)"：填写纳税人的统一社会信用代码或纳税人识别号。

(三)"纳税人名称"：填写纳税人名称全称。

(四)"是否适用一般计税方法"：该项目适用一般计税方法的纳税人在该项目后的"□"中打"√"，适用简易计税方法的纳税人在该项目后的"□"中打"×"。

(五)"项目编号"：由异地提供建筑服务的纳税人和房地产开发企业填写《建筑工程施工许可证》上的编号，根据相关规定不需要申请《建筑工程施工许可证》的建筑服务项目或不动产开发项目，不需要填写。出租不动产业务无需填写。

(六)"项目名称"：填写建筑服务或者房地产项目的名称。出租不动产业务不需要填写。

(七)"项目地址"：填写建筑服务项目、房地产项目或出租不动产的具体地址。

三、具体栏次填表说明：

（一）纳税人异地提供建筑服务。

纳税人在"预征项目和栏次"部分的第1栏"建筑服务"行次填写相关信息：

1. 第1列"销售额"：填写纳税人跨县（市）提供建筑服务取得的全部价款和价外费用（含税）。

2. 第2列"扣除金额"：填写跨县（市）提供建筑服务项目按照规定准予从全部价款和价外费用中扣除的金额（含税）。

3. 第3列"预征率"：填写跨县（市）提供建筑服务项目对应的预征率或者征收率。

4. 第4列"预征税额"：填写按照规定计算的应预缴税额。

（二）房地产开发企业预售自行开发的房地产项目。

纳税人在"预征项目和栏次"部分的第2栏"销售不动产"行次填写相关信息：

1. 第1列"销售额"：填写本期收取的预收款（含税），包括在取得预收款当月或主管税务机关确定的预缴期取得的全部预收价款和价外费用。

2. 第2列"扣除金额"：房地产开发企业不需填写。

3. 第3列"预征率"：房地产开发企业预征率为3%。

4. 第4列"预征税额"：填写按照规定计算的应预缴税额。

（三）纳税人出租不动产。

纳税人在"预征项目和栏次"部分的第3栏"出租不动产"行次填写相关信息：

1. 第1列"销售额"：填写纳税人出租不动产取得全部价款和价外费用（含税）。

2. 第2列"扣除金额"无需填写。

3. 第3列"预征率"：填写纳税人预缴增值税适用的预征率或者征收率。

4. 第4列"预征税额"：填写按照规定计算的应预缴税额。

（四）附加税费。

"城市维护建设税实际预缴税额"：填写按照规定应预缴的城市维护建设税税额。该栏次等于《附列资料（附加税费情况表）》第8列对应栏次。

"教育费附加实际预缴费额"：填写按照规定应预缴的教育费附加费额。该栏次等于《附列资料（附加税费情况表）》第8列对应栏次。

"地方教育附加实际预缴费额"：填写按照规定应预缴的地方教育附加费额。该栏次等于《附列资料（附加税费情况表）》第8列对应栏次。

四、《增值税及附加税费预缴表附列资料（附加税费情况表）》填写说明。

1. "税（费）款所属时间"：指纳税人申报的附加税（费）应纳税（费）额的所属时间，应填写具体的起止年、月、日。

2. "纳税人名称"：填写纳税人名称全称。

3. "本期是否适用小微企业'六税两费'减免政策"：纳税人在税款所属期内适用增值税小规模纳税人、个体工商户、小型微利企业减免政策的，勾选"是"；否则，勾选"否"。

4. "减免政策适用主体"：适用小微企业"六税两费"减免政策的，填写本项。纳税人是增值税小规模纳税人的，在"增值税小规模纳税人"处勾选"是"，无须勾选"增值税一般纳税人：≤个体工商户□小型微利企业"；纳税人是增值税一般纳税人的，据类型勾选"个体工商户"或"小型微利企业"。登记为增值税一般纳税人的新设立企业，从事国家非限制和禁止行业，且同时符合设立时从业人数不超过300人、资产总额不超过5 000万元两项条件的，勾选"小型微利企业"。

5. "适用减免政策起止时间"：填写适用减免政策的起止月份，不得超出当期申报的税款所属期限。

6. 第 1 列"增值税预缴税额"：填写纳税人按规定应预缴增值税税额。该栏次等于主表增值税本期合计预征税额（主表第 6 行第 4 栏）。

7. 第 2 列"税（费）率"：填写相应税（费）的税（费）率。

8. 第 3 列"本期应纳税（费）额"：填写本期按适用税（费）率计算缴纳的应纳税（费）额。本期应纳税（费）额＝增值税预缴税额×税（费）率。

9. 第 4 列"减免性质代码"：按《减免税政策代码目录》中附加税费适用的减免性质代码填写，增值税小规模纳税人、小型微利企业和个体工商户"六税两费"减免政策优惠不填写。有减免税（费）情况的必填。

10. 第 5 列"减免税（费）额"：填写本期减免的税（费）额。

11. 第 6 列"减征比例（%）"：填写当地省级政府根据《……》（财税〔2022〕××号）确定的比例。

12. 第 7 列"减征额"：填写纳税人本期享受小微企业"六税两费"减免政策减征额。小微企业"六税两费"减征额＝（本期应纳税（费）额－本期减免税（费）额）×减征比例。

13. 第 8 列"本期实际预缴税（费）额"：反映纳税人本期应预缴税（费）情况。本期实际预缴税（费）额＝本期应纳税（费）额－本期减免税（费）额－小微企业"六税两费"减免政策减征额。

4. 生产企业免抵退税申报（见表 5-13 至表 5-14）

表 5-13　免抵退税申报汇总表

纳税人识别号（统一社会信用代码）：

纳税人名称：

所属期：　　　年　　　月

金额单位：元（列至角分）

项目		栏次	当期	本年累计	与增值税纳税申报表差额
			(a)	(b)	(c)
出口销售额	免抵退税出口销售额（美元）	1=2+3			—
	其中：出口货物劳务销售额（美元）	2			—
	跨境应税行为销售额（美元）	3			—
	免抵退税出口销售额（人民币）	4			
不得免征和抵扣税额	免抵退税不得免征和抵扣税额	5=6+7			
	其中：出口货物劳务不得免征和抵扣税额	6			
	跨境应税行为不得免征和抵扣税额	7			
	进料加工核销应调整不得免征和抵扣税额	8			
	免抵退税不得免征和抵扣税额合计	9=5+8			
应退税额和免抵税额	免抵退税额	10=11+12			—
	其中：出口货物劳务免抵退税额	11			—
	跨境应税行为免抵退税额	12			—
	上期结转需冲减的免抵退税额	13		—	—

续表

项目		栏次	当期	本年累计	与增值税纳税申报表差额
			(a)	(b)	(c)
应退税额和免抵税额	进料加工核销应调整免抵退税额	14			—
	免抵退税额合计	15（如 10−13+14>0 则为 10−13+14，否则为 0）			—
	结转下期需冲减的免抵退税额	16＝13−10−14+15			—
	增值税纳税申报表期末留抵税额	17			—
	应退税额	18（如 15>17 则为 17，否则为 15）			—
	免抵税额	19＝15−18			—

声明：此表是根据国家税收法律、法规及相关规定填写的，本人（单位）对填报内容（及附带资料）的真实性、可靠性、完整性负责。

纳税人（签章）：　　年　月　日

经办人： 经办人身份证号： 代理机构签章： 代理机构统一社会信用代码：	受理人： 受理税务机关（章）： 受理日期：　　年　月　日

《免抵退税申报汇总表》填表说明

1. "所属期"：按《免抵退税申报汇总表》对应的增值税纳税申报表的税款所属年月填写。

2. 第 1 栏"免抵退税出口销售额（美元）"：按"第 2 栏+第 3 栏"计算填写。

3. 第 2 栏"出口货物劳务销售额（美元）"：按当期《生产企业出口货物劳务免抵退税申报明细表》"出口销售额（美元）合计"填写。

4. 第 3 栏"跨境应税行为销售额（美元）"：按当期《跨境应税行为免抵退税申报明细表》"本期收款金额（美元）合计"+当期《国际运输（港澳台运输）免抵退税申报明细表》"跨境应税行为营业额（折美元）合计"计算填写。

5. 第 4 栏"免抵退税出口销售额（人民币）"：按当期《生产企业出口货物劳务免抵退税申报明细表》"出口销售额（人民币）合计"+当期《跨境应税行为免抵退税申报明细表》"跨境应税行为营业额（折人民币）合计"+当期《国际运输（港澳台运输）免抵退税申报明细表》"跨境应税行为营业额（折人民币）合计"计算填写。

6. 第 5 栏"免抵退税不得免征和抵扣税额"：按"第 6 栏+第 7 栏"计算填写。

7. 第 6 栏"出口货物劳务不得免征和抵扣税额"：按当期《生产企业出口货物劳务免抵退税申报明细表》"不得免征和抵扣税额合计"填写。

8. 第 7 栏"跨境应税行为不得免征和抵扣税额"：按当期《跨境应税行为免抵退税申报明细表》"跨境应税行为免抵退税计税金额乘征退税率之差合计"+当期《国际运输（港澳台运输）免抵退税申报明细表》"跨境应税行为免抵退税计税金额乘征退税率之差合计"计算填写。

9. 第 8 栏"进料加工核销应调整不得免征和抵扣税额"：按最近一次免抵退税申报至本次免抵退税申报期间税务机关核销确认的《生产企业进料加工业务免抵退税核销表》"应调整不得免征和抵扣税额合计"填写。

10. 第 8 (c) 栏：按上期结转本期的免抵退税不得免征和抵扣税额抵减额的负数填写。

11. 第 9 栏"免抵退税不得免征和抵扣税额合计"：按"第 5 栏+第 8 栏"计算填写。当第 5 (a) 栏+第 8 (a) 栏>0，则第 8 (c) 栏参与第 9 (a) 栏计算：第 5 (a) 栏+第 8 (a) 栏+第 8 (c) 栏<0，则第 9 (a) 栏=0；第 5 (a) 栏+第 8 (a) 栏+第 8 (c) 栏≥0，则第 9 (a) 栏=第 5 (a) 栏+第 8 (a) 栏+第 8 (c) 栏。当第 5 (a) 栏+第 8 (a) 栏≤0，则第 8 (c) 栏不参与第 9 (a) 栏计算：第 9 (a) 栏=第 5 (a) 栏+第 8 (a) 栏。第 8 (c) 栏参与本期计算后的余额在下期第 8 (c) 栏列示。

12. 第 9 (c) 栏"免抵退税不得免征和抵扣税额合计与增值税纳税申报表差额"：按当期本表第 9 (a) 栏-最近一次免抵退税申报下一属期至当期的《增值税纳税申报表（一般纳税人适用）》附表二"免抵退税办法不得抵扣的进项税额"栏次的合计数+税务机关核准的最近一期本表的第 9 (c) 栏计算填写。本公告生效前最近一期税务机关核准的《免抵退税申报汇总表》的第 25 (c) 栏按照上述公式计算填报在本栏。企业应做相应账务调整，并在下期增值税纳税申报时对《增值税纳税申报表（一般纳税人适用）》附表二"免抵退税办法不得抵扣的进项税额"栏次进行调整。

13. 第 10 栏"免抵退税额"：按"第 11 栏+第 12 栏"计算填写。

14. 第 11 栏"出口货物劳务免抵退税额"：按当期《生产企业出口货物劳务免抵退税申报明细表》"免抵退税额合计"填写。

15. 第 12 栏"跨境应税行为免抵退税额"：按当期《跨境应税行为免抵退税申报明细表》"跨境应税行为销售额乘退税率合计"+当期《国际运输（港澳台运输）免抵退税申报明细表》"跨境应税行为免抵退税计税金额乘退税率合计"计算填写。

16. 第 13 栏"上期结转需冲减的免抵退税额"：按上期本表"结转下期需冲减的免抵退税额"填写。本公告生效前最近一期税务机关核准的《免抵退税申报汇总表》的"结转下期免抵退税额抵减额"在本公告生效后首次填报本表时填写在本栏。

17. 第 14 栏"进料加工核销应调整免抵退税额"：按最近一次免抵退税申报至本次免抵退税申报期间税务机关核销确认的《生产企业进料加工业务免抵退税核销表》"应调整免抵退税额合计"填写。

18. 第 15 栏"免抵退税额合计"：按"第 10 栏-第 13 栏+第 14 栏"计算填写，当计算结果小于 0 时按 0 填写。

19. 第 16 栏"结转下期需冲减的免抵退税额"：按"第 13 栏-第 10 栏-第 14 栏+第 15 栏"计算填写。

20. 第 17 栏"增值税纳税申报表期末留抵税额"：按同属期《增值税纳税申报表（一般纳税人适用）》"期末留抵税额"填写。一般纳税人转登记为小规模纳税人的，按"应交税费—待抵扣进项税额"据实填写。

21. 第 18 栏"应退税额"：如第 15 栏>第 17 栏，则等于第 17 栏，否则等于第 15 栏。

22. 第 19 栏"免抵税额"：按"第 15 栏-第 18 栏"计算填写。

23. 第 (b) 列"本年累计"：按对应栏次的本年累计数填写。

纳税人识别号（统一社会信用代码）：

纳税人名称：

所属期：　　年　　月　　　　　　　　　　　　　金额单元：　元（列至角分）

表5-14　生产企业出口货物劳务免抵退税申报明细表

序号	出口发票号	出口货物报关单号	出口日期	代理出口货物证明号	出口商品代码	出口商品名称	计量单位	出口数量	出口销售额 美元	出口销售额 人民币	申报商品代码	征税率	退税率	计划分配率	进料加工保税进口料件组成计税价格	国内购进免税原材料价格	不得免征和抵扣税额	免抵退税额	进料加工手（账）册号	先退税后核销出口合同号	业务类型	备注
1	2	3	4	5	6	7	8	9	10	11	12	13	14	15	16＝11×15	17	18＝(11-16-17)×(13-14)	19＝(11-16-17)×14	20	21	22	23
合计	—	—	—	—	—	—	—	—	—		—	—	—	—					—	—	—	—

《生产企业出口货物劳务免抵退税申报明细表》填表说明

1. "所属期"：按《生产企业出口货物劳务免抵退税申报明细表》对应的增值税纳税申报表的税款所属年月填写。

2. 第 1 栏"序号"：按八位流水号填写，从 00000001 到 99999999。

3. 第 2 栏"出口发票号"：按出口发票的号码填写。视同出口等无须开具出口发票的业务，按税务机关要求填写。

4. 第 3 栏"出口货物报关单号"：按出口货物报关单上的海关编号+0+项号填写，共 21 位；实际业务无出口货物报关单的按税务机关要求填写；委托出口的此栏不填。

5. 第 4 栏"出口日期"：按出口货物报关单中的出口日期填写；经保税区出口的，填写出境货物备案清单上的出口日期；委托出口的，填写《代理出口货物证明》上的出口日期；非报关出口的，填写出口发票或普通发票开具日期。

6. 第 5 栏"代理出口货物证明号"：按《代理出口货物证明》编号（18 位）+两位项号（01、02…）填写，项号按《代理出口货物证明》所列顺序编写，自营出口的此栏不填。

7. 第 6 栏"出口商品代码"：按出口货物报关单中商品代码对应的退税率文库中基本商品代码填写。无出口货物报关单的按出口发票中货物名称对应的退税率文库中的基本商品代码填写。

8. 第 7 栏"出口商品名称"：按退税率文库中商品代码对应的名称填写，或按商品实际名称填写。

9. 第 8 栏"计量单位"：按出口商品代码在退税率文库中的计量单位填写。

10. 第 9 栏"出口数量"：按本次申报的出口数量填写，如出口货物报关单上的计量单位与申报计量单位不一致的，应按申报计量单位折算填写。

11. 第 10 栏"出口销售额（美元）"：填写出口发票上列明的美元离岸价，非美元价格成交或成交方式非 FOB 的，需折算填写。

12. 第 11 栏"出口销售额（人民币）"：填写出口发票上列明的人民币离岸价。

13. 第 12 栏"申报商品代码"：如果属于按出口商品主要原材料退税率申报退税的，按主要原材料商品代码填写。不属于此类情况的，此栏不填。

14. 第 13 栏"征税率"：按在境内销售商品法定增值税税率填写。

15. 第 14 栏"退税率"：按退税率文库对应出口商品的退税率填写；如退税率有特殊规定，按政策规定的退税率填写。

16. 第 15 栏"计划分配率"：按当前有效的计划分配率填写。如进料加工手（账）册已完成核销，则按照对应手（账）册的实际分配率填写。

17. 第 16 栏"进料加工保税进口料件组成计税价格"：按"第 11 栏×第 15 栏"计算填写。

18. 第 17 栏"国内购进免税原材料价格"：按用于加工出口货物的不计提进项税额的国内免税原材料价格填写。

19. 第 18 栏"不得免征和抵扣税额"：按"（第 11 栏−第 16 栏−第 17 栏）×（第 13 栏−第 14 栏）"计算填写。

20. 第 19 栏"免抵退税额"：按"（第 11 栏−第 16 栏−第 17 栏）×第 14 栏"计算填写。

21. 第 20 栏"进料加工手（账）册号"：按出口货物报关单上列明的进料加工手（账）

册号填写。

22. 第 21 栏"先退税后核销出口合同号"：按先退税后核销业务的出口合同号填写。

23. 第 22 栏"业务类型"：按出口业务在《业务类型代码表》中对应的"业务类型代码"填写。

5. 外贸企业出口退（免）税申报（见表 5-15 至表 5-16）

表 5-15 外贸企业出口退税进货明细申报表

纳税人识别号（统一社会信用代码）：　　　　　申报年月：　　年　　月　　　　申报批次：

纳税人名称：

申报退税额：

　其中：增值税　　　　　　　　　　　消费税　　　　　　　　金额单位：元（列至角分）

序号	关联号	税种	凭证种类	进货凭证号	供货方纳税人识别号	开票日期	出口商品代码	商品名称	计量单位	数量	计税金额	征税率（%）	退税率（%）	可退税率	备注
1	2	3	4	5	6	7	8	9	10	11	12	13	14	15	16

　声明：此表是根据国家税收法律、法规及相关规定填写的，本人（单位）对填报内容（及附带资料）的真实性、可靠性、完整性负责。

　　　　　　　　　　　　　　　　　　　　　纳税人（签章）：　　　年　月　日

经办人： 经办人身份证号： 代理机构签章： 代理机构统一社会信用代码：	受理人： 受理税务机关（章）： 受理日期：　　年　月　日

《外贸企业出口退税进货明细申报表》填表说明

1. 申报年月：本年度出口的，按申报期年月填写；以前年度出口的，统一按上年 12 月份填写。

2. 申报批次：按申报年月的第几次申报填写。

3. 第 1 栏"序号"：按八位流水号填写，从 00000001 到 99999999。

4. 第 2 栏"关联号"：是进货和出口数据关联的标志。按"申报年月（6 位数字）+申报批次（3 位数字）+关联号流水号（1～8 位数字）"的规则进行填写；每 21 位出口货物报关单号作为一个关联号编写单位。代理出口货物证明编写规则同出口货物报关单。

5. 第 3 栏"税种"：若为增值税，填写"V"；若为消费税，填写"C"。

6. 第 4 栏"凭证种类"：按申报的进货凭证据实填写，具体包括增值税专用发票、海关进口增值税专用缴款书、海关进口消费税专用缴款书、税收缴款书（出口货物专用）、出口货物完税分割单。

7. 第 5 栏"进货凭证号"：按申报的进货凭证号码据实填写。如增值税专用发票，填写增值税专用发票的发票代码+发票号码，其他凭证比照填写。

8. 第 6 栏"供货方纳税人识别号"：按申报的进货凭证上的供货方纳税人识别号或缴款单位纳税人识别号填写。

9. 第 7 栏"开票日期"：按申报的进货凭证填开日期据实填写。

10. 第 8 栏"出口商品代码"：按出口货物报关单中商品代码对应的退税率文库中基本商品代码填写。无出口货物报关单的，按进货凭证中货物名称对应的退税率文库中的基本商品代码填写。

11. 第 9 栏"商品名称"：按退税率文库中该商品代码对应的名称填写，或按商品实际名称填写。

12. 第 10 栏"计量单位"：按出口商品代码在退税率文库中的计量单位填写。

13. 第 11 栏"数量"：按进货凭证本次申报的数量填写。如进货凭证上的计量单位与申报计量单位不一致的，应按申报计量单位折算填写。

14. 第 12 栏"计税金额"：按进货凭证本次申报的计税金额或完税价格分项填写；如果进货凭证上多项货物或应税劳务对应的出口货物报关单上同一项商品，可填写计税金额或完税价格总和。

15. 第 13 栏"征税率"：按进货凭证上的征税率据实填写。若为增值税，则按百分比的格式填写进货凭证上的税率；若为消费税从价定率方式征税的，按百分比的格式填写法定税率；若为消费税从量定额方式征税的，填写法定税额。

16. 第 14 栏"退税率"：按退税率文库对应出口商品的退税率填写；如退税率有特殊规定，按政策规定的退税率填写。

17. 第 15 栏"可退税额"：税种为增值税的，按计税金额×退税率计算填写；税种为消费税的，从价定率方式征税的按计税金额×退税率计算填写，从量定额征税的按数量×退税率计算填写。

表 5-16　外贸企业出口退税出口明细申报表

纳税人识别号（统一社会信用代码）：　　　　申报年月：　　年　　月　　　　申报批次：

纳税人名称：

申报退税额：

其中：增值税　　　　　　　　　　消费税　　　　　　　　金额单位：元（列至角分）

序号	关联号	出口发票号	出口货物报关单号	代理出口货物证明号	出口日期	出口商品代码	出口商品名称	计量单位	出口数量	美元离岸价	申报商品代码	退（免）税业务类型	备注
1	2	3	4	5	6	7	8	9	10	11	12	13	14

　　声明：此表是根据国家税收法律、法规及相关规定填写的，本人（单位）对填报内容（及附带资料）的真实性、可靠性、完整性负责。

　　　　　　　　　　　　　　　　　　　　　　　　纳税人（签章）：　　　年　月　日

经办人： 经办人身份证号： 代理机构签章： 代理机构统一社会信用代码：	受理人： 受理税务机关（章）： 受理日期：　　年　月　日

《外贸企业出口退税出口明细申报表》填表说明

1. "申报年月"：本年度出口的，按不大于当前申报期年月填写；以前年度出口的，统一按上年 12 月份填写。

2. "申报批次"：按申报年月的第几次申报填写。

3. 第 1 栏"序号"：按八位流水号填写，从 00000001 到 99999999。

4. 第 2 栏"关联号"：是进货和出口数据关联的标志。按"申报年月（6 位数字）+申报批次（3 位数字）+关联号流水号（1～8 位数字）"的规则进行填写；每 21 位出口货物报关单号作为一个关联号编写单位。代理出口货物证明编写规则同出口货物报关单。

5. 第 3 栏"出口发票号"：按出口发票的号码填写。视同出口等无需开具出口发票的业务，按税务机关要求填写。

6. 第 4 栏"出口货物报关单号"：按出口货物报关单上的海关编号+0+项号填写，共 21 位；实际业务无出口货物报关单的按税务机关要求填写；委托出口的此栏不填。

7. 第 5 栏"代理出口货物证明号"：按《代理出口货物证明》编号（18 位）+两位项号（01、02…）填写，项号按《代理出口货物证明》所列顺序编写，自营出口的此栏不填。

8. 第 6 栏"出口日期"：按出口货物报关单中的出口日期填写；经保税区出口的，填写出境货物备案清单上的出口日期；委托出口的，填写《代理出口货物证明》上的出口日期；非报关出口的，填写出口发票或普通发票开具日期。

9. 第 7 栏"出口商品代码"：按出口货物报关单中商品代码对应的退税率文库中基本商品代码填写。无出口货物报关单的按进货凭证中货物名称对应的退税率文库中的基本商品代码填写。

10. 第 8 栏"出口商品名称"：按退税率文库中商品代码对应的名称填写，或按商品实际名称填写。

11. 第 9 栏"计量单位"：按出口商品代码在退税率文库中的计量单位填写。

12. 第 10 栏"出口数量"：按本次申报的出口数量填写，如出口货物报关单上的计量单位与申报计量单位不一致的，应按申报计量单位折算填写。

13. 第 11 栏"美元离岸价"：按出口货物报关单中的美元离岸价格填写。非美元价格成交或成交方式非 FOB 的，需折算填写。

14. 第 12 栏"申报商品代码"：如果属于按出口商品主要原材料退税率申报退税的，按主要原材料商品代码填写。不属于此类情况的，此栏不填。

15. 第 13 栏"退（免）税业务类型"：按出口业务在《业务类型代码表》中对应的"业务类型代码"填写。

16. 横琴平潭地区区内购买企业申报退税时，"出口发票号"栏次填写供货企业海关代码，"代理出口货物证明号"栏次填写"进境货物备案清单号"。

5.1.4　增值税留抵退税相关要求

《财政部　税务总局　海关总署关于深化增值税改革有关政策的公告》规定，自 2019 年 4 月 1 日起，试行增值税期末留抵税额退税（以下称留抵退税）制度。

（1）同时符合以下条件（以下称符合留抵退税条件）的纳税人，可以向主管税务机关申请退还增量留抵税额：

① 自 2019 年 4 月税款所属期起，连续 6 个月（按季纳税的，连续两个季度）增量留抵税额均大于零，且第 6 个月增量留抵税额不低于 50 万元；

② 纳税信用等级为 A 级或者 B 级；

③ 申请退税前 36 个月未发生骗取留抵退税、出口退税或虚开增值税专用发票情形的；

④ 申请退税前 36 个月未因偷税被税务机关处罚两次及以上的；

⑤ 自 2019 年 4 月 1 日起未享受即征即退、先征后返（退）政策的。

增量留抵税额，是指与 2019 年 3 月底相比新增加的期末留抵税额。

（2）纳税人申请留抵退税，应在规定的留抵退税申请期间，完成本期增值税纳税申报后，通过电子税务局或办税服务厅提交《退（抵）税申请表》（见表 5-17）。

在计算允许退还的留抵税额的进项构成比例时，纳税人在 2019 年 4 月至申请退税前一税款所属期内按规定转出的进项税额，无须从已抵扣的增值税专用发票（含带有"增值税专用发票"字样全面数字化的电子发票、税控机动车销售统一发票）、收费公路通行费增值税电子普通发票、海关进口增值税专用缴款书、解缴税款完税凭证注明的增值税额中扣减。

表 5-17　退（抵）税申请表

申请人名称				纳税人□　扣缴义务人□	
纳税人名称			统一社会信用代码 （纳税人识别号）		
联系人			联系电话		
申请退税类型	汇算结算退税　□ 误收退税　　　□ 留抵退税　　　□		纳税信用等级		
一、汇算结算、误收税款退税					
原完税情况	税种	品目名称	税款所属时期	税票号码	实缴金额
	合计（小写）				
申请退税金额（小写）					

续表

二、留抵退税		
留抵退税申请文件依据	□《财政部 税务总局 海关总署关于深化增值税改革有关政策的公告》（2019 年第 39 号） □《财政部 税务总局关于进一步加大增值税期末留抵退税政策实施力度的公告》（2022 年第 14 号）	退税企业类型 □小微企业 　□微型企业 　□小型企业 □特定行业 　□制造业 　□科学研究和技术服务业 　□电力、热力、燃气及水生产和供应业 　□软件和信息技术服务业 　□生态保护和环境治理业 　□交通运输、仓储和邮政业 　□一般企业

申请退还项目	□存量留抵税额　□增量留抵税额		

企业经营情况	国民经济行业		营业收入		资产总额	
	企业划型		□微型企业　□小型企业　□中型企业　□大型企业			

留抵退税申请类型	1. 退税企业类型勾选"一般企业"	连续六个月（按季纳税的，连续两个季度）增量留抵税额均大于零的起止时间： ____年____月至____年____月
	2. 退税企业类型勾选"特定行业"	____年____月至____年____月，从事《国民经济行业分类》中"制造业"、"科学研究和技术服务业"、"电力、热力、燃气及水生产和供应业"、"软件和信息技术服务业"、"生态保护和环境治理业"和"交通运输、仓储和邮政业"业务相应发生的增值税销售额____元，同期全部销售额____元，占比____％。

留抵退税申请条件	申请退税前 36 个月未发生骗取留抵退税、骗取出口退税或虚开增值税专用发票情形	是□　否□
	申请退税前 36 个月未因偷税被税务机关处罚两次及以上	是□　否□
	2019 年 4 月 1 日起未享受即征即退、先征后返（退）政策	是□　否□
	出口货物劳务、发生跨境应税行为，适用免抵退税办法	是□　否□

留抵退税计算	本期已申报免抵退税应退税额		
	申请退税前一税款所属期的增值税期末留抵税额		
	2019 年 3 月期末留抵税额		
	存量留抵税额		
	2019 年 4 月至申请退税前一税款所属期	已抵扣的增值税专用发票（含带有"增值税专用发票"字样全面数字化的电子发票、税控机动车销售统一发票）、收费公路通行费增值税电子普通发票注明的增值税额	
		已抵扣的海关进口增值税专用缴款书注明的增值税额	
		已抵扣的解缴税款完税凭证注明的增值税额	
		全部已抵扣的进项税额	
		进项构成比例	

续表

留抵退税计算	本期申请退还的期末留抵税额	
	其中：本期申请退还的存量留抵税额	
	本期申请退还的增量留抵税额	

退税申请理由	经办人（签章）： 　　　　　　　年　月　日

授权声明	如果你已委托代理人申请，请填写下列资料： 　　为代理相关税务事宜，现授权＿＿＿＿ ＿＿＿＿＿＿（地址）＿＿＿＿＿为本纳税人的代理申请人，任何与本申请有关的往来文件，都可寄于此人。 　　　　　　授权人（签章）：	申请人声明	本申请表是根据国家税收法律、法规及相关规定填写的，我确定它是真实的、可靠的、完整的。 　　　　　　申请人（签章）：

以下由税务机关填写

受理情况	 　　　　　　受理人：　年　月　日

核实部门意见： 　退还方式：退库□　　抵扣欠税□ 　退税类型：汇算结算退税□ 　　　　　　误收退税□ 　　　　　　留抵退税□ 　退税发起方式：纳税人自行申请□ 　　　　　　　　税务机关发现并通知□ 　退（抵）税金额： 经办人：　　　　　负责人： 　年　月　日　　　　年　月　日	主管税务机关负责人意见： 　　　　签字（公章）：　年　月　日

《退（抵）税申请表》填表说明

一、本表适用于办理汇算结算、误收税款退税、留抵退税。

二、纳税人退税账户与原缴税账户不一致的，须另行提交资料，并经税务机关确认。

三、本表一式四联，纳税人一联、税务机关三联。

四、申请人名称：填写纳税人或扣缴义务人名称。如申请留抵退税，应填写纳税人名称。

五、申请人身份：选择"纳税人"或"扣缴义务人"。如申请留抵退税，应选择"纳税人"。

六、纳税人名称：填写税务登记证所载纳税人的全称。

七、统一社会信用代码（纳税人识别号）：填写纳税人统一社会信用代码或税务机关统一核发的税务登记证号码。

八、申请退税类型：纳税人根据需要办理的事项，选择"汇算结算退税"、"误收退税"或"留抵退税"。

九、纳税信用等级：填写申请退税时的纳税信用等级。

十、原完税情况：填写与汇算结算和误收税款退税相关信息。分税种、品目名称、税款所属时期、税票号码、实缴金额等项目，填写申请办理退税的已入库信息，上述信息应与完税费（缴款）凭证复印件、完税费（缴款）凭证原件或完税电子信息一致。

十一、申请退税金额：填写与汇算结算和误收税款退税相关的申请退（抵）税的金额，应小于等于原完税情况实缴金额合计。

十二、留抵退税申请文件依据：根据申请留抵退税的文件依据，选择《财政部 税务总局 海关总署关于深化增值税改革有关政策的公告》（2019 年第 39 号）或《财政部 税务总局关于进一步加大增值税期末留抵退税政策实施力度的公告》（2022 年第 14 号，以下称 14 号公告）。

十三、退税企业类型：勾选"《财政部 税务总局 海关总署关于深化增值税改革有关政策的公告》（2019 年第 39 号）"的，"退税企业类型"选择"一般企业"。

勾选"《财政部 税务总局关于进一步加大增值税期末留抵退税政策实施力度的公告》（2022 年第 14 号）"的，"退税企业类型"按照企业实际经营情况选择"小微企业"或"特定行业"。其中：

"小微企业"按照 14 号公告规定的划型标准勾选"微型企业""小型企业"其中一项；

"特定行业"按照销售收入占比最高的主营业务勾选"制造业"、"科学研究和技术服务业"、"电力、热力、燃气及水生产和供应业"、"软件和信息技术服务业"、"生态保护和环境治理业"和"交通运输、仓储和邮政业"其中一项。

同时符合"小微企业"和"特定行业"退税条件的，可勾选"小微企业"其中一项或"特定行业"其中一项。

十四、申请退还项目：纳税人根据其选择退还的留抵税额类型，可同时勾选"存量留抵税额"和"增量留抵税额"或其中一项。

十五、企业经营情况。

（一）国民经济行业：对照《2017 年国民经济行业分类（GB/T 4754—2017）》中列明的行业小类填写。

（二）营业收入：按照上一会计年度增值税销售额确定；不满一个会计年度的，按照以下公式计算：增值税销售额（年）＝上一会计年度企业实际存续期间增值税销售额/企业实际存续月数×12。增值税销售额包括纳税申报销售额、稽查查补销售额、纳税评估调整销售额，适用增值税差额征税政策的，以差额后的销售额确定。

（三）资产总额：按照上一会计年度年末值填写。

（四）企业划型：按照 14 号公告的规定，根据本表填报的"国民经济行业""营业收入""资产总额"信息,勾选"微型企业"、"小型企业"、"中型企业"或"大型企业"中的一项。

十六、留抵退税申请类型:纳税人根据勾选的退税企业类型选择对应的项目填写。

退税企业类型勾选"一般企业":应填写"连续六个月(按季纳税的,连续两个季度)增量留抵税额均大于零的起止时间:　　年　　月至　　年　　月"栏次,本栏填写纳税人自 2019 年 4 月税款所属期起,连续六个月(按季纳税的,连续两个季度)增量留抵税额均大于零,且第六个月增量留抵税额不低于 50 万元的起止时间。

退税企业类型勾选"特定行业":应填写"　　年　　月至　　年　　月,从事《国民经济行业分类》中'制造业'、'科学研究和技术服务业'、'电力、热力、燃气及水生产和供应业'、'软件和信息技术服务业'、'生态保护和环境治理业'和'交通运输、仓储和邮政业'业务相应发生的增值税销售额　　元,同期全部销售额　　元,占比　　%"栏次。如申请退税前经营期满 12 个月,本栏起止时间填写申请退税前 12 个月的起止时间,本栏销售额填写申请退税前 12 个月对应项目的销售额;如申请退税前经营期不满 12 个月但满 3 个月的,本栏起止时间填写实际经营期的起止时间,本栏销售额填写实际经营期的销售额。

十七、留抵退税申请条件:根据企业实际经营情况,逐项勾选"是"或"否"。

十八、留抵退税计算:

(一)本期已申报免抵退税应退税额:填写享受免抵退税政策的纳税人本期申请退还的免抵退税额。

(二)申请退税前一税款所属期的增值税期末留抵税额:根据申请退税前一税款所属期的《增值税及附加税费申报表(一般纳税人适用)》主表"一般项目"期末留抵税额栏次填写。

(三)2019 年 3 月期末留抵税额:根据 2019 年 3 月税款所属期的《增值税及附加税费申报表(一般纳税人适用)》主表"一般项目"期末留抵税额栏次填写,如 2019 年 3 月所属期未进行增值税一般纳税人申报,则该栏次金额为 0。

(四)存量留抵税额:

1. 获得过一次性存量留抵退税前,填写本表"申请退税前一税款所属期的增值税期末留抵税额"栏次与"2019 年 3 月期末留抵税额"栏次孰小值。

2. 获得过一次性存量留抵退税后,本栏为 0。

(五)已抵扣的增值税专用发票(含带有"增值税专用发票"字样全面数字化的电子发票、税控机动车销售统一发票)、收费公路通行费增值税电子普通发票注明的增值税额:填写 2019 年 4 月至申请退税前一税款所属期抵扣的增值税专用发票(含带有"增值税专用发票"字样全面数字化的电子发票、税控机动车销售统一发票)、收费公路通行费增值税电子普通发票注明的增值税额。取得不动产或者不动产在建工程的进项税额不再分 2 年抵扣后一次性转入的进项税额,视同取得增值税专用发票抵扣的进项税额,也填入本栏。

(六)已抵扣的海关进口增值税专用缴款书注明的增值税额:填写 2019 年 4 月至申请退税前一税款所属期抵扣的海关进口增值税专用缴款书注明的增值税额。

(七)已抵扣的解缴税款完税凭证注明的增值税额:填写 2019 年 4 月至申请退税前一税款所属期抵扣的解缴税款完税凭证注明的增值税额。

（八）全部已抵扣的进项税额：填写 2019 年 4 月至申请退税前一税款所属期全部已抵扣进项税额。

（九）进项构成比例：

进项构成比例＝本表［已抵扣的增值税专用发票（含带有"增值税专用发票"字样全面数字化的电子发票、税控机动车销售统一发票）、收费公路通行费增值税电子普通发票注明的增值税额＋已抵扣的海关进口增值税专用缴款书注明的增值税额＋已抵扣的解缴税款完税凭证注明的增值税额］÷全部已抵扣的进项税额

（十）本期申请退还的期末留抵税额：

1. 退税企业类型勾选为"小微企业"和"特定行业"；

（1）申请退还项目仅勾选"存量留抵税额"；

本期申请退税的期末留抵税额＝本表"存量留抵税额"×"进项构成比例"×100%

（2）申请退还项目仅勾选"增量留抵税额"；

本期申请退税的期末留抵税额＝本表（"申请退税前一税款所属期的增值税期末留抵税额"－"存量留抵税额"）×"进项构成比例"×100%

（3）申请退还项目同时勾选"存量留抵税额"以及"增量留抵税额"；

本期申请退税的期末留抵税额＝本表"申请退税前一税款所属期的增值税期末留抵税额"×"进项构成比例"×100%

2. 退税企业类型勾选为"一般企业"；

本期申请退税的期末留抵税额＝本表（"申请退税前一税款所属期的增值税期末留抵税额"－"存量留抵税额"）×进项构成比例×60%

（十一）本期申请退还的存量留抵税额：

1. 申请退还项目勾选"存量留抵税额"；

本期申请退还的存量留抵税额＝本表"存量留抵税额"×"进项构成比例"×100%

2. 申请退还项目仅勾选"增量留抵税额"本期申请退还的存量留抵税额＝0。

（十二）本期申请退还的增量留抵税额：

本期申请退还的增量留抵税额＝本表"本期申请退还的期末留抵税额"－"本期申请退还的存量留抵税额"

十九、退税申请理由：简要概述退税申请理由，如果本次退税账户与原缴税账户不一致，需在此说明，并另行提交资料，报经税务机关确认。

二十、受理情况：填写核对接受纳税人、扣缴义务人资料的情况。

二十一、退还方式：申请汇算结算或误收税款退税的，退还方式可以单选或多选，对于有欠税的纳税人，一般情况应勾选"抵扣欠税"，对于勾选"抵扣欠税"情况，可以取消该选择，将全部申请退税的金额，以"退库"方式办理。申请留抵退税的，可同时勾选"退库"和"抵扣欠税"。如果纳税人既有增值税欠税，又有期末留抵税额，按照《国家税务总局关于办理增值税期末留抵税额退税有关事项的公告》（国家税务总局公告 2019 年第 20 号）第九条第三项规定，以最近一期增值税纳税申报表期末留抵税额，抵减增值税欠税后的余额确定允许退还的增量留抵税额。

二十二、退税类型：税务机关依据纳税人申请事项，勾选"汇算结算退税"、"误收退税"或"留抵退税"。

二十三、退税发起方式：纳税人申请汇算结算或误收税款退税的，税务机关勾选"纳税人自行申请"或"税务机关发现并通知"；纳税人申请留抵退税的，税务机关勾选"纳税人自行申请"。

二十四、退（抵）税金额：填写税务机关核准后的退（抵）税额。

5.2　代理消费税纳税申报实务

消费税是在对所有货物普遍征收增值税的基础上，选择特定消费品为征税对象而征税，其特点是列举征税，税目税率设置具体。代理消费税的纳税申报，税务师应熟悉应税消费品生产工艺流程，准确掌握有关应税消费品计税依据、适用税目税率、纳税环节和计税方法。

5.2.1　消费税的计算方法

消费税计征方法有 3 种：从价定率计征、从量定额计征和复合计税计征。

实行从价定率计征办法的，其计算公式为

$$应纳税额 = 应税消费品销售额 × 适用税率$$

实行从量定额计征办法的，其计算公式为

$$应纳税额 = 应税消费品的课税数量 × 单位税额$$

卷烟、粮食白酒和薯类白酒的计税办法为实行从量定额和从价定率相结合计算应纳税额的复合计税方法。应纳税额计算公式为

$$应纳税额 = 销售数量 × 定额税率 + 销售额 × 比例税率$$

1. 应税消费品的销售额

销售额为纳税人销售应税消费品向购买方收取的全部价款和价外费用。"价外费用"是指价外收取的基金，集资费，返还利润，补贴，违约金（延期付款利息）和手续费，包装费，储备费，运输装卸费，代收款项，代垫款项，以及其他各种性质的价外收费。但下列款项不包括在内。

（1）承运部门的运费发票开具给购货方的。

（2）纳税人将该项发票转交给购货方的。

2. 应税消费品的课税数量

（1）纳税人通过自设非独立核算门市部销售自产消费品的，应按照门市部对外销售数量征收消费税。

（2）纳税人自产自用的应税消费品，其计税依据为应税消费品的移送使用量。

（3）委托加工的应税消费品，其计税依据为纳税人收回的应税消费品数量。

（4）进口的应税消费品，其计税依据为海关核定的应税消费品进口征税数量。

3. 用外购已税消费品连续生产应税消费品

下列用外购已税消费品连续生产的应税消费品，在计税时按当期生产领用数量计算准予扣除外购的应税消费品已纳的消费税税款。

（1）以外购或委托加工收回的已税烟丝为原料生产的卷烟。

（2）以外购或委托加工收回的已税高档化妆品为原料生产的高档化妆品。

（3）以外购或委托加工收回的已税珠宝玉石为原料生产的贵重首饰及珠宝玉石。

（4）以外购或委托加工收回的已税鞭炮焰火为原料生产的鞭炮焰火。

（5）以外购或委托加工收回的已税摩托车生产的摩托车。

（6）以外购或委托加工收回的已税杆头、杆身和握把为原料生产的高尔夫球杆。

（7）以外购或委托加工收回的已税木制一次性筷子为原料生产的木制一次性筷子。

（8）以外购或委托加工收回的已税实木地板为原料生产的实木地板。

（9）以外购或委托加工收回的已税汽油、石脑油、柴油、燃料油、滑润油用于连续生产应税成品油。

上述当期准予扣除外购应税消费品已纳消费税税款的计算公式为

当期准予扣除的外购应税消费品已纳税额＝当期准予扣除的外购应税消费品买价×外购应税消费品适用税率

当期准予扣除的外购应税消费品买价＝期初库存的外购应税消费品的买价＋当期购进的应税消费品的买价－期末库存的外购应税消费品的买价

4. 自产自用应税消费品

（1）用于连续生产应税消费品的不纳税。

（2）用于其他方面的，应于移送使用时纳税。

纳税人自产自用的应税消费品，应按照纳税人生产的同类消费品的销售价格计算纳税；没有同类消费品销售价格的，按照组成计税价格计算纳税。

$$组成计税价格＝（成本＋利润）/（1－消费税税率）$$

5. 委托加工应税消费品

委托加工的应税消费品，按照受托方的同类消费品的销售价格计算纳税，没有同类消费品销售价格的，按照组成计税价格计算纳税。

$$组成计税价格＝（材料成本＋加工费）/（1－消费税税率）$$

委托方收回委托加工的已税消费品后，直接对外出售的不再征收消费税。委托方以收回的委托加工的已税消费品作为原料连续生产应税消费品的，准予从应纳税款中扣除原材料中已由受托方代收代缴的消费税税额。

当期准予扣除委托加工收回的应税消费品已纳消费税税款的计算公式为

当期准予扣除委托加工收回的应税消费品已纳消费税税款＝期初库存的委托加工应税消费品已纳消费税税款＋当期收回的委托加工应税消费品已纳消费税税款－期末库存的委托加工应税消费品已纳消费税税款

6. 兼营不同税率应税消费品

纳税人兼营不同税率的应税消费品，应当分别核算不同税率应税消费品的销售额、销售数量。未分别核算销售额、销售数量，或者将不同税率的应税消费品组成成套消费品销售的，从高适用税率。

7. 出口应税消费品退（免）税的计算

外贸企业从生产企业购进应税消费品直接出口或受其他外贸企业委托代理出口应税消费品的应退消费税税款，分以下两种情况处理。

（1）属于从价定率计征的应税消费品，应依照外贸企业从工厂购进货物时征收消费税的价格计算，其公式为

$$应退消费税税额＝出口货物工厂销售额×税率$$

（2）属于从量定额计征的应税消费品，应依照货物购进和报关出口的数量计算，其公式为

$$应退消费税税额＝出口数量×单位税额$$

【例5-2】　某酒厂生产粮食白酒和黄酒，2021年6月销售自产的粮食白酒200吨，其中50吨售价为20 000元/吨，另外150吨售价为20 100元/吨；销售自产黄酒100吨，售价为2 000元/吨；销售白酒炮制的药酒5吨，售价为10 000元/吨（上述均为不含增值税价）。粮食白酒适用复合税率，比例税率为20%，定额税率为0.5元/500克；黄酒定额税率为240元/吨；药酒比例税率为10%。

根据上述条件，计算该厂当月消费税应纳税额如下。

（1）销售白酒应纳税额：（20 000×50+20 100×150）×20%+200×2 000×0.5＝1 003 000（元）

（2）销售黄酒应纳税额：100×240＝24 000（元）

（3）销售药酒应纳税额：10 000×5×10%＝5 000（元）

（4）该厂当月应纳税额：1 003 000+24 000+5 000＝1 032 000（元）

5.2.2　代理消费税纳税申报操作规范

消费税纳税申报包括销售自产应税消费品的纳税申报；委托加工应税消费品代收代缴申报；出口应税消费品的免税或退税申报。

1. 自产或委托加工应税消费品

（1）自产应税消费品于销售环节纳税，自产自用的消费品于移送使用时纳税。代理自产应税消费品纳税申报应首先确定应税消费品适用的税目税率，核实计税依据，在规定的期限内向主管税务机关报送消费税纳税申报表。

（2）委托加工应税消费品，由受托方办理代收代缴消费税申报。税务师首先应确定双方是否为委托加工业务，核查组成计税价格的计算，如为受托方代理申报，应向主管税务机关报送代收代缴申报表；如为委托方代理申报，应向主管税务机关提供已由受托方代收代缴税款的完税证明。

2. 出口应税消费品

1）生产企业

代理有进出口经营权的生产企业自营或委托出口应税消费品的申报，税务师应向主管征税机关提供"两单一票"办理免税手续。如发生退关或国外退货，出口时已予以免税的，经所在地主管税务机关批准，可暂不办理补税，待其转为国内销售时，再在当期办理补缴消费税的申报手续，于报送消费税纳税申报表的同时，提供"出口货物转内销证明"。

2）外贸企业

外贸企业出口应税消费品退（免）税实行专用税票管理制度，其代理申报程序如下。

（1）生产企业将应税消费品销售给外贸企业出口，应到主管征税机关办理消费税专用税票开具手续，然后办理消费税纳税申报手续。

（2）应税消费品出口后外贸企业凭"两单两票"及消费税专用税票向主管退税机关办理退税手续，报送出口退税货物进货凭证申报明细表和出口货物退税申报明细表。

（3）出口的应税消费品办理退税后，发生退关或国外退货，外贸企业应在当期向主管退

税机关申报补缴已退的消费税税款，办理"出口商品退运已补税证明"。

5.2.3　代理填制消费税纳税申报表的方法

自 2021 年 8 月 1 日起，消费税分别与城市维护建设税、教育费附加、地方教育附加申报表整合，纳税人对消费税进行纳税申报时，应当填报《消费税及附加税费申报表》《本期准予扣除税额计算表》《本期准予扣除税额计算表（成品油消费税纳税人适用）》《本期减（免）税额明细表》《本期委托加工收回情况报告表》《卷烟批发企业月份销售明细清单（卷烟批发环节消费税纳税人适用）》《卷烟生产企业合作生产卷烟消费税情况报告表（卷烟生产环节消费税纳税人适用）》《消费税附加税费计算表》。如表 5-18 至表 5-25 所示。

模拟案例

企业概况如下。

（1）纳税人名称：哈尔滨××卷烟厂

（2）纳税人识别号：912301025470341×××

（3）主管税务机关：哈尔滨市道里区国家税务局

业务资料如下。

哈尔滨××卷烟厂主要生产品牌卷烟，卷烟对外调拨价格（不含增值税）为 90 元/标准条。2022 年 1 月有关经济业务资料如下。

【业务 1】1 月初库存外购烟丝买价为 250 万元。

【业务 2】1 月 5 日，购入烟丝，不含增值税价款为 350 万元，取得了增值税专用发票，该批烟丝已经验收入库。

【业务 3】1 月 10 日，委托天一公司（增值税一般纳税人，纳税人识别号：912301025470954×××）加工烟丝，天一公司提供烟叶账面价值为 55 000 万元，天一公司收取加工费 20 000 元（不含增值税）。天一公司无同类烟丝销售价格。1 月 22 日，烟丝加工完成验收入库，加工费等已经支付。该批烟收回后全部用于继续生产卷烟。

【业务 4】1 月 19 日，对外销售卷烟 900 标准箱，取得不含增值税销售额 2 025 万元。

【业务 5】月末库存外购烟丝为 100 万元。

要求：计算消费税应纳税额及相关消费税申报表的填写。

计算分析如下。

（1）天一公司受托加工烟丝，本期代收代缴税款 = [（55 000+20 000）/（1-30%）]×30% = 32 142.86（元）

（2）××卷烟厂销售卷烟应纳税额 = 20 250 000×56%+900×150 = 11 475 000（元）

（3）本期生产领用外购烟丝买价 = 2 500 000+3 500 000-1 000 000 = 5 000 000（元）

（4）当期准予扣除外购烟丝已纳税款 = 5 000 000×30% = 1 500 000（元）

（5）当期准予扣除的委托加工烟丝已纳税款 = [（55 000+20 000）/（1-30%）]×30% = 32 142.86（元）

（6）本期准予扣除税额 = 1 500 000+32 142.86 = 1 532 142.86（元）

（7）消费税应纳税款 = 11 475 000-1 500 000-32 142.86 = 9 942 857.14（元）

表 5-18　消费税及附加税费申报表

税款所属期：自 2022 年 1 月 1 日至 2022 年 1 月 31 日

纳税人识别号（统一社会信用代码）：912301025470341×××

纳税人名称：哈尔滨××卷烟厂　　　　　　　　　　　　　　　　金额单位：人民币元（列至角分）

项目　　　应税消费品名称	适用税率		计量单位	本期销售数量	本期销售额	本期应纳税额
	定额税率	比例税率				
	1	2	3	4	5	6=1×4+2×5
卷烟（甲类）	30 元	56%	万支	4 500	20 250 000.00	11 475 000.00
合计	—	—	—	—	—	11 475 000.00

	栏次	本期税费额
本期减（免）税额	7	
期初留抵税额	8	
本期准予扣除税额	9	1 532 142.86
本期应扣除税额	10=8+9	1 532 142.86
本期实际扣除税额	11〔10<（6-7），则为 10,否则为 6-7〕	1 532 142.86
期末留抵税额	12=10-11	0.00
本期预缴税额	13	
本期应补（退）税额	14=6-7-11-13	9 942 857.14
城市维护建设税本期应补（退）税额	15	696 000.00
教育费附加本期应补（退）费额	16	298 285.71
地方教育附加本期应补（退）费额	17	198 857.14

　　声明：此表是根据国家税收法律、法规及相关规定填写的，本人（单位）对填报内容（及附带资料）的真实性、可靠性、完整性负责。

　　　　　　　　　　　　　　　　　　　　　　纳税人（签章）：　　　年　月　日

经办人： 经办人身份证号： 代理机构签章： 代理机构统一社会信用代码：	受理人： 受理税务机关（章）： 受理日期：　　年　月　日

《消费税及附加税费申报表》填表说明

　　一、本表作为《消费税及附加税费申报表》的主表，由消费税纳税人填写。

　　二、本表"税款所属期"：指纳税人申报的消费税应纳税额所属时间，应填写具体的起止年、月、日。

　　三、本表"纳税人识别号（社会统一信用代码）"：填写纳税人识别号或者统一社会信用代码。

　　四、本表"纳税人名称"：填写纳税人名称全称。

五、本表"应税消费品名称"栏、第 1 栏"定额税率"、第 2 栏"比例税率"和第 3 栏"计量单位"：按照《应税消费品名称、税率和计量单位对照表》内容对应填写。

六、本表第 4 栏"本期销售数量"：填写国家税收法律、法规及相关规定（以下简称"税法"）规定的本期应当申报缴纳消费税的应税消费品销售数量（不含出口免税销售数量）。用自产汽油生产的乙醇汽油，按照生产乙醇汽油所耗用的汽油数量填写；以废矿物油生产的润滑油基础油为原料生产的润滑油，按扣除耗用的废矿物油生产的润滑油基础油后的数量填写。

七、本表第 5 栏"本期销售额"：填写税法规定的本期应当申报缴纳消费税的应税消费品销售额（不含出口免税销售额）。

八、本表第 6 栏"本期应纳税额"：计算公式如下：

实行从价定率办法计算的应纳税额＝销售额×比例税率

实行从量定额办法计算的应纳税额＝销售数量×定额税率

实行复合计税办法计算的应纳税额＝销售额×比例税率＋销售数量×定额税率

暂缓征收的应税消费品，不计算应纳税额。

九、本表第 7 栏"本期减（免）税额"：填写本期按照税法规定减免的消费税应纳税额，不包括暂缓征收的应税消费品的税额以及出口应税消费品的免税额。本期减免消费税应纳税额情况，需同时填报附表 2《本期减（免）税额明细表》。本栏数值应等于附表 2《本期减（免）税额明细表》第 8 栏"减（免）税额""合计"栏数值。

十、本表第 8 栏"期初留抵税额"：填写上期申报表第 12 栏"期末留抵税额"数值。

十一、本表第 9 栏"本期准予扣除税额"：填写税法规定的本期外购、进口或委托加工收回应税消费品用于连续生产应税消费品准予扣除的消费税已纳税额，以及委托加工收回应税消费品以高于受托方计税价格销售的，在计税时准予扣除的消费税已纳税额。

成品油消费税纳税人：本表"本期准予扣除税额"栏数值＝附表 1-2《本期准予扣除税额计算表（成品油消费税纳税人适用）》第 6 栏"本期准予扣除税额""合计"栏数值。

其他消费税纳税人：本表"本期准予扣除税额"栏数值＝附表 1-1《本期准予扣除税额计算表》第 19 栏"本期准予扣除税款合计""合计"栏数值。

十二、本表第 10 栏"本期应扣除税额"：填写纳税人本期应扣除的消费税税额，计算公式为：

本期应扣除税额＝期初留抵税额＋本期准予扣除税额

十三、本表第 11 栏"本期实际扣除税额"：填写纳税人本期实际扣除的消费税税额，计算公式为：当本期应纳税额合计－本期减（免）税额≥本期应扣除税额时，本期实际扣除税额＝本期应扣除税额；当本期应纳税额合计－本期减（免）税额＜本期应扣除税额时，本期实际扣除税额＝本期应纳税额合计－本期减（免）税额。

十四、本表第 12 栏"期末留抵税额"：计算公式为：

期末留抵税额＝本期应扣除税额－本期实际扣除税额

十五、本表第 13 栏"本期预缴税额"：填写纳税申报前纳税人已预先缴纳入库的本期消费税额。

十六、本表第 14 栏"本期应补（退）税额"：填写纳税人本期应纳税额中应补缴或应退回的数额，计算公式为：

本期应补（退）税额＝本期应纳税额合计－本期减（免）税额－本期实际扣除税额－本期

预缴税额

十七、本表第 15 栏"城市维护建设税本期应补（退）税额"：填写附表 6《消费税附加税费计算表》"城市维护建设税"对应的"本期应补（退）税（费）额"栏数值。

十八、本表第 16 栏"教育费附加本期应补（退）费额"：填写附表 6《消费税附加税费计算表》"教育费附加"对应的"本期应补（退）税（费）额"栏数值。

十九、本表第 17 栏"地方教育附加本期应补（退）费额"：填写附表 6《消费税附加税费计算表》"地方教育费附加"对应的"本期应补（退）税（费）额"栏数值。

二十、本表为 A4 竖式，所有数字小数点后保留两位。一式二份，一份纳税人留存，一份税务机关留存。

表 5-19　本期准予扣除税额计算表

金额单位：元（列至角分）

准予扣除项目		应税消费品名称		烟丝	合计
一、本期准予扣除的委托加工应税消费品已纳税款计算		期初库存委托加工应税消费品已纳税款	1	0.00	0.00
		本期收回委托加工应税消费品已纳税款	2	32 142.86	32 142.86
		期末库存委托加工应税消费品已纳税款	3	0.00	0.00
		本期领用不准予扣除委托加工应税消费品已纳税款	4		
		本期准予扣除委托加工应税消费品已纳税款	5＝1+2-3-4	32 142.86	32 142.86
二、本期准予扣除的外购应税消费品已纳税款计算	（一）从价计税	期初库存外购应税消费品买价	6	2 500 000.00	2 500 000.00
		本期购进应税消费品买价	7	3 500 000.00	3 500 000.00
		期末库存外购应税消费品买价	8	1 000 000.00	1 000 000.00
		本期领用不准予扣除外购应税消费品买价	9		
		适用税率	10	30%	
		本期准予扣除外购应税消费品已纳税款	11＝(6+7-8-9)×10	1 500 000.00	1 500 000.00
	（二）从量计税	期初库存外购应税消费品数量	12		
		本期外购应税消费品数量	13		
		期末库存外购应税消费品数量	14		

准予扣除项目		应税消费品名称		烟丝			合计
二、本期准予扣除的外购应税消费品已纳税款计算	（二）从量计税	本期领用不准予扣除外购应税消费品数量	15				
		适用税率	16				
		计量单位	17				
		本期准予扣除的外购应税消费品已纳税款	18＝（12+13-14-15）×16				
三、本期准予扣除税款合计			19＝5+11+18	1 532 142.86			1 532 142.86

《本期准予扣除税额计算表》填表说明

一、本表由外购（含进口）或委托加工收回应税消费品用于连续生产应税消费品、委托加工收回的应税消费品以高于受托方计税价格出售的纳税人（成品油消费税纳税人除外）填写。

二、本表"应税消费品名称""适用税率""计量单位"栏的填写同主表。

三、本表第 1 栏"期初库存委托加工应税消费品已纳税款"：填写上期本表第 3 栏数值。

四、本表第 2 栏"本期收回委托加工应税消费品已纳税款"：填写纳税人委托加工收回的应税消费品在委托加工环节已纳消费税税额。

五、本表第 3 栏"期末库存委托加工应税消费品已纳税款"：填写纳税人期末库存委托加工收回的应税消费品在委托加工环节已纳消费税税额合计。

六、本表第 4 栏"本期领用不准予扣除委托加工应税消费品已纳税款"：填写纳税人委托加工收回的应税消费品，按税法规定不允许扣除的在委托加工环节已纳消费税税额。

七、本表第 5 栏"本期准予扣除委托加工应税消费品已纳税款"：填写按税法规定，本期委托加工收回应税消费品中符合扣除条件准予扣除的消费税已纳税额，计算公式为：

本期准予扣除委托加工应税消费品已纳税款＝期初库存委托加工应税消费品已纳税款+本期收回委托加工应税消费品已纳税款-期末库存委托加工应税消费品已纳税款-本期领用不准予扣除委托加工应税消费品已纳税款

八、本表第 6 栏"期初库存外购应税消费品买价"：填写本表上期第 8 栏"期末库存外购应税消费品买价"的数值。

九、本表第 7 栏"本期购进应税消费品买价"：填写纳税人本期外购用于连续生产的从价计税的应税消费品买价。

十、本表第 8 栏"期末库存外购应税消费品买价"：填写纳税人外购用于连续生产应税消费品期末买价余额。

十一、本表第 9 栏"本期领用不准予扣除外购应税消费品买价"：填写纳税人本期领用外购的从价计税的应税消费品，按税法规定不允许扣除的应税消费品买价。

十二、本表第 11 栏"本期准予扣除外购应税消费品已纳税款"：计算公式为：

本期准予扣除的外购应税消费品已纳税款（从价计税）＝（期初库存外购应税消费品

买价+本期购进应税消费品买价-期末库存外购应税消费品买价-本期领用不准予扣除外购应税消费品买价）×适用税率

十三、本表第 12 栏"期初库存外购应税消费品数量"：填写本表上期"期末库存外购应税消费品数量"。

十四、本表第 13 栏"本期外购应税消费品数量"：填写纳税人本期外购用于连续生产的从量计税的应征消费品数量。

十五、本表第 14 栏"期末库存外购应税消费品数量"：填写纳税人用于连续生产的外购应税消费品期末库存数量。

十六、本表第 15 栏"本期领用不准予扣除外购应税消费品数量"：填写纳税人本期领用外购的从量计税的应税消费品，按税法规定不允许扣除的应税消费品数量。

十七、本表第 18 栏"本期准予扣除的外购应税消费品已纳税款"：计算公式为：

本期准予扣除的外购应税消费品已纳税款（从量计税）=（期初库存外购应税消费品数量+本期购进应税消费品数量-期末库存外购应税消费品数量-本期领用不准予扣除外购应税消费品数量）×适用税率

十八、本表第 19 栏"本期准予扣除税款合计"：计算公式为：

本期准予扣除税款合计=本期准予扣除委托加工应税消费品已纳税款+本期准予扣除外购应税消费品已纳税款（从价计税）+本期准予扣除的外购应税消费品已纳税款（从量计税）

十九、本表为 A4 竖式。所有数字小数点后保留两位。一式二份，一份纳税人留存，一份税务机关留存。

表 5-20　本期准予扣除税额计算表
（成品油消费税纳税人适用）

一、扣除税额及库存计算　　　　　　　　　　　　金额单位：元（列至角分）

扣除油品类别	上期库存数量	本期外购入库数量	委托加工收回连续生产数量	本期准予扣除数量	本期准予扣除税额	本期领用未用于连续生产不准予扣除数量	期末库存数量
1	2	3	4	5	6	7	8=2+3+4-5-7
汽油							
柴油							
石脑油							
润滑油							
燃料油							
合计							

二、润滑油基础油（废矿物油）和变性燃料乙醇领用存

产品名称	上期库存数量	本期入库数量	本期生产领用数量	期末库存数量
1	2	3	4	5=2+3-4
润滑油基础油（废矿物油）				
变性燃料乙醇				

《本期准予扣除税额计算表（成品油消费税纳税人适用）》填表说明

一、本表由外购（含进口）或委托加工收回已税汽油、柴油、石脑油、润滑油、燃料油（以下简称应税油品）用于连续生产应税消费品的成品油消费税纳税人填写。

二、本表变性燃料乙醇的计量单位为"吨"，其余计量单位全部为"升"。

三、本表第一部分第2栏"上期库存数量"：按本表上期第一部分第8栏"期末库存数量"的数值填写。

四、本表第一部分第3栏"本期外购入库数量"：填写纳税人本期外购、进口用于连续生产的应税油品数量。不含依据定点直供计划采购的石脑油、燃料油；外购、进口或委托加工收回的甲醇汽油、乙醇汽油、纯生物柴油、溶剂油、航空煤油；以及利用废矿物油生产的油品数量。

五、本表第一部分第4栏"委托加工收回连续生产数量"：填写纳税人委托加工收回用于连续生产的各种应税油品数量，应与《本期委托加工收回情况报告表》中第二部分第6栏中"本期委托加工收回用于连续生产数量"栏对应一致。

六、本表第一部分第5栏"本期准予扣除数量"：填写纳税人按税法规定在本期申报扣除外购、进口或委托加工收回用于连续生产的应税油品数量。本栏次对应的汽油、柴油、润滑油数量应分别小于等于主表的汽油、柴油、润滑油"本期销售数量"栏次的数量。

七、本表第一部分第6栏"本期准予扣除税额"：填写纳税人符合税法规定在本期申报扣除外购、进口或委托加工收回用于连续生产的应税油品已纳消费税税额。计算公式为：

本期准予扣除税额＝本期准予扣除数量×适用税率

八、本表第一部分第7栏"本期领用未用于连续生产不准予扣除数量"：填写纳税人由外购、进口或委托加工收回的应税油品，未用于连续生产应税成品油而不允许扣除的成品油数量。

九、本表第一部分第8栏"期末库存数量"：填写期末留存的应税油品库存数量，计算公式为：期末库存数量＝上期库存数量＋本期外购入库数量＋委托加工收回连续生产数量－本期准予扣除数量－本期领用未用于连续生产不准予扣除数量，且期末库存数量≥0。

十、本表第一部分"合计"：填写"上期库存数量""本期外购入库数量""委托加工收回连续生产数量""本期准予扣除数量""本期准予扣除税额""本期领用未用于连续生产不准予扣除数量""期末库存数量"合计数。

十一、本表第二部分"润滑油基础油（废矿物油）"行：填写利用废矿物油生产的润滑油基础油领用存情况；本表第二部分第3栏"本期入库数量"包括外购和自产的润滑油基础油（废矿物油）数量。自产的润滑油基础油（废矿物油）应与《本期减（免）税额明细表》润滑油基础油的"减（免）数量"一致。用于连续生产润滑油的其他润滑油基础油数量不填入本行。

十二、本表第二部分第2栏"上期库存数量"：分别按上期《本期准予扣除税额计算表》第二部分的润滑油基础油（废矿物油）和变性燃料乙醇的"期末库存数量"栏数值填写。

十三、本表第二部分第5栏"期末库存数量"：填写期末库存润滑油基础油（废矿物油）和变性燃料乙醇的数量，计算公式为：

期末库存数量＝上期库存数量＋本期入库数量－本期生产领用数量，且期末库存数量≥0。

十四、本表为 A4 竖式，所有数字小数点后保留两位。一式二份，一份纳税人留存，一份税务机关留存。

表 5-21　本期减（免）税额明细表

金额单位：元（列至角分）

应税消费品名称＼项目	减（免）性质代码	减（免）项目名称	减（免）税销售额	适用税率（从价定率）	减（免）税销售数量	适用税率（从量定额）	减（免）税额
1	2	3	4	5	6	7	8＝4×5＋6×7
出口免税	—	—					—
合计	—	—		—		—	

《本期减（免）税额明细表》填表说明

一、本表由符合消费税减免税政策规定的纳税人填报。本表不含暂缓征收的项目。未发生减（免）消费税业务的纳税人和受托方不填报本表。

二、本表第 1 栏"应税消费品名称"：填写按照税法规定的减征、免征应税消费品的名称。

三、本表第 2 栏"减（免）性质代码"：根据国家税务总局最新发布的减（免）性质代码，填写减征、免征应税消费品对应的减（免）性质代码。

四、本表第 3 栏"减（免）项目名称"：根据国家税务总局最新发布的减（免）项目名称，填写减征、免征应税消费品对应的减（免）项目名称。

五、本表第 4 栏"减（免）税销售额"：填写本期应当申报减征、免征消费税的应税消费品销售金额，适用不同税率的应税消费品，其减（免）金额应区分不同税率分栏填写。

六、本表第 6 栏"减（免）税销售数量"：填写本期应当申报减征、免征消费税的应税消费品销售数量，适用不同税率的应税消费品，其减（免）数量应区分不同税率分栏填写。计量单位应与主表一致。

七、本表第 5、7 栏"适用税率"栏：填写按照税法规定的减征、免征应税消费品的适用税率。

八、本表第 8 栏"减（免）税额"栏：填写本期按适用税率计算的减征、免征消费税额。同一税款所属期内同一应税消费品适用多档税率的，应分别按照适用税率计算减（免）税额。

九、本表第 8 栏"减（免）税额"的"合计"栏：填写本期减征、免征消费税额的合计数。该栏数值应与当期主表"本期减（免）税额"栏数值一致。

十、本表"出口免税"栏：填写纳税人本期按照税法规定的出口免征消费税的销售额、销售数量，不填写减（免）性质代码。

十一、本表为 A4 竖式，一式二份，一份纳税人留存，一份税务机关留存。

表 5-22 本期委托加工收回情况报告表

金额单位：元（列至角分）

一、委托加工收回应税消费品代收代缴税款情况

应税消费品名称	商品和服务税收分类编码	委托加工收回应税消费品数量	委托加工收回应税消费品计税价格	适用税率		受托方已代收代缴的税款	受托方（扣缴义务人）名称	受托方（扣缴义务人）识别号	税收缴款书（代扣代收专用）号码	税收缴款书（代扣代收专用）开具日期
				定额税率	比例税率					
1	2	3	4	5	6	7=3×5+4×6	8	9	10	11
烟丝			107 142.86		30%	32 142.86	天一公司	91230102547095 4×× ×	略	略

二、委托加工收回应税消费品领用存情况（略）

应税消费品名称	商品和服务税收分类编码	上期库存数量	本期委托加工收回入库数量	本期委托加工收回直接销售数量	本期委托加工收回用于连续生产数量	本期结存数量
1	2	3	4	5	6	7=3+4-5-6

《本期委托加工收回情况报告表》填表说明

一、本表由委托方填写，第一部分填报委托加工收回的应税消费品在委托加工环节由受托方代收代缴税款情况；第二部分填报委托加工收回应税消费品领用存情况。

二、本表第一部分第 1 栏"应税消费品名称"、第 5 栏"定额税率"和第 6 栏"比例税率"的填写同主表。

三、本表第一部分第 2 栏"商品和服务税收分类编码"：仅成品油消费税纳税人填报，按所开具增值税发票对应的税收分类编码填写。

四、本表第一部分第 3 栏"委托加工收回应税消费品数量"：填写委托加工收回并取得税收缴款书（代扣代收专用）的各应税消费品的数量，其计量单位应与主表填表说明的附注 1《应税消费品名称、税率和计量单位对照表》一致。

五、本表第一部分第 4 栏"委托加工收回应税消费品计税价格"：填写委托加工收回的应税消费品在委托加工环节，由受托方代收代缴消费税时的计税价格。

六、本表第一部分第 7 栏"受托方已代收代缴的税款"：填写受托方代收代缴的税款，计算公式如下：

（一）实行从量定额计税：受托方已代收代缴的税款＝委托加工收回应税消费品数量×定额税率

（二）实行从价定率计税：受托方已代收代缴的税款＝委托加工收回应税消费品计税价格×比例税率

（三）实行复合计税：受托方已代收代缴的税款＝委托加工收回应税消费品数量×定额税率＋委托加工收回应税消费品计税价格×比例税率

七、本表第一部分第 8 栏"受托方（扣缴义务人）名称"、第 9 栏"受托方（扣缴义务人）识别号"：填写受托方信息。

八、本表第一部分第 10 栏"税收缴款书（代扣代收专用）号码"、第 11 栏"税收缴款书（代扣代收专用）开具日期"栏：填写受托加工方代扣代缴税款凭证上注明的信息。

九、本表第二部分第 1 栏"应税消费品名称"的填写同主表。

十、本表第二部分第 2 栏"商品和服务税收分类编码"：仅成品油消费税纳税人填报，按所开具增值税发票对应的税收分类编码填写。

十一、本表第二部分第 3 栏"上期库存数量"：填写上期本表第二部分第 7 栏"本期结存数量"数值。

十二、本表第二部分第 4 栏"本期委托加工收回入库数量"：填写委托加工收回应税消费品数量，与本表第一部分第 3 栏"委托加工收回应税消费品数量"数值相等。

十三、本表第二部分第 5 栏"本期委托加工收回直接销售数量"：填写纳税人将委托加工收回的应税消费品直接销售的数量。

十四、本表第二部分第 6 栏"本期委托加工收回用于连续生产数量"：填写纳税人将委托加工收回的应税消费品用于连续生产应税消费品的数量。

成品油消费税纳税人填写本表第二部分第 6 栏"本期委托加工收回用于连续生产数量"的数值应等于附表 1-2《本期准予扣除税额计算表（成品油纳税人适用）》第一部分第 4 栏"委托加工收回连续生产数量"数值。

十五、本表第二部分第 7 栏"本期结存数量":填写期末留存的委托加工收回应税消费品库存数量,计算公式为:

本期结存数量=上期库存数量+本期委托加工收回入库数量−本期委托加工收回直接销售数量−本期委托加工收回用于连续生产数量,且本期结存数量≥0。

十六、本表为 A4 横式,所有数字小数点后保留两位。一式二份,一份纳税人留存,一份税务机关留存。

表 5−23　卷烟批发企业月份销售明细清单
（卷烟批发环节消费税纳税人适用）

卷烟条包装商品条码	卷烟牌号规格	卷烟类别	卷烟类型	销售价格	销售数量	销售额	备注
1	2	3	4	5	6	7	8

《卷烟批发企业月份销售明细清单（卷烟批发环节消费税纳税人适用）》填表说明

一、本表由卷烟批发环节消费税纳税人填报,于办理消费税纳税申报时一并报送。

二、本表第 2 栏"卷烟牌号规格"名称为经国家烟草专卖局批准生产的卷烟牌号规格。

三、本表第 3 栏"卷烟类别"为国家烟草专卖局划分的卷烟类别,即一类卷烟、二类卷烟、三类卷烟、四类卷烟和五类卷烟。

四、本表第 4 栏"卷烟类型"为国产卷烟、进口卷烟、罚没卷烟、其他。

五、本表第 5 栏"销售价格"为卷烟批发企业向零售单位销售卷烟的实际价格,不含增值税。计量单位为"元/条（200 支）",非标准条包装的卷烟应折算成标准条卷烟价格。

六、本表第 6 栏"销量数量"为卷烟批发企业向零售单位销售卷烟的数量。计量单位为"万支"。

七、本表第 7 栏"销售额"为卷烟批发企业向零售单位销售卷烟的实际销售额,不含增值税。计量单位为"元"。

八、本表为 A4 横式,仅报送电子文件,本表所有数字小数点后保留两位。

表5-24　卷烟生产企业合作生产卷烟消费税情况报告表
(卷烟生产环节消费税纳税人适用)

品牌输出方		品牌输入方		卷烟条包装商品条码	卷烟牌号规格	销量	销售价格	销售额	品牌输入方已缴纳税款
企业名称	统一社会信用代码	企业名称	统一社会信用代码						
1	2	3	4	5	6	7	8	9	10
合计									

《卷烟生产企业合作生产卷烟消费税情况报告表
(卷烟生产环节消费税纳税人适用)》填表说明

一、本表由卷烟生产环节消费税纳税人填报，未发生合作生产卷烟业务的纳税人不填报本表。

二、本表第1栏"企业名称"：填写品牌输出方卷烟生产企业名称。

三、本表第2栏"统一社会信用代码"：填写品牌输出方卷烟生产企业的统一社会信用代码。

四、本表第3栏"企业名称"：填写品牌输入方卷烟生产企业名称。

五、本表第4栏"统一社会信用代码"：填写品牌输入方卷烟生产企业的统一社会信用代码。

六、本表第6栏"卷烟牌号规格"：填写经国家烟草专卖局批准生产的卷烟牌号规格。

七、本表第8栏"销售价格"：填写品牌输入方卷烟生产企业销售卷烟的实际价格，不含增值税。计量单位为"元/条（200支）"，非标准条包装的卷烟应折算成标准条卷烟价格。

八、本表第9栏"销售额"栏：填写品牌输入方卷烟生产企业销售卷烟额，不含增值税。计量单位为"元"。

九、本表第10栏"已缴纳税款"栏：由品牌输入方卷烟生产企业填写。

十、本表为A4横式，所有数字小数点后保留两位。一式二份，一份纳税人留存，一份税务机关留存。

表 5-25 消费税附加税费计算表

金额单位：元（列至角分）

<table>
<tr><td colspan="3" rowspan="3">本期是否适用小微企业
“六税两费”减免政策</td><td rowspan="3">□是 否</td><td colspan="2" rowspan="2">减免政策
适用主体</td><td colspan="4">增值税小规模纳税人：□是 □否</td></tr>
<tr><td colspan="4">增值税一般纳税人：□个体工商户 □小型微利企业</td></tr>
<tr><td colspan="2">适用减免政策起止时间</td><td colspan="4">年 月至 年 月</td></tr>
<tr><td rowspan="3">税（费）种</td><td>计税（费）依据</td><td rowspan="2">税（费）率（%）</td><td rowspan="2">本期应纳税（费）额</td><td colspan="2">本期减免税（费）额</td><td colspan="2">小微企业“六税两费”减免政策</td><td rowspan="2">本期已缴税（费）额</td><td rowspan="2">本期应补（退）税（费）额</td></tr>
<tr><td>消费税税额</td><td>减免性质代码</td><td>减免税（费）额</td><td>减征比例（%）</td><td>减征额</td></tr>
<tr><td>1</td><td>2</td><td>3＝1×2</td><td>4</td><td>5</td><td>6</td><td>7＝(3－5)×6</td><td>8</td><td>9＝3－5－7－8</td></tr>
<tr><td>城市维护建设税</td><td>9 942 857. 14</td><td>7%</td><td>696 000. 00</td><td></td><td></td><td></td><td></td><td></td><td>696 000. 00</td></tr>
<tr><td>教育费附加</td><td>9 942 857. 14</td><td>3%</td><td>298 285. 71</td><td></td><td></td><td></td><td></td><td></td><td>298 285. 71</td></tr>
<tr><td>地方教育附加</td><td>9 942 857. 14</td><td>2%</td><td>198 857. 14</td><td></td><td></td><td></td><td></td><td></td><td>198 857. 14</td></tr>
<tr><td>合计</td><td>—</td><td>—</td><td>1 193 142. 85</td><td>—</td><td></td><td>—</td><td></td><td></td><td>1 193 142. 85</td></tr>
</table>

《消费税附加税费计算表》填写说明

1. 本表由消费税纳税人填报。

2. 本期是否适用小微企业"六税两费"减免政策：纳税人在税款所属期内适用增值税小规模纳税人、个体工商户、小型微利企业减免政策的，勾选"是"；否则，勾选"否"。"减免政策适用主体"：适用小微企业"六税两费"减免政策的，填写本项。纳税人是增值税小规模纳税人的，在"增值税小规模纳税人"处勾选"是"，无须勾选"增值税一般纳税人：□个体工商户□小型微利企业"；纳税人是增值税一般纳税人的，据类型勾选"个体工商户"或"小型微利企业"。登记为增值税一般纳税人的新设立企业，从事国家非限制和禁止行业，且同时符合设立时从业人数不超过 300 人、资产总额不超过 5 000 万元两项条件的，勾选"小型微利企业"。"适用减免政策起止时间"：填写适用减免政策的起止月份，不得超出当期申报的税款所属期限。

3. 本表第 1 栏"消费税税额"：填写主表"本期应补（退）税额"栏数值。

4. 本表第 2 栏"税（费）率"：填写相应税（费）的税（费）率。

5. 本表第 3 栏"本期应纳税（费）额"：填写本期按适用的税（费）率计算缴纳的应纳税（费）额。计算公式为：

本期应纳税（费）额＝消费税税额×税（费）率

6. 本表第 4 栏"减免性质代码"：按《减免税政策代码目录》中附加税费适用的减免性质代码填写，增值税小规模纳税人、小型微利企业和个体工商户"六税两费"减免政策优惠不填写。有减免税（费）情况的必填。

7. 本表第 5 栏"减免税（费）额"：填写本期减免的税（费）额。

8. 本表第 6 栏"减征比例（%）"：填写当地省级政府根据《……》（财税〔2022〕××号）确定的比例。

9. 本表第 7 栏"减征额"：填写纳税人本期享受小微企业"六税两费"减免政策减征额。计算公式为：

小微企业"六税两费"减征额＝（本期应纳税（费）额－本期减免税（费）额）×减征比例

10. 本表第 8 栏"本期已缴税（费）额"：填写本期应纳税（费）额中已经缴纳的部分。

11. 本表第 9 栏"本期应补（退）税（费）额"：计算公式为

本期应补（退）税（费）额＝本期应纳税（费）额－减免税（费）额－小微企业"六税两费"减免政策减征额－本期已缴税（费）额

12. 本表为 A4 横式，所有数字小数点后保留两位。一式二份，一份纳税人留存，一份税务机关留存。

5.3　代理营业税改征增值税纳税申报实务

为了完善税收制度，自 2012 年 1 月 1 日起我国开始在上海市对交通运输业和部分现代服务业实施"营业税改征增值税"改革试点，2012 年 12 月已在 9 个省（市）推动改革。自

2013 年 8 月 1 日起在全国范围内试点，同时增加广播影视服务业。自 2014 年 1 月 1 日起，试点行业增加了铁路运输和邮政服务业，2014 年 6 月 1 日，增加电信业。自 2016 年 5 月 1 日起，建筑业、房地产业、金融业以及生活服务业纳入营改增试点范围。自此，营业税全部改征增值税。

5.3.1　营业税改征增值税的计算方法

增值税的计税方法，包括一般计税方法和简易计税方法。一般纳税人发生应税行为适用一般计税方法计税。一般纳税人发生财政部和国家税务总局规定的特定应税行为，可以选择适用简易计税方法计税，但一经选择，36 个月内不得变更。小规模纳税人发生应税行为适用简易计税方法计税。

一般计税方法的应纳税额，是指当期销项税额抵扣当期进项税额后的余额。

1）应纳税额计算公式

$$应纳税额＝当期销项税额－当期进项税额$$

当期销项税额小于当期进项税额不足抵扣时，其不足部分可以结转下期继续抵扣。

2）销项税额

销项税额是指纳税人发生应税行为按照销售额和增值税税率计算并收取的增值税额。销项税额计算公式

$$销项税额＝销售额×税率$$

销售额，是指纳税人发生应税行为取得的全部价款和价外费用，财政部和国家税务总局另有规定的除外。

价外费用，是指价外收取的各种性质的收费，但不包括以下项目：

（1）代为收取并符合规定的政府性基金或者行政事业性收费。

（2）以委托方名义开具发票代委托方收取的款项。

一般计税方法的销售额不包括销项税额，纳税人采用销售额和销项税额合并定价方法的，销售额计算公式为

$$销售额＝含税销售额/（1+税率）$$

3）进项税额

进项税额是指纳税人购进货物、加工修理修配劳务、应税服务、无形资产或者不动产，支付或者负担的增值税额。

下列进项税额准予从销项税额中抵扣：

（1）从销售方取得的增值税专用发票（含税控机动车销售统一发票，下同）上注明的增值税额。

（2）从海关取得的海关进口增值税专用缴款书上注明的增值税额。

（3）购进农产品，除取得增值税专用发票或者海关进口增值税专用缴款书外，按照农产品收购发票或者销售发票上注明的农产品买价和 9% 的扣除率计算进项税额。营业税改征增值税试点期间，纳税人购进用于生产销售或委托受托加工 13% 税率货物的农产品，按照 10% 的扣除率计算进项税额。自 2017 年 7 月 1 日起实行，计算公式为

$$进项税额＝买价×扣除率$$

买价，是指纳税人购进农产品在农产品收购发票或者销售发票上注明的价款和按照规定

缴纳的烟叶税。

购进农产品，按照《农产品增值税进项税额核定扣除试点实施办法》抵扣进项税额的除外。

（4）从境外单位或者个人购进服务、无形资产或者不动产，自税务机关或者扣缴义务人取得的解缴税款的完税凭证上注明的增值税额。

5.3.2　具体销售额的规定

1. 交通运输业

航空运输企业的销售额，不包括代收的机场建设费和代售其他航空运输企业客票而代收转付的价款。

试点纳税人中的增值税一般纳税人（以下称一般纳税人）提供客运场站服务，以其取得的全部价款和价外费用，扣除支付给承运方运费后的余额为销售额。

2. 建筑服务

（1）一般纳税人以清包工方式提供的建筑服务，可以选择适用简易计税方法计税。

以清包工方式提供建筑服务，是指施工方不采购建筑工程所需的材料或只采购辅助材料，并收取人工费、管理费或者其他费用的建筑服务。

（2）一般纳税人为甲供工程提供的建筑服务，可以选择适用简易计税方法计税。

甲供工程，是指全部或部分设备、材料、动力由工程发包方自行采购的建筑工程。

（3）一般纳税人为建筑工程老项目提供的建筑服务，可以选择适用简易计税方法计税。

建筑工程老项目，是指：

①《建筑工程施工许可证》注明的合同开工日期在 2016 年 4 月 30 日前的建筑工程项目；

② 未取得《建筑工程施工许可证》的，建筑工程承包合同注明的开工日期在 2016 年 4 月 30 日前的建筑工程项目。

（4）一般纳税人跨县（市）提供建筑服务，适用一般计税方法计税的，应以取得的全部价款和价外费用为销售额计算应纳税额。纳税人应以取得的全部价款和价外费用扣除支付的分包款后的余额，按照 2% 的预征率在建筑服务发生地预缴税款后，向机构所在地主管税务机关进行纳税申报。

（5）一般纳税人跨县（市）提供建筑服务，选择适用简易计税方法计税的，应以取得的全部价款和价外费用扣除支付的分包款后的余额为销售额，按照 3% 的征收率计算应纳税额。纳税人应按照上述计税方法在建筑服务发生地预缴税款后，向机构所在地主管税务机关进行纳税申报。

（6）试点纳税人中的增值税小规模纳税人（以下称小规模纳税人）跨县（市）提供建筑服务，应以取得的全部价款和价外费用扣除支付的分包款后的余额为销售额，按照 3% 的征收率计算应纳税额。纳税人应按照上述计税方法在建筑服务发生地预缴税款后，向机构所在地主管税务机关进行纳税申报。

3. 金融保险业

（1）贷款服务，以提供贷款服务取得的全部利息及利息性质的收入为销售额。

（2）直接收费金融服务，以提供直接收费金融服务收取的手续费、佣金、酬金、管理费、服务费、经手费、开户费、过户费、结算费、转托管费等各类费用为销售额。

（3）金融商品转让，按照卖出价扣除买入价后的余额为销售额。转让金融商品出现的正负差，按盈亏相抵后的余额为销售额。若相抵后出现负差，可结转下一纳税期与下期转让金融商品销售额相抵，但年末仍出现负差的，不得转入下一个会计年度。

金融商品的买入价，可以选择按照加权平均法或者移动加权平均法进行核算，选择后36个月内不得变更。

金融商品转让，不得开具增值税专用发票。

（4）经纪代理服务，以取得的全部价款和价外费用，扣除向委托方收取并代为支付的政府性基金或者行政事业性收费后的余额为销售额。向委托方收取的政府性基金或者行政事业性收费，不得开具增值税专用发票。

（5）融资租赁和融资性售后回租业务。

① 经人民银行、银保监会或者商务部批准从事融资租赁业务的试点纳税人，提供融资租赁服务，以取得的全部价款和价外费用，扣除支付的借款利息（包括外汇借款和人民币借款利息）、发行债券利息和车辆购置税后的余额为销售额。

② 经人民银行、银保监会或者商务部批准从事融资租赁业务的试点纳税人，提供融资性售后回租服务，以取得的全部价款和价外费用（不含本金），扣除对外支付的借款利息（包括外汇借款和人民币借款利息）、发行债券利息后的余额作为销售额。

③ 试点纳税人根据2016年4月30日前签订的有形动产融资性售后回租合同，在合同到期前提供的有形动产融资性售后回租服务，可继续按照有形动产融资租赁服务缴纳增值税。

（6）保险。

① 办理初保业务向保户收取的保费。营业额为纳税人经营保险业务向对方收取的全部价款，即向被保险人收取的全部保险费。

② 储金业务。保险公司如采用收取储金方式取得经济利益的（即以被保险人所交保险资金的利息收入作为保费收入，保险期满后将保险资金本金返还被保险人），其"储金业务"的营业额，为纳税人在纳税期内的储金平均余额乘以人民银行公布的一年期存款的月利率。

储金平均余额为纳税期期初储金余额与期末余额之和乘以50%。

4. 试点纳税人提供旅游服务

试点纳税人提供旅游服务，可以选择以取得的全部价款和价外费用，扣除向旅游服务购买方收取并支付给其他单位或者个人的住宿费、餐饮费、交通费、签证费、门票费和支付给其他接团旅游企业的旅游费用后的余额为销售额。

选择上述办法计算销售额的试点纳税人，向旅游服务购买方收取并支付的上述费用，不得开具增值税专用发票，可以开具普通发票。

5. 房地产开发企业中的一般纳税人销售其开发的房地产项目

房地产开发企业中的一般纳税人销售其开发的房地产项目（选择简易计税方法的房地产老项目除外），以取得的全部价款和价外费用，扣除受让土地时向政府部门支付的土地价款后的余额为销售额。

【例5-3】某金融企业系增值税一般纳税人，2021年5月取得贷款利息收入106万元

（含税金额），当月支付基础电信费用 10 万元（不含税金额，取得增值税专用发票上注明的增值税额为 0.9 万元），购入运输车辆 100 万元（不含税金额，取得增值税专用发票上注明的增值税额为 13 万元）。发票均已通过税务机关认证，税务师根据增值税纳税申报操作规范的要求，计算金融企业应纳税额。

$$2021 年 5 月应纳税额 = [106/(1+6\%)] \times 6\% - 0.9 - 13 = -7.9（万元）$$

该纳税人本月不需缴纳增值税，上述 7.9 万元可结转下期继续抵扣。

【例 5-4】某建筑业增值税一般纳税人 2021 年 5 月购进一台发电设备，取得增值税专用发票，注明不含税金额 120 万元，增值税进项税额 15.6 万元，发票已通过税务机关认证，未抵扣进项税额。该固定资产先用于简易计税项目，2021 年 11 月转变用途，既用于简易计税应税项目，也用于应税项目，已知该固定资产净值为 113 万元，假定 2021 年 12 月未取得其他进项税额，该纳税人 2021 年 12 月可抵扣的进项税额为

$$[113/(1+13\%)] \times 13\% = 13（万元）$$

5.3.3　代理营业税改征增值税纳税申报操作规范

税务师代理交通运输业、建筑业、金融保险业等营业税改征增值税纳税申报操作规范要点如下：

（1）核查营业收入相关账户及主要的原始凭证，计算应税收入。

（2）根据企业应税项目的具体情况，确认税前应扣除的销售额。

（3）核查兼营项目、混合销售以及减免税项目的销售额，确认应税销售额和适用的税目税率。

（4）计算填表后按规定期限向主管税务机关报送《增值税及附加税费申报表》及其附列资料。

5.3.4　代理填制增值税及附加税费申报表的方法

1. 纳税申报表及其附列资料

1）增值税一般纳税人

委托人为增值税一般纳税人的，其申报的特点是报表体系严密，计税资料齐全。一般纳税人纳税申报表及其附列资料包括：

增值税及附加税费申报表（一般纳税人适用）；

增值税及附加税费申报表附列资料（一）（本期销售情况明细）；

增值税及附加税费申报表附列资料（二）（本期进项税额明细）；

增值税及附加税费申报表附列资料（三）（服务、不动产和无形资产扣除项目明细）；

增值税及附加税费申报表附列资料（四）（税额抵减情况表）；

增值税及附加税费申报表附列资料（五）（附加税费情况表）；

增值税减免税申报明细表；

增值税及附加税费预缴表；

增值税及附加税费预缴表附列资料（附加税费情况表）。

2）增值税小规模纳税人

委托人为增值税小规模纳税人的，由于计税方法简单，其纳税申报的操作也相对容易。

小规模纳税人纳税申报表及其附列资料包括：

增值税及附加税费申报表（小规模纳税人适用）；

增值税及附加税费申报表（小规模纳税人适用）附列资料（一）（服务、不动产和无形资产扣除项目明细）；

增值税及附加税费申报表（小规模纳税人适用）附列资料（二）（附加税费情况表）；

增值税减免税申报明细表；

增值税及附加税费预缴表；

增值税及附加税费预缴表附列资料（附加税费情况表）。

2. 纳税申报其他资料

（1）已开具的税控机动车销售统一发票和普通发票的存根联。

（2）符合抵扣条件且在本期申报抵扣的增值税专用发票（含税控机动车销售统一发票）的抵扣联。

（3）符合抵扣条件且在本期申报抵扣的海关进口增值税专用缴款书、购进农产品取得的普通发票的复印件。

（4）符合抵扣条件且在本期申报抵扣的税收完税凭证及其清单，书面合同、付款证明和境外单位的对账单或者发票。

（5）已开具的农产品收购凭证的存根联或报查联。

（6）纳税人销售服务、不动产和无形资产，在确定服务、不动产和无形资产销售额时，按照有关规定从取得的全部价款和价外费用中扣除价款的合法凭证及其清单。

（7）主管税务机关规定的其他资料。

纳税申报表及其附列资料为必报资料。纳税申报其他资料的报备要求由各省、自治区、直辖市和计划单列市国家税务局确定。

纳税人跨县（市）提供建筑服务、房地产开发企业预售自行开发的房地产项目、纳税人出租与机构所在地不在同一县（市）的不动产，按规定需要在项目所在地或不动产所在地主管国税机关预缴税款的，需填写《增值税及附加税费预缴表》。

思考与练习

1. 代理增值税纳税申报的操作要点是什么？

2. 实务题。

某制药厂是专门从事药品生产的企业，被主管税务机关认定为增值税一般纳税人。2021年5月份发生以下经济业务，发票已通过税务机关认证。

（1）8日，上月份应缴未缴的增值税38 000元。

（2）9日，销售应税药品一批，开具增值税专用发票3张，合计价款120 000元。

（3）10日，从农民手中收购玉米10吨，每千克收购价为1.60元，企业开具了经主管税务机关核准使用的"某某市免税农产品专用收购凭证"，该批玉米已验收入库。

（4）12日，赊销一批应税药品，合同确定含税价款7 000元，分4期等额付款，发货时收到应税货款和税款的25%，并开具相应的增值税专用发票1张，其余价款及税款在以后3个月分别收回。

（5）13 日，厂办公室外购办公用品一批，取得增值税专用发票上注明价款 400 元，税金 52 元。

（6）15 日，厂医务室填制出库单领用本厂生产的应税药品一批，生产成本为 1 000 元，按同类产品不含税售价确定价款为 2 000 元。

（7）16 日，从外地某农场购进玉米 80 吨，每吨收购价 1 050 元，开具了"某某市免税农产品专用收购凭证" 1 份，另支付给运输部门运费，取得增值税专用发票注明运费 10 000 元，其他杂费合计 2 000 元。上述款项均已付，玉米已验收入库。

（8）17 日，外购低值易耗品一批，取得增值税专用发票 2 张，合计价款 6 000 元，税金 780 元。

（9）25 日，将一批应税药品销售给某大医院，开具普通发票 1 张，注明货款 226 000 元，产品已发出，款项已收到。

（10）27 日，外购粉碎机 2 台，取得增值税专用发票 1 张，注明价款 5 000 元，税金 650 元。

（11）30 日，通过本企业门市部本月零售应税药品共取得收入 12 100 元，未开具任何发票。

（12）该药厂生产药品经核实均为应税药品。

要求：

根据上述资料，先列式计算出当月销项税额、进项税额和应纳税额，并据此填报《增值税及附加税费申报表》。

第6章 代理所得税纳税申报实务

学习目标

通过本章的学习，使学生了解个人所得税的计算方法，熟悉个人所得税纳税申报表。同时使学生在了解企业会计核算的前提下，掌握将会计所得按税法的规定调整为应纳税所得额，掌握企业所得税的计算方法，能够准确计算企业所得税应纳税额，掌握企业所得税的纳税申报表及其明细表的填制。

导入案例

某农业企业外购一批经济林用于产出水果销售，咨询税务师应如何进行税务处理。其相关问题如下。

请判断为何种生物资产？

如何确定其计税基础？

折旧方法和最低折旧年限有何规定？

（资料来源：中华会计网校．税务代理实务应试指南．北京：人民出版社，2011.）

6.1 代理个人所得税纳税申报实务

我国自2019年1月1日起正式施行新修订的《中华人民共和国个人所得税法》及《中华人民共和国个人所得税法实施条例》。新税法全面实施综合与分类相结合的所得税制，将居民个人工资、薪金所得，劳务报酬所得，稿酬所得，特许权使用费所得纳入综合所得，由扣缴义务人按月或按次预扣预缴税款，年度终了后纳税人进行汇算清缴，税款多退少补，其他各项所得采用分类征收。同时，将基本减除费用标准提高到每人每月5 000元，新增子女教育、继续教育、大病医疗、住房贷款利息、住房租金、赡养老人、3岁以下婴幼儿照护七项专项附加扣除（国发〔2022〕8号文件中正式设立3岁以下婴幼儿照护个人所得税专项附加扣除），并拓宽了低档税率级距，给纳税人带来了切实的减税福利，使个人所得税税负水平更趋合理、公平。

6.1.1 个人所得税的计算方法

1. 居民个人综合所得预扣预缴的计算

（1）扣缴义务人向居民个人支付工资、薪金所得预扣预缴税额的计算。

扣缴义务人向居民个人支付工资、薪金所得时，应按照累计预扣法计算税款，按月办理全员全额扣缴申报。计算公式如下：

本期应预扣预缴税额=（累计预扣预缴应纳税所得额×预扣率-速算扣除数）-
累计减免税额-累计已预扣预缴税额

累计预扣预缴应纳税所得额=累计收入-累计免税收入-累计减除费用-累计专项扣除-
累计专项附加扣除-累计依法确定的其他扣除

其中，累计减除费用根据 5 000 元/月乘以纳税人当年截至本月在本单位的任职受雇的月份数计算；专项扣除包括居民个人缴纳的基本医疗保险、基本养老保险、失业保险等社会保险费和住房公积金等；专项附加扣除，包括子女教育、继续教育、大病医疗、住房贷款利息或者住房租金、赡养老人、3 岁以下婴幼儿照护支出。

【例 6-1】中国居民个人周某为甲公司财务经理，甲公司于 2021 年 1—12 月每月应发周某工资 25 000 元，其个人每月负担的"三险一金" 3 000 元，每月享受赡养老人专项附加扣除 2 000 元，无减免收入及依法确定的其他扣除。并且，周某在上一完整纳税年度内全年工资、薪金收入超过 6 万元。请依照现行税法规定，分别计算周某 1—12 月每月由甲公司预扣预缴的税额（预扣率表见表 A-2）。

甲公司 1 月预扣预缴周某工资、薪金所得个人所得税
=（25 000-5 000-3 000-2 000）×3%
=450（元）

甲公司 2 月预扣预缴周某工资、薪金所得个人所得税
=（25 000×2-5 000×2-3 000×2-2 000×2）×3% -450
=450（元）

甲公司 3 月预扣预缴周某工资、薪金所得个人所得税
=（25 000×3-5 000×3-3 000×3-2 000×3）×10%-2 520-450-450
=1 080（元）

甲公司 4 月预扣预缴周某工资、薪金所得个人所得税
=（25 000×4-5 000×4-3 000×4-2 000×4）×10%-2 520-450-450-1 080
=1 500（元）

甲公司 5 月预扣预缴周某工资、薪金所得个人所得税
=（25 000×5-5 000×5-3 000×5-2 000×5）×10%-2 520-450-450-1 080-1 500
=1 500（元）

甲公司 6 月预扣预缴周某工资、薪金所得个人所得税
=（25 000×6-5 000×6-3 000×6-2 000×6）×10%-2 520-450-450-1 080-1 500-1 500
=1 500（元）

甲公司 7 月预扣预缴周某工资、薪金所得个人所得税
=（25 000×7-5 000×7-3 000×7-2 000×7）×10%-2 520-450-450-1 080-1 500-1 500-1 500
=1 500（元）

甲公司 8 月预扣预缴周某工资、薪金所得个人所得税
=（25 000×8-5 000×8-3 000×8-2 000×8）×10%-2 520-450-450-1 080-1 500-1 500-1 500-1 500
=1 500（元）

甲公司 9 月预扣预缴周某工资、薪金所得个人所得税
=（25 000×9-5 000×9-3 000×9-2 000×9）×10%-2 520-450-450-1 080-1 500-1 500-

　　1 500−1 500−1 500

＝1 500（元）

　　甲公司 10 月预扣预缴周某工资、薪金所得个人所得税

＝（25 000×10−5 000×10−3 000×10−2 000×10）×20%−16 920−450−450−1 080−1 500−

　　1 500−1 500−1 500−1 500

＝2 100 （元）

　　甲公司 11 月预扣预缴周某工资、薪金所得个人所得税

＝（25 000×11−5 000×11−3 000×11−2 000×11）×20%−16 920−450−450−1 080−1 500−

　　1 500−1 500−1 500−1 500−2 100

＝3 000（元）

　　甲公司 12 月预扣预缴周某工资、薪金所得个人所得税

＝（25 000×12−5 000×12−3 000×12−2 000×12）×20%−16 920−450−450−1 080−1 500−

　　1 500−1 500−1 500−1 500−2 100−3 000

＝3 000（元）

　　2021 年甲公司预扣预缴周某工资薪金所得应纳个人所得税

＝450×2+1 080+1 500×6+2 100+3 000×2

＝19 080（元）

【政策提示】

　　自 2020 年 7 月 1 日起，对一个纳税年度内首次取得工资、薪金所得的居民个人，扣缴义务人在预扣预缴个人所得税时，可按照 5 000 元/月乘以纳税人当年截至本月月份数计算累计减除费用。

　　自 2021 年 1 月 1 日起，对上一完整纳税年度内每月均在同一单位预扣预缴工资、薪金所得个人所得税且全年工资、薪金收入不超过 6 万元的居民个人，扣缴义务人在预扣预缴本年度工资、薪金所得个人所得税时，累计减除费用自 1 月份起直接按照全年 6 万元计算扣除。即在纳税人累计收入超过 6 万元的当月及年内后续月份，再预扣预缴个人所得税。

　　（2）扣缴义务人向居民个人支付劳务报酬所得、稿酬所得、特许权使用费所得预扣预缴税额的计算。

　　扣缴义务人向居民个人支付劳务报酬所得、稿酬所得、特许权使用费所得，按次或按月计算每项所得应预扣预缴的个人所得税。

　　劳务报酬所得应预扣预缴税额=收入额×预扣率−速算扣除数（预扣率表见表 A−3）

　　稿酬所得、特许权使用费所得应预扣预缴税额=收入额×20%

　　劳务报酬所得、稿酬所得、特许权使用费所得收入额：

　　① 每次收入≤4 000 元，收入额=每次收入−800

　　② 每次收入>4 000 元，收入额=每次收入×（1−20%）

　　其中，稿酬所得的收入额减按 70% 计算。

【政策提示】

　　自 2020 年 7 月 1 日起，正在接受全日制学历教育的学生因实习取得劳务报酬所得的，扣缴义务人预扣预缴个人所得税时，可按照《国家税务总局关于发布〈个人所得税扣缴申报管理办法（试行）〉的公告》（2018 年第 61 号）规定的累计预扣法计算并预扣预缴

税款。

2. 居民个人综合所得汇算清缴的应纳税额计算

综合所得年度应纳税额

=（综合所得年度收入额-60 000 元-专项扣除-专项附加扣除-依法确定的其他扣除-符合条件的公益慈善事业捐赠）×适用税率-速算扣除数

=（工资薪金收入额+劳务报酬收入×（1-20%）+稿酬收入×（1-20%）×70% +特许权使用费收入×（1-20%）-60 000 元-专项扣除-专项附加扣除-依法确定的其他扣除-符合条件的公益慈善事业捐赠）×适用税率-速算扣除数（税率表见表 A-4）

汇算清缴应补（退）税额=综合所得年度应纳税额-已预扣预缴税额

【例 6-2】续例 6-1，周某于 2021 年 6 月从兼职单位乙公司（中国境内）一次性取得劳务报酬 3 000 元，同年 7 月从丙出版社（中国境内）取得一次性稿酬 9 000 元，假设不考虑增值税等因素。计算居民个人周某于次年 3 月 1 日—6 月 30 日汇算清缴期内应补（退）税额。

乙公司 6 月预扣预缴周某劳务报酬所得个人所得税

=（3 000-800）×20%-0=440（元）

丙出版社 7 月预扣预缴周某稿酬所得个人所得税

=9 000×（1-20%）×70%×20%=1 008（元）

2021 年周某综合所得应纳税额=（25 000×12+3 000×（1-20%）+9 000×（1-20%）×70%-60 000-3 000×12-2 000×12）×20%-16 920=20 568（元）

汇算清缴应补税额

=20 568-19 080-440-1 008

=40（元）

40（元）<400（元），无须办理年度汇算清缴。

【政策提示】

纳税人在 2021—2023 年纳税年度内已依法预缴个人所得税且符合下列情形之一的，无须办理年度汇算：

（一）年度汇算需补税但综合所得收入全年不超过 12 万元的；

（二）年度汇算需补税金额不超过 400 元的；

（三）已预缴税额与年度汇算应纳税额一致的；

（四）符合年度汇算退税条件但不申请退税的。

3. 非居民个人工资、薪金所得，劳务报酬所得，稿酬所得和特许权使用费所得代扣代缴的税额计算

非居民个人的工资、薪金所得，以每月收入额减除费用 5 000 元后的余额为应纳税所得额。劳务报酬所得、稿酬所得、特许权使用费所得，以每次收入额为应纳税所得额。适用个人所得税税率表（见表 A-5）计算应纳税额。

其中，劳务报酬所得、稿酬所得、特许权使用费所得以收入减除 20% 的费用后的余额为收入额。稿酬所得的收入额减按 70% 计算。

4. 经营所得应纳税额的计算

经营所得应纳税额

=应纳税所得额×适用税率-速算扣除数

=（全年收入总额-成本、费用、损失）×适用税率-速算扣除数（适用税率见表 A-6）

取得经营所得的个人，没有综合所得的，计算其每一纳税年度的应纳税所得额时，应当减除费用 6 万元、专项扣除、专项附加扣除以及依法确定的其他扣除。专项附加扣除在办理汇算清缴时减除。

5. 其他所得应纳税额的计算

（1）财产租赁所得。

财产租赁所得应纳税额=应纳税所得额×20%

每次收入≤4 000 元：

应纳税所得额=每次收入-800

每次收入>4 000 元：

应纳税所得额=每次收入×（1-20%）

每次收入=每次收入额-准予扣除项目-修缮费用（800 为限）

财产租赁所得，以一个月内取得的收入为一次。

【政策提示】

对个人按市场价格出租的居民住房取得的所得，自 2001 年 1 月 1 日起暂减按 10% 的税率征收个人所得税。

（2）财产转让所得。

应纳税额=应纳税所得额×20%

应纳税所得额=财产转让收入额-财产原值-合理费用

（3）利息、股息、红利所得和偶然所得。

应纳税额=应纳税所得额×20%

利息、股息、红利所得和偶然所得，以每次收入额为应纳税所得额。

6. 全年一次性奖金应纳税额的计算

居民个人取得全年一次性奖金，符合《国家税务总局关于调整个人取得全年一次性奖金等计算征收个人所得税方法问题的通知》（国税发〔2005〕9 号）规定的，在 2023 年 12 月 31 日前，不并入当年综合所得，以全年一次性奖金收入除以 12 个月得到的数额，按照按月换算后的综合所得税率表（税率表同 A-5）确定适用税率和速算扣除数，单独计算纳税。

应纳税额=全年一次性奖金收入×适用税率-速算扣除数

居民个人取得全年一次性奖金，也可以选择并入当年综合所得计算纳税。

【例 6-3】居民个人周某 2021 年 12 月取得全年一次性奖金 30 000 元，计算其应纳个税金额。

30 000/12=2 500（元）

查表可知适用税率 3%，速算扣除数为 0。

周某全年一次性奖金应纳税额=30 000×3%-0=900（元）

7. 境外所得已纳税款的扣除

居民个人从中国境外取得的所得，可以从其应纳税额中抵免已在境外缴纳的个人所得税税额，但抵免额不得超过该纳税人境外所得依照我国个人所得税法规定计算的应纳税额。

纳税人境外所得依照我国个人所得税法规定计算的应纳税额，是居民个人抵免已在境外缴纳的综合所得、经营所得以及其他所得的个人所得税税额的限额。

境外已纳税额超过抵免限额时，其超过部分不得在该纳税年度的应纳税额中扣除，但可在以后纳税年度该国家或地区扣除限额的余额中补扣，补扣期最长不得超过 5 年；境外已纳税额低于抵免限额时，应在我国补缴差额部分的税款。

【例 6-4】我国居民个人周某在 2021 年从 M 国取得彩票收入 40 000 元，周某已按 M 国税法规定缴纳了个人所得税 7 000 元。计算周某在我国应交个人所得税。

M 国取得偶然所得按我国税法规定应纳税额（抵免限额）= 40 000×20% = 8 000（元）

周某在我国应补缴个人所得税 = 8 000 - 7 000 = 1 000（元）

6.1.2　代理个人所得税纳税申报操作规范

我国的个人所得税纳税申报有全员全额扣缴申报纳税和自行申报纳税两种方式。全员全额扣缴申报是指扣缴义务人在代扣税款的次月 15 日内，向主管税务机关报送其支付所得的所有个人的有关信息、支付所得数额、扣除事项和数额、扣缴税款的具体数额和总额以及其他相关涉税信息资料。

实行全员全额扣缴申报的应税所得范围：

（1）工资、薪金所得；

（2）劳务报酬所得；

（3）稿酬所得；

（4）特许权使用费所得；

（5）利息、股息、红利所得；

（6）财产租赁所得；

（7）财产转让所得；

（8）偶然所得。

实行自行纳税申报的范围：

（1）取得综合所得需要办理汇算清缴；

（2）取得应税所得没有扣缴义务人；

（3）取得应税所得，扣缴义务人未扣缴税款；

（4）取得境外所得；

（5）因移居境外注销中国户籍；

（6）非居民个人在中国境内从两处以上取得工资、薪金所得；

（7）国务院规定的其他情形。

居民个人取得综合所得需要办理汇算清缴的，应当在取得所得的次年 3 月 1 日至 6 月 30 日内办理。纳税人取得经营所得的，应在月度或者季度终了后 15 日内向税务机关报送纳税申报表，并预缴税款；在取得所得的次年 3 月 31 日前办理汇算清缴。纳税人取得应税所得没有扣缴义务人的应当在取得所得的次月 15 日内向税务机关报送纳税申报表，并缴纳税款。居民个人从中国境外取得所得的，应当在取得所得的次年 3 月 1 日至 6 月 30 日内申报纳税。非居民个人在中国境内从两处以上取得工资、薪金所得的，应当在取得所得的次月 15 日内申报纳税。

涉税专业服务机构及其涉税服务人员承办个人所得税纳税申报代理业务，应当按照法律、行政法规及相关规定的期限和内容，代理委托人如实向税务机关进行纳税申报和报送纳税资料，做到申报资料齐全、逻辑关系正确、税额（费）计算准确、纳税申报及时。

涉税服务人员具体应注意以下事项的审核。

（1）个人信息审核。个人居民身份的判定，为居民纳税人或非居民纳税人。

（2）收入额审核。正常工资、薪金所得收入额，应审核个人因任职或者受雇而取得的工资，薪金，奖金，年终加薪，劳动分红，津贴，补贴以及与任职或者受雇有关的其他所得是否准确列示。劳务报酬所得、稿酬所得、特许权使用费所得，应审核每次收入是否准确列示。经营所得收入额，审核取得经营所得每年度的收入总额是否准确列支，包括销售货物收入、提供劳务收入、转让财产收入、利息收入、租金收入、接受捐赠收入、其他收入等。分类所得收入额，审核取得的利息、股息、红利所得，财产租赁所得，财产转让所得，偶然所得收入额是否准确列示。

（3）扣除项目审核。工资薪金所得注意审核专项扣除项目、专项附加扣除项目信息采集是否正确。劳务报酬所得、特许权使用费所得、稿酬所得，应审核每次的减除费用是否准确列支。经营所得扣除项目的审核，应审核成本，费用，税金，损失，其他支出，不得税前扣除的支出，生产经营与个人、家庭生活混用难以分清的费用，弥补以前年度亏损情况等扣除项目是否准确列支。财产转让所得，应审核财产原值及转让发生的合理费用是否准确列支。财产租赁所得，应审核可扣除的相关费用是否准确列支。

（4）计算方法审核。审核各项所得计算公式是否正确。

（5）减免税事项审核。审核减免税项目的真实性、合理性和合法性，判断其是否符合减免税政策的相关规定。

（6）已纳税金项目的审核。审核员工已纳税金是否正确，与申报系统核对是否一致，是否存在多计或少计的情况。

6.1.3　代理填制个人所得税纳税申报表的方法

委托人为扣缴义务人的，每月或者每次预扣、代扣税款时，应当填报《个人所得税扣缴申报表》，《个人所得税基础信息表（A 表）（B 表）》等。如表 6-1 至表 6-3 所示。

委托人为自行申报的纳税人的，应根据不同情况分别填报《个人所得税年度自行纳税申报表（A 表）（仅取得境内综合所得年度汇算适用）》《个人所得税年度自行纳税申报表（简易版）》《个人所得税年度自行纳税申报表（B 表）》《个人所得税自行纳税申报表（A 表）》《个人所得税经营所得纳税申报表（B 表）》《个人所得税经营所得纳税申报表（A 表）》《个人所得税经营所得纳税申报表（C 表）》等。如表 6-4 至表 6-10 所示。

1. 个人所得税扣缴申报表

1）模拟案例

哈尔滨市 XX 印务设计有限公司，扣缴义务人纳税人识别号（统一社会信用代码）230109020570111000，2022 年 1 月份支付人工费用如下。

（1）支付李莉（身份证号 230102198612317723）工资 12 000 元，缴付的"三险一金"为 2 520 元（其中：基本养老保险费 960 元、基本医疗保险费 240 元、失业保险费 120 元、住房公积金 1 200 元），专项附加扣除中子女教育 1 000 元，赡养老人 2 000 元。

（2）支付张明（身份证号 230101198710127841）工资 14 000 元，缴付的"三险一金"为 2 940 元（其中：基本养老保险费 1 120 元、基本医疗保险费 280 元、失业保险费 140 元、住房公积金 1 400 元），专项附加扣除中子女教育 1 000 元，住房贷款利息 1 000 元。

（3）支付王华（身份证号 230102197511154585）设计劳务费 6 000 元。

（4）因有奖销售支付刘云（身份证号 230104198408252824）奖金 5 000 元。

（5）支付孙濛（身份证号 230102198608195321）某项专利权使用费 20 000 元。

（6）支付苏玲（身份证号 340801197006010024）2021 年全年一次性奖金 60 000 元，单独计税。

2）计算分析

李莉工资收入应按照"工资、薪金所得"应税项目代扣代缴个人所得税：（12 000 − 5 000 − 2 520 − 1 000 − 2 000）×3% = 44.4（元）

张明工资收入应按照"工资、薪金所得"应税项目代扣代缴个人所得税：（14 000 − 5 000 − 2 940 − 1 000 − 1 000）×3% = 121.8（元）

王华设计劳务费应按照"劳务报酬所得"应税项目代扣代缴个人所得税：6 000 ×（1 − 20%）×20% = 960（元）

因有奖销售支付给刘云的奖金应按照"偶然所得"应税项目代扣代缴个人所得税：5 000 ×20% = 1 000（元）

支付给孙濛专利权使用费应按照"特许权使用费所得"应税项目代扣代缴个人所得税：20 000 ×（1 − 20%）×20% = 3 200（元）

支付给苏玲的全年一次性奖金，苏玲选择单独计税，应纳税额：60 000/12 = 5 000（元）60 000 ×10% − 210 = 5 790（元）

3）填写纳税申报表

填写《个人所得税扣缴申报表》。

表6-1　个人所得税扣缴申报表

税款所属期：2022年1月1日至2022年1月31日

扣缴义务人名称：哈尔滨市××印务设计有限公司

扣缴义务人纳税人识别号（统一社会信用代码）：2 3 0 1 0 9 0 2 0 5 7 0 1 1 1 0 0 0

金额单位：人民币元（列至角分）

序号	姓名	身份证件类型	身份证件号码	纳税人识别号	是否为非居民个人	所得项目	收入额计算			减除费用	本月（次）情况 专项扣除				其他扣除							累计情况			累计专项附加扣除									税款计算							备注
							收入	费用	免税收入		基本养老保险费	基本医疗保险费	失业保险费	住房公积金	年金	商业健康保险	税延养老保险	允许扣除的税费	财产原值	其他	累计收入额	累计减除费用	累计专项扣除	子女教育	继续教育	住房贷款利息	住房租金	赡养老人	3岁以下婴幼儿照护	累计其他扣除	减按比例计算	准予扣除的捐赠额	应纳税所得额	税率/预扣率	速算扣除数	应纳税额	减免税额	已缴税额	应补/退税额	
1	2	3	4	5	6	7	8	9	10	11	12	13	14	15	16	17	18	19	20	21	22	23	24	25	26	27	28	29	30	31	32	33	34	35	36	37	38	39	40	41
1	李莉	身份证	230102198612317723	230102198612317723	否	工资薪金所得	12 000.00			5 000.00	960.00	240.00	120.00	1 200.00							12 000.00	5 000.00	2 520.00	1 000.00				2 000.00					1 480.00	3%	0	44.40			44.40	
2	张明	身份证	230101198710127841	230101198710127841	否	工资薪金所得	14 000.00			5 000.00	1 120.00	280.00	140.00	1 400.00							14 000.00	5 000.00	2 940.00	1 000.00		1 000.00							4 060.00	3%	0	121.80			121.80	
3	王华	身份证	230102197511154585	230102197511154585	否	劳务报酬所得	6 000.00	1 200.00													—	—	—	—									4 800.00	20%	0	960.00			960.00	
4	刘云	身份证	230104198408252824	230104198408252824	否	偶然所得	5 000.00														—	—	—	—									5 000.00	20%		1 000.00			1 000.00	

续表

序号	姓名	身份证件类型	身份证件号码	纳税人识别号	是否为非居民个人	所得项目	收入	费用	免税收入	减除费用	基本养老保险费	基本医疗保险费	失业保险费	住房公积金	年金	商业健康保险	税延养老保险	允许扣除的税费	财产原值	其他	累计收入额	累计减除费用	累计专项扣除	子女教育	继续教育	住房贷款利息	住房租金	赡养老人	3岁以下婴幼儿照护	累计其他扣除	准予扣除的捐赠额	应纳税所得额	税率/预扣率	速算扣除数	应纳税额	减免税额/应已缴税额	应补/退税额	备注
1	2	3	4	5	6	7	8	9	10	11	12	13	14	15	16	17	18	19	20	21	22	23	24	25	26	27	28	29	30	31	32 33	34	35	36	37	38 39	40	41
5	孙小蒙	身份证	230102198608195321	230102198608195321	否	特许权使用费所得	20 000.00	4 000.00													—	—		—				—				16 000.00	20%		3 200.00		3 200.00	
6	段玥	居民身份证	340801197006010024	340801197006010024	否	全年一次性奖金	60 000.00														—	—		—			—					60 000.00	10%	210.00	5 790.00		5 790.00	
合计							117 000.00	5 200.00		10 000.00	2 080.00	520.00	260.00	2 600.00							26 000.00	10 000.00	5 460.00	2 000.00		1 000.00		2 000.00				91 340.00			11 116.2		11 116.2	

谨声明: 本表是根据国家税收法律法规及相关规定填报的, 是真实的, 是可靠的, 完整的。

经办人签字:

经办人身份证件号码:

代理机构签章:

代理机构统一社会信用代码:

扣缴义务人(签章):

受理人:

受理税务机关(章):

受理日期:　　年　月　日

国家税务总局监制

《个人所得税扣缴申报表》填表说明

一、适用范围

本表适用于扣缴义务人向居民个人支付工资、薪金所得，劳务报酬所得，稿酬所得和特许权使用费所得的个人所得税全员全额预扣预缴申报；向非居民个人支付工资、薪金所得，劳务报酬所得，稿酬所得和特许权使用费所得的个人所得税全员全额扣缴申报；以及向纳税人（居民个人和非居民个人）支付利息、股息、红利所得，财产租赁所得，财产转让所得和偶然所得的个人所得税全员全额扣缴申报。

二、报送期限

扣缴义务人应当在每月或者每次预扣、代扣税款的次月 15 日内，将已扣税款缴入国库，并向税务机关报送本表。

三、本表各栏填写

（一）表头项目

1. 税款所属期：填写扣缴义务人预扣、代扣税款当月的第 1 日至最后 1 日。如：2019 年 3 月 20 日发放工资时代扣的税款，税款所属期填写"2019 年 3 月 1 日至 2019 年 3 月 31 日"。

2. 扣缴义务人名称：填写扣缴义务人的法定名称全称。

3. 扣缴义务人纳税人识别号（统一社会信用代码）：填写扣缴义务人的纳税人识别号或者统一社会信用代码。

（二）表内各栏

1. 第 2 列"姓名"：填写纳税人姓名。

2. 第 3 列"身份证件类型"：填写纳税人有效的身份证件名称。中国公民有中华人民共和国居民身份证的，填写居民身份证；没有居民身份证的，填写中华人民共和国护照、港澳居民来往内地通行证或者港澳居民居住证、台湾居民通行证或者台湾居民居住证、外国人永久居留身份证、外国人工作许可证或者护照等。

3. 第 4 列"身份证件号码"：填写纳税人有效身份证件上载明的证件号码。

4. 第 5 列"纳税人识别号"：有中国公民身份号码的，填写中华人民共和国居民身份证上载明的"公民身份号码"；没有中国公民身份号码的，填写税务机关赋予的纳税人识别号。

5. 第 6 列"是否为非居民个人"：纳税人为居民个人的填"否"。为非居民个人的，根据合同、任职期限、预期工作时间等不同情况，填写"是，且不超过 90 天"或者"是，且超过 90 天不超过 183 天"。不填默认为"否"。

其中，纳税人为非居民个人的，填写"是，且不超过 90 天"的，当年在境内实际居住超过 90 天的次月 15 日内，填写"是，且超过 90 天不超过 183 天"。

6. 第 7 列"所得项目"：填写纳税人取得的个人所得税法第二条规定的应税所得项目名称。同一纳税人取得多项或者多次所得的，应分行填写。

7. 第 8~21 列"本月（次）情况"：填写扣缴义务人当月（次）支付给纳税人的所得，以及按规定各所得项目当月（次）可扣除的减除费用、专项扣除、其他扣除等。其中，工资、薪金所得预扣预缴个人所得税时扣除的专项附加扣除，按照纳税年度内纳税人在该任职受雇单位截至当月可享受的各专项附加扣除项目的扣除总额，填写至"累计情况"中第

25～30 列相应栏，本月情况中则无须填写。

（1）"收入额计算"：包含"收入""费用""免税收入"。收入额 = 第 8 列 − 第 9 列 − 第 10 列。

① 第 8 列"收入"：填写当月（次）扣缴义务人支付给纳税人所得的总额。

② 第 9 列"费用"：取得劳务报酬所得、稿酬所得、特许权使用费所得时填写，取得其他各项所得时无须填写本列。居民个人取得上述所得，每次收入不超过 4 000 元的，费用填写 800 元；每次收入 4 000 元以上的，费用按收入的 20% 填写。非居民个人取得劳务报酬所得、稿酬所得、特许权使用费所得，费用按收入的 20% 填写。

③ 第 10 列"免税收入"：填写纳税人各所得项目收入总额中，包含的税法规定的免税收入金额。其中，税法规定"稿酬所得的收入额减按 70% 计算"，对稿酬所得的收入额减计的 30% 部分，填入本列。

（2）第 11 列"减除费用"：按税法规定的减除费用标准填写。如，2019 年纳税人取得工资、薪金所得按月申报时，填写 5 000 元。纳税人取得财产租赁所得，每次收入不超过 4 000 元的，填写 800 元；每次收入 4 000 元以上的，按收入的 20% 填写。

（3）第 12～15 列"专项扣除"：分别填写按规定允许扣除的基本养老保险费、基本医疗保险费、失业保险费、住房公积金（以下简称"三险一金"）的金额。

（4）第 16～21 列"其他扣除"：分别填写按规定允许扣除的项目金额。

8. 第 22～31 列"累计情况"：本栏适用于居民个人取得工资、薪金所得，保险营销员、证券经纪人取得佣金收入等按规定采取累计预扣法预扣预缴税款时填报。

（1）第 22 列"累计收入额"：填写本纳税年度截至当前月份，扣缴义务人支付给纳税人的工资、薪金所得，或者支付给保险营销员、证券经纪人的劳务报酬所得的累计收入额。

（2）第 23 列"累计减除费用"：按照 5 000 元/月乘以纳税人当年在本单位的任职受雇或者从业的月份数计算。

（3）第 24 列"累计专项扣除"：填写本年度截至当前月份，按规定允许扣除的"三险一金"的累计金额。

（4）第 25～30 列"累计专项附加扣除"：分别填写截至当前月份，纳税人按规定可享受的子女教育、继续教育、住房贷款利息或者住房租金、赡养老人、3 岁以下婴幼儿照护扣除的累计金额。大病医疗扣除由纳税人在年度汇算清缴时办理，此处无须填报。

（5）第 31 列"累计其他扣除"：填写本年度截至当前月份，按规定允许扣除的年金（包括企业年金、职业年金）、商业健康保险、税延养老保险及其他扣除项目的累计金额。

9. 第 32 列"减按计税比例"：填写按规定实行应纳税所得额减计税收优惠的减计比例。无减计规定的，可不填，系统默认为 100%。如，某项税收政策实行减按 60% 计入应纳税所得额，则本列填 60%。

10. 第 33 列"准予扣除的捐赠额"：是指按照税法及相关法规、政策规定，可以在税前扣除的捐赠额。

11. 第 34～40 列"税款计算"：填写扣缴义务人当月扣缴个人所得税款的计算情况。

（1）第 34 列"应纳税所得额"：根据相关列次计算填报。

① 居民个人取得工资、薪金所得，填写累计收入额减除累计减除费用、累计专项扣除、累计专项附加扣除、累计其他扣除后的余额。

② 非居民个人取得工资、薪金所得，填写收入额减去减除费用后的余额。

③ 居民个人或者非居民个人取得劳务报酬所得、稿酬所得、特许权使用费所得，填写本月（次）收入额减除其他扣除后的余额。

保险营销员、证券经纪人取得的佣金收入，填写累计收入额减除累计减除费用、累计其他扣除后的余额。

④ 居民个人或者非居民个人取得利息、股息、红利所得和偶然所得，填写本月（次）收入额。

⑤ 居民个人或者非居民个人取得财产租赁所得，填写本月（次）收入额减去减除费用、其他扣除后的余额。

⑥ 居民个人或者非居民个人取得财产转让所得，填写本月（次）收入额减除财产原值、允许扣除的税费后的余额。

其中，适用"减按计税比例"的所得项目，其应纳税所得额按上述方法计算后乘以减按计税比例的金额填报。

按照税法及相关法规、政策规定，可以在税前扣除的捐赠额，可以按上述方法计算后从应纳税所得额中扣除。

（2）第35～36列"税率/预扣率""速算扣除数"：填写各所得项目按规定适用的税率（或预扣率）和速算扣除数。没有速算扣除数的，则不填。

（3）第37列"应纳税额"：根据相关列次计算填报。第37列＝第34列×第35列－第36列。

（4）第38列"减免税额"：填写符合税法规定可减免的税额，并附报《个人所得税减免税事项报告表》。居民个人工资、薪金所得，以及保险营销员、证券经纪人取得佣金收入，填写本年度累计减免税额；居民个人取得工资、薪金以外的所得或非居民个人取得各项所得，填写本月（次）减免税额。

（5）第39列"已缴税额"：填写本年或本月（次）纳税人同一所得项目，已由扣缴义务人实际扣缴的税款金额。

（6）第40列"应补/退税额"：根据相关列次计算填报。第40列＝第37列－第38列－第39列。

四、其他事项说明

以纸质方式报送本表的，应当一式两份，扣缴义务人、税务机关各留存一份。

表6-2　个人所得税基础信息表（A表）

（适用于扣缴义务人填报）

扣缴义务人名称：

扣缴义务人纳税人识别号（统一社会信用代码）：□□□□□□□□□□□□□□□□□□

序号	纳税人识别号	纳税人基本信息（带*必填）					任职受雇从业信息					联系方式					银行账户		投资信息		其他信息		华侨、港澳台、外籍个人信息（带*必填）					备注
		*纳税人姓名	*身份证件类型	*身份证件号码	*出生日期	*国籍（地区）	类型	职务	学历	任职受雇从业日期	离职日期	手机号码	户籍所在地	经常居住地	联系地址	电子邮箱	开户银行	银行账号	投资额（元）	投资比例	是否残疾孤老烈属	残疾/烈属证号	*出生地	*性别	*首次入境时间	*预计离境时间	*涉税事由	
1	2	3	4	5	6	7	8	9	10	11	12	13	14	15	16	17	18	19	20	21	22	23	24	25	26	27	28	29

谨声明：本表是根据国家税收法律法规及相关规定填报的，是真实的、可靠的、完整的。

扣缴义务人（签章）：

经办人签字：

经办人身份证件号码：

代理机构签章：

代理机构统一社会信用代码：

受理人：

受理税务机关（章）：

受理日期：　　年　　月　　日

年　　月　　日

国家税务总局监制

《个人所得税基础信息表（A 表）》填表说明

一、适用范围

本表由扣缴义务人填报。适用于扣缴义务人办理全员全额扣缴申报时，填报其支付所得的纳税人的基础信息。

二、报送期限

扣缴义务人首次向纳税人支付所得，或者纳税人相关基础信息发生变化的，应当填写本表，并于次月扣缴申报时向税务机关报送。

三、本表各栏填写

本表带"＊"项目分为必填和条件必填，其余项目为选填。

（一）表头项目

1. 扣缴义务人名称：填写扣缴义务人的法定名称全称。

2. 扣缴义务人纳税人识别号（统一社会信用代码）：填写扣缴义务人的纳税人识别号或者统一社会信用代码。

（二）表内各栏

1. 第 2～8 列"纳税人基本信息"：填写纳税人姓名、证件等基本信息。

（1）第 2 列"纳税人识别号"：有中国公民身份号码的，填写中华人民共和国居民身份证上载明的"公民身份号码"；没有中国公民身份号码的，填写税务机关赋予的纳税人识别号。

（2）第 3 列"纳税人姓名"：填写纳税人姓名。外籍个人英文姓名按照"先姓（surname）后名（givenname）"的顺序填写，确实无法区分姓和名的，按照证件上的姓名顺序填写。

（3）第 4 列"身份证件类型"：根据纳税人实际情况填写。

① 有中国公民身份号码的，应当填写"中华人民共和国居民身份证"（简称"居民身份证"）。

② 华侨应当填写"中华人民共和国护照"（简称"中国护照"）。

③ 港澳居民可选择填写"港澳居民来往内地通行证"（简称"港澳居民通行证"）或者"中华人民共和国港澳居民居住证"（简称"港澳居民居住证"）；台湾居民可选择填写"台湾居民来往大陆通行证"（简称"台湾居民通行证"）或者"中华人民共和国台湾居民居住证"（简称"台湾居民居住证"）。

④ 外籍人员可选择填写"中华人民共和国外国人永久居留身份证"（简称"外国人永久居留证"）、"中华人民共和国外国人工作许可证"（简称"外国人工作许可证"）或者"外国护照"。

⑤ 其他符合规定的情形填写"其他证件"。

身份证件类型选择"港澳居民居住证"的，应当同时填写"港澳居民通行证"；身份证件类型选择"台湾居民居住证"的，应当同时填写"台湾居民通行证"；身份证件类型选择"外国人永久居留证"或者"外国人工作许可证"的，应当同时填写"外国护照"。

（4）第 5～6 列"身份证件号码""出生日期"：根据纳税人身份证件上的信息填写。

（5）第 7 列"国籍/地区"：填写纳税人所属的国籍或者地区。

2. 第 8～12 列 "任职受雇从业信息"：填写纳税人与扣缴义务人之间的任职受雇从业信息。

（1）第 8 列 "类型"：根据实际情况填写 "雇员"、"保险营销员"、"证券经纪人" 或者 "其他"。

（2）第 9～12 列 "职务" "学历" "任职受雇从业日期" "离职日期"：其中，当第 9 列 "类型" 选择 "雇员"、"保险营销员" 或者 "证券经纪人" 时，填写纳税人与扣缴义务人建立或者解除相应劳动或者劳务关系的日期。

3. 第 13～17 列 "联系方式"。

（1）第 13 列 "手机号码"：填写纳税人境内有效手机号码。

（2）第 14～16 列 "户籍所在地" "经常居住地" "联系地址"：填写纳税人境内有效户籍所在地、经常居住地或者联系地址，按以下格式填写（具体到门牌号）：＿＿＿省（区、市）＿＿市＿＿区（县）＿＿街道（乡、镇）＿＿。

（3）第 17 列 "电子邮箱"：填写有效的电子邮箱。

4. 第 18～19 列 "银行账户"：填写个人境内有效银行账户信息，开户银行填写到银行总行。

5. 第 20～21 列 "投资信息"：纳税人为扣缴单位的股东、投资者的，填写本栏。

6. 第 22～23 列 "其他信息"：如纳税人有 "残疾、孤老、烈属" 情况的，填写本栏。

7. 第 24～28 列 "华侨、港澳台、外籍个人信息"：纳税人为华侨、港澳台居民、外籍个人的填写本栏。

（1）第 24 列 "出生地"：填写华侨、港澳台居民、外籍个人的出生地，具体到国家或者地区。

（2）第 26～27 列 "首次入境时间" "预计离境时间"：填写华侨、港澳台居民、外籍个人首次入境和预计离境的时间，具体到年月日。预计离境时间发生变化的，应及时进行变更。

（3）第 28 列 "涉税事由"：填写华侨、港澳台居民、外籍个人在境内涉税的具体事由，包括 "任职受雇" "提供临时劳务" "转让财产" "从事投资和经营活动" "其他"。如有多项事由的，应同时填写。

四、其他事项说明

以纸质方式报送本表的，应当一式两份，扣缴义务人、税务机关各留存一份。

表6-3　个人所得税基础信息表（B表）

（适用于自然人填报）

纳税人识别号：□□□□□□□□□□□□□

基本信息（带*必填）

基本信息	*纳税人姓名	中文名		英文名	
	*身份证件	证件类型一	证件号码		
		证件类型二	证件号码		
	*国籍/地区		*出生日期	年　月　日	
联系方式	户籍所在地	省（区、市） 市 区（县） 街道（乡、镇）_____			
	经常居住地	省（区、市） 市 区（县） 街道（乡、镇）_____			
	联系地址	省（区、市） 市 区（县） 街道（乡、镇）_____			
	*手机号码		电子邮箱		
其他信息	开户银行		银行账号		
	学历	□研究生 □大学本科 □大学本科以下			
	特殊情形	□残疾 残疾证号_____ □烈属 烈属证号_____ □孤老			

任职、受雇、从业信息

任职受雇从业单位一	名称		国家/地区		
	纳税人识别号（统一社会信用代码）		任职受雇从业日期 　年　月	离职日期 　年　月	
	类型	□雇员 □保险营销员 □证券经纪人 □其他	职务	□高层 □其他	
任职受雇从业单位二	名称		国家/地区		
	纳税人识别号（统一社会信用代码）		任职受雇从业日期 　年　月	离职日期 　年　月	
	类型	□雇员 □保险营销员 □证券经纪人 □其他	职务	□高层 □其他	

续表

该栏仅由投资者纳税人填写

被投资单位一	名称		国家/地区		
	纳税人识别号（统一社会信用代码）		投资额（元）		投资比例
被投资单位二	名称		国家/地区		
	纳税人识别号（统一社会信用代码）		投资额（元）		投资比例

该栏仅由华侨、港澳台、外籍个人填写（带*必填）

*出生地		国家/地区	
*性别			
*涉税事由	*首次入境时间 年 月 日	*预计离境时间 年 月 日	
	口任职受雇 口提供临时劳务 口转让财产 口从事投资和经营活动 口其他		

谨声明：本表是根据国家税收法律法规及相关规定填报的，是真实的、可靠的、完整的。

纳税人（签字）： 年 月 日

经办人签字：

经办人身份证件号码：

代理机构签章：

代理机构统一社会信用代码：

受理人：

受理税务机关（章）：

受理日期： 年 月 日

国家税务总局监制

《个人所得税基础信息表（B表）》填表说明

一、适用范围

本表适用于自然人纳税人基础信息的填报。

二、报送期限

自然人纳税人初次向税务机关办理相关涉税事宜时填报本表；初次申报后，以后仅需在信息发生变化时填报。

三、本表各栏填写

本表带"＊"的项目为必填或者条件必填，其余项目为选填。

（一）表头项目

纳税人识别号：有中国公民身份号码的，填写中华人民共和国居民身份证上载明的"公民身份号码"；没有中国公民身份号码的，填写税务机关赋予的纳税人识别号。

（二）表内各栏

1. 基本信息：

（1）纳税人姓名：填写纳税人姓名。外籍个人英文姓名按照"先姓（surname）后名（givenname）"的顺序填写，确实无法区分姓和名的，按照证件上的姓名顺序填写。

（2）身份证件：填写纳税人有效的身份证件类型及号码。

"证件类型一"按以下原则填写。

① 有中国公民身份号码的，应当填写"中华人民共和国居民身份证"（简称"居民身份证"）。

② 华侨应当填写"中华人民共和国护照"（简称"中国护照"）。

③ 港澳居民可选择填写"港澳居民来往内地通行证"（简称"港澳居民通行证"）或者"中华人民共和国港澳居民居住证"（简称"港澳居民居住证"）；台湾居民可选择填写"台湾居民来往大陆通行证"（简称"台湾居民通行证"）或者"中华人民共和国台湾居民居住证"（简称"台湾居民居住证"）。

④ 外籍个人可选择填写"中华人民共和国外国人永久居留身份证"（简称"外国人永久居留证"）、"中华人民共和国外国人工作许可证"（简称"外国人工作许可证"）或者"外国护照"。

⑤ 其他符合规定的情形填写"其他证件"。

"证件类型二"按以下原则填写：证件类型一选择"港澳居民居住证"的，证件类型二应当填写"港澳居民通行证"；证件类型一选择"台湾居民居住证"的，证件类型二应当填写"台湾居民通行证"；证件类型一选择"外国人永久居留证"或者"外国人工作许可证"的，证件类型二应当填写"外国护照"。证件类型一已选择"居民身份证""中国护照""港澳居民通行证""台湾居民通行证"或"外国护照"，证件类型二可不填。

（3）国籍/地区：填写纳税人所属的国籍或地区。

（4）出生日期：根据纳税人身份证件上的信息填写。

（5）户籍所在地、经常居住地、联系地址：填写境内地址信息，至少填写一项。有居民身份证的，"户籍所在地""经常居住地"必须填写其中之一。

（6）手机号码、电子邮箱：填写境内有效手机号码，港澳台、外籍个人可以选择境内有效手机号码或电子邮箱中的一项填写。

（7）开户银行、银行账号：填写有效的个人银行账户信息，开户银行填写到银行总行。

（8）特殊情形：纳税人为残疾、烈属、孤老的，填写本栏。残疾、烈属人员还需填写残疾/烈属证件号码。

2. 任职、受雇、从业信息：填写纳税人任职受雇从业的有关信息。其中，中国境内无住所个人有境外派遣单位的，应在本栏除填写境内任职受雇从业单位、境内受聘签约单位情况外，还应一并填写境外派遣单位相关信息。填写境外派遣单位时，其纳税人识别号（社会统一信用代码）可不填。

3. 投资者纳税人填写栏：由自然人股东、投资者填写。没有，则不填。

（1）名称：填写被投资单位名称全称。

（2）纳税人识别号（统一社会信用代码）：填写被投资单位纳税人识别号或者统一社会信用代码。

（3）投资额：填写自然人股东、投资者在被投资单位投资的投资额（股本）。

（4）投资比例：填写自然人股东、投资者的投资额占被投资单位投资（股本）的比例。

4. 华侨、港澳台、外籍个人信息：华侨、港澳台居民、外籍个人填写本栏。

（1）出生地：填写华侨、港澳台居民、外籍个人的出生地，具体到国家或者地区。

（2）首次入境时间、预计离境时间：填写华侨、港澳台居民、外籍个人首次入境和预计离境的时间，具体到年月日。预计离境时间发生变化的，应及时进行变更。

（3）涉税事由：填写华侨、港澳台居民、外籍个人在境内涉税的具体事由，在相应事由处划"√"。如有多项事由的，同时勾选。

四、其他事项说明

以纸质方式报送本表的，应当一式两份，纳税人、税务机关各留存一份。

2. 个人所得税年度自行纳税申报表

1）模拟案例

中国居民个人谢金明（身份证号码：230102198405060223；手机号码：15765439281；电子邮箱：741713299@qq.com；邮政编码：150036；联系地址：哈尔滨市香坊区香坊大街街道 A 小区 1 栋 3 单元 501；开户银行及账号：中国农业银行股份有限公司香坊支行6228483579129231×××）是哈尔滨××管理咨询有限公司（非上市公司，统一社会信用代码：230106975120612328）的财务总监。2021 年全年仅在境内取得收入，具体情况如下。

全年取得工资薪金所得共 350 000 元，累计缴付的基本养老保险 20 000 元，基本医疗保险 20 000 元，失业保险 10 000 元，住房公积金 12 000 元。全年累计可享受赡养老人专项附加扣除 24 000 元、子女教育专项附加扣除 12 000 元。全年缴纳商业健康险 2 400 元。

6 月为启蒙公司翻译外文材料，取得劳务报酬收入 120 000 元。

9 月出版一本学术著作，取得稿酬 200 000 元。

10 月通过公益性社会组织向贫困地区捐赠 100 000 元（选择在汇算清缴时扣除）。

此外，1—12 月扣缴义务人已为谢金明预扣预缴税款 74 800 元。

要求：计算谢金明 2022 年 3 月 1 日至 6 月 30 日内汇算清缴应补（退）的个人所得税额并填报《个人所得税年度自行纳税申报表（A 表）》。

2）计算分析

综合所得年度应纳税所得额 = 350 000 + 120 000 × (1 − 20%) + 200 000 × (1 − 20%) × 70% − 60 000 − 20 000 − 20 000 − 10 000 − 12 000 − 24 000 − 12 000 − 2 400 = 397 600（元）

捐赠扣除限额 = 39 7600 × 30% = 119 280（元）

100 000（元）< 119 280（元），可以扣除 100 000 元。

扣除允许扣除的捐赠后应纳税所得额 = 397 600 − 100 000 = 297 600（元）

综合所得年度应纳税额 = 297 600 × 20% − 16 920 = 42 600（元）

汇算清缴应申请退回个人所得税 = 74 800 − 42 600 = 32 200（元）

3）填写纳税申报表

《个人所得税年度自行纳税申报表（A 表）》（仅取得境内综合所得年度汇算适用）。

表 6-4　个人所得税年度自行纳税申报表（A 表）
（仅取得境内综合所得年度汇算适用）

税款所属期：2021 年 1 月 1 日至 2021 年 12 月 31 日

纳税人姓名：谢金明

纳税人识别号： 2 3 0 1 0 2 1 9 8 4 0 5 0 6 0 2 2 3 　　　金额单位：人民币元（列至角分）

基本情况					
手机号码	15765439281	电子邮箱	741713299@qq.com	邮政编码	150036
联系地址	哈尔滨市香坊区香坊大街街道 A 小区 1 栋 3 单元 501				
纳税地点（单选）					
1. 有任职受雇单位的，需选本项并填写"任职受雇单位信息"：				□任职受雇单位所在地	
任职受雇单位信息	名称	哈尔滨××管理咨询有限公司			
	纳税人识别号	230106975120612328			
2. 没有任职受雇单位的，可以从本栏次选择一地：			□户籍所在地　□经常居住地　□主要收入来源地		
户籍所在地/经常居住地/主要收入来源地	省（区、市）　　市　区（县）　　街道（乡、镇）				
申报类型（单选）					
□首次申报			□更正申报		
综合所得个人所得税计算					

项目	行次	金额
一、收入合计（第 1 行 = 第 2 行 + 第 3 行 + 第 4 行 + 第 5 行）	1	670 000.00
（一）工资、薪金	2	350 000.00
（二）劳务报酬	3	120 000.00
（三）稿酬	4	200 000.00
（四）特许权使用费	5	0.00
二、费用合计［第 6 行 = （第 3 行 + 第 4 行 + 第 5 行）× 20%］	6	64 000.00
三、免税收入合计（第 7 行 = 第 8 行 + 第 9 行）	7	48 000.00
（一）稿酬所得免税部分［第 8 行 = 第 4 行 × （1 − 20%）× 30%］	8	48 000.00

续表

综合所得个人所得税计算		
项目	行次	金额
（二）其他免税收入（附报《个人所得税减免税事项报告表》）	9	0.00
四、减除费用	10	60 000.00
五、专项扣除合计（第 11 行=第 12 行+第 13 行+第 14 行+第 15 行）	11	62 000.00
（一）基本养老保险费	12	20 000.00
（二）基本医疗保险费	13	20 000.00
（三）失业保险费	14	10 000.00
（四）住房公积金	15	12 000.00
六、专项附加扣除合计（附报《个人所得税专项附加扣除信息表》）（第 16 行=第 17 行+第 18 行+第 19 行+第 20 行+第 21 行+第 22 行）	16	36 000.00
（一）子女教育	17	12 000.00
（二）继续教育	18	0.00
（三）大病医疗	19	0.00
（四）住房贷款利息	20	0.00
（五）住房租金	21	
（六）赡养老人	22	24 000.00
七、其他扣除合计（第 23 行=第 24 行+第 25 行+第 26 行+第 27 行+第 28 行）	23	2 400.00
（一）年金	24	0.00
（二）商业健康保险（附报《商业健康保险税前扣除情况明细表》）	25	2 400.00
（三）税延养老保险（附报《个人税收递延型商业养老保险税前扣除情况明细表》）	26	0.00
（四）允许扣除的税费	27	0.00
（五）其他	28	0.00
八、准予扣除的捐赠额（附报《个人所得税公益慈善事业捐赠扣除明细表》）	29	100 000.00
九、应纳税所得额（第 30 行=第 1 行-第 6 行-第 7 行-第 10 行-第 11 行-第 16 行-第 23 行-第 29 行）	30	297 600.00
十、税率（%）	31	20%
十一、速算扣除数	32	16 920
十二、应纳税额（第 33 行=第 30 行×第 31 行-第 32 行）	33	42 600
全年一次性奖金个人所得税计算（无住所居民个人预判为非居民个人取得的数月奖金，选择按全年一次性奖金计税的填写本部分）		
一、全年一次性奖金收入	34	0.00
二、准予扣除的捐赠额（附报《个人所得税公益慈善事业捐赠扣除明细表》）	35	0.00
三、税率（%）	36	—
四、速算扣除数	37	—
五、应纳税额［第 38 行=（第 34 行-第 35 行）×第 36 行-第 37 行］	38	0.00

续表

税额调整		
一、综合所得收入调整额（需在"备注"栏说明调整具体原因、计算方式等）	39	0.00
二、应纳税额调整额	40	0.00
应补/退个人所得税计算		
一、应纳税额合计（第41行＝第33行+第38行+第40行）	41	42 600.00
二、减免税额（附报《个人所得税减免税事项报告表》）	42	0.00
三、已缴税额	43	74 800.00
四、应补/退税额（第44行＝第41行−第42行−第43行）	44	−32 200.00

无住所个人附报信息			
纳税年度内在中国境内居住天数		已在中国境内居住年数	

退税申请
（应补/退税额小于0的填写本部分）
□申请退税（需填写"开户银行名称""开户银行省份""银行账号"）　□放弃退税

开户银行名称	中国农业银行股份有限公司香坊支行	开户银行省份	黑龙江省
银行账号	6228483579129231×××		

备注

谨声明：本表是根据国家税收法律、法规及相关规定填报的，本人对填报内容（附带资料）的真实性、可靠性、完整性负责。

纳税人签字：　年　月　日

经办人签字： 经办人身份证件类型： 经办人身份证件号码： 代理机构签章： 代理机构统一社会信用代码：	受理人： 受理税务机关（章）： 受理日期：　年　月　日

国家税务总局监制

《个人所得税年度自行纳税申报表》（A表）填表说明

（仅取得境内综合所得年度汇算适用）

一、适用范围

本表适用于居民个人纳税年度内仅从中国境内取得工资薪金所得、劳务报酬所得、稿酬所得、特许权使用费所得（以下称"综合所得"），按照税法规定进行个人所得税综合所得汇算清缴。居民个人纳税年度内取得境外所得的，不适用本表。

二、报送期限

居民个人取得综合所得需要办理汇算清缴的，应当在取得所得的次年 3 月 1 日至 6 月 30 日内，向主管税务机关办理个人所得税综合所得汇算清缴申报，并报送本表。

三、本表各栏填写

（一）表头项目

1. 税款所属期：填写居民个人取得综合所得当年的第 1 日至最后 1 日。如：2021 年 1 月 1 日至 2021 年 12 月 31 日。

2. 纳税人姓名：填写居民个人姓名。

3. 纳税人识别号：有中国公民身份号码的，填写中华人民共和国居民身份证上载明的"公民身份号码"；没有中国居民身份证号码的，填写税务机关赋予的纳税人识别号。

（二）基本情况

1. 手机号码：填写居民个人中国境内的有效手机号码。

2. 电子邮箱：填写居民个人有效电子邮箱地址。

3. 联系地址：填写居民个人能够接收信件的有效地址。

4. 邮政编码：填写居民个人"联系地址"对应的邮政编码。

（三）纳税地点

居民个人根据任职受雇情况，在选项 1 和选项 2 之间选择其一，并填写相应信息。若居民个人逾期办理汇算清缴申报被指定主管税务机关的，无须填写本部分。

1. 任职受雇单位信息：勾选"任职受雇单位所在地"并填写相关信息。按累计预扣法预扣预缴居民个人劳务报酬所得个人所得税的单位，视同居民个人的任职受雇单位。其中，按累计预扣法预扣预缴个人所得税的劳务报酬包括保险营销员和证券经纪人取得的佣金收入，以及正在接受全日制学历教育的学生实习取得的劳务报酬。

（1）名称：填写任职受雇单位的法定名称全称。

（2）纳税人识别号：填写任职受雇单位的纳税人识别号或者统一社会信用代码。

2. 户籍所在地/经常居住地/主要收入来源地：勾选"户籍所在地"的，填写居民户口簿中登记的住址。勾选"经常居住地"的，填写居民个人申领居住证上登载的居住地址；没有申领居住证的，填写居民个人实际居住地；实际居住地不在中国境内的，填写支付或者实际负担综合所得的境内单位或个人所在地。勾选"主要收入来源地"的，填写居民个人纳税年度内取得的劳务报酬、稿酬及特许权使用费三项所得累计收入最大的扣缴义务人所在地。

（四）申报类型

未曾办理过年度汇算申报，勾选"首次申报"；已办理过年度汇算申报，但有误需要更正的，勾选"更正申报"。

（五）综合所得个人所得税计算

1. 第 1 行"收入合计"：填写居民个人取得的综合所得收入合计金额。

第 1 行=第 2 行+第 3 行+第 4 行+第 5 行。

2. 第 2～5 行"工资、薪金""劳务报酬""稿酬""特许权使用费"：填写居民个人取得的需要并入综合所得计税的"工资、薪金""劳务报酬""稿酬""特许权使用费"所得收入金额。

3. 第6行"费用合计"：根据相关行次计算填报。

第6行＝（第3行＋第4行＋第5行）×20%。

4. 第7行"免税收入合计"：填写居民个人取得的符合税法规定的免税收入合计金额。

第7行＝第8行＋第9行。

5. 第8行"稿酬所得免税部分"：根据相关行次计算填报。

第8行＝第4行×（1−20%）×30%。

6. 第9行"其他免税收入"：填写居民个人取得的除第8行以外的符合税法规定的免税收入合计，并按规定附报《个人所得税减免税事项报告表》。

7. 第10行"减除费用"：填写税法规定的减除费用。

8. 第11行"专项扣除合计"：根据相关行次计算填报。

第11行＝第12行＋第13行＋第14行＋第15行。

9. 第12～15行"基本养老保险费""基本医疗保险费""失业保险费""住房公积金"：填写居民个人按规定可以在税前扣除的基本养老保险费、基本医疗保险费、失业保险费、住房公积金金额。

10. 第16行"专项附加扣除合计"：根据相关行次计算填报，并按规定附报《个人所得税专项附加扣除信息表》。

第16行＝第17行＋第18行＋第19行＋第20行＋第21行＋第22行。

11. 第17～22行"子女教育""继续教育""大病医疗""住房贷款利息""住房租金""赡养老人"：填写居民个人按规定可以在税前扣除的子女教育、继续教育、大病医疗、住房贷款利息、住房租金、赡养老人等专项附加扣除的金额。

12. 第23行"其他扣除合计"：根据相关行次计算填报。

第23行＝第24行＋第25行＋第26行＋第27行＋第28行。

13. 第24～28行"年金""商业健康保险""税延养老保险""允许扣除的税费""其他"：填写居民个人按规定可在税前扣除的年金、商业健康保险、税延养老保险、允许扣除的税费和其他扣除项目的金额。其中，填写商业健康保险的，应当按规定附报《商业健康保险税前扣除情况明细表》；填写税延养老保险的，应当按规定附报《个人税收递延型商业养老保险税前扣除情况明细表》。

14. 第29行"准予扣除的捐赠额"：填写居民个人按规定准予在税前扣除的公益慈善事业捐赠金额，并按规定附报《个人所得税公益慈善事业捐赠扣除明细表》。

15. 第30行"应纳税所得额"：根据相关行次计算填报。

第30行＝第1行−第6行−第7行−第10行−第11行−第16行−第23行−第29行。

16. 第31、32行"税率""速算扣除数"：填写按规定适用的税率和速算扣除数。

17. 第33行"应纳税额"：按照相关行次计算填报。

第33行＝第30行×第31行−第32行。

（六）全年一次性奖金个人所得税计算

无住所居民个人预缴时因预判为非居民个人而按取得数月奖金计算缴税的，汇缴时可以根据自身情况，将一笔数月奖金按照全年一次性奖金单独计算。

1. 第34行"全年一次性奖金收入"：填写无住所的居民个人纳税年度内预判为非居民

个人时取得的一笔数月奖金收入金额。

2. 第 35 行"准予扣除的捐赠额"：填写无住所的居民个人按规定准予在税前扣除的公益慈善事业捐赠金额，并按规定附报《个人所得税公益慈善事业捐赠扣除明细表》。

3. 第 36、37 行"税率""速算扣除数"：填写按照全年一次性奖金政策规定适用的税率和速算扣除数。

4. 第 38 行"应纳税额"：按照相关行次计算填报。

第 38 行＝（第 34 行－第 35 行）×第 36 行－第 37 行。

（七）税额调整

1. 第 39 行"综合所得收入调整额"：填写居民个人按照税法规定可以办理的除第 39 行之前所填报内容之外的其他可以进行调整的综合所得收入的调整金额，并在"备注"栏说明调整的具体原因、计算方式等信息。

2. 第 40 行"应纳税额调整额"：填写居民个人按照税法规定调整综合所得收入后所应调整的应纳税额。

（八）应补/退个人所得税计算

1. 第 41 行"应纳税额合计"：根据相关行次计算填报。

第 41 行＝第 33 行＋第 38 行＋第 40 行。

2. 第 42 行"减免税额"：填写符合税法规定的可以减免的税额，并按规定附报《个人所得税减免税事项报告表》。

3. 第 43 行"已缴税额"：填写居民个人取得在本表中已填报的收入对应的已经缴纳或者被扣缴的个人所得税。

4. 第 44 行"应补/退税额"：根据相关行次计算填报。

第 44 行＝第 41 行－第 42 行－第 43 行。

（九）无住所个人附报信息

本部分由无住所居民个人填写。不是，则不填。

1. 纳税年度内在中国境内居住天数：填写纳税年度内，无住所居民个人在中国境内居住的天数。

2. 已在中国境内居住年数：填写无住所居民个人已在中国境内连续居住的年份数。其中，年份数自 2019 年（含）开始计算且不包含本纳税年度。

（十）退税申请

本部分由应补/退税额小于 0 且勾选"申请退税"的居民个人填写。

1. "开户银行名称"：填写居民个人在中国境内开立银行账户的银行名称。

2. "开户银行省份"：填写居民个人在中国境内开立的银行账户的开户银行所在省、自治区、直辖市或者计划单列市。

3. "银行账号"：填写居民个人在中国境内开立的银行账户的银行账号。

（十一）备注

填写居民个人认为需要特别说明的或者按照有关规定需要说明的事项。

四、其他事项说明

以纸质方式报送本表的，建议通过计算机填写打印，一式两份，纳税人、税务机关各留存一份。

表6-5 个人所得税年度自行纳税申报表（简易版）

（纳税年度：20＿＿）

一、填表须知

填写本表前，请仔细阅读以下内容：

1. 如果您年综合所得收入额不超过 6 万元且在纳税年度内未取得境外所得的，可以填写本表；
2. 您可以在纳税年度的次年 3 月 1 日至 5 月 31 日使用本表办理汇算清缴申报，并在该期限内申请退税；
3. 建议您下载并登录个人所得税 App，或者直接登录税务机关官方网站在线办理汇算清缴申报，体验更加便捷的申报方式；
4. 如果您对于申报填写的内容有疑问，您可以参考相关办税指引，咨询您的扣缴单位、专业人士，或者拨打 12366 纳税服务热线；
5. 以纸质方式报送本表的，建议通过计算机填写打印，一式两份，纳税人、税务机关各留存一份。

二、个人基本情况

1. 姓名	
2. 公民身份号码/纳税人识别号	□□□□□□□□□□□□□□□□□-□□ （无校验码不填后两位）
说明：有中国公民身份号码的，填写中华人民共和国居民身份证上载明的"公民身份号码"；没有中国公民身份号码的，填写税务机关赋予的纳税人识别号。	
3. 手机号码	□□□□□□□□□□□
提示：中国境内有效手机号码，请准确填写，以方便与您联系。	
4. 电子邮箱	
5. 联系地址	＿＿＿省（区、市）＿＿＿市＿＿＿区（县）＿＿＿＿＿＿＿街道（乡、镇）＿＿＿＿＿
提示：能够接收信件的有效通讯地址。	
6. 邮政编码	□□□□□□

三、纳税地点（单选）

1. 有任职受雇单位的，需选本项并填写"任职受雇单位信息"：		□任职受雇单位所在地
任职受雇单位信息	名称	
	纳税人识别号	□□□□□□□□□□□□□□□□□□
2. 没有任职受雇单位的，可以从本栏次选择一地：		□户籍所在地 □经常居住地 □主要收入来源
户籍所在地/经常居住地/主要收入来源		＿＿＿省（区、市）＿＿＿市＿＿＿区（县）＿＿＿＿＿＿街道（乡、镇）

四、申报类型

请您选择本次申报类型，未曾办理过年度汇算申报，勾选"首次申报"；已办理过年度汇算申报，但有误需要更正的，勾选"更正申报"：

□首次申报　　　　　　　　　□更正申报

五、纳税情况

已缴税额	□□,□□□.□□ （元）
纳税年度内取得综合所得时，扣缴义务人预扣预缴以及个人自行申报缴纳的个人所得税。	

六、退税申请

1. 是否申请退税？	□申请退税【选择此项的，填写个人账户信息】　　　　　□放弃退税
2. 个人账户信息	开户银行名称：＿＿＿＿＿＿＿＿＿＿＿＿＿＿＿＿＿开户银行省份：＿＿＿＿＿＿ 银行账号：＿＿＿＿＿＿＿＿＿＿＿＿＿＿＿＿＿
说明：开户银行名称填写居民个人在中国境内开立银行账户的银行名称。	

七、备注

如果您有需要特别说明或者税务机关要求说明的事项，请在本栏填写：

八、承诺及申报受理

谨声明： 　　1. 本人纳税年度内取得的综合所得收入额合计不超过 6 万元。 　　2. 本表是根据国家税收法律、法规及相关规定填报的，本人对填报内容（附带资料）的真实性、可靠性、完整性负责。	
	纳税人签名：　　　年　月　日
经办人签字： 经办人身份证件类型： 经办人身份证件号码： 代理机构签章： 代理机构统一社会信用代码：	受理人： 受理税务机关（章）： 受理日期：　　年　　月　　日

表6-6　个人所得税年度自行纳税申报表（B表）
（居民个人取得境外所得适用）

税款所属期：　年　月　日至　年　月　日

纳税人姓名：

纳税人识别号：□□□□□□□□□□□□□□□□□-　　　　　金额单位：人民币元（列至角分）

基本情况			
手机号码		电子邮箱		邮政编码	□□□□□□
联系地址	___省（区、市）___市___区（县）_____街道（乡、镇）_____		

纳税地点（单选）	
1. 有任职受雇单位的，需选本项并填写"任职受雇单位信息"：	□任职受雇单位所在地

任职受雇 单位信息	名称	
	纳税人识别号	

2. 没有任职受雇单位的，可以从本栏次选择一地：	□户籍所在地　□经常居住地　□主要收入来源地
户籍所在地/经常居住地/ 主要收入来源地	___省（区、市）___市___区（县）_____街道（乡、镇）_____

申报类型（单选）	
□首次申报	□更正申报

综合所得个人所得税计算		
项目	行次	金额
一、境内收入合计（第 1 行＝第 2 行+第 3 行+第 4 行+第 5 行）	1	
（一）工资、薪金	2	
（二）劳务报酬	3	
（三）稿酬	4	
（四）特许权使用费	5	

续表

综合所得个人所得税计算		
项目	行次	金额
二、境外收入合计（附报《境外所得个人所得税抵免明细表》）（第6行＝第7行+第8行+第9行+第10行）	6	
（一）工资、薪金	7	
（二）劳务报酬	8	
（三）稿酬	9	
（四）特许权使用费	10	
三、费用合计〔第11行＝（第3行+第4行+第5行+第8行+第9行+第10行）×20%〕	11	
四、免税收入合计（第12行＝第13行+第14行）	12	
（一）稿酬所得免税部分〔第13行＝（第4行+第9行）×（1-20%）×30%〕	13	
（二）其他免税收入（附报《个人所得税减免税事项报告表》）	14	
五、减除费用	15	
六、专项扣除合计（第16行＝第17行+第18行+第19行+第20行）	16	
（一）基本养老保险费	17	
（二）基本医疗保险费	18	
（三）失业保险费	19	
（四）住房公积金	20	
七、专项附加扣除合计（附报《个人所得税专项附加扣除信息表》）（第21行＝第22行+第23行+第24行+第25行+第26行+第27行）	21	
（一）子女教育	22	
（二）继续教育	23	
（三）大病医疗	24	
（四）住房贷款利息	25	
（五）住房租金	26	
（六）赡养老人	27	
八、其他扣除合计（第28行＝第29行+第30行+第31行+第32行+第33行）	28	
（一）年金	29	
（二）商业健康保险（附报《商业健康保险税前扣除情况明细表》）	30	
（三）税延养老保险（附报《个人税收递延型商业养老保险税前扣除情况明细表》）	31	
（四）允许扣除的税费	32	
（五）其他	33	
九、准予扣除的捐赠额（附报《个人所得税公益慈善事业捐赠扣除明细表》）	34	
十、应纳税所得额（第35行＝第1行+第6行-第11行-第12行-第15行-第16行-第21行-第28行-第34行）	35	
十一、税率（%）	36	
十二、速算扣除数	37	
十三、应纳税额（第38行＝第35行×第36行-第37行）	38	

续表

除综合所得外其他境外所得个人所得税计算 （无相应所得不填本部分，有相应所得另需附报《境外所得个人所得税抵免明细表》）			
一、经营所得	（一）经营所得应纳税所得额（第 39 行＝第 40 行＋第 41 行）	39	
	其中：境内经营所得应纳税所得额	40	
	境外经营所得应纳税所得额	41	
	（二）税率（%）	42	
	（三）速算扣除数	43	
	（四）应纳税额（第 44 行＝第 39 行×第 42 行－第 43 行）	44	
二、利息、股息、红利所得	（一）境外利息、股息、红利所得应纳税所得额	45	
	（二）税率（%）.	46	
	（三）应纳税额（第 47 行＝第 45 行×第 46 行）	47	
三、财产租赁所得	（一）境外财产租赁所得应纳税所得额	48	
	（二）税率（%）	49	
	（三）应纳税额（第 50 行＝第 48 行×第 49 行）	50	
四、财产转让所得	（一）境外财产转让所得应纳税所得额	51	
	（二）税率（%）	52	
	（三）应纳税额（第 53 行＝第 51 行×第 52 行）	53	
五、偶然所得	（一）境外偶然所得应纳税所得额	54	
	（二）税率（%）	55	
	（三）应纳税额（第 56 行＝第 54 行×第 55 行）	56	
六、其他所得	（一）其他境内、境外所得应纳税所得额合计（需在"备注"栏说明具体项目）	57	
	（二）应纳税额	58	
股权激励个人所得税计算 （无境外股权激励所得不填本部分，有相应所得另需附报《境外所得个人所得税抵免明细表》）			
一、境内、境外单独计税的股权激励收入合计		59	
二、税率（%）		60	
三、速算扣除数		61	
四、应纳税额（第 62 行＝第 59 行×第 60 行－第 61 行）		62	
全年一次性奖金个人所得税计算 （无住所个人预判为非居民个人取得的数月奖金，选择按全年一次性奖金计税的填写本部分）			
一、全年一次性奖金收入		63	
二、准予扣除的捐赠额（附报《个人所得税公益慈善事业捐赠扣除明细表》）		64	
三、税率（%）		65	
四、速算扣除数		66	
五、应纳税额［第 67 行＝（第 63 行－第 64 行）×第 65 行－第 66 行］		67	
税额调整			
一、综合所得收入调整额（需在"备注"栏说明调整具体原因、计算方法等）		68	
二、应纳税额调整额		69	
应补/退个人所得税计算			
一、应纳税额合计 （第 70 行＝第 38 行＋第 44 行＋第 47 行＋第 50 行＋第 53 行＋第 56 行＋第 58 行＋第 62 行＋第 67 行＋第 69 行）		70	

续表

应补/退个人所得税计算		
二、减免税额（附报《个人所得税减免税事项报告表》）	71	
三、已缴税额（境内）	72	
其中：境外所得境内支付部分已缴税额	73	
境外所得境外支付部分预缴税额	74	
四、境外所得已纳所得税抵免额（附报《境外所得个人所得税抵免明细表》）	75	
五、应补/退税额（第76行=第70行-第71行-第72行-第75行）	76	

无住所个人附报信息			
纳税年度内在中国境内居住天数		已在中国境内居住年数	

退税申请

（应补/退税额小于0的填写本部分）

□申请退税（需填写"开户银行名称""开户银行省份""银行账号"）　□放弃退税

开户银行名称		开户银行省份	
银行账号			

备注

　谨声明：本表是根据国家税收法律、法规及相关规定填报的，本人对填报内容（附带资料）的真实性、可靠性、完整性负责。

　　　　　　　　　　　　　　　　　　　　　　　纳税人签字：　　　　　　　　　　　年月日

经办人签字： 经办人身份证件类型： 经办人身份证件号码： 代理机构签章： 代理机构统一社会信用代码：	受理人： 受理税务机关（章）： 受理日期：　　　年　月　日

国家税务总局监制

《个人所得税年度自行纳税申报表》（B 表）填表说明

（居民个人取得境外所得适用）

一、适用范围

本表适用于居民个人纳税年度内取得境外所得，按照税法规定办理取得境外所得个人所得税自行申报。申报本表时应当一并附报《境外所得个人所得税抵免明细表》。

二、报送期限

居民个人取得境外所得需要办理自行申报的，应当在取得所得的次年 3 月 1 日至 6 月 30 日内，向主管税务机关办理纳税申报，并报送本表。

三、本表各栏填写

（一）表头项目

1. 税款所属期：填写居民个人取得所得当年的第 1 日至最后 1 日。如：2021 年 1 月 1 日至 2021 年 12 月 31 日。

2. 纳税人姓名：填写居民个人姓名。

3. 纳税人识别号：有中国公民身份号码的，填写中华人民共和国居民身份证上载明的"公民身份号码"；没有中国公民身份号码的，填写税务机关赋予的纳税人识别号。

（二）基本情况

1. 手机号码：填写居民个人中国境内的有效手机号码。

2. 电子邮箱：填写居民个人有效电子邮箱地址。

3. 联系地址：填写居民个人能够接收信件的有效地址。

4. 邮政编码：填写居民个人"联系地址"所对应的邮政编码。

（三）纳税地点

居民个人根据任职受雇情况，在选项 1 和选项 2 之间选择其一，并填写相应信息。若居民个人逾期办理汇算清缴申报被指定主管税务机关的，无须填写本部分。

1. 任职受雇单位信息：勾选"任职受雇单位所在地"并填写相关信息。按累计预扣法预扣预缴居民个人劳务报酬所得个人所得税的单位，视同居民个人的任职受雇单位。其中，按累计预扣法预扣预缴个人所得税的劳务报酬包括保险营销员和证券经纪人取得的佣金收入，以及正在接受全日制学历教育的学生实习取得的劳务报酬。

（1）名 称：填写任职受雇单位的法定名称全称。

（2）纳税人识别号：填写任职受雇单位的纳税人识别号或者统一社会信用代码。

2. 户籍所在地/经常居住地/主要收入来源地：勾选"户籍所在地"的，填写居民户口簿中登记的住址。勾选"经常居住地"的，填写居民个人申领居住证上登载的居住地址；没有申领居住证的，填写居民个人实际居住地；实际居住地不在中国境内的，填写支付或者实际负担综合所得的境内单位或个人所在地。勾选"主要收入来源地"的，填写居民个人纳税年度内取得的劳务报酬、稿酬及特许权使用费三项所得累计收入最大的扣缴义务人所在地。

（四）申报类型

未曾办理过年度汇算申报，勾选"首次申报"；已办理过年度汇算申报，但有误需要更正的，勾选"更正申报"。

（五）综合所得个人所得税计算

1. 第 1 行"境内收入合计"：填写居民个人取得的境内综合所得收入合计金额。

第 1 行＝第 2 行＋第 3 行＋第 4 行＋第 5 行。

2. 第 2～5 行"工资、薪金""劳务报酬""稿酬""特许权使用费"：填写居民个人取得的需要并入境内综合所得计税的"工资、薪金""劳务报酬""稿酬""特许权使用费"所得收入金额。

3. 第 6 行"境外收入合计"：填写居民个人取得的境外综合所得收入合计金额，并按规定附报《境外所得个人所得税抵免明细表》。

第 6 行＝第 7 行＋第 8 行＋第 9 行＋第 10 行。

4. 第 7～10 行"工资、薪金""劳务报酬""稿酬""特许权使用费"：填写居民个人取得的需要并入境外综合所得计税的"工资、薪金""劳务报酬""稿酬""特许权使用费"所得收入金额。

5. 第 11 行"费用合计"：根据相关行次计算填报。

第 11 行＝（第 3 行＋第 4 行＋第 5 行＋第 8 行＋第 9 行＋第 10 行）×20%。

6. 第 12 行"免税收入合计"：填写居民个人取得的符合税法规定的免税收入合计金额。

第 12 行＝第 13 行＋第 14 行。

7. 第 13 行"稿酬所得免税部分"：根据相关行次计算填报。

第 13 行＝（第 4 行＋第 9 行）×（1－20%）×30%。

8. 第 14 行"其他免税收入"：填写居民个人取得的除第 13 行以外的符合税法规定的免税收入合计，并按规定附报《个人所得税减免税事项报告表》。

9. 第 15 行"减除费用"：填写税法规定的减除费用。

10. 第 16 行"专项扣除合计"：根据相关行次计算填报。

第 16 行＝第 17 行＋第 18 行＋第 19 行＋第 20 行。

11. 第 17～20 行"基本养老保险费""基本医疗保险费""失业保险费""住房公积金"：填写居民个人按规定可以在税前扣除的基本养老保险费、基本医疗保险费、失业保险费、住房公积金金额。

12. 第 21 行"专项附加扣除合计"：根据相关行次计算填报，并按规定附报《个人所得税专项附加扣除信息表》。

第 21 行＝第 22 行＋第 23 行＋第 24 行＋第 25 行＋第 26 行＋第 27 行。

13. 第 22～27 行"子女教育""继续教育""大病医疗""住房贷款利息""住房租金""赡养老人"：填写居民个人按规定可以在税前扣除的子女教育、继续教育、大病医疗、住房贷款利息、住房租金、赡养老人等专项附加扣除的金额。

14. 第 28 行"其他扣除合计"：根据相关行次计算填报。

第 28 行＝第 29 行＋第 30 行＋第 31 行＋第 32 行＋第 33 行。

15. 第 29～33 行"年金""商业健康保险""税延养老保险""允许扣除的税费""其他"：填写居民个人按规定可在税前扣除的年金、商业健康保险、税延养老保险、允许扣除的税费和其他扣除项目的金额。其中，填写商业健康保险的，应当按规定附报《商业健康保险税前扣除情况明细表》；填写税延养老保险的，应当按规定附报《个人税收递延型商业养老保险税前扣除情况明细表》。

16. 第 34 行 "准予扣除的捐赠额"：填写居民个人按规定准予在税前扣除的公益慈善事业捐赠金额，并按规定附报《个人所得税公益慈善事业捐赠扣除明细表》。

17. 第 35 行 "应纳税所得额"：根据相应行次计算填报。

第 35 行 = 第 1 行 + 第 6 行 - 第 11 行 - 第 12 行 - 第 15 行 - 第 16 行 - 第 21 行 - 第 28 行 - 第 34 行。

18. 第 36、37 行 "税率" "速算扣除数"：填写按规定适用的税率和速算扣除数。

19. 第 38 行 "应纳税额"：按照相关行次计算填报。

第 38 行 = 第 35 行 × 第 36 行 - 第 37 行。

（六）除综合所得外其他境外所得个人所得税计算

居民个人取得除综合所得外其他境外所得的，填写本部分，并按规定附报《境外所得个人所得税抵免明细表》。

1. 第 39 行 "经营所得应纳税所得额"：根据相应行次计算填报。

第 39 行 = 第 40 行 + 第 41 行。

2. 第 40 行 "境内经营所得应纳税所得额"：填写居民个人取得的境内经营所得应纳税所得额合计金额。

3. 第 41 行 "境外经营所得应纳税所得额"：填写居民个人取得的境外经营所得应纳税所得额合计金额。

4. 第 42、43 行 "税率" "速算扣除数"：填写按规定适用的税率和速算扣除数。

5. 第 44 行 "应纳税额"：按照相关行次计算填报。

第 44 行 = 第 39 行 × 第 42 行 - 第 43 行。

6. 第 45 行 "境外利息、股息、红利所得应纳税所得额"：填写居民个人取得的境外利息、股息、红利所得应纳税所得额合计金额。

7. 第 46 行 "税率"：填写按规定适用的税率。

8. 第 47 行 "应纳税额"：按照相关行次计算填报。

第 47 行 = 第 45 行 × 第 46 行。

9. 第 48 行 "境外财产租赁所得应纳税所得额"：填写居民个人取得的境外财产租赁所得应纳税所得额合计金额。

10. 第 49 行 "税率"：填写按规定适用的税率。

11. 第 50 行 "应纳税额"：按照相关行次计算填报。

第 50 行 = 第 48 行 × 第 49 行。

12. 第 51 行 "境外财产转让所得应纳税所得额"：填写居民个人取得的境外财产转让所得应纳税所得额合计金额。

13. 第 52 行 "税率"：填写按规定适用的税率。

14. 第 53 行 "应纳税额"：按照相关行次计算填报。

第 53 行 = 第 51 行 × 第 52 行。

15. 第 54 行 "境外偶然所得应纳税所得额"：填写居民个人取得的境外偶然所得应纳税所得额合计金额。

16. 第 55 行 "税率"：填写按规定适用的税率。

17. 第 56 行 "应纳税额"：按照相关行次计算填报。

第 56 行 = 第 54 行 × 第 55 行。

18. 第 57 行 "其他境内、境外所得应纳税所得额合计"：填写居民个人取得的其他境内、境外所得应纳税所得额合计金额，并在 "备注" 栏说明具体项目、计算方法等信息。

19. 第 58 行 "应纳税额"：根据适用的税率计算填报。

（七）境外股权激励个人所得税计算

居民个人取得境外股权激励，填写本部分，并按规定附报《境外所得个人所得税抵免明细表》。

1. 第 59 行 "境内、境外单独计税的股权激励收入合计"：填写居民个人取得的境内、境外单独计税的股权激励收入合计金额。

2. 第 60、61 行 "税率" "速算扣除数"：根据单独计税的股权激励政策规定适用的税率和速算扣除数。

3. 第 62 行 "应纳税额"：按照相关行次计算填报。

第 62 行 = 第 59 行×第 60 行 - 第 61 行。

（八）全年一次性奖金个人所得税计算

无住所居民个人预缴时因预判为非居民个人而按取得数月奖金计算缴税的，汇缴时可以根据自身情况，将一笔数月奖金按照全年一次性奖金单独计算。

1. 第 63 行 "全年一次性奖金收入"：填写无住所的居民个人纳税年度内预判为非居民个人时取得的一笔数月奖金收入金额。

2. 第 64 行 "准予扣除的捐赠额"：填写无住所的居民个人按规定准予在税前扣除的公益慈善事业捐赠金额，并按规定附报《个人所得税公益慈善事业捐赠扣除明细表》。

3. 第 65、66 行 "税率" "速算扣除数"：填写按照全年一次性奖金政策规定适用的税率和速算扣除数。

4. 第 67 行 "应纳税额"：按照相关行次计算填报。

第 67 行 = （第 63 行 - 第 64 行）×第 65 行 - 第 66 行。

（九）税额调整

1. 第 68 行 "综合所得收入调整额"：填写居民个人按照税法规定可以办理的除第 68 行之前所填报内容之外的其他可以进行调整的综合所得收入的调整金额，并在 "备注" 栏说明调整的具体原因、计算方式等信息。

2. 第 69 行 "应纳税额调整额"：填写居民个人按照税法规定调整综合所得收入后所应调整的应纳税额。

（十）应补/退个人所得税计算

1. 第 70 行 "应纳税额合计"：根据相关行次计算填报。

第 70 行 = 第 38 行 + 第 44 行 + 第 47 行 + 第 50 行 + 第 53 行 + 第 56 行 + 第 58 行 + 第 62 行 + 第 67 行 + 第 69 行。

2. 第 71 行 "减免税额"：填写符合税法规定的可以减免的税额，并按规定附报《个人所得税减免税事项报告表》。

3. 第 72 行 "已缴税额（境内）"：填写居民个人取得在本表中已填报的收入对应的在境内已经缴纳或者被扣缴的个人所得税。

4. 第 75 行 "境外所得已纳所得税抵免额"：根据《境外所得个人所得税抵免明细表》计算填写居民个人符合税法规定的个人所得税本年抵免额。

5. 第 76 行"应补/退税额"：根据相关行次计算填报。

第 76 行＝第 70 行－第 71 行－第 72 行－第 75 行。

（十一）无住所个人附报信息

本部分由无住所个人填写。不是，则不填。

1. 纳税年度内在中国境内居住天数：填写本纳税年度内，无住所居民个人在中国境内居住的天数。

2. 已在中国境内居住年数：填写无住所个人已在中国境内连续居住的年份数。其中，年份数自 2019 年（含）开始计算且不包含本纳税年度。

（十二）退税申请

本部分由应补/退税额小于 0 且勾选"申请退税"的居民个人填写。

1. "开户银行名称"：填写居民个人在中国境内开立银行账户的银行名称。

2. "开户银行省份"：填写居民个人在中国境内开立的银行账户的开户银行所在省、自治区、直辖市或者计划单列市。

3. "银行账号"：填写居民个人在中国境内开立的银行账户的银行账号。

（十三）备注

填写居民个人认为需要特别说明的或者按照有关规定需要说明的事项。

四、其他事项说明

以纸质方式报送本表的，建议通过计算机填写打印，一式两份，纳税人、税务机关各留存一份。

表6-7　个人所得税自行纳税申报表（A表）

税款所属期：　　年　月　日　至　　年　月　日

纳税人姓名：

纳税人识别号：□□□□□□□□□□□□□□□□□□

金额单位：人民币元（列至角分）

自行申报情形：
□居民个人取得应税所得，扣缴义务人未扣缴税款
□非居民个人取得应税所得，扣缴义务人未扣缴税款
□非居民个人在中国境内从两处以上取得工资、薪金所得
□其他＿＿＿

是否为非居民个人　□是　□否

非居民个人本年度境内居住天数　□不超过90天　□超过90天不超过183天

序号	所得项目	收入额计算				专项扣除				其他扣除			减按计税比例	准予扣除的捐赠额	应纳税所得额	税款计算						备注
		收入	费用	免税收入	减除费用	基本养老保险费	基本医疗保险费	失业保险费	住房公积金	财产原值	允许扣除的税费	其他				税率	速算扣除数	应纳税额	减免税额	已缴税额	应补/退税额	
1	2	3	4	5	6	7	8	9	10	11	12	13	14	15	16	17	18	19	20	21	22	23

谨声明：本表是根据国家税收法律法规及相关规定填报的，是真实的、可靠的、完整的。

纳税人签字：　　　　　　年　月　日

经办人签字：

经办人身份证件号码：

代理机构签章：

代理机构统一社会信用代码：

受理人：

受理税务机关（章）：

受理日期：　　年　月　日

国家税务总局监制

《个人所得税自行纳税申报表（A 表）》填表说明

一、适用范围

本表适用于居民个人取得应税所得，扣缴义务人未扣缴税款，非居民个人取得应税所得扣缴义务人未扣缴税款，非居民个人在中国境内从两处以上取得工资、薪金所得等情形在办理自行纳税申报时，向税务机关报送。

二、报送期限

（一）居民个人取得应税所得扣缴义务人未扣缴税款，应当在取得所得的次年 6 月 30 日前办理纳税申报。税务机关通知限期缴纳的，纳税人应当按照期限缴纳税款。

（二）非居民个人取得应税所得，扣缴义务人未扣缴税款的，应当在取得所得的次年 6 月 30 日前办理纳税申报。非居民个人在次年 6 月 30 日前离境（临时离境除外）的，应当在离境前办理纳税申报。

（三）非居民个人在中国境内从两处以上取得工资、薪金所得的，应当在取得所得的次月 15 日内办理纳税申报。

（四）其他需要纳税人办理自行申报的情形，按规定的申报期限办理。

三、本表各栏填写

（一）表头项目

1. 税款所属期：填写纳税人取得所得应纳个人所得税款的所属期间，填写具体的起止年月日。

2. 纳税人姓名：填写自然人纳税人姓名。

3. 纳税人识别号：有中国公民身份号码的，填写中华人民共和国居民身份证上载明的"公民身份号码"；没有中国公民身份号码的，填写税务机关赋予的纳税人识别号。

（二）表内各栏

1. "自行申报情形"：纳税人根据自身情况在对应框内打"√"。选择"其他"的，应当填写具体自行申报情形。

2. "是否为非居民个人"：非居民个人选"是"，居民个人选"否"。不填默认为"否"。

3. "非居民个人本年度境内居住天数"：非居民个人根据合同、任职期限、预期工作时间等不同情况，填写"不超过 90 天"或者"超过 90 天不超过 183 天"。

4. 第 2 列"所得项目"：按照个人所得税法第二条规定的项目填写。纳税人取得多项所得或者多次取得所得的，分行填写。

5. 第 3～5 列"收入额计算"：包含"收入""费用""免税收入"。收入额＝第 3 列−第 4 列−第 5 列。

（1）第 3 列"收入"：填写纳税人实际取得所得的收入总额。

（2）第 4 列"费用"：取得劳务报酬所得、稿酬所得、特许权使用费所得时填写，取得其他各项所得时无须填写本列。非居民个人取得劳务报酬所得、稿酬所得、特许权使用费所得，费用按收入的 20% 填写。

（3）第 5 列"免税收入"：填写符合税法规定的免税收入金额。其中，税法规定"稿酬所得的收入额减按 70% 计算"，对减计的 30% 部分，填入本列。

6. 第 6 列"减除费用"：按税法规定的减除费用标准填写。

7. 第7～10列"专项扣除"：分别填写按规定允许扣除的基本养老保险费、基本医疗保险费、失业保险费、住房公积金的金额。

8. 第11～13列"其他扣除"：包含"财产原值""允许扣除的税费""其他"，分别填写按照税法规定当月（次）允许扣除的金额。

（1）第11列"财产原值"：纳税人取得财产转让所得时填写本栏。

（2）第12列"允许扣除的税费"：填写按规定可以在税前扣除的税费。

① 纳税人取得劳务报酬所得时，填写劳务发生过程中实际缴纳的可依法扣除的税费。

② 纳税人取得特许权使用费所得时，填写提供特许权过程中发生的中介费和实际缴纳的可依法扣除的税费。

③ 纳税人取得财产租赁所得时，填写修缮费和出租财产过程中实际缴纳的可依法扣除的税费。

④ 纳税人取得财产转让所得时，填写转让财产过程中实际缴纳的可依法扣除的税费。

（3）第13列"其他"：填写按规定其他可以在税前扣除的项目。

9. 第14列"减按计税比例"：填写按规定实行应纳税所得额减计税收优惠的减计比例。无减计规定的，则不填，系统默认为100%。如，某项税收政策实行减按60%计入应纳税所得额，则本列填60%。

10. 第15列"准予扣除的捐赠额"：是指按照税法及相关法规、政策规定，可以在税前扣除的捐赠额。

11. 第16列"应纳税所得额"：根据相关列次计算填报。

12. 第17～18列"税率""速算扣除数"：填写所得项目按规定适用的税率和速算扣除数。所得项目没有速算扣除数的，则不填。

13. 第19列"应纳税额"：根据相关列次计算填报。第19列=第16列×第17列-第18列。

14. 第20列"减免税额"：填写符合税法规定的可以减免的税额，并附报《个人所得税减免税事项报告表》。

15. 第21列"已缴税额"：填写纳税人当期已实际缴纳或者被扣缴的个人所得税税款。

16. 第22列"应补/退税额"：根据相关列次计算填报。第22列=第19列-第20列-第21列。

四、其他事项说明

以纸质方式报送本表的，应当一式两份，纳税人、税务机关各留存一份。

3. 个人所得税经营所得纳税申报表

1）模拟案例

个人独资企业名称：哈尔滨××餐饮有限公司

纳税人识别号：23010271132964××××

主管税务机关：哈尔滨市道里区地方税务局

投资者信息：

① 姓名：盛福临

② 身份证号：230102197611036655

③ 家庭情况：其为独生子女，妻子为家庭主妇（无工作），上有1位80岁的母亲需要

赡养，下有一个正在上高中的女儿。

2021 年 1 月 1 日至 12 月 31 日经营情况如下。

（1）取得营业收入 1 005 000 元。

（2）营业成本 325 650 元。

（3）税金及附加 55 300 元。

（4）管理费用 352 430 元（其中：盛福临工资薪金支出 48 000 元，家庭消费支出 26 000 元，业务招待费 9 000 元）。

（5）财务费用 5 000 元。

（6）税收滞纳金 5 000 元。

（7）盛福临每月自付基本养老保险 640 元，基本医疗保险 160 元，失业保险 80 元，住房公积金 560 元。

（8）无以前年度未弥补亏损，无其他综合所得收入。

（9）全年已预缴所得税额 28 000 元。

要求：次年完成汇算清缴，填报《个人所得税经营所得纳税申报表（B 表）》。

2）计算分析

利润总额 = 1 005 000 - 325 650 - 55 300 - 352 430 - 5 000 - 5 000 = 261 620（元）

9 000 × 60% = 5 400（元）> 1 005 000 × 5‰ = 5 025（元）

纳税调整增加额 = 48 000 + 26 000 + （9 000 - 5 025）+ 5 000 = 82 975（元）

投资者减除费用 = 5 000 × 12 = 60 000（元）

准予扣除的专项扣除及专项附加扣除 = （640 × 12 + 160 × 12 + 80 × 12 + 560 × 12）+ （1 000 × 12 + 2 000 × 12）= 53 280（元）

应纳税所得额 = 261 620 + 82 975 - 60 000 - 53 280 = 231 315（元）

应纳税额 = 231 315 × 20% - 10 500 = 35 763（元）

汇算清缴应补税额 = 35 763 - 28 000 = 7 763（元）

表 6-8 个人所得税经营所得纳税申报表（B 表）

税款所属期：2021 年 1 月 1 日至 2021 年 12 月 31 日

纳税人姓名：盛福临

纳税人识别号： 2 3 0 1 0 2 1 9 7 6 1 1 0 3 6 6 5 5 　　　　　金额单位：人民币元（列至角分）

被投资单位信息	名称	哈尔滨××餐饮有限公司		纳税人识别号（统一社会信用代码）	23010271132964××××
项目				行次	金额/比例
一、收入总额				1	1 005 000.00
其中：国债利息收入				2	0.00
二、成本费用（3＝4+5+6+7+8+9+10）				3	743 380.00
（一）营业成本				4	325 650.00
（二）营业费用				5	0.00
（三）管理费用				6	352 430.00
（四）财务费用				7	5 000.00

被投资单位信息	名称	哈尔滨××餐饮有限公司	纳税人识别号（统一社会信用代码）		23010271132964××××
项目				行次	金额/比例
（五）税金				8	55 300.00
（六）损失				9	0.00
（七）其他支出				10	5 000.00
三、利润总额（11＝1-2-3）				11	261 620.00
四、纳税调整增加额（12＝13+27）				12	82 975.00
（一）超过规定标准的扣除项目金额（13＝14+15+16+17+18+19+20+21+22+23+24+25+26）				13	3 975.00
1. 职工福利费				14	0.00
2. 职工教育经费				15	0.00
3. 工会经费				16	0.00
4. 利息支出				17	0.00
5. 业务招待费				18	3 975.00
6. 广告费和业务宣传费				19	0.00
7. 教育和公益事业捐赠				20	0.00
8. 住房公积金				21	0.00
9. 社会保险费				22	0.00
10. 折旧费用				23	0.00
11. 无形资产摊销				24	0.00
12. 资产损失				25	0.00
13. 其他				26	0.00
（二）不允许扣除的项目金额（27＝28+29+30+31+32+33+34+35+36）				27	79 000.00
1. 个人所得税税款				28	0.00
2. 税收滞纳金				29	5 000.00
3. 罚金、罚款和被没收财物的损失				30	0.00
4. 不符合扣除规定的捐赠支出				31	0.00
5. 赞助支出				32	0.00
6. 用于个人和家庭的支出				33	26 000.00
7. 与取得生产经营收入无关的其他支出				34	0.00
8. 投资者工资薪金支出				35	48 000.00
9. 其他不允许扣除的支出				36	0.00
五、纳税调整减少额				37	0.00
六、纳税调整后所得（38＝11+12-37）				38	344 595.00
七、弥补以前年度亏损				39	0.00
八、合伙企业个人合伙人分配比例（%）				40	—
九、允许扣除的个人费用及其他扣除（41＝42+43+48+55）				41	113 280.00

续表

被投资单位信息	名称	哈尔滨××餐饮有限公司	纳税人识别号（统一社会信用代码）	23010271132964××××	
项目				行次	金额/比例
（一）投资者减除费用				42	60 000.00
（二）专项扣除（43＝44+45+46+47）				43	17 280.00
1. 基本养老保险费				44	7 680.00
2. 基本医疗保险费				45	1 920.00
3. 失业保险费				46	960.00
4. 住房公积金				47	6 720.00
（三）专项附加扣除（48＝49+50+51+52+53+54）				48	36 000.00
1. 子女教育				49	12 000.00
2. 继续教育				50	0.00
3. 大病医疗				51	0.00
4. 住房贷款利息				52	0.00
5. 住房租金				53	0.00
6. 赡养老人				54	24 000.00
（四）依法确定的其他扣除（55＝56+57+58+59）				55	0.00
1. 商业健康保险				56	0.00
2. 税延养老保险				57	0.00
3.				58	0.00
4.				59	0.00
十、投资抵扣				60	0.00
十一、准予扣除的个人捐赠支出				61	0.00
十二、应纳税所得额（62＝38-39-41-60-61）或［62＝（38-39）×40-41-60-61］				62	231 315.00
十三、税率（%）				63	20%
十四、速算扣除数				64	10 500.00
十五、应纳税额（65＝62×63-64）				65	35 763.00
十六、减免税额（附报《个人所得税减免税事项报告表》）				66	0.00
十七、已缴税额				67	28 000.00
十八、应补/退税额（68＝65-66-67）				68	7 763.00

谨声明：本表是根据国家税收法律、法规及相关规定填报的，是真实的、可靠的、完整的。

纳税人签字： 　　　年　月　日

经办人：	受理人：
经办人身份证件号码：	受理税务机关（章）：
代理机构签章：	受理日期：　　　年　月　日
代理机构统一社会信用代码：	

国家税务总局监制

《个人所得税经营所得纳税申报表（B 表）》填表说明

一、适用范围

本表适用于个体工商户业主、个人独资企业投资人、合伙企业个人合伙人、承包承租经营者个人以及其他从事生产、经营活动的个人在中国境内取得经营所得，且实行查账征收的，在办理个人所得税汇算清缴纳税申报时，向税务机关报送。

合伙企业有两个或者两个以上个人合伙人的，应分别填报本表。

二、报送期限

纳税人在取得经营所得的次年 3 月 31 日前，向税务机关办理汇算清缴。

三、本表各栏填写

（一）表头项目

1. 税款所属期：填写纳税人取得经营所得应纳个人所得税款的所属期间，应填写具体的起止年月日。

2. 纳税人姓名：填写自然人纳税人姓名。

3. 纳税人识别号：有中国公民身份号码的，填写中华人民共和国居民身份证上载明的"公民身份号码"；没有中国公民身份号码的，填写税务机关赋予的纳税人识别号。

（二）被投资单位信息

1. 名称：填写被投资单位法定名称的全称。

2. 纳税人识别号（统一社会信用代码）：填写被投资单位的纳税人识别号或统一社会信用代码。

（三）表内各行填写

1. 第 1 行"收入总额"：填写本年度从事生产经营以及与生产经营有关的活动取得的货币形式和非货币形式的各项收入总金额。包括：销售货物收入、提供劳务收入、转让财产收入、利息收入、租金收入、接受捐赠收入、其他收入。

2. 第 2 行"国债利息收入"：填写本年度已计入收入的因购买国债而取得的应予免税的利息金额。

3. 第 3～10 行"成本费用"：填写本年度实际发生的成本、费用、税金、损失及其他支出的总额。

（1）第 4 行"营业成本"：填写在生产经营活动中发生的销售成本、销货成本、业务支出以及其他耗费的金额。

（2）第 5 行"营业费用"：填写在销售商品和材料、提供劳务的过程中发生的各种费用。

（3）第 6 行"管理费用"：填写为组织和管理企业生产经营发生的管理费用。

（4）第 7 行"财务费用"：填写为筹集生产经营所需资金等发生的筹资费用。

（5）第 8 行"税金"：填写在生产经营活动中发生的除个人所得税和允许抵扣的增值税以外的各项税金及其附加。

（6）第 9 行"损失"：填写生产经营活动中发生的固定资产和存货的盘亏、毁损、报废损失，转让财产损失，坏账损失，自然灾害等不可抗力因素造成的损失以及其他损失。

（7）第 10 行"其他支出"：填写除成本、费用、税金、损失外，生产经营活动中发生的与之有关的、合理的支出。

4. 第 11 行"利润总额"：根据相关行次计算填报。第 11 行＝第 1 行－第 2 行－第 3 行。

5. 第 12 行"纳税调整增加额"：根据相关行次计算填报。第 12 行＝第 13 行＋第 27 行。

6. 第 13 行"超过规定标准的扣除项目金额"：填写扣除的成本、费用和损失中，超过税法规定的扣除标准应予调增的应纳税所得额。

7. 第 27 行"不允许扣除的项目金额"：填写按规定不允许扣除但被投资单位已将其扣除的各项成本、费用和损失，应予调增应纳税所得额的部分。

8. 第 37 行"纳税调整减少额"：填写在计算利润总额时已计入收入或未列入成本费用，但在计算应纳税所得额时应予扣除的项目金额。

9. 第 38 行"纳税调整后所得"：根据相关行次计算填报。第 38 行＝第 11 行＋第 12 行－第 37 行。

10. 第 39 行"弥补以前年度亏损"：填写本年度可在税前弥补的以前年度亏损额。

11. 第 40 行"合伙企业个人合伙人分配比例"：纳税人为合伙企业个人合伙人的，填写本栏；其他则不填。分配比例按照合伙协议约定的比例填写；合伙协议未约定或不明确的，按合伙人协商决定的比例填写；协商不成的，按合伙人实缴出资比例填写；无法确定出资比例的，按合伙人平均分配。

12. 第 41 行"允许扣除的个人费用及其他扣除"：填写按税法规定可以税前扣除的各项费用、支出，包括：

（1）第 42 行"投资者减除费用"：填写按税法规定的减除费用金额。

（2）第 43～47 行"专项扣除"：分别填写本年度按规定允许扣除的基本养老保险费、基本医疗保险费、失业保险费、住房公积金的合计金额。

（3）第 48～54 行"专项附加扣除"：分别填写本年度纳税人按规定可享受的子女教育、继续教育、大病医疗、住房贷款利息、住房租金、赡养老人等专项附加扣除的合计金额。

（4）第 55～59 行"依法确定的其他扣除"：分别填写按规定允许扣除的商业健康保险、税延养老保险，以及国务院规定其他可以扣除项目的合计金额。

13. 第 60 行"投资抵扣"：填写按照税法规定可以税前抵扣的投资金额。

14. 第 61 行"准予扣除的个人捐赠支出"：填写本年度按照税法及相关法规、政策规定，可以在税前扣除的个人捐赠合计额。

15. 第 62 行"应纳税所得额"：根据相关行次计算填报。

（1）纳税人为非合伙企业个人合伙人的：第 62 行＝第 38 行－39 行－41 行－60 行－第 61 行。

（2）纳税人为合伙企业个人合伙人的：第 62 行＝（第 38 行－39 行）×第 40 行－41 行－第 60 行－第 61 行。

16. 第 63～64 行"税率""速算扣除数"：填写按规定适用的税率和速算扣除数。

17. 第 65 行"应纳税额"：根据相关行次计算填报。第 65 行＝第 62 行×第 63 行－第 64 行。

18. 第 66 行"减免税额"：填写符合税法规定可以减免的税额，并附报《个人所得税减免税事项报告表》。

19. 第 67 行"已缴税额"：填写本年度累计已预缴的经营所得个人所得税金额。

20. 第 68 行"应补/退税额"：根据相关行次计算填报。第 68 行 = 第 65 行 - 第 66 行 - 第 67 行。

四、其他事项说明

以纸质方式报送本表的，应当一式两份，纳税人、税务机关各留存一份。

表 6-9　个人所得税经营所得纳税申报表（A 表）

税款所属期：　　年　月　日至　　年　月　日

纳税人姓名：

纳税人识别号：□□□□□□□□□□□□□□□□　　　　　　金额单位：人民币元（列至角分）

被投资单位信息		
名称		
纳税人识别号（统一社会信用代码）		□□□□□□□□□□□□□□□□□
征收方式（单选）		
□查账征收（据实预缴）　　□查账征收（按上年应纳税所得额预缴）　　□核定应税所得率征收 □核定应纳税所得额征收　　□税务机关认可的其他方式＿＿＿＿＿＿＿＿＿＿＿		
个人所得税计算		

项目	行次	金额/比例
一、收入总额	1	
二、成本费用	2	
三、利润总额（第 3 行 = 第 1 行 - 第 2 行）	3	
四、弥补以前年度亏损	4	
五、应税所得率（%）	5	
六、合伙企业个人合伙人分配比例（%）	6	
七、允许扣除的个人费用及其他扣除（第 7 行 = 第 8 行 + 第 9 行 + 第 14 行）	7	
（一）投资者减除费用	8	
（二）专项扣除（第 9 行 = 第 10 行 + 第 11 行 + 第 12 行 + 第 13 行）	9	
1. 基本养老保险费	10	
2. 基本医疗保险费	11	
3. 失业保险费	12	
4. 住房公积金	13	
（三）依法确定的其他扣除（第 14 行 = 第 15 行 + 第 16 行 + 第 17 行）	14	
1.	15	
2.	16	
3.	17	
八、准予扣除的捐赠额（附报《个人所得税公益慈善事业捐赠扣除明细表》）	18	
九、应纳税所得额	19	
十、税率（%）	20	
十一、速算扣除数	21	
十二、应纳税额（第 22 行 = 第 19 行 × 第 20 行 - 第 21 行）	22	

个人所得税计算		
项目	行次	金额/比例
十三、减免税额（附报《个人所得税减免税事项报告表》）	23	
十四、已缴税额	24	
十五、应补/退税额（第 25 行＝第 22 行-第 23 行-第 24 行）	25	
备注		

　　谨声明：本表是根据国家税收法律、法规及相关规定填报的，本人对填报内容（附带资料）的真实性、可靠性、完整性负责。

　　　　　　　　　　　　　　　　　　　　纳税人签字：　　　　　年　月　日

经办人签字：	受理人：
经办人身份证件类型：	受理税务机关（章）：
经办人身份证件号码：	受理日期：　　　年　月　日
代理机构签章：	
代理机构统一社会信用代码：	

国家税务总局监制

《个人所得税经营所得纳税申报表（A 表）》填表说明

　　一、适用范围

　　本表适用于查账征收和核定征收的个体工商户业主、个人独资企业投资人、合伙企业个人合伙人、承包承租经营者个人以及其他从事生产、经营活动的个人在中国境内取得经营所得，办理个人所得税预缴纳税申报时，向税务机关报送。

　　合伙企业有两个或者两个以上个人合伙人的，应分别填报本表。

　　二、报送期限

　　纳税人取得经营所得，应当在月度或者季度终了后 15 日内，向税务机关办理预缴纳税申报。

　　三、本表各栏填写

　　（一）表头项目

　　1. 税款所属期：填写纳税人取得经营所得应纳个人所得税款的所属期间，应填写具体的起止年月日。

　　2. 纳税人姓名：填写自然人纳税人姓名。

　　3. 纳税人识别号：有中国公民身份号码的，填写中华人民共和国居民身份证上载明的"公民身份号码"；没有中国公民身份号码的，填写税务机关赋予的纳税人识别号。

　　（二）被投资单位信息

　　1. 名称：填写被投资单位法定名称的全称。

2. 纳税人识别号（统一社会信用代码）：填写被投资单位的纳税人识别号或者统一社会信用代码。

（三）征收方式

根据税务机关核定的征收方式，在对应框内打"√"。采用税务机关认可的其他方式的，应在下划线填写具体征收方式。

（四）个人所得税计算

1. 第1行"收入总额"：填写本年度开始经营月份起截至本期从事经营以及与经营有关的活动取得的货币形式和非货币形式的各项收入总额。包括：销售货物收入、提供劳务收入、转让财产收入、利息收入、租金收入、接受捐赠收入、其他收入。

2. 第2行"成本费用"：填写本年度开始经营月份起截至本期实际发生的成本、费用、税金、损失及其他支出的总额。

3. 第3行"利润总额"：填写本年度开始经营月份起截至本期的利润总额。

4. 第4行"弥补以前年度亏损"：填写可在税前弥补的以前年度尚未弥补的亏损额。

5. 第5行"应税所得率"：按核定应税所得率方式纳税的纳税人，填写税务机关确定的核定征收应税所得率。按其他方式纳税的纳税人不填本行。

6. 第6行"合伙企业个人合伙人分配比例"：纳税人为合伙企业个人合伙人的，填写本行；其他则不填。分配比例按照合伙协议约定的比例填写；合伙协议未约定或不明确的，按合伙人协商决定的比例填写；协商不成的，按合伙人实缴出资比例填写；无法确定出资比例的，按合伙人平均分配。

7. 第7~17行"允许扣除的个人费用及其他扣除"：

（1）第8行"投资者减除费用"：填写根据本年实际经营月份数计算的可在税前扣除的投资者本人每月5 000元减除费用的合计金额。

（2）第9~13行"专项扣除"：填写按规定允许扣除的基本养老保险费、基本医疗保险费、失业保险费、住房公积金的金额。

（3）第14~17行"依法确定的其他扣除"：填写商业健康保险、税延养老保险以及其他按规定允许扣除项目的金额。

8. 第18行"准予扣除的捐赠额"：填写按照税法及相关法规、政策规定，可以在税前扣除的捐赠额，并按规定附报《个人所得税公益慈善事业捐赠扣除明细表》。

9. 第19行"应纳税所得额"：根据相关行次计算填报。

（1）查账征收（据实预缴）：第19行=（第3行-第4行）×第6行-第7行-第18行。

（2）查账征收（按上年应纳税所得额预缴）：第19行=上年度的应纳税所得额/12×月份数。

（3）核定应税所得率征收（能准确核算收入总额的）：第19行=第1行×第5行×第6行。

（4）核定应税所得率征收（能准确核算成本费用的）：第19行=［第2行/（1-第5行）］×第5行×第6行。

（5）核定应纳税所得额征收：直接填写应纳税所得额。

（6）税务机关认可的其他方式：直接填写应纳税所得额。

10. 第20~21行"税率"和"速算扣除数"：填写按规定适用的税率和速算扣除数。

11. 第 22 行"应纳税额"：根据相关行次计算填报。第 22 行＝第 19 行×第 20 行－第21 行。

12. 第 23 行"减免税额"：填写符合税法规定可以减免的税额，并附报《个人所得税减免税事项报告表》。

13. 第 24 行"已缴税额"：填写本年度在月（季）度申报中累计已预缴的经营所得个人所得税的金额。

14. 第 25 行"应补/退税额"：根据相关行次计算填报。第 25 行＝第 22 行－第 23 行－第24 行。

（五）备注

填写个人认为需要特别说明的或者税务机关要求说明的事项。

四、其他事项说明

以纸质方式报送本表的，建议通过计算机填写打印，一式两份，纳税人、税务机关各留存一份。

表 6-10　个人所得税经营所得纳税申报表（C 表）

税款所属期：　　年　月　日至　　年　月　日

纳税人姓名：

纳税人识别号：□□□□□□□□□□□□□□□□□□　　　　　　金额单位：人民币元（列至角分）

被投资单位信息	单位名称		纳税人识别号（统一社会信用代码）	投资者应纳税所得额
	汇总地			
	非汇总地	1		
		2		
		3		
		4		
		5		

项目	行次	金额/比例
一、投资者应纳税所得额合计	1	
二、应调整的个人费用及其他扣除（2=3+4+5+6）	2	
（一）投资者减除费用	3	
（二）专项扣除	4	
（三）专项附加扣除	5	
（四）依法确定的其他扣除	6	
三、应调整的其他项目	7	
四、调整后应纳税所得额（8=1+2+7）	8	
五、税率（%）	9	
六、速算扣除数	10	
七、应纳税额（11=8×9-10）	11	
八、减免税额（附报《个人所得税减免税事项报告表》）	12	

项目	行次	金额/比例
九、已缴税额	13	
十、应补/退税额（14＝11－12－13）	14	
谨声明：本表是根据国家税收法律、法规及相关规定填报的，是真实的、可靠的、完整的。 　　　　　　　　　　　　　　　　　　纳税人签字：　　　　年　月　日		
经办人： 经办人身份证件号码： 代理机构签章： 代理机构统一社会信用代码：	受理人： 受理税务机关（章）： 受理日期：　　　年　月　日	

国家税务总局监制

《个人所得税经营所得纳税申报表（C 表）》填表说明

一、适用范围

本表适用于个体工商户业主、个人独资企业投资人、合伙企业个人合伙人、承包承租经营者个人以及其他从事生产、经营活动的个人在中国境内两处以上取得经营所得，办理合并计算个人所得税的年度汇总纳税申报时，向税务机关报送。

二、报送期限

纳税人从两处以上取得经营所得，应当于取得所得的次年 3 月 31 日前办理年度汇总纳税申报。

三、本表各栏填写

（一）表头项目

1. 税款所属期：填写纳税人取得经营所得应纳个人所得税款的所属期间，应填写具体的起止年月日。

2. 纳税人姓名：填写自然人纳税人姓名。

3. 纳税人识别号：有中国公民身份号码的，填写中华人民共和国居民身份证上载明的"公民身份号码"；没有中国公民身份号码的，填写税务机关赋予的纳税人识别号。

（二）被投资单位信息

1. 名称：填写被投资单位法定名称的全称。

2. 纳税人识别号（统一社会信用代码）：填写被投资单位的纳税人识别号或者统一社会信用代码。

3. 投资者应纳税所得额：填写投资者从其各投资单位取得的年度应纳税所得额。

（三）表内各行填写

1. 第 1 行"投资者应纳税所得额合计"：填写投资者从其各投资单位取得的年度应纳税所得额的合计金额。

2. 第 2～6 行"应调整的个人费用及其他扣除"：填写按规定需调整增加或者减少应纳税所得额的项目金额。调整减少应纳税所得额的，用负数表示。

（1）第 3 行"投资者减除费用"：填写需调整增加或者减少应纳税所得额的投资者减除

费用的金额。

（2）第 4 行"专项扣除"：填写需调整增加或者减少应纳税所得额的"三险一金"（基本养老保险费、基本医疗保险费、失业保险费、住房公积金）的合计金额。

（3）第 5 行"专项附加扣除"：填写需调整增加或者减少应纳税所得额的专项附加扣除（子女教育、继续教育、大病医疗、住房贷款利息、住房租金、赡养老人）的合计金额。

（4）第 6 行"依法确定的其他扣除"：填写需调整增加或者减少应纳税所得额的商业健康保险、税延养老保险以及国务院规定其他可以扣除项目的合计金额。

3. 第 7 行"应调整的其他项目"：填写按规定应予调整的其他项目的合计金额。调整减少应纳税所得额的，用负数表示。

4. 第 8 行"调整后应纳税所得额"：根据相关行次计算填报。第 8 行＝第 1 行＋第 2 行＋第 7 行。

5. 第 9～10 行"税率""速算扣除数"：填写按规定适用的税率和速算扣除数。

6. 第 11 行"应纳税额"：根据相关行次计算填报。第 11 行＝第 8 行×第 9 行－第 10 行。

7. 第 12 行"减免税额"：填写符合税法规定可以减免的税额，并附报《个人所得税减免税事项报告表》。

8. 第 13 行"已缴税额"：填写纳税人本年度累计已缴纳的经营所得个人所得税的金额。

9. 第 14 行"应补/退税额"：按相关行次计算填报。第 14 行＝第 11 行－第 12 行－第 13 行。

四、其他事项说明

以纸质方式报送本表的，应当一式两份，纳税人、税务机关各留存一份。

6.2　代理企业所得税纳税申报实务

企业所得税适用面广，税前扣除项目的计算和报表填报内容繁杂，税务师必须在指导企业正确核算会计所得的前提下，按照《企业所得税法》和征收管理的有关规定，将其会计所得调整为应纳税所得额后，计算填报《企业所得税纳税申报表》及其附表。

6.2.1　企业所得税的计算方法

企业所得税的基本计算公式为

$$应纳税额＝应纳税所得额×税率－减免税额－抵免税额$$
$$应纳税所得额＝收入总额－不征税收入－免税收入－各项扣除－$$
$$允许弥补的以前年度亏损$$

1. 应纳税所得额的计算

（1）企业以货币形式和非货币形式从各种来源取得的收入，为收入总额。其中包括销售货物收入；提供劳务收入；转让财产收入；股息、红利等权益性投资收益；利息收入；租金收入；特许权使用费收入；接受捐赠收入；其他收入。

（2）收入总额中的不征税收入包括财政拨款；依法收取并纳入财政管理的行政事业性收费，政府性基金；国务院规定的其他不征税收入。

（3）企业的免税收入包括国债利息收入；符合条件的居民企业之间的股息、红利等权益性投资收益；在中国境内设立机构、场所的非居民企业，从居民企业取得与该机构、场所有实际联系的股息、红利等权益性投资收益；符合条件的非营利组织的收入；非营利组织其他充税收入。

（4）各项扣除是企业实际发生的与取得收入有关的、合理的支出，包括成本、费用、税金、损失和其他支出，准予在计算应纳税所得额时扣除。

① 成本。成本是指企业在生产经营活动中发生的销售成本、销货成本、业务支出和其他耗费。

② 费用。费用是指企业在生产经营活动中发生的销售费用、管理费用和财务费用。

③ 税金。税金是指企业实际发生的除企业所得税和允许抵扣的增值税以外的各项税金及附加。

④ 损失。损失是指企业在生产经营活动中发生的固定资产和存货的盘亏、毁损、报废损失，转让财产损失，呆账损失，坏账损失，自然灾害等不可抗力因素造成的损失，以及其他损失。

⑤ 其他支出。其他支出是指除成本、费用、税金、损失外，企业在生产经营活动中发生的与生产经营活动有关的、合理的支出。

（5）亏损是指企业依照企业所得税法及其实施条例的规定，将每一纳税年度的收入总额减除不征税收入、免税收入和各项扣除后小于零的数额。

2. 境外所得抵免税额的计算

居民企业来源于中国境外的应税所得，非居民企业在中国境内设立机构、场所，取得发生在中国境外但与该机构、场所有实际联系的应税所得，已在境外缴纳的所得税税额，可以从其当期应纳税额中抵免。抵免限额为该项所得依照企业所得税法规定计算的应纳税额；超过抵免限额的部分，可以在以后 5 个年度内，用每年度抵免限额抵免当年应抵税额后的余额进行抵补。

居民企业从其直接或间接控制的外国企业分得的来源于中国境外的股息、红利等权益性投资收益，外国企业在境外实际缴纳的应纳税额中属于该项所得负担的部分，可以作为该居民企业的可抵免境外所得应纳税额，在企业所得税法规定的抵免限额内抵免。

6.2.2　代理企业所得税纳税申报操作规范

根据税法规定，税务师应替纳税人在月份或季度终了后 15 日内报送申报表及月份或季度财务报表，履行月份或季度纳税申报手续。年度终了后 5 个月内向其所在地主管税务机关报送《企业所得税年度纳税申报表》和税务机关要求报送的其他有关资料，办理结清税款手续。

（1）核查收入核算账户和主要的原始凭证，计算当期生产经营收入、财产转让收入、股息收入等各项应税收入。

（2）核查成本核算账户和主要的原始凭证，根据行业会计核算制度，确定当期产品销售成本或营业成本。

（3）核查主要的期间费用账户和原始凭证，确定当期实际支出的销售费用、管理费用和财务费用。

（4）核查税金核算账户，确定税前应扣除的税金总额。

（5）核查损失核算账户，计算资产损失、投资损失和其他损失。

（6）核查营业外收支账户及主要原始凭证，计算营业外收支净额。

（7）经过上述 6 个步骤的操作，税务师可据此计算出企业当期收入总额、不征税收入和免税收入额，再按税法规定核查允许的各项扣除及允许弥补的以前年度亏损，计算当期应纳税所得额。

（8）根据企业适用的税率，计算应纳税额。

6.2.3　代理填制企业所得税纳税申报表的方法

企业所得税纳税申报主要分为月（季）度预缴和年度汇算清缴两种。

（1）企业所得税月（季）度预缴的纳税申报表。实行查账征收的居民纳税人应填报《中华人民共和国企业所得税月（季）度预缴纳税申报表（A 类）》，及其附表《不征税收入和税基类减免应纳税所得额明细表》《固定资产加速折旧（扣除）明细表》《减免所得税额明细表》；实行核定征收的纳税人应填报《中华人民共和国企业所得税月（季）度和年度纳税申报表（B 类）》。

（2）企业所得税年度汇算清缴的纳税申报表。实行查账征收的居民纳税人应当填报《中华人民共和国企业所得税年度纳税申报表（A 类）》以及年度纳税申报表附表。

本节主要介绍实行查账征收的居民纳税人在年度汇算清缴时如何填写申报表。

1. 模拟案例

1）企业概况

纳税人名称：××教育科技服务有限公司

公司成立时间：2013 年 2 月 28 日

法人代表名称：张均

经济性质：有限责任公司

注册资本：1 000 万元

股东信息：张均（中国国籍，身份证 362321198610120154）出资比例 65%；刘玉衡（中国国籍，身份证 362321197509190061）出资比例 25%；黄磊（中国国籍，身份证 332321198309190042）出资比例 10%。

开户银行：中国工商银行杭州市城南支行

银行账号：49122901045996×××

注册地址：浙江省杭州市江干区慕华街 45 号

电话号码：0571-86689001

营业地址：浙江省杭州市江干区慕华街 45 号

所属行业：8391 职业技能培训

会计主管：张衡鑫

适用的会计准则：企业会计准则（一般企业）

会计核算软件：用友

记账本位币：人民币

会计档案存放地：浙江省杭州市江干区慕华街 45 号

会计政策和估计是否发生变化：否

固定资产折旧方法：年限平均法

存货成本计价方法：先进先出法

坏账损失核算方法：备抵法

所得税计算方法：资产负债表债务法

企业 2021 年在职人员 320 人，资产总额 1 000 万元，属于非跨地区经营企业，非上市公司，税务机关核定的企业所得税征收方式为查账征收，公司适用的所得税税率为 25%。

2）业务资料

××教育科技服务有限公司 2021 年全年已经预缴企业所得税额 117.52 万元，按税收规定比例扣除的职工教育经费 8%，广告费和业务宣传费 15%。相关利润表如表 6-11 所示。

表 6-11 利润表

编制单位：××教育科技服务有限公司　2021 年 12 月 31 日　　　　　　单位：人民币万元

项目	本月数	本年累计
一、营业收入	1 000.00	8 200.00
减：营业成本	430.00	5 136.00
税金及附加	15.00	205.00
销售费用	90.00	1 010.00
管理费用	105.00	1 250.00
研发费用		
财务费用	9.00	102.00
其中：利息费用		
利息收入		
资产减值损失	50.00	50.00
信用减值损失		
加：其他收益		
投资收益（损失以"−"号填列）	105.00	105.00
其中：对联营企业和合营企业的投资收益		
净敞口套期收益（损失以"−"号填列）		
公允价值变动收益（损失以"−"号填列）	20.00	20.00
资产处置收益（损失以"−"号填列）		
二、营业利润（亏损以"−"号填列）	426.00	572.00
加：营业外收入		54.60
减：营业外支出		39.00
三、利润总额（亏损总额以"−"号填列）	426.00	587.60
减：所得税费用	106.50	117.52
四、净利润（净亏损以"−"号填列）	319.50	470.08
（一）持续经营净利润（净亏损以"−"号填列）		
（二）终止经营净利润（净亏损以"−"号填列）		
五、其他综合收益的税后净额		

续表

项目	本月数	本年累计
（一）不能重分类进损益的其他综合收益		
1. 重新计量设定受益计划变动额		
2. 权益法下不能转损益的其他综合收益		
3. 其他权益工具投资公允价值变动		
4. 企业自身信用风险公允价值变动		
……		
（二）将重分类进损益的其他综合收益		
1. 权益法下可转损益的其他综合收益		
2. 其他债权投资公允价值变动		
3. 金融资产重分类计入其他综合收益的金额		
4. 其他债权投资信用减值准备		
5. 现金流量套期储备		
6. 外币财务报表折算差额		

具体明细资料如表 6-12 至表 6-20 所示。

表 6-12　企业收入明细表 单位：万元

一级科目	明细科目	金额	备注
主营业务收入	销售商品收入	6 800.00	
	提供劳务收入	600.00	
	让渡资产使用权收入	800.00	
营业外收入	非货币性资产交换利得	40.00	
	政府补助利得	12.00	企业不能提供规定资金专项用途的资金拨付文件
	其他	2.60	

表 6-13　成本支出明细表 单位：万元

一级科目	明细科目	金额	备注
主营业务成本	销售商品成本	4 156.00	
	提供劳务成本	420.00	
	让渡资产使用权成本	560.00	
营业外支出	罚没支出	9.00	工商滞纳金 3 万元，合同违约金 6 万元
	其他	30.00	给购货方回扣 12 万元，环境保护支出 8 万元，关联企业赞助支出 10 万元

表 6-14　期间费用明细表 单位：万元

一级科目	明细科目	金额	备注
销售费用	职工薪酬	302.14	
	广告费	707.86	

续表

一级科目	明细科目	金额	备注
管理费用	职工薪酬	697.86	
	资产折旧摊销费	58.86	
	其他	493.28	
财务费用	佣金和手续费	0.90	
	利息支出	0.50	
	现金折扣	92.60	
	其他	8.00	

备注：广告费中包括2021年公司将一批自产产品（适用增值税税率为13%）用于市场推广，该批自产产品不含税公允价值为65 000.00元，生产成本为40 000.00元。

表6-15　境外所得纳税调整项目　　　　　　单位：万元

国家	境外税后所得（财产转让所得）	境外所得税率	境外所得换算含税所得	境外直接缴纳的所得税额（可抵免税额）	可抵免限额
美国	78.00	35%	120.00	42.00	30.00

表6-16　免税收入明细表　　　　　　单位：万元

收入类型	金额	备注
国债利息收入	50.00	
股息（居民企业）	55.00	直接投资A企业（统一社会信用代码：913308232202643708）220万元，占股5%，2021年12月22日A企业公布利润分配决定，××教育科技服务有限公司获得股利55万元。

表6-17　资产折旧/摊销情况（备注：企业本年度不享受固定资产加速折旧）　　　　　　单位：万元

资产项目	会计				税法			
	原值	折旧年限/年	本年折旧/摊销额	累计折旧/摊销额	原值	折旧年限/年	本年折旧/摊销额	累计折旧/摊销额
生产专用器具	155.00	10	15.50	62.00	105.00	10	10.50	42.00
办公电子设备等	100.00	6	15.83	79.15	100.00	6	15.83	79.15
专利权	413.00	15	27.53	110.12	722.75	15	41.30	165.20

表6-18　职工薪酬调整明细　　　　　　单位：万元

项目	账载金额	实际发生额	税收金额	备注
职工薪酬	1 000.00	1 000.00	1 000.00	
职工福利费	210.00	210.00	140.00	工资14%允许扣除
职工教育经费	40.00	40.00	40.00	工资8%允许扣除，超支部分可在以后年度无限结转
工会经费	20.00	20.00	20.00	工资2%允许扣除

表 6-19 其他纳税调整项目 单位：万元

项目类别	金额	备注
公允价值变动损益	20.00	投资性房地产在 21 年度的公允价值变动金额
罚金、罚款	3.00	工商滞纳金 3 万元（不予扣除）
赞助支出	10.00	关联企业赞助支出 10 万元（不予扣除）
与取得收入无关的支出	12.00	给购货方回扣 12 万元（不予扣除）
资产减值准备金	50.00	计提坏账准备 20 万元，存货跌价准备 30 万元

表 6-20 企业所得税弥补亏损明细表 单位：万元

年度	盈利额或亏损额	备注
2016	8.60	
2017	2.50	
2018	12.00	
2019	36.00	
2020	10.32	

2. 填报企业所得税年度纳税申报主表及其附表（见表 6-21 至表 6-42）

表 6-21 企业所得税年度纳税申报表填报表单

表单编号	表单名称	是否填报
A000000	企业所得税年度纳税申报基础信息表	√
A100000	中华人民共和国企业所得税年度纳税申报表（A 类）	√
A101010	一般企业收入明细表	√
A101020	金融企业收入明细表	□
A102010	一般企业成本支出明细表	√
A102020	金融企业支出明细表	□
A103000	事业单位、民间非营利组织收入、支出明细表	□
A104000	期间费用明细表	√
A105000	纳税调整项目明细表	√
A105010	视同销售和房地产开发企业特定业务纳税调整明细表	√
A105020	未按权责发生制确认收入纳税调整明细表	□
A105030	投资收益纳税调整明细表	□
A105040	专项用途财政性资金纳税调整明细表	□
A105050	职工薪酬支出及纳税调整明细表	√
A105060	广告费和业务宣传费等跨年度纳税调整明细表	√
A105070	捐赠支出及纳税调整明细表	□
A105080	资产折旧、摊销及纳税调整明细表	√
A105090	资产损失税前扣除及纳税调整明细表	□
A105100	企业重组及递延纳税事项纳税调整明细表	□

续表

表单编号	表单名称	是否填报
A105110	政策性搬迁纳税调整明细表	□
A105120	贷款损失准备金及纳税调整明细表	□
A106000	企业所得税弥补亏损明细表	√
A107010	免税、减计收入及加计扣除优惠明细表	√
A107011	符合条件的居民企业之间的股息、红利等权益性投资收益优惠明细表	√
A107012	研发费用加计扣除优惠明细表	□
A107020	所得减免优惠明细表	□
A107030	抵扣应纳税所得额明细表	□
A107040	减免所得税优惠明细表	□
A107041	高新技术企业优惠情况及明细表	□
A107042	软件、集成电路企业优惠情况及明细表	□
A107050	税额抵免优惠明细表	□
A108000	境外所得税收抵免明细表	√
A108010	境外所得纳税调整后所得明细表	√
A108020	境外分支机构弥补亏损明细表	□
A108030	跨年度结转抵免境外所得税明细表	□
A109000	跨地区经营汇总纳税企业年度分摊企业所得税明细表	□
A109010	企业所得税汇总纳税分支机构所得税分配表	□
说明：企业应当根据实际情况选择需要填报的表单。		

《企业所得税年度纳税申报表填报表单》填报说明

本表列示申报表全部表单名称及编号。纳税人在填报申报表之前，请仔细阅读这些表单的填报信息，并根据企业的涉税业务，选择"是否填报"。选择"填报"的，在"□"内打"√"，并完成该表单内容的填报。未选择"填报"的表单，无需向税务机关报送。各表单有关情况如下。

1.《企业所得税年度纳税申报基础信息表》（A000000）

本表为必填表，填报内容包括基本经营情况、有关涉税事项情况、主要股东及分红情况三部分。纳税人填报申报表时，首先填报此表，为后续申报提供指引。

2.《中华人民共和国企业所得税年度纳税申报表（A类）》（A100000）

本表为必填表，是纳税人计算申报缴纳企业所得税的主表。

3.《一般企业收入明细表》（A101010）

本表适用于除金融企业、事业单位和民间非营利组织外的纳税人填报，反映一般企业按照国家统一会计制度规定取得收入情况。

4.《金融企业收入明细表》（A101020）

本表仅适用于金融企业（包括银行、信用社、保险公司、证券公司等金融企业）填报，反映金融企业按照企业会计准则规定取得收入情况。

5.《一般企业成本支出明细表》（**A102010**）

本表适用于除金融企业、事业单位和民间非营利组织外的纳税人填报，反映一般企业按照国家统一会计制度规定发生成本支出情况。

6.《金融企业支出明细表》（**A102020**）

本表仅适用于金融企业（包括银行、信用社、保险公司、证券公司等金融企业）填报，反映金融企业按照企业会计准则规定发生支出情况。

7.《事业单位、民间非营利组织收入、支出明细表》（**A103000**）

本表适用于事业单位和民间非营利组织填报，反映事业单位、社会团体、民办非企业单位、非营利组织等按照有关会计制度规定取得收入，发生支出、费用情况。

8.《期间费用明细表》（**A104000**）

本表适用于除事业单位和民间非营利组织外的纳税人填报，反映纳税人根据国家统一会计制度发生的期间费用明细情况。

9.《纳税调整项目明细表》（**A105000**）

本表反映纳税人财务、会计处理办法（以下简称"会计处理"）与税收法律、行政法规的规定（以下简称"税收规定"）不一致，需要进行纳税调整的项目和金额情况。

10.《视同销售和房地产开发企业特定业务纳税调整明细表》（**A105010**）

本表反映纳税人发生视同销售行为、房地产开发企业销售未完工产品、未完工产品转完工产品，会计处理与税收规定不一致，需要进行纳税调整的项目和金额情况。

11.《未按权责发生制确认收入纳税调整明细表》（**A105020**）

本表反映纳税人会计处理按照权责发生制确认收入，而税收规定不按照权责发生制确认收入，需要进行纳税调整的项目和金额情况。

12.《投资收益纳税调整明细表》（**A105030**）

本表反映纳税人发生投资收益，由于会计处理与税收规定不一致，需要进行纳税调整的项目和金额情况。

13.《专项用途财政性资金纳税调整明细表》（**A105040**）

本表反映纳税人取得符合不征税收入条件的专项用途财政性资金，由于会计处理与税收规定不一致，需要进行纳税调整的金额情况。

14.《职工薪酬支出及纳税调整明细表》（**A105050**）

本表反映纳税人发生的职工薪酬（包括工资薪金、职工福利费、职工教育经费、工会经费、各类基本社会保障性缴款、住房公积金、补充养老保险、补充医疗保险等支出）情况，以及由于会计处理与税收规定不一致，需要进行纳税调整的项目和金额情况。纳税人只要发生职工薪酬支出，均需填报本表。

15.《广告费和业务宣传费等跨年度纳税调整明细表》（**A105060**）

本表反映纳税人发生的广告费和业务宣传费支出、保险企业发生的手续费及佣金支出，由于会计处理与税收规定不一致，需要进行纳税调整的金额情况。纳税人以前年度发生广告费和业务宣传费支出、保险企业以前年度发生手续费及佣金支出尚未扣除完毕结转至本年度扣除的，应填报以前年度累计结转情况。

16.《捐赠支出及纳税调整明细表》（**A105070**）

本表反映纳税人发生捐赠支出的情况，以及由于会计处理与税收规定不一致，需要进行纳税调整的项目和金额情况。纳税人发生以前年度捐赠支出未扣除完毕的，应填报以前年度累计结转情况。

17.《资产折旧、摊销及纳税调整明细表》（A105080）

本表反映纳税人资产折旧、摊销情况，以及由于会计处理与税收规定不一致，需要进行纳税调整的项目和金额情况。纳税人只要发生资产折旧、摊销，均需填报本表。

18.《资产损失税前扣除及纳税调整明细表》（A105090）

本表反映纳税人发生的资产损失的项目及金额情况，以及由于会计处理与税收规定不一致，需要进行纳税调整的项目和金额情况。

19.《企业重组及递延纳税事项纳税调整明细表》（A105100）

本表反映纳税人发生企业重组、非货币性资产对外投资、技术入股等业务所涉及的所得或损失情况，以及由于会计处理与税收规定不一致，需要进行纳税调整的项目和金额情况。

20.《政策性搬迁纳税调整明细表》（A105110）

本表反映纳税人发生政策性搬迁所涉及的所得或损失，由于会计处理与税收规定不一致，需要进行纳税调整的项目和金额情况。

21.《贷款损失准备金及纳税调整明细表》（A105120）

本表反映金融企业、小额贷款公司纳税人发生的贷款损失准备金情况，以及由于会计处理与税收规定不一致，需要进行纳税调整的项目和金额情况。

22.《企业所得税弥补亏损明细表》（A106000）

本表反映纳税人以前年度发生的亏损需要在本年度结转弥补的金额，本年度可弥补的金额以及可继续结转以后年度弥补的亏损额情况。

23.《免税、减计收入及加计扣除优惠明细表》（A107010）

本表反映纳税人本年度所享受免税收入、减计收入、加计扣除等优惠政策的项目和金额情况。

24.《符合条件的居民企业之间的股息、红利等权益性投资收益优惠明细表》（A107011）

本表反映纳税人本年度享受居民企业之间的股息、红利等权益性投资收益免税优惠政策的项目和金额情况。

25.《研发费用加计扣除优惠明细表》（A107012）

本表反映纳税人享受研发费用加计扣除优惠政策情况。纳税人以前年度有销售研发活动直接形成产品（包括组成部分）对应材料部分未扣减完毕的，应填报以前年度未扣减情况。

26.《所得减免优惠明细表》（A107020）

本表反映纳税人本年度享受减免所得额优惠政策（包括农、林、牧、渔项目和国家重点扶持的公共基础设施项目、环境保护、节能节水项目、集成电路生产项目以及符合条件的技术转让项目等）项目和金额情况。

27.《抵扣应纳税所得额明细表》（A107030）

本表反映纳税人本年度享受创业投资企业抵扣应纳税所得额优惠政策的项目和金额情况。纳税人有以前年度结转的尚未抵扣的股权投资余额的，应填报以前年度累计结转情况。

28.《减免所得税优惠明细表》（A107040）

本表反映纳税人本年度享受减免所得税优惠政策（包括小型微利企业、高新技术企业、民族自治地方企业、其他专项优惠等）的项目和金额情况。

29.《高新技术企业优惠情况及明细表》（A107041）

本表反映高新技术企业基本情况和享受优惠政策的有关情况。高新技术企业资格证书在有效期内的纳税人需要填报本表。

30.《软件、集成电路企业优惠情况及明细表》（A107042）

本表反映纳税人本年度享受软件、集成电路企业优惠政策的有关情况。

31.《税额抵免优惠明细表》（A107050）

本表反映纳税人享受购买专用设备投资额抵免税额优惠政策的项目和金额情况。纳税人有以前年度结转的尚未抵免的专用设备投资额的，应填报以前年度已抵免情况。

32.《境外所得税收抵免明细表》（A108000）

本表反映纳税人本年度来源于或发生于其他国家、地区的境外所得，按照我国税收规定计算应缴纳和应抵免的企业所得税额情况。

33.《境外所得纳税调整后所得明细表》（A108010）

本表反映纳税人本年度来源于或发生于其他国家、地区的境外所得，按照我国税收规定计算调整后的所得情况。

34.《境外分支机构弥补亏损明细表》（A108020）

本表反映纳税人境外分支机构本年度及以前年度发生的税前尚未弥补的非实际亏损额和实际亏损额、结转以后年度弥补的非实际亏损额和实际亏损额情况。

35.《跨年度结转抵免境外所得税明细表》（A108030）

本表反映纳税人本年度来源于或发生于其他国家或地区的境外所得按照我国税收规定可以抵免的所得税额情况。

36.《跨地区经营汇总纳税企业年度分摊企业所得税明细表》（A109000）

本表适用于跨地区经营汇总纳税企业的总机构填报，反映按照规定计算的总机构、分支机构本年度应缴的企业所得税情况，以及总机构、分支机构应分摊的企业所得税情况。

37.《企业所得税汇总纳税分支机构所得税分配表》（A109010）

本表适用于跨地区经营汇总纳税企业的总机构填报，反映总机构本年度实际应纳所得税额以及所属分支机构本年度应分摊的所得税额情况。

表 6-22　企业所得税年度纳税申报基础信息表

基本经营情况（必填项目）			
101 纳税申报企业类型（填写代码）	100	102 分支机构就地纳税比例（%）	—
103 资产总额（填写平均值，单位：万元）	1 000	104 从业人数（填写平均值，单位：人）	320
105 所属国民经济行业（填写代码）	8391	106 从事国家限制或禁止行业	□是 √否
107 适用会计准则或会计制度（填写代码）	110	108 采用一般企业财务报表格式（2019 年版）	√是 □否
109 小型微利企业	□是 √否	110 上市公司	是（□境内　□境外）　否
有关涉税事项情况（存在或者发生下列事项时必填）			
201 从事股权投资业务	√是	202 存在境外关联交易	□是
203 境外所得信息	203-1 选择采用的境外所得抵免方式	□分国（地区）不分项　√不分国（地区）不分项	
	203-2 新增境外直接投资信息	□是（产业类别：□旅游业□现代服务业□高新技术产业）	

续表

有关涉税事项情况（存在或者发生下列事项时必填）				
204 有限合伙制创业投资企业的法人合伙人	□是	205 创业投资企业		□是
206 技术先进型服务企业类型（填写代码）		207 非营利组织		□是
208 软件、集成电路企业类型（填写代码）		209 集成电路生产项目类型		□130 纳米□65 纳米□28 纳米
210 科技型中小企业	210-1 ＿年（申报所属期年度）入库编号 1		210-2 入库时间 1	
	210-3 ＿年（所属期下一年度）入库编号 2		210-4 入库时间 2	
211 高新技术企业申报所属期年度有效的高新技术企业证书	211-1 证书编号 1		211-2 发证时间 1	
	211-3 证书编号 2		211-4 发证时间 2	
212 重组事项税务处理方式	□一般性□特殊性	213 重组交易类型（填写代码）		
214 重组当事方类型（填写代码）		215 政策性搬迁开始时间		＿年＿月
216 发生政策性搬迁且停止生产经营无所得年度	□是	217 政策性搬迁损失分期扣除年度		□是
218 发生非货币性资产对外投资递延纳税事项	□是	219 非货币性资产对外投资转让所得递延纳税年度		□是
220 发生技术成果投资入股递延纳税事项	□是	221 技术成果投资入股递延纳税年度		□是
222 发生资产（股权）划转特殊性税务处理事项	□是	223 债务重组所得递延纳税年度		□是
224 研发支出辅助账样式	□2015 版	□2021 版	□自行设计	

主要股东及分红情况（必填项目）					
股东名称	证件种类	证件号码	投资比例（%）	当年（决议日）分配的股息、红利等权益性投资收益金额	国籍（注册地址）
张钧	身份证	362321198610120154	65		中国
刘玉衡	身份证	362321197509190061	25		中国
黄磊	身份证	332321198309190042	10		中国
其余股东合计	——	——	100		——

《企业所得税年度纳税申报基础信息表》填报说明

纳税人在企业所得税年度纳税申报时应当向税务机关申报或者报告与确定应纳税额相关的信息。本表包括基本经营情况、有关涉税事项情况、主要股东及分红情况三部分内容。有关项目填报说明如下：

一、基本经营情况

本部分所列项目为纳税人必填（必选）内容。

1. "101 纳税申报企业类型"：纳税人根据申报所属期年度的企业经营方式情况，从

《跨地区经营企业类型代码表》中选择相应的代码填入本项。

表 6-23　跨地区经营企业类型代码表

代码	类型		
	大类	中类	小类
100	非跨地区经营企业		
210	跨地区经营企业总机构	总机构（跨省）——适用《跨地区经营汇总纳税企业所得税征收管理办法》	
220		总机构（跨省）——不适用《跨地区经营汇总纳税企业所得税征收管理办法》	
230		总机构（省内）	
311	跨地区经营企业分支机构	需进行完整年度纳税申报	分支机构（须进行完整年度申报并按比例纳税）
312			分支机构（须进行完整年度申报但不就地缴纳）

代码说明：

"非跨地区经营企业"：纳税人未跨地区设立不具有法人资格分支机构的，为非跨地区经营企业。

"总机构（跨省）——适用《跨地区经营汇总纳税企业所得税征收管理办法》"：纳税人为《国家税务总局关于印发〈跨地区经营汇总纳税企业所得税征收管理办法〉的公告》（2012 年第 57 号发布，国家税务总局公告 2018 年第 31 号修改）规定的跨省、自治区、直辖市和计划单列市设立不具有法人资格分支机构的跨地区经营汇总纳税企业的总机构。

"总机构（跨省）——不适用《跨地区经营汇总纳税企业所得税征收管理办法》"：纳税人为《国家税务总局关于印发〈跨地区经营汇总纳税企业所得税征收管理办法〉的公告》（2012 年第 57 号发布，国家税务总局公告 2018 年第 31 号修改）第二条规定的不适用该公告的跨地区经营汇总纳税企业的总机构。

"总机构（省内）"：纳税人为仅在同一省、自治区、直辖市和计划单列市内设立不具有法人资格分支机构的跨地区经营汇总纳税企业的总机构。

"分支机构（须进行完整年度申报并按比例纳税）"：纳税人为根据相关政策规定须进行完整年度申报并按比例就地缴纳企业所得税的跨地区经营企业的分支机构。

"分支机构（须进行完整年度申报但不就地缴纳）"：纳税人为根据相关政策规定须进行完整年度申报但不就地缴纳企业所得税的跨地区经营企业的分支机构。

2. "102 分支机构就地纳税比例"："101 纳税申报企业类型"为"分支机构（须进行完整年度申报并按比例纳税）"需要同时填报本项。分支机构填报年度纳税申报时应当就地缴纳企业所得税的比例。

3. "103 资产总额"：纳税人填报资产总额的全年季度平均值，单位为万元，保留小数点后 2 位。具体计算公式如下：

季度平均值＝（季初值＋季末值）÷2

全年季度平均值＝全年各季度平均值之和÷4

年度中间开业或者终止经营活动的，以其实际经营期作为一个纳税年度确定上述相关指标。

4. "104 从业人数"：纳税人填报从业人数的全年季度平均值，单位为人。从业人数是指与企业建立劳动关系的职工人数和企业接受的劳务派遣用工人数之和，依据和计算方法同"103 资产总额"。

5. "105 所属国民经济行业"：按照《国民经济行业分类》标准，纳税人填报所属的国民经济行业明细代码。

6. "106 从事国家限制或禁止行业"：纳税人从事行业为国家限制和禁止行业的，选择"是"；其他选择"否"。

7. "107 适用会计准则或会计制度"：纳税人根据会计核算采用的会计准则或会计制度从《会计准则或会计制度类型代码表》中选择相应的代码填入本项。

表 6-24　会计准则或会计制度类型代码表

代码	类型	
	大类	小类
110	企业会计准则	一般企业
120		银行
130		证券
140		保险
150		担保
200	小企业会计准则	
300	企业会计制度	
410	事业单位会计准则	事业单位会计制度
420		科学事业单位会计制度
430		医院会计制度
440		高等学校会计制度
450		中小学校会计制度
460		彩票机构会计制度
500	民间非营利组织会计制度	
600	村集体经济组织会计制度	
700	农民专业合作社财务会计制度（试行）	
800	政府会计准则	
999	其他	

8. "108 采用一般企业财务报表格式（2019 年版）"：纳税人根据《财政部关于修订印发 2019 年度一般企业财务报表格式的通知》（财会〔2019〕6 号）和《财政部关于修订印发 2018 年度金融企业财务报表格式的通知》（财会〔2018〕36 号）规定的格式编制财务报表的，选择"是"，其他选择"否"。

9. "109 小型微利企业"：纳税人符合小型微利企业普惠性所得税减免政策条件的，选择"是"，其他选择"否"。

10. "110 上市公司"：纳税人在中国境内上市的选择"境内"；在中国境外上市的选择"境外"；在境内外同时上市的可同时选择；其他选择"否"。纳税人在中国香港上市的，参照境外上市相关规定选择。

二、有关涉税事项情况

本部分所列项目为条件必填（必选）内容，当纳税人存在或发生下列事项时，必须填报。纳税人未填报的，视同不存在或未发生下列事项。

1."201 从事股权投资业务"：纳税人从事股权投资业务的（包括集团公司总部、创业投资企业等），选择"是"。

2."202 存在境外关联交易"：纳税人存在境外关联交易的，选择"是"。

3."203 境外所得信息"：填报纳税人与来源于中国境外所得的相关信息。

（1）"203-1 选择采用的境外所得抵免方式"：纳税人适用境外所得税收抵免政策，且根据《财政部 国家税务总局关于企业境外所得税收抵免有关问题的通知》（财税〔2009〕125号）、《财政部 税务总局关于完善企业境外所得税收抵免政策问题的通知》（财税〔2017〕84号）文件规定选择按国（地区）别分别计算其来源于境外的应纳税所得额，即"分国（地区）不分项"的，选择"分国（地区）不分项"；纳税人适用境外所得税收抵免政策，且根据财税〔2009〕125号、财税〔2017〕84号文件规定选择不按国（地区）别汇总计算其来源于境外的应纳税所得额，即"不分国（地区）不分项"的，选择"不分国（地区）不分项"。境外所得抵免方式一经选择，5年内不得变更。

（2）"203-2 新增境外直接投资信息"：填报纳税人符合享受境外所得免征企业所得税优惠政策条件的相关信息。本项目由在海南自由贸易港等特定地区设立的旅游业、现代服务业、高新技术产业且新增境外直接投资的企业填报。"产业类别"填报纳税人经营的产业类别，按"旅游业""现代服务业""高新技术产业"选择填报。

4."204 有限合伙制创业投资企业的法人合伙人"：纳税人投资于有限合伙制创业投资企业且为其法人合伙人的，选择"是"。本项目中的有限合伙制创业投资企业的法人合伙人是指符合《中华人民共和国合伙企业法》《创业投资企业管理暂行办法》（国家发展和改革委员会令第39号）、《外商投资创业投资企业管理规定》（外经贸部、科技部、工商总局、税务总局、外汇管理局令2003年第2号发布，商务部令2015年第2号修改）、《私募投资基金监督管理暂行办法》（证监会令第105号）关于创业投资基金的特别规定等规定的创业投资企业法人合伙人。有限合伙制创业投资企业的法人合伙人无论是否享受企业所得税优惠政策，均应填报本项。

5."205 创业投资企业"：纳税人为创业投资企业的，选择"是"。本项目中的创业投资企业是指依照《创业投资企业管理暂行办法》（国家发展和改革委员会令第39号）和《外商投资创业投资企业管理规定》（外经贸部、科技部、工商总局、税务总局、外汇管理局令2003年第2号发布，商务部令2015年第2号修改）、《私募投资基金监督管理暂行办法》（证监会令第105号）关于创业投资基金的特别规定等规定，在中华人民共和国境内设立的专门从事创业投资活动的企业或其他经济组织。创业投资企业无论是否享受企业所得税优惠政策，均应填报本项。

6."206 技术先进型服务企业类型"：纳税人为经认定的技术先进型服务企业的，从《技术先进型服务企业类型代码表》中选择相应的代码填报本项。本项目中的经认定的技术先进型服务企业是指符合《财政部 税务总局 商务部 科技部 国家发展改革委关于将技术先进型服务企业所得税政策推广至全国实施的通知》（财税〔2017〕79号）、《财政部 税务总局 商务部 科技部 国家发展改革委关于将服务贸易创新发展试点地区技术先进型服务企业所得税政策推广至全国实施的通知》（财税〔2018〕44号）等文件规定的企业。经认定的技术先进型服务企业无论是否享受企业所得税优惠政策，均应填报本项。

表 6-25　技术先进型服务企业类型代码表

代码	类型	
	大类	小类
110	服务外包类	信息技术外包服务（ITO）
120		技术性业务流程外包服务（BPO）
130		技术性知识流程外包服务（KPO）
210	服务贸易类	计算机和信息服务
220		研究开发和技术服务
230		文化技术服务
240		中医药医疗服务

7. "207 非营利组织"：纳税人为非营利组织的，选择"是"。

8. "208 软件、集成电路企业类型"：适用纳税人根据《企业所得税年度纳税申报基础信息表》（A000000）"208 软件、集成电路企业类型"填报的企业类型和实际经营情况，从《软件、集成电路企业优惠方式代码表》"代码"列中选择相应代码填报。软件、集成电路企业若符合相关企业所得税优惠政策条件的，无论是否享受企业所得税优惠，均应填报本项，且仅可从中选择一项填列。

表 6-26　软件、集成电路企业类型代码表

代码	类型	
	大类	中类
110	100 集成电路生产企业	线宽小于 0.8 微米（含）的企业（延续到期）
120		线宽小于 0.25 微米的企业（延续到期）
130		投资额超过 80 亿元的企业（延续到期）
131		投资额超过 150 亿元的企业（延续到期）
140		线宽小于 130 纳米（含）的企业
151		线宽小于 65 纳米（含）的企业
160		线宽小于 28 纳米（含）的企业
240	200 集成电路设计企业	集成电路设计企业
250		重点集成电路设计企业
330	300 软件企业	软件企业
340		重点软件企业
400	集成电路封装、测试（含封装测试）企业	
500	集成电路材料（含关键专用材料）企业	
600	集成电路装备（含专用设备）企业	

代码说明：

"集成电路生产企业"：符合《财政部 国家税务总局 发展改革委 工业和信息化部关于软件和集成电路产业企业所得税优惠政策有关问题的通知》（财税〔2016〕49 号）、《财政部 税务总局 国家发展改革委 工业和信息化部关于集成电路生产企业有关企业所得税政策问题的通知》（财税〔2018〕27 号）、《财政部 税务总局 发展改革委 工业和信息化部关于促进集成电路和软件产业高质量发展企业所得税政策的公告》（2020 年第 45 号）、《国家发展

改革委等五部门关于做好享受税收优惠政策的集成电路企业或项目、软件企业清单制定工作有关要求的通知》（发改高技〔2021〕413 号）等文件规定的集成电路生产企业。具体说明如下：

（1）"线宽小于 0.8 微米（含）的企业"是指可以享受第一年至第二年免征企业所得税，第三年至第五年按照 25% 的法定税率减半征收企业所得税优惠政策的集成电路线宽小于 0.8 微米（含）的集成电路生产企业。

（2）"线宽小于 0.25 微米的企业"是指可以享受第一年至第五年免征企业所得税，第六年至第十年按照 25% 的法定税率减半征收企业所得税优惠政策的集成电路线宽小于 0.25 微米的集成电路生产企业。

（3）"投资额超过 80 亿元的企业"是指可以享受第一年至第五年免征企业所得税，第六年至第十年按照 25% 的法定税率减半征收企业所得税优惠政策的投资额超过 80 亿元的集成电路生产企业。

（4）"投资额超过 150 亿元的企业"是指可以享受第一年至第五年免征企业所得税，第六年至第十年按照 25% 的法定税率减半征收企业所得税优惠政策的投资额超过 150 亿元的集成电路生产企业。

（5）"线宽小于 130 纳米（含）的企业"是指可以享受第一年至第二年免征企业所得税，第三年至第五年按照 25% 的法定税率减半征收企业所得税优惠政策的集成电路线宽小于 130 纳米（含）的集成电路生产企业。

（6）"线宽小于 65 纳米（含）的企业"是指可以享受第一年至第五年免征企业所得税，第六年至第十年按照 25% 的法定税率减半征收企业所得税优惠政策的集成电路线宽小于 65 纳米（含）的集成电路生产企业。

（7）"线宽小于 28 纳米（含）的企业"是指可以享受第一年至第十年免征企业所得税优惠政策的集成电路线宽小于 28 纳米（含）的集成电路生产企业。

"集成电路设计企业"：符合《财政部 国家税务总局 发展改革委 工业和信息化部关于软件和集成电路产业企业所得税优惠政策有关问题的通知》（财税〔2016〕49 号）、《财政部 税务总局关于集成电路设计和软件产业企业所得税政策的公告》（2019 年第 68 号）、《财政部 税务总局关于集成电路设计企业和软件企业 2019 年度企业所得税汇算清缴适用政策的公告》（2020 年第 29 号）、《财政部 税务总局 发展改革委 工业和信息化部关于促进集成电路和软件产业高质量发展企业所得税政策的公告》（2020 年第 45 号）、中华人民共和国工业和信息化部 国家发展改革委 财政部 国家税务总局公告 2021 年第 9 号等文件规定的集成电路设计企业、重点集成电路设计企业。具体说明如下。

（1）"集成电路设计企业"是指可以享受第一年至第二年免征企业所得税，第三年至第五年按照 25% 的法定税率减半征收企业所得税优惠政策的集成电路设计企业。

（2）"重点集成电路设计企业"是指在国家发展改革委、工业和信息化部等相关部门发布的清单内，可以享受第一年至第五年免征企业所得税、接续年度减按 10% 的税率征收企业所得税优惠政策的国家鼓励的重点集成电路设计企业。

"软件企业"：符合《财政部 国家税务总局 发展改革委 工业和信息化部关于软件和集成电路产业企业所得税优惠政策有关问题的通知》（财税〔2016〕49 号）、《财政部 税务总局关于集成电路设计和软件产业企业所得税政策的公告》（2019 年第 68 号）、《财政部 税务总局关于集成电路设计企业和软件企业 2019 年度企业所得税汇算清缴适用政策的公告》

（2020 年第 29 号）、《财政部 税务总局 发展改革委 工业和信息化部关于促进集成电路和软件产业高质量发展企业所得税政策的公告》（2020 年第 45 号）、中华人民共和国工业和信息化部 国家发展改革委 财政部 国家税务总局公告 2021 年第 10 号等文件规定的软件企业、重点软件企业。具体说明如下：

①"软件企业"是指可以享受第一年至第二年免征企业所得税，第三年至第五年按照 25% 的法定税率减半征收企业所得税优惠政策的符合条件的软件企业。

②"重点软件企业"是指在国家发展改革委、工业和信息化部等相关部门发布的清单内，可以享受第一年至第五年免征企业所得税、接续年度减按 10% 的税率征收企业所得税优惠政策的国家鼓励的重点软件企业。

"集成电路封装、测试（含封装测试）企业"：符合《财政部 国家税务总局 发展改革委 工业和信息化部关于进一步鼓励集成电路产业发展企业所得税政策的通知》（财税〔2015〕6 号）、《财政部 税务总局 发展改革委 工业和信息化部关于促进集成电路和软件产业高质量发展企业所得税政策的公告》（2020 年第 45 号）文件规定可以享受企业所得税优惠政策的集成电路封装、测试（含封装测试）企业。

"集成电路材料（含关键专用材料）企业"：符合《财政部 国家税务总局 发展改革委 工业和信息化部关于进一步鼓励集成电路产业发展企业所得税政策的通知》（财税〔2015〕6 号）、《财政部 税务总局 发展改革委 工业和信息化部关于促进集成电路和软件产业高质量发展企业所得税政策的公告》（2020 年第 45 号）文件规定可以享受企业所得税优惠政策的材料（含集成电路关键专用材料）生产企业。

"集成电路装备（含专用设备）企业"：符合《财政部 国家税务总局 发展改革委 工业和信息化部关于进一步鼓励集成电路产业发展企业所得税政策的通知》（财税〔2015〕6 号）、《财政部 税务总局 发展改革委 工业和信息化部关于促进集成电路和软件产业高质量发展企业所得税政策的公告》（2020 年第 45 号）文件规定可以享受企业所得税优惠政策的集成电路装备（含专用设备）企业。

9. "209 集成电路生产项目类型"：纳税人投资集成电路线宽小于 130 纳米（含）、线宽小于 65 纳米（含）或投资额超过 150 亿元、线宽小于 28 纳米（含）的集成电路生产项目，项目符合有关文件规定的税收优惠政策条件，且按照项目享受企业所得税优惠政策的，应填报本项。纳税人投资线宽小于 130 纳米（含）的集成电路生产项目的，选择"130 纳米"，投资线宽小于 65 纳米（含）或投资额超过 150 亿元的集成电路生产项目的，选择"65 纳米"；投资线宽小于 28 纳米（含）的集成电路生产项目的，选择"28 纳米"；同时投资上述两类以上项目的，可同时选择。

纳税人既符合"208 软件、集成电路企业类型"项目又符合"209 集成电路生产项目类型"项目填报条件的，应当同时填报。

10. "210 科技型中小企业"：纳税人根据申报所属期年度和申报所属期下一年度取得的科技型中小企业入库登记编号情况，填报本项目下的"210-1""210-2""210-3""210-4"。如，纳税人在进行 2018 年度企业所得税汇算清缴纳税申报时，"210-1（申报所属期年度）入库编号"首先应当填列"2018 年（申报所属期年度）入库编号"，"210-3（所属期下一年度）入库编号"首先应当填列"2019 年（所属期下一年度）入库编号"。若纳税人在 2018 年 1 月 1 日至 2018 年 12 月 31 日之间取得科技型中小企业入库登记编号的，将相应

的"编号"及"入库时间"分别填入"210-1"和"210-2"项目中；若纳税人在 2019 年
1 月 1 日至 2018 年度汇算清缴纳税申报日之间取得科技型中小企业入库登记编号的，将相
应的"编号"及"入库时间"分别填入"210-3"和"210-4"项目中。纳税人符合上述填
报要求的，无论是否享受企业所得税优惠政策，均应填报本项。

11. "211 高新技术企业申报所属期年度有效的高新技术企业证书"：纳税人根据申报所
属期年度拥有的有效期内的高新技术企业证书情况，填报本项目下的"211-1""211-2"
"211-3""211-4"。在申报所属期年度，如企业同时拥有两个高新技术企业证书，则两个
证书情况均应填报。如：纳税人 2015 年 10 月取得高新技术企业证书，有效期 3 年，2018 年
再次参加认定并于 2018 年 11 月取得新高新技术企业证书，纳税人在进行 2018 年度企业所
得税汇算清缴纳税申报时，应将两个证书的"编号"及"发证时间"分别填入"211-1"
"211-2""211-3""211-4"项目中。纳税人符合上述填报要求的，无论是否享受企业所得
税优惠政策，均应填报本项。

12. "212 重组事项税务处理方式"：纳税人在申报所属期年度发生重组事项的，应填报
本项。纳税人重组事项按一般性税务处理的，选择"一般性"；重组事项按特殊性税务处理
的，选择"特殊性"。

13. "213 重组交易类型"和"214 重组当事方类型"：填报"212 重组事项税务处理方
式"的纳税人，应当同时填报"213 重组交易类型"和"214 重组当事方类型"。纳税人根
据重组情况从《重组交易类型和当事方类型代码表》中选择相应代码分别填入对应项目中。
重组交易类型和当事方类型根据《财政部 国家税务总局关于企业重组业务企业所得税处理
若干问题的通知》（财税〔2009〕59 号）、《财政部 国家税务总局关于促进企业重组有关
企业所得税处理问题的通知》（财税〔2014〕109 号）、《国家税务总局关于企业重组业务企
业所得税征收管理若干问题的公告》（2015 年第 48 号发布，国家税务总局公告 2018 年第 31
号修改）等文件规定判断。

表 6-27 重组交易类型和当事方类型代码表

重组交易		重组当事方	
代码	类型	代码	类型
100	法律形式改变	——	——
200	债务重组	210	债务人
		220	债权人
300	股权收购	310	收购方
		320	转让方
		330	被收购企业
400	资产收购	410	收购方
		420	转让方
500	合并	510	合并企业
		520	被合并企业
		530	被合并企业股东
600	分立	610	分立企业
		620	被分立企业
		630	被分立企业股东

14. "215 政策性搬迁开始时间"：纳税人发生政策性搬迁事项且申报所属期年度处在搬迁期内的，填报政策性搬迁开始的时间。

15. "216 发生政策性搬迁且停止生产经营无所得年度"：纳税人的申报所属期年度处于政策性搬迁期内，且停止生产经营无所得的，选择"是"。

16. "217 政策性搬迁损失分期扣除年度"：纳税人发生政策性搬迁事项出现搬迁损失，按照《企业政策性搬迁所得税管理办法》（2012 年第 40 号发布）等有关规定选择自搬迁完成年度起分 3 个年度均匀在税前扣除的，且申报所属期年度处在分期扣除期间的，选择"是"。

17. "218 发生非货币性资产对外投资递延纳税事项"：纳税人在申报所属期年度发生非货币性资产对外投资递延纳税事项的，选择"是"。

18. "219 非货币性资产对外投资转让所得递延纳税年度"：纳税人以非货币性资产对外投资确认的非货币性资产转让所得，按照《财政部 国家税务总局关于非货币性资产投资企业所得税政策问题的通知》（财税〔2014〕116 号）、《国家税务总局关于非货币性资产投资企业所得税有关征管问题的公告》（2015 年第 33 号）等文件规定，在不超过 5 年期限内分期均匀计入相应年度的应纳税所得额的，且申报所属期年度处在递延纳税期间的，选择"是"。

19. "220 发生技术成果投资入股递延纳税事项"：纳税人在申报所属期年度发生技术入股递延纳税事项的，选择"是"。

20. "221 技术成果投资入股递延纳税年度"：纳税人发生技术入股事项，按照《财政部 国家税务总局关于完善股权激励和技术入股有关所得税政策的通知》（财税〔2016〕101 号）、《国家税务总局关于股权激励和技术入股所得税征管问题的公告》（2016 年第 62 号）等文件规定选择适用递延纳税政策，即在投资入股当期暂不纳税，递延至转让股权时按股权转让收入减去技术成果原值和合理税费后的差额计算缴纳所得税的，且申报所属期年度为转让股权年度的，选择"是"。

21. "222 发生资产（股权）划转特殊性税务处理事项"：纳税人在申报所属期年度发生《财政部 国家税务总局关于促进企业重组有关企业所得税处理问题的通知》（财税〔2014〕109 号）、《国家税务总局关于资产（股权）划转企业所得税征管问题的公告》（2015 年第 40 号）等文件规定的资产（股权）划转特殊性税务处理事项的，选择"是"。

22. "223 债务重组所得递延纳税年度"：纳税人债务重组确认的应纳税所得额按照《财政部 国家税务总局关于企业重组业务企业所得税处理若干问题的通知》（财税〔2009〕59 号）、《财政部 国家税务总局关于促进企业重组有关企业所得税处理问题的通知》（财税〔2014〕109 号）等文件规定，在 5 个纳税年度的期间内，均匀计入各年度的应纳税所得额的，且申报所属期年度处在递延纳税期间的，选择"是"。

23. "224 研发支出辅助账样式"：按照《国家税务总局关于企业研究开发费用税前加计扣除政策有关问题的公告》（2015 年第 97 号）、《国家税务总局关于进一步落实研发费用加计扣除政策有关问题的公告》（2021 年第 28 号）文件规定，纳税人选择使用 2015 版研发支出辅助账样式及其优化版（如上海市 2018 优化版研发支出辅助账样式）的，选择"2015版"；纳税人选择 2021 版研发支出辅助账样式，选择"2021 版"；纳税人自行设计研发支出辅助账样式的，选择"自行设计"。

三、主要股东及分红情况

纳税人填报本企业投资比例位列前 10 位的股东情况，包括股东名称，证件种类（营业执照、税务登记证、组织机构代码证、身份证号、护照等），证件号码（统一社会信用代码、纳税人识别号、组织机构代码、身份证号、护照号等），投资比例，当年（决议日）分配的股息、红利等权益性投资收益金额，国籍（注册地址）。纳税人股东数量超过 10 位的，应将其余股东有关数据合计后填入"其余股东合计"行次。

纳税人股东为非居民企业的，证件种类和证件号码可不填报。

表 6-28　中华人民共和国企业所得税年度纳税申报表（A 类）

行次	类别	项目	金额
1	利润总额计算	一、营业收入（填写 A101010\101020\103000）	82 000 000.00
2		减：营业成本（填写 A102010\102020\103000）	51 360 000.00
3		减：税金及附加	2 050 000.00
4		减：销售费用（填写 A104000）	10 100 000.00
5		减：管理费用（填写 A104000）	12 500 000.00
6		减：财务费用（填写 A104000）	1 020 000.00
7		减：资产减值损失	500 000.00
8		加：公允价值变动收益	200 000.00
9		加：投资收益	1 050 000.00
10		二、营业利润（1-2-3-4-5-6-7+8+9）	5 720 000.00
11		加：营业外收入（填写 A101010\101020\103000）	546 000.00
12		减：营业外支出（填写 A102010\102020\103000）	390 000.00
13		三、利润总额（10+11-12）	5 876 000.00
14	应纳税所得额计算	减：境外所得（填写 A108010）	1 200 000.00
15		加：纳税调整增加额（填写 A105000）	1 515 000.00
16		减：纳税调整减少额（填写 A105000）	327 700.00
17		减：免税、减计收入及加计扣除（填写 A107010）	1 050 000.00
18		加：境外应税所得抵减境内亏损（填写 A108000）	0.00
19		四、纳税调整后所得（13-14+15-16-17+18）	4 813 300.00
20		减：所得减免（填写 A107020）	0.00
21		减：弥补以前年度亏损（填写 A106000）	0.00
22		减：抵扣应纳税所得额（填写 A107030）	0.00
23		五、应纳税所得额（19-20-21-22）	4 813 300.00
24	应纳税额计算	税率（25%）	25.00%
25		六、应纳所得税额（23×24）	1 203 325.00
26		减：减免所得税额（填写 A107040）	0.00
27		减：抵免所得税额（填写 A107050）	0.00
28		七、应纳税额（25-26-27）	1 203 325.00
29		加：境外所得应纳所得税额（填写 A108000）	300 000.00

续表

行次	类别	项目	金额
30	应纳税额计算	减：境外所得抵免所得税额（填写 A108000）	300 000.00
31		八、实际应纳所得税额（28+29−30）	1 203 325.00
32		减：本年累计实际已缴纳的所得税额	1 175 200.00
33		九、本年应补（退）所得税额（31−32）	28 125.00
34		其中：总机构分摊本年应补（退）所得税额（填写 A109000）	0.00
35		财政集中分配本年应补（退）所得税额（填写 A109000）	0.00
36		总机构主体生产经营部门分摊本年应补（退）所得税额（填写 A109000）	0.00
37	实际应纳税额计算	减：民族自治地区企业所得税地方分享部分：（□免征□减征：减征幅度%）	
38		十、本年实际应补（退）所得税额（33−37）	28 125.00

《中华人民共和国企业所得税年度纳税申报表（A 类）》填报说明

本表为企业所得税年度纳税申报表的主表，纳税人应当根据《中华人民共和国企业所得税法》及其实施条例（以下简称"税法"）、相关税收政策，以及国家统一会计制度（企业会计准则、小企业会计准则、企业会计制度、事业单位会计准则和民间非营利组织会计制度等）的规定，计算填报利润总额、应纳税所得额和应纳税额等有关项目。

纳税人在计算企业所得税应纳税所得额及应纳税额时，会计处理与税收规定不一致的，应当按照税收规定计算。税收规定不明确的，在没有明确规定之前，暂按国家统一会计制度计算。

一、有关项目填报说明

（一）表体项目

本表是在纳税人会计利润总额的基础上，加减纳税调整等金额后计算出"纳税调整后所得"。会计与税法的差异（包括收入类、扣除类、资产类等差异）通过《纳税调整项目明细表》（A105000）集中填报。

本表包括利润总额计算、应纳税所得额计算、应纳税额计算三个部分。

1. "利润总额计算"中的项目，按照国家统一会计制度规定计算填报。实行企业会计准则、小企业会计准则、企业会计制度、分行业会计制度的纳税人，其数据直接取自《利润表》（另有说明的除外）；实行事业单位会计准则的纳税人，其数据取自《收入支出表》；实行民间非营利组织会计制度的纳税人，其数据取自《业务活动表》；实行其他国家统一会计制度的纳税人，根据本表项目进行分析填报。

2. "应纳税所得额计算"和"应纳税额计算"中的项目，除根据主表逻辑关系计算以外，通过附表相应栏次填报。

（二）行次说明

第 1～13 行参照国家统一会计制度规定填写。本部分未设"研发费用""其他收益""资产处置收益"等项目，对于已执行《财政部关于修订印发 2019 年度一般企业财务报表格式的通知》（财会〔2019〕6 号）的纳税人，在《利润表》中归集的"研发费用"通过《期间费用明细表》（A104000）第 19 行"十九、研究费用"的管理费用相应列次填报；在

《利润表》中归集的"其他收益""资产处置收益""信用减值损失""净敞口套期收益"项目则无须填报,同时第10行"二、营业利润"不执行"第10行＝第1-2-3-4-5-6-7+8+9行"的表内关系,按照《利润表》"营业利润"项目直接填报。

1. 第1行"营业收入":填报纳税人主要经营业务和其他经营业务取得的收入总额。本行根据"主营业务收入"和"其他业务收入"的数额填报。一般企业纳税人根据《一般企业收入明细表》(A101010)填报;金融企业纳税人根据《金融企业收入明细表》(A101020)填报;事业单位、社会团体、民办非企业单位、非营利组织等纳税人根据《事业单位、民间非营利组织收入、支出明细表》(A103000)填报。

2. 第2行"营业成本":填报纳税人主要经营业务和其他经营业务发生的成本总额。本行根据"主营业务成本"和"其他业务成本"的数额填报。一般企业纳税人根据《一般企业成本支出明细表》(A102010)填报;金融企业纳税人根据《金融企业支出明细表》(A102020)填报;事业单位、社会团体、民办非企业单位、非营利组织等纳税人,根据《事业单位、民间非营利组织收入、支出明细表》(A103000)填报。

3. 第3行"税金及附加":填报纳税人经营活动发生的消费税、城市维护建设税、资源税、土地增值税和教育费附加等相关税费。本行根据纳税人相关会计科目填报。纳税人在其他会计科目核算的税金不得重复填报。

4. 第4行"销售费用":填报纳税人在销售商品和材料、提供劳务的过程中发生的各种费用。本行根据《期间费用明细表》(A104000)中对应的"销售费用"填报。

5. 第5行"管理费用":填报纳税人为组织和管理企业生产经营发生的管理费用。本行根据《期间费用明细表》(A104000)中对应的"管理费用"填报。

6. 第6行"财务费用":填报纳税人为筹集生产经营所需资金等发生的筹资费用。本行根据《期间费用明细表》(A104000)中对应的"财务费用"填报。

7. 第7行"资产减值损失":填报纳税人计提各项资产准备发生的减值损失。本行根据企业"资产减值损失"科目上的数额填报。实行其他会计制度的比照填报。

8. 第8行"公允价值变动收益":填报纳税人在初始确认时划分为以公允价值计量且其变动计入当期损益的金融资产或金融负债(包括交易性金融资产或负债,直接指定为以公允价值计量且其变动计入当期损益的金融资产或金融负债),以及采用公允价值模式计量的投资性房地产、衍生工具和套期业务中公允价值变动形成的应计入当期损益的利得或损失。本行根据企业"公允价值变动损益"科目的数额填报,损失以"-"号填列。

9. 第9行"投资收益":填报纳税人以各种方式对外投资所取得的收益或发生的损失。根据企业"投资收益"科目的数额计算填报,实行事业单位会计准则的纳税人根据"其他收入"科目中的投资收益金额分析填报,损失以"-"号填列。实行其他会计制度的纳税人比照填报。

10. 第10行"营业利润":填报纳税人当期的营业利润。根据上述项目计算填报。已执行《财政部关于修订印发2019年度一般企业财务报表格式的通知》(财会〔2019〕6号)和《财政部关于修订印发2018年度金融企业财务报表格式的通知》(财会〔2018〕36号)的纳税人,根据《利润表》对应项目填列,不执行本行计算规则。

11. 第11行"营业外收入":填报纳税人取得的与其经营活动无直接关系的各项收入的金额。一般企业纳税人根据《一般企业收入明细表》(A101010)填报;金融企业纳税人根据《金融企业收入明细表》（A101020）填报；实行事业单位会计准则或民间非营利组织会计制度的纳税人根据《事业单位、民间非营利组织收入、支出明细表》（A103000）填报。

12. 第12行"营业外支出"：填报纳税人发生的与其经营活动无直接关系的各项支出的金额。一般企业纳税人根据《一般企业成本支出明细表》（A102010）填报；金融企业纳税人根据《金融企业支出明细表》（A102020）填报；实行事业单位会计准则或民间非营利组织会计制度的纳税人根据《事业单位、民间非营利组织收入、支出明细表》（A103000）填报。

13. 第13行"利润总额"：填报纳税人当期的利润总额。根据上述项目计算填报。

14. 第14行"境外所得"：填报已计入利润总额以及按照税法相关规定已在《纳税调整项目明细表》（A105000）进行纳税调整的境外所得金额。本行根据《境外所得纳税调整后所得明细表》（A108010）填报。

15. 第15行"纳税调整增加额"：填报纳税人会计处理与税收规定不一致，进行纳税调整增加的金额。本行根据《纳税调整项目明细表》（A105000）"调增金额"列填报。

16. 第16行"纳税调整减少额"：填报纳税人会计处理与税收规定不一致，进行纳税调整减少的金额。本行根据《纳税调整项目明细表》（A105000）"调减金额"列填报。

17. 第17行"免税、减计收入及加计扣除"：填报属于税收规定免税收入、减计收入、加计扣除金额。本行根据《免税、减计收入及加计扣除优惠明细表》（A107010）填报。

18. 第18行"境外应税所得抵减境内亏损"：当纳税人选择不用境外所得抵减境内亏损时，填报0；当纳税人选择用境外所得抵减境内亏损时，填报境外所得抵减当年度境内亏损的金额。用境外所得弥补以前年度境内亏损的，还需填报《企业所得税弥补亏损明细表》（A106000）和《境外所得税收抵免明细表》（A108000）。

19. 第19行"纳税调整后所得"：填报纳税人经过纳税调整、税收优惠、境外所得计算后的所得额。

20. 第20行"所得减免"：填报属于税收规定的所得减免金额。本行根据《所得减免优惠明细表》（A107020）填报。

21. 第21行"弥补以前年度亏损"：填报纳税人按照税收规定可在税前弥补的以前年度亏损数额。本行根据《企业所得税弥补亏损明细表》（A106000）填报。

22. 第22行"抵扣应纳税所得额"：填报根据税收规定应抵扣的应纳税所得额。本行根据《抵扣应纳税所得额明细表》（A107030）填报。

23. 第23行"应纳税所得额"：填报第19-20-21-22行金额。按照上述行次顺序计算结果为负数的，本行按0填报。

24. 第24行"税率"：填报税收规定的税率25%。

25. 第25行"应纳所得税额"：填报第23×24行金额。

26. 第26行"减免所得税额"：填报纳税人按税收规定实际减免的企业所得税额。本行根据《减免所得税优惠明细表》（A107040）填报。

27. 第27行"抵免所得税额"：填报企业当年的应纳所得税额中抵免的金额。本行根据《税额抵免优惠明细表》（A107050）填报。

28. 第28行"应纳税额"：填报第25-26-27行金额。

29. 第29行"境外所得应纳所得税额"：填报纳税人来源于中国境外的所得，按照我国税收规定计算的应纳所得税额。本行根据《境外所得税收抵免明细表》（A108000）填报。

30. 第 30 行"境外所得抵免所得税额"：填报纳税人来源于中国境外所得依照中国境外税收法律以及相关规定应缴纳并实际缴纳（包括视同已实际缴纳）的企业所得税性质的税款（准予抵免税款）。本行根据《境外所得税收抵免明细表》（A108000）填报。

31. 第 31 行"实际应纳所得税额"：填报第 28+29-30 行金额。其中，跨地区经营企业类型为"分支机构（须进行完整年度申报并按比例纳税）"的纳税人，填报（第 28+29-30 行）×"分支机构就地纳税比例"金额。

32. 第 32 行"本年累计实际已缴纳的所得税额"：填报纳税人按照税收规定本纳税年度已在月（季）度累计预缴的所得税额，包括按照税收规定的特定业务已预缴（征）的所得税额，建筑企业总机构直接管理的跨地区设立的项目部按规定向项目所在地主管税务机关预缴的所得税额。

33. 第 33 行"本年应补（退）的所得税额"：填报第 31-32 行金额。

34. 第 34 行"总机构分摊本年应补（退）所得税额"：填报汇总纳税的总机构按照税收规定在总机构所在地分摊本年应补（退）所得税额。本行根据《跨地区经营汇总纳税企业年度分摊企业所得税明细表》（A109000）填报。

35. 第 35 行"财政集中分配本年应补（退）所得税额"：填报汇总纳税的总机构按照税收规定财政集中分配本年应补（退）所得税款。本行根据《跨地区经营汇总纳税企业年度分摊企业所得税明细表》（A109000）填报。

36. 第 36 行"总机构主体生产经营部门分摊本年应补（退）所得税额"：填报汇总纳税的总机构所属的具有主体生产经营职能的部门按照税收规定应分摊的本年应补（退）所得税额。本行根据《跨地区经营汇总纳税企业年度分摊企业所得税明细表》（A109000）填报。

37. 第 37 行"减：民族自治地区企业所得税地方分享部分：□免征□减征：减征幅度＿％）"：根据《中华人民共和国企业所得税法》《中华人民共和国民族区域自治法》《财政部　国家税务总局关于贯彻落实国务院关于实施企业所得税过渡优惠政策有关问题的通知》（财税〔2008〕21 号）等规定，实行民族区域自治的自治区、自治州、自治县的自治机关对本民族自治地方的企业应缴纳的企业所得税中属于地方分享的部分，可以决定减征或免征，自治州、自治县决定减征或者免征的，须报省、自治区、直辖市人民政府批准。

纳税人填报该行次时，根据享受政策的类型选择"免征"或"减征"，二者必选其一。选择"免征"是指免征企业所得税税收地方分享部分；选择"减征：减征幅度＿％"是指减征企业所得税税收地方分享部分。此时需填写"减征幅度"，减征幅度填写范围为 1 至 100，表示企业所得税税收地方分享部分的减征比例。例如：地方分享部分减半征收，则选择"减征"，并在"减征幅度"后填写"50％"。

企业类型为"非跨地区经营企业"的，本行填报"实际应纳所得税额"×40％×减征幅度-本年度预缴申报累计已减免的地方分享部分减免金额的余额。企业类型为"跨地区经营汇总纳税企业总机构"的，本行填报《跨地区经营汇总纳税企业年度分摊企业所得税明细表》（A109000）第 20 行"总机构因民族地方优惠调整分配金额"的金额。

38. 第 38 行"十、本年实际应补（退）所得税额"：填报纳税人当期实际应补（退）的所得税额。企业类型为"非跨地区经营企业"的，本行填报第 33-37 行金额。企业类型为"跨地区经营汇总纳税企业总机构"的，本行填报《跨地区经营汇总纳税企业年度分摊企业所得税明细表》（A109000）第 21 行"八、总机构本年实际应补（退）所得税额"的金额。

二、表内、表间关系

（一）表内关系

1. 第 10 行＝第 1-2-3-4-5-6-7+8+9 行。已执行财会〔2019〕6 号和财会〔2018〕36 号的纳税人，不执行本规则。

2. 第 13 行＝第 10+11-12 行。

3. 第 19 行＝第 13-14+15-16-17+18 行。

4. 第 23 行＝第 19-20-21-22 行。

5. 第 25 行＝第 23×24 行。

6. 第 28 行＝第 25-26-27 行。

7. 第 31 行＝第 28+29-30 行。其中，跨地区经营企业类型为"分支机构（须进行完整年度申报并按比例纳税）"的纳税人，第 31 行＝（第 28+29-30 行）×表 A000000"102 分支机构就地纳税比例"。

8. 第 33 行＝第 31-32 行。

9. 企业类型为"非跨地区经营企业"的，第 38 行＝第 33-37 行。

（二）表间关系

1. 第 1 行＝表 A101010 第 1 行或表 A101020 第 1 行或表 A103000 第 2+3+4+5+6 行或表 A103000 第 11+12+13+14+15 行。

2. 第 2 行＝表 A102010 第 1 行或表 A102020 第 1 行或表 A103000 第 19+20+21+22 行或表 A103000 第 25+26+27 行。

3. 第 4 行＝表 A104000 第 26 行第 1 列。

4. 第 5 行＝表 A104000 第 26 行第 3 列。

5. 第 6 行＝表 A104000 第 26 行第 5 列。

6. 第 9 行＝表 A103000 第 8 行或者第 16 行（仅限于填报表 A103000 的纳税人，其他纳税人根据财务核算情况自行填写）。

7. 第 11 行＝表 A101010 第 16 行或表 A101020 第 35 行或表 A103000 第 9 行或第 17 行。

8. 第 12 行＝表 A102010 第 16 行或表 A102020 第 33 行或表 A103000 第 23 行或第 28 行。

9. 第 14 行＝表 A108010 第 14 列合计-第 11 列合计。

10. 第 15 行＝表 A105000 第 46 行第 3 列。

11. 第 16 行＝表 A105000 第 46 行第 4 列。

12. 第 17 行＝表 A107010 第 31 行。

13. 第 18 行：

（1）当第 13-14+15-16-17 行≥0，第 18 行＝0；

（2）当第 13-14+15-16-17<0 且表 A108000 第 5 列合计行≥0，表 A108000 第 6 列合计行>0 时，第 18 行＝表 A108000 第 5 列合计行与表 A100000 第 13-14+15-16-17 行绝对值的孰小值；

（3）当第 13-14+15-16-17<0 且表 A108000 第 5 列合计行≥0，表 A108000 第 6 列合计行＝0 时，第 18 行＝0。

14. 第 20 行：

当第 19 行≤0 时，第 20 行 = 0；

当第 19 行>0 时，

（1）第 19 行≥表 A107020 合计行第 11 列，第 20 行 = 表 A107020 合计行第 11 列；

（2）第 19 行<表 A107020 合计行第 11 列，第 20 行 = 第 19 行。

15. 第 21 行 = 表 A106000 第 11 行第 10 列。

16. 第 22 行 = 表 A107030 第 15 行第 1 列。

17. 第 26 行 = 表 A107040 第 33 行。

18. 第 27 行 = 表 A107050 第 7 行第 11 列。

19. 第 29 行 = 表 A108000 合计行第 9 列。

20. 第 30 行 = 表 A108000 合计行第 19 列。

21. 第 34 行 = 表 A109000 第 12+16 行。

22. 第 35 行 = 表 A109000 第 13 行。

23. 第 36 行 = 表 A109000 第 15 行。

24. 企业类型为"跨地区经营汇总纳税企业总机构"的，第 37 行 = 表 A109000 第 20 行。

25. 企业类型为"跨地区经营汇总纳税企业总机构"的，第 38 行 = 表 A109000 第 21 行。

表 6-29 一般企业收入明细表

行次	项目	金额
1	一、营业收入（2+9）	82 000 000.00
2	（一）主营业务收入（3+5+6+7+8）	82 000 000.00
3	1. 销售商品收入	68 000 000.00
4	其中：非货币性资产交换收入	0.00
5	2. 提供劳务收入	6 000 000.00
6	3. 建造合同收入	0.00
7	4. 让渡资产使用权收入	8 000 000.00
8	5. 其他	0.00
9	（二）其他业务收入（10+12+13+14+15）	0.00
10	1. 销售材料收入	0.00
11	其中：非货币性资产交换收入	0.00
12	2. 出租固定资产收入	0.00
13	3. 出租无形资产收入	0.00
14	4. 出租包装物和商品收入	0.00
15	5. 其他	0.00
16	二、营业外收入（17+18+19+20+21+22+23+24+25+26）	546 000.00
17	（一）非流动资产处置利得	0.00
18	（二）非货币性资产交换利得	400 000.00

行次	项目	金额
19	（三）债务重组利得	0.00
20	（四）政府补助利得	120 000.00
21	（五）盘盈利得	0.00
22	（六）捐赠利得	0.00
23	（七）罚没利得	0.00
24	（八）确实无法偿付的应付款项	0.00
25	（九）汇兑收益	0.00
26	（十）其他	26 000.00

《一般企业收入明细表》填报说明

本表适用于除金融企业、事业单位和民间非营利组织外的企业填报。纳税人应根据国家统一会计制度的规定，填报"主营业务收入"、"其他业务收入"和"营业外收入"。

一、有关项目填报说明

1. 第1行"营业收入"：根据主营业务收入、其他业务收入的数额计算填报。

2. 第2行"主营业务收入"：根据不同行业的业务性质分别填报纳税人核算的主营业务收入。

3. 第3行"销售商品收入"：填报纳税人从事工业制造、商品流通、农业生产以及其他商品销售活动取得的主营业务收入。房地产开发企业销售开发产品（销售未完工开发产品除外）取得的收入也在此行填报。

4. 第4行"其中：非货币性资产交换收入"：填报纳税人发生的非货币性资产交换按照国家统一会计制度应确认的销售商品收入。

5. 第5行"提供劳务收入"：填报纳税人从事建筑安装、修理修配、交通运输、仓储租赁、邮电通信、咨询经纪、文化体育、科学研究、技术服务、教育培训、餐饮住宿、中介代理、卫生保健、社区服务、旅游、娱乐、加工以及其他劳务活动取得的主营业务收入。

6. 第6行"建造合同收入"：填报纳税人建造房屋、道路、桥梁、水坝等建筑物，以及生产船舶、飞机、大型机械设备等取得的主营业务收入。

7. 第7行"让渡资产使用权收入"：填报纳税人在主营业务收入核算的，让渡无形资产使用权而取得的使用费收入以及出租固定资产、无形资产、投资性房地产取得的租金收入。

8. 第8行"其他"：填报纳税人按照国家统一会计制度核算、上述未列举的其他主营业务收入。

9. 第9行"其他业务收入"：填报根据不同行业的业务性质分别填报纳税人核算的其他业务收入。

10. 第10行"销售材料收入"：填报纳税人销售材料、下脚料、废料、废旧物资等取得的收入。

11. 第11行"其中：非货币性资产交换收入"：填报纳税人发生的非货币性资产交换按照国家统一会计制度应确认的材料销售收入。

12. 第 12 行"出租固定资产收入"：填报纳税人将固定资产使用权让与承租人获取的其他业务收入。

13. 第 13 行"出租无形资产收入"：填报纳税人让渡无形资产使用权取得的其他业务收入。

14. 第 14 行"出租包装物和商品收入"：填报纳税人出租、出借包装物和商品取得的其他业务收入。

15. 第 15 行"其他"：填报纳税人按照国家统一会计制度核算，上述未列举的其他业务收入。

16. 第 16 行"营业外收入"：填报纳税人计入本科目核算的与生产经营无直接关系的各项收入。

17. 第 17 行"非流动资产处置利得"：填报纳税人处置固定资产、无形资产等取得的净收益。

18. 第 18 行"非货币性资产交换利得"：填报纳税人发生非货币性资产交换应确认的净收益。

19. 第 19 行"债务重组利得"：填报纳税人发生的债务重组业务确认的净收益。

20. 第 20 行"政府补助利得"：填报纳税人从政府无偿取得货币性资产或非货币性资产应确认的净收益。

21. 第 21 行"盘盈利得"：填报纳税人在清查财产过程中查明的各种财产盘盈应确认的净收益。

22. 第 22 行"捐赠利得"：填报纳税人接受的来自企业、组织或个人无偿给予的货币性资产、非货币性资产捐赠应确认的净收益。

23. 第 23 行"罚没利得"：填报纳税人在日常经营管理活动中取得的罚款、没收收入应确认的净收益。

24. 第 24 行"确实无法偿付的应付款项"：填报纳税人因确实无法偿付的应付款项而确认的收入。

25. 第 25 行"汇兑收益"：填报纳税人取得企业外币货币性项目因汇率变动形成的收益应确认的收入。（该项目为执行小企业会计准则企业填报）

26. 第 26 行"其他"：填报纳税人取得的上述项目未列举的其他营业外收入，包括执行企业会计准则纳税人按权益法核算长期股权投资对初始投资成本调整确认的收益，执行小企业会计准则纳税人取得的出租包装物和商品的租金收入、逾期未退包装物押金收益等。

二、表内、表间关系

（一）表内关系

1. 第 1 行 = 第 2+9 行。

2. 第 2 行 = 第 3+5+6+7+8 行。

3. 第 9 行 = 第 10+12+13+14+15 行。

4. 第 16 行 = 第 17+18+19+20+21+22+23+24+25+26 行。

（二）表间关系

1. 第 1 行 = 表 A100000 第 1 行。

2. 第 16 行 = 表 A100000 第 11 行。

表 6-30　一般企业成本支出明细表

行次	项目	金额
1	一、营业成本（2+9）	51 360 000.00
2	（一）主营业务成本（3+5+6+7+8）	51 360 000.00
3	1. 销售商品成本	41 560 000.00
4	其中：非货币性资产交换成本	0.00
5	2. 提供劳务成本	4 200 000.00
6	3. 建造合同成本	0.00
7	4. 让渡资产使用权成本	5 600 000.00
8	5. 其他	0.00
9	（二）其他业务成本（10+12+13+14+15）	0.00
10	1. 销售材料成本	0.00
11	其中：非货币性资产交换成本	0.00
12	2. 出租固定资产成本	0.00
13	3. 出租无形资产成本	0.00
14	4. 包装物出租成本	0.00
15	5. 其他	0.00
16	二、营业外支出（17+18+19+20+21+22+23+24+25+26）	390 000.00
17	（一）非流动资产处置损失	0.00
18	（二）非货币性资产交换损失	0.00
19	（三）债务重组损失	0.00
20	（四）非常损失	0.00
21	（五）捐赠支出	0.00
22	（六）赞助支出	0.00
23	（七）罚没支出	90 000.00
24	（八）坏账损失	0.00
25	（九）无法收回的债券股权投资损失	0.00
26	（十）其他	300 000.00

《一般企业成本支出明细表》填报说明

本表适用于除金融企业、事业单位和民间非营利组织外的企业填报。纳税人应根据国家统一会计制度的规定，填报"主营业务成本"、"其他业务成本"和"营业外支出"。

一、有关项目填报说明

1. 第 1 行"营业成本"：填报纳税人主要经营业务和其他经营业务发生的成本总额。本行根据"主营业务成本"和"其他业务成本"的数额计算填报。

2. 第 2 行"主营业务成本"：根据不同行业的业务性质分别填报纳税人核算的主营业务成本。

3. 第 3 行"销售商品成本"：填报纳税人从事工业制造、商品流通、农业生产以及其他商品销售活动发生的主营业务成本。房地产开发企业销售开发产品（销售未完工开发产品除外）发生的成本也在此行填报。

4. 第 4 行"其中：非货币性资产交换成本"：填报纳税人发生的非货币性资产交换按照国家统一会计制度应确认的销售商品成本。

5. 第 5 行"提供劳务成本"：填报纳税人从事建筑安装、修理修配、交通运输、仓储租赁、邮电通信、咨询经纪、文化体育、科学研究、技术服务、教育培训、餐饮住宿、中介代理、卫生保健、社区服务、旅游、娱乐、加工以及其他劳务活动发生的主营业务成本。

6. 第 6 行"建造合同成本"：填报纳税人建造房屋、道路、桥梁、水坝等建筑物，以及生产船舶、飞机、大型机械设备等发生的主营业务成本。

7. 第 7 行"让渡资产使用权成本"：填报纳税人在主营业务成本核算的，让渡无形资产使用权而发生的使用费成本以及出租固定资产、无形资产、投资性房地产发生的租金成本。

8. 第 8 行"其他"：填报纳税人按照国家统一会计制度核算、上述未列举的其他主营业务成本。

9. 第 9 行"其他业务成本"：根据不同行业的业务性质分别填报纳税人按照国家统一会计制度核算的其他业务成本。

10. 第 10 行"销售材料成本"：填报纳税人销售材料、下脚料、废料、废旧物资等发生的成本。

11. 第 11 行"其中：非货币性资产交换成本"：填报纳税人发生的非货币性资产交换按照国家统一会计制度应确认的材料销售成本。

12. 第 12 行"出租固定资产成本"：填报纳税人将固定资产使用权让与承租人形成的出租固定资产成本。

13. 第 13 行"出租无形资产成本"：填报纳税人让渡无形资产使用权形成的出租无形资产成本。

14. 第 14 行"包装物出租成本"：填报纳税人出租、出借包装物形成的包装物出租成本。

15. 第 15 行"其他"：填报纳税人按照国家统一会计制度核算，上述未列举的其他业务成本。

16. 第 16 行"营业外支出"：填报纳税人计入本科目核算的与生产经营无直接关系的各项支出。

17. 第 17 行"非流动资产处置损失"：填报纳税人处置非流动资产形成的净损失。

18. 第 18 行"非货币性资产交换损失"：填报纳税人发生非货币性资产交换应确认的净损失。

19. 第 19 行"债务重组损失"：填报纳税人进行债务重组应确认的净损失。

20. 第 20 行"非常损失"：填报纳税人在营业外支出中核算的各项非正常的财产损失。

21. 第 21 行"捐赠支出"：填报纳税人无偿给予其他企业、组织或个人的货币性资产、非货币性资产的捐赠支出。

22. 第 22 行"赞助支出"：填报纳税人发生的货币性资产、非货币性资产赞助支出。

23. 第 23 行"罚没支出"：填报纳税人在日常经营管理活动中对外支付的各项罚款、没收收入的支出。

24. 第 24 行"坏账损失"：填报纳税人发生的各项坏账损失。（该项目为使用小企业会计准则企业填报）

25. 第 25 行"无法收回的债券股权投资损失"：填报纳税人各项无法收回的债券股权投资损失。（该项目为使用小企业会计准则企业填报）

26. 第 26 行"其他"：填报纳税人本期实际发生的在营业外支出核算的其他损失及支出。

二、表内、表间关系

（一）表内关系

1. 第 1 行＝第 2+9 行。

2. 第 2 行＝第 3+5+6+7+8 行。

3. 第 9 行＝第 10+12+13+14+15 行。

4. 第 16 行＝第 17+18+…+26 行。

（二）表间关系

1. 第 1 行＝表 A100000 第 2 行。

2. 第 16 行＝表 A100000 第 12 行。

表 6-31　期间费用明细表

行次	项目	销售费用	其中：境外支付	管理费用	其中：境外支付	财务费用	其中：境外支付
		1	2	3	4	5	6
1	一、职工薪酬	3 021 400.00	＊	6 978 600.00	＊	＊	＊
2	二、劳务费	0.00	0.00	0.00	0.00	＊	＊
3	三、咨询顾问费	0.00	0.00	0.00	0.00	＊	＊
4	四、业务招待费	0.00	＊	0.00	＊	＊	＊
5	五、广告费和业务宣传费	7 078 600.00	＊	0.00	＊	＊	＊
6	六、佣金和手续费	0.00	0.00	0.00	0.00	9 000.00	0.00
7	七、资产折旧摊销费	0.00	＊	588 600.00	＊	＊	＊
8	八、财产损耗、盘亏及毁损损失	0.00	＊	0.00	＊	＊	＊
9	九、办公费	0.00	＊	0.00	＊	＊	＊
10	十、董事会费	0.00	＊	0.00	＊	＊	＊
11	十一、租赁费	0.00	0.00	0.00	0.00	＊	＊
12	十二、诉讼费	0.00	＊	0.00	＊	＊	＊
13	十三、差旅费	0.00	＊	0.00	＊	＊	＊
14	十四、保险费	0.00	＊	0.00	＊	＊	＊
15	十五、运输、仓储费	0.00	0.00	0.00	0.00	＊	＊
16	十六、修理费	0.00	0.00	0.00	0.00	＊	＊
17	十七、包装费	0.00	＊	0.00	＊	＊	＊
18	十八、技术转让费	0.00	＊	0.00	＊	＊	＊
19	十九、研究费用	0.00	0.00	0.00	0.00	＊	＊

续表

行次	项目	销售费用	其中：境外支付	管理费用	其中：境外支付	财务费用	其中：境外支付
		1	2	3	4	5	6
20	二十、各项税费	0.00	*	0.00	*	*	*
21	二十一、利息收支	*	*	*	*	5 000.00	0.00
22	二十二、汇兑差额	*	*	*	*	0.00	0.00
23	二十三、现金折扣	*	*	*	*	926 000.00	*
24	二十四、党组织工作经费	*	*	0.00	*	*	*
25	二十五、其他	0.00	0.00	4 932 800.00	0.00	80 000.00	0.00
26	合计（1+2+3+…25）	10 100 000.00	0.00	12 500 000.00	0.00	1 020 000.00	0.00

《期间费用明细表》填报说明

本表适用于执行企业会计准则、小企业会计准则、企业会计制度、分行业会计制度的查账征收居民纳税人填报。纳税人应根据企业会计准则、小企业会计准则、企业会计、分行业会计制度规定，填报"销售费用"、"管理费用"和"财务费用"等项目。

一、有关项目填报说明

1. 第1列"销售费用"：填报在销售费用科目进行核算的相关明细项目的金额，其中金融企业填报在业务及管理费科目进行核算的相关明细项目的金额。

2. 第2列"其中：境外支付"：填报在销售费用科目进行核算的向境外支付的相关明细项目的金额，其中金融企业填报在业务及管理费科目进行核算的相关明细项目的金额。

3. 第3列"管理费用"：填报在管理费用科目进行核算的相关明细项目的金额。

4. 第4列"其中：境外支付"：填报在管理费用科目进行核算的向境外支付的相关明细项目的金额。

5. 第5列"财务费用"：填报在财务费用科目进行核算的有关明细项目的金额。

6. 第6列"其中：境外支付"：填报在财务费用科目进行核算的向境外支付的有关明细项目的金额。

7. 第1行至第25行：根据费用科目核算的具体项目金额进行填报，如果贷方发生额大于借方发生额，应填报负数。

8. 第26行第1列：填报第1行至第25行第1列的合计金额。

9. 第26行第2列：填报第1行至第25行第2列的合计金额。

10. 第26行第3列：填报第1行至第25行第3列的合计金额。

11. 第26行第4列：填报第1行至第25行第4列的合计金额。

12. 第26行第5列：填报第1行至第25行第5列的合计金额。

13. 第26行第6列：填报第1行至第25行第6列的合计金额。

二、表内、表间关系

（一）表内关系

1. 第26行第1列＝第1列第1+2+…+20+25行。

2. 第26行第2列＝第2列第2+3+6+11+15+16+18+19+25行。

3. 第 26 行第 3 列 = 第 3 列第 1+2+…+20+24+25 行。

4. 第 26 行第 4 列 = 第 4 列第 2+3+6+11+15+16+18+19+25 行。

5. 第 26 行第 5 列 = 第 5 列第 6+21+22+23+25 行。

6. 第 26 行第 6 列 = 第 6 列第 6+21+22+25 行。

（二）表间关系

1. 第 26 行第 1 列 = 表 A100000 第 4 行。

2. 第 26 行第 3 列 = 表 A100000 第 5 行。

3. 第 26 行第 5 列 = 表 A100000 第 6 行。

表 6-32　纳税调整项目明细表

行次	项目	账载金额	税收金额	调增金额	调减金额
		1	2	3	4
1	一、收入类调整项目（2+3+…8+10+11）	*	*	65 000.00	200 000.00
2	（一）视同销售收入（填写 A105010）	*	65 000.00	65 000.00	*
3	（二）未按权责发生制原则确认的收入（填写 A105020）	0.00	0.00	0.00	0.00
4	（三）投资收益（填写 A105030）	0.00	0.00	0.00	0.00
5	（四）按权益法核算长期股权投资对初始投资成本调整确认收益	*	*	*	0.00
6	（五）交易性金融资产初始投资调整	*	*	0.00	*
7	（六）公允价值变动净损益	200 000.00	*	0.00	200 000.00
8	（七）不征税收入	*	*	0.00	0.00
9	其中：专项用途财政性资金（填写 A105040）	*	*	0.00	0.00
10	（八）销售折扣、折让和退回	0.00	0.00	0.00	0.00
11	（九）其他	0.00	0.00	0.00	0.00
12	二、扣除类调整项目（13+14+…24+26+27+28+29+30）	*	*	950 000.00	40 000.00
13	（一）视同销售成本（填写 A105010）	*	40 000.00	*	40 000.00
14	（二）职工薪酬（填写 A105050）	12 700 000.00	12 000 000.00	700 000.00	0.00
15	（三）业务招待费支出	0.00	0.00	0.00	*
16	（四）广告费和业务宣传费支出（填写 A105060）	*	*	0.00	0.00
17	（五）捐赠支出（填写 A105070）	0.00	0.00	0.00	0.00
18	（六）利息支出	0.00	0.00	0.00	0.00
19	（七）罚金、罚款和被没收财物的损失	30 000.00	*	30 000.00	*
20	（八）税收滞纳金、加收利息	0.00	*	0.00	*
21	（九）赞助支出	100 000.00	*	100 000.00	*
22	（十）与未实现融资收益相关在当期确认的财务费用	0.00	0.00	0.00	0.00
23	（十一）佣金和手续费支出（保险企业填写 A105060）	0.00	0.00	0.00	*

行次	项目	账载金额	税收金额	调增金额	调减金额
		1	2	3	4
24	（十二）不征税收入用于支出所形成的费用	*	*	0.00	*
25	其中：专项用途财政性资金用于支出所形成的费用（填写A105040）	*	*	0.00	*
26	（十三）跨期扣除项目	0.00	0.00	0.00	0.00
27	（十四）与取得收入无关的支出	120 000.00	*	120 000.00	*
28	（十五）境外所得分摊的共同支出	*	*	0.00	*
29	（十六）党组织工作经费	0.00	0.00	0.00	0.00
30	（十七）其他	0.00	0.00	0.00	0.00
31	三、资产类调整项目（32+33+34+35）	*	*	500 000.00	87 700.00
32	（一）资产折旧、摊销（填写A105080）	588 600.00	676 300.00	0.00	87 700.00
33	（二）资产减值准备金	500 000.00	*	500 000.00	0.00
34	（三）资产损失（填写A105090）	0.00	0.00	0.00	0.00
35	（四）其他	0.00	0.00	0.00	0.00
36	四、特殊事项调整项目（37+38+…+43）	*	*	*	*
37	（一）企业重组及递延纳税事项（填写A105100）	0.00	0.00	0.00	0.00
38	（二）政策性搬迁（填写A105110）	*	*	0.00	0.00
39	（三）特殊行业准备金（39.1+39.2+39.4+39.5+39.6+39.7）	0.00	0.00	0.00	0.00
39.1	1. 保险公司保险保障基金	0.00	0.00	0.00	0.00
39.2	2. 保险公司准备金	0.00	0.00	0.00	0.00
39.3	其中：已发生未报案未决赔款准备金	0.00	0.00	0.00	0.00
39.4	3. 证券行业准备金	0.00	0.00	0.00	0.00
39.5	4. 期货行业准备金	0.00	0.00	0.00	0.00
39.6	5. 中小企业融资（信用）担保机构准备金	0.00	0.00	0.00	0.00
39.7	6. 金融企业、小额贷款公司准备金（填写A105120）	0.00	0.00	0.00	0.00
40	（四）房地产开发企业特定业务计算的纳税调整额（填写A105010）	0.00	0.00	0.00	0.00
41	（五）合伙企业法人合伙人应分得的应纳税所得额	0.00	0.00	0.00	0.00
42	（六）发行永续债利息支出	0.00	0.00	0.00	0.00
43	（七）其他	*	*	0.00	0.00
44	五、特别纳税调整应税所得	*	*	0.00	0.00
45	六、其他	*	*	0.00	0.00
46	合计（1+12+31+36+44+45）	*	*	1 515 000.00	327 700.00

《纳税调整项目明细表》填报说明

本表由纳税人根据税法、相关税收规定以及国家统一会计制度的规定，填报企业所得税涉税事项的会计处理、税务处理以及纳税调整情况。

一、有关项目填报说明

纳税人按照"收入类调整项目""扣除类调整项目""资产类调整项目""特殊事项调整项目""特别纳税调整应税所得""其他"六类分项填报，汇总计算出纳税"调增金额"和"调减金额"的合计金额。

数据栏分别设置"账载金额""税收金额""调增金额""调减金额"四个栏次。"账载金额"是指纳税人按照国家统一会计制度规定核算的项目金额。"税收金额"是指纳税人按照税收规定计算的项目金额。

对需填报下级明细表的纳税调整项目，其"账载金额""税收金额""调增金额""调减金额"根据相应附表进行计算填报。

（一）收入类调整项目

1. 第1行"一、收入类调整项目"：根据第2行至第11行（不含第9行）进行填报。

2. 第2行"（一）视同销售收入"：根据《视同销售和房地产开发企业特定业务纳税调整明细表》（A105010）填报。第2列"税收金额"填报表A105010第1行第1列金额。第3列"调增金额"填报表A105010第1行第2列金额。

3. 第3行"（二）未按权责发生制原则确认的收入"：根据《未按权责发生制确认收入纳税调整明细表》（A105020）填报。第1列"账载金额"填报表A105020第14行第2列金额。第2列"税收金额"填报表A105020第14行第4列金额。若表A105020第14行第6列≥0，第3列"调增金额"填报表A105020第14行第6列金额。若表A105020第14行第6列<0，第4列"调减金额"填报表A105020第14行第6列金额的绝对值。

4. 第4行"（三）投资收益"：根据《投资收益纳税调整明细表》（A105030）填报。第1列"账载金额"填报表A105030第10行第1+8列的合计金额。第2列"税收金额"填报表A105030第10行第2+9列的合计金额。若表A105030第10行第11列≥0，第3列"调增金额"填报表A105030第10行第11列金额。若表A105030第10行第11列<0，第4列"调减金额"填报表A105030第10行第11列金额的绝对值。

5. 第5行"（四）按权益法核算长期股权投资对初始投资成本调整确认收益"：第4列"调减金额"填报纳税人采取权益法核算，初始投资成本小于取得投资时应享有被投资单位可辨认净资产公允价值份额的差额计入取得投资当期营业外收入的金额。

6. 第6行"（五）交易性金融资产初始投资调整"：第3列"调增金额"填报纳税人根据税收规定确认交易性金融资产初始投资金额与会计核算的交易性金融资产初始投资账面价值的差额。

7. 第7行"（六）公允价值变动净损益"：第1列"账载金额"填报纳税人会计核算的以公允价值计量的金融资产、金融负债以及投资性房地产类项目，计入当期损益的公允价值变动金额。若第1列≤0，第3列"调增金额"填报第1列金额的绝对值。若第1列>0，第4列"调减金额"填报第1列金额。

8. 第8行"（七）不征税收入"：填报纳税人计入收入总额但属于税收规定不征税的财

政拨款、依法收取并纳入财政管理的行政事业性收费以及政府性基金和国务院规定的其他不征税收入。第 3 列"调增金额"填报纳税人以前年度取得财政性资金且已作为不征税收入处理，在 5 年（60 个月）内未发生支出且未缴回财政部门或其他拨付资金的政府部门，应计入应税收入额的金额。第 4 列"调减金额"填报符合税收规定不征税收入条件并作为不征税收入处理，且已计入当期损益的金额。

9. 第 9 行"专项用途财政性资金"：根据《专项用途财政性资金纳税调整明细表》（A105040）填报。第 3 列"调增金额"填报表 A105040 第 7 行第 14 列金额。第 4 列"调减金额"填报表 A105040 第 7 行第 4 列金额。

10. 第 10 行"（八）销售折扣、折让和退回"：填报不符合税收规定的销售折扣、折让应进行纳税调整的金额和发生的销售退回因会计处理与税收规定有差异需纳税调整的金额。第 1 列"账载金额"填报纳税人会计核算的销售折扣、折让金额和销货退回的追溯处理的净调整额。第 2 列"税收金额"填报根据税收规定可以税前扣除的折扣、折让的金额和销货退回业务影响当期损益的金额。若第 1 列 ≥ 第 2 列，第 3 列"调增金额"填报第 1-2 列金额。若第 1 列 < 第 2 列，第 4 列"调减金额"填报第 1-2 列金额的绝对值，第 4 列仅为销货退回影响损益的跨期时间性差异。

11. 第 11 行"（九）其他"：填报其他因会计处理与税收规定有差异需纳税调整的收入类项目金额。若第 2 列 ≥ 第 1 列，第 3 列"调增金额"填报第 2-1 列金额。若第 2 列 < 第 1 列，第 4 列"调减金额"填报第 2-1 列金额的绝对值。

（二）扣除类调整项目

12. 第 12 行"二、扣除类调整项目"：根据第 13 行至第 30 行（不含第 25 行）填报。

13. 第 13 行"（一）视同销售成本"：根据《视同销售和房地产开发企业特定业务纳税调整明细表》（A105010）填报。第 2 列"税收金额"填报表 A105010 第 11 行第 1 列金额。第 4 列"调减金额"填报表 A105010 第 11 行第 2 列的绝对值。

14. 第 14 行"（二）职工薪酬"：根据《职工薪酬支出及纳税调整明细表》（A105050）填报。第 1 列"账载金额"填报表 A105050 第 13 行第 1 列金额。第 2 列"税收金额"填报表 A105050 第 13 行第 5 列金额。若表 A105050 第 13 行第 6 列 ≥ 0，第 3 列"调增金额"填报表 A105050 第 13 行第 6 列金额。若表 A105050 第 13 行第 6 列 < 0，第 4 列"调减金额"填报表 A105050 第 13 行第 6 列金额的绝对值。

15. 第 15 行"（三）业务招待费支出"：第 1 列"账载金额"填报纳税人会计核算计入当期损益的业务招待费金额。第 2 列"税收金额"填报按照税收规定允许税前扣除的业务招待费支出的金额。第 3 列"调增金额"填报第 1-2 列金额。

16. 第 16 行"（四）广告费和业务宣传费支出"：根据《广告费和业务宣传费等跨年度纳税调整明细表》（A105060）填报。若表 A105060 第 12 行第 1 列 ≥ 0，第 3 列"调增金额"填报表 A105060 第 12 行第 1 列金额。若表 A105060 第 12 行第 1 列 < 0，第 4 列"调减金额"填报表 A105060 第 12 行第 1 列金额的绝对值。

17. 第 17 行"（五）捐赠支出"：根据《捐赠支出及纳税调整明细表》（A105070）填报。第 1 列"账载金额"填报表 A105070 合计行第 1 列金额。第 2 列"税收金额"填报表 A105070 合计行第 4 列金额。第 3 列"调增金额"填报表 A105070 合计行第 5 列金额。第 4 列"调减金额"填报表 A105070 合计行第 6 列金额。

18. 第 18 行"（六）利息支出"：第 1 列"账载金额"填报纳税人向非金融企业借款，会计核算计入当期损益的利息支出的金额。发行永续债的利息支出不在本行填报。第 2 列"税收金额"填报按照税收规定允许税前扣除的利息支出的金额。若第 1 列 ≥ 第 2 列，第 3 列"调增金额"填报第 1-2 列金额。若第 1 列 < 第 2 列，第 4 列"调减金额"填报第 1-2 列金额的绝对值。

19. 第 19 行"（七）罚金、罚款和被没收财物的损失"：第 1 列"账载金额"填报纳税人会计核算计入当期损益的罚金、罚款和被没收财物的损失，不包括纳税人按照经济合同规定支付的违约金（包括银行罚息）、罚款和诉讼费。第 3 列"调增金额"填报第 1 列金额。

20. 第 20 行"（八）税收滞纳金、加收利息"：第 1 列"账载金额"填报纳税人会计核算计入当期损益的税收滞纳金、加收利息。第 3 列"调增金额"填报第 1 列金额。

21. 第 21 行"（九）赞助支出"：第 1 列"账载金额"填报纳税人会计核算计入当期损益的不符合税收规定的公益性捐赠的赞助支出的金额，包括直接向受赠人的捐赠、赞助支出等（不含广告性的赞助支出，广告性的赞助支出在表 A105060 中填报）。第 3 列"调增金额"填报第 1 列金额。

22. 第 22 行"（十）与未实现融资收益相关在当期确认的财务费用"：第 1 列"账载金额"填报纳税人会计核算的与未实现融资收益相关并在当期确认的财务费用的金额。第 2 列"税收金额"填报按照税收规定允许税前扣除的金额。若第 1 列 ≥ 第 2 列，第 3 列"调增金额"填报第 1-2 列金额。若第 1 列 < 第 2 列，第 4 列"调减金额"填报第 1-2 列金额的绝对值。

23. 第 23 行"（十一）佣金和手续费支出"：除保险企业外的其他企业直接填报本行，第 1 列"账载金额"填报纳税人会计核算计入当期损益的佣金和手续费金额，第 2 列"税收金额"填报按照税收规定允许税前扣除的佣金和手续费支出金额，第 3 列"调增金额"填报第 1-2 列金额，第 4 列"调减金额"不可填报。保险企业根据《广告费和业务宣传费等跨年度纳税调整明细表》（A105060）填报，第 1 列"账载金额"填报表 A105060 第 1 行第 2 列。若表 A105060 第 3 行第 2 列 ≥ 第 6 行第 2 列，第 2 列"税收金额"填报 A105060 第 6 行第 2 列的金额；若表 A105060 第 3 行第 2 列 < 第 6 行第 2 列，第 2 列"税收金额"填报 A105060 第 3 行第 2 列 + 第 9 行第 2 列的金额。若表 A105060 第 12 行第 2 列 ≥ 0，第 3 列"调增金额"填报表 A105060 第 12 行第 2 列金额。若表 A105060 第 12 行第 2 列 < 0，第 4 列"调减金额"填报表 A105060 第 12 行第 2 列金额的绝对值。

24. 第 24 行"（十二）不征税收入用于支出所形成的费用"：第 3 列"调增金额"填报符合条件的不征税收入用于支出所形成的计入当期损益的费用化支出金额。

25. 第 25 行"专项用途财政性资金用于支出所形成的费用"：根据《专项用途财政性资金纳税调整明细表》（A105040）填报。第 3 列"调增金额"填报表 A105040 第 7 行第 11 列金额。

26. 第 26 行"（十三）跨期扣除项目"：填报维简费、安全生产费用、预提费用、预计负债等跨期扣除项目调整情况。第 1 列"账载金额"填报纳税人会计核算计入当期损益的跨期扣除项目金额。第 2 列"税收金额"填报按照税收规定允许税前扣除的金额。若第 1 列 ≥ 第 2 列，第 3 列"调增金额"填报第 1-2 列金额。若第 1 列 < 第 2 列，第 4 列"调减金额"填报第 1-2 列金额的绝对值。

27. 第 27 行 "（十四）与取得收入无关的支出"：第 1 列 "账载金额" 填报纳税人会计核算计入当期损益的与取得收入无关的支出的金额。第 3 列 "调增金额" 填报第 1 列金额。

28. 第 28 行 "（十五）境外所得分摊的共同支出"：根据《境外所得纳税调整后所得明细表》（A108010）填报。第 3 列 "调增金额" 填报表 A108010 合计行第 16+17 列金额。

29. 第 29 行 "（十六）党组织工作经费"：填报纳税人根据有关文件规定，为创新基层党建工作、建立稳定的经费保障制度发生的党组织工作经费及纳税调整情况。

30. 第 30 行 "（十七）其他"：填报其他因会计处理与税收规定有差异需纳税调整的扣除类项目金额，企业将货物、资产、劳务用于捐赠、广告等用途时，进行视同销售纳税调整后，对应支出的会计处理与税收规定有差异需纳税调整的金额填报在本行。若第 1 列 ≥ 第 2 列，第 3 列 "调增金额" 填报第 1-2 列金额。若第 1 列 < 第 2 列，第 4 列 "调减金额" 填报第 1-2 列金额的绝对值。

（三）资产类调整项目

31. 第 31 行 "三、资产类调整项目"：填报资产类调整项目第 32 行至第 35 行的合计金额。

32. 第 32 行 "（一）资产折旧、摊销"：根据《资产折旧、摊销及纳税调整明细表》（A105080）填报。第 1 列 "账载金额" 填报表 A105080 第 41 行第 2 列金额。第 2 列 "税收金额" 填报表 A105080 第 41 行第 5 列金额。若表 A105080 第 41 行第 9 列 ≥ 0，第 3 列 "调增金额" 填报表 A105080 第 41 行第 9 列金额。若表 A105080 第 41 行第 9 列 < 0，第 4 列 "调减金额" 填报表 A105080 第 41 行第 9 列金额的绝对值。

33. 第 33 行 "（二）资产减值准备金"：填报坏账准备、存货跌价准备、理赔费用准备金等不允许税前扣除的各类资产减值准备金纳税调整情况。第 1 列 "账载金额" 填报纳税人会计核算计入当期损益的资产减值准备金金额（因价值恢复等原因转回的资产减值准备金应予以冲回）。若第 1 列 ≥ 0，第 3 列 "调增金额" 填报第 1 列金额。若第 1 列 < 0，第 4 列 "调减金额" 填报第 1 列金额的绝对值。

34. 第 34 行 "（三）资产损失"：根据《资产损失税前扣除及纳税调整明细表》（A105090）填报。若表 A105090 第 29 行第 7 列 ≥ 0，第 3 列 "调增金额" 填报表 A105090 第 29 行第 7 列金额。若表 A105090 第 29 行第 7 列 < 0，第 4 列 "调减金额" 填报表 A105090 第 29 行第 7 列金额的绝对值。

35. 第 35 行 "（四）其他"：填报其他因会计处理与税收规定有差异需纳税调整的资产类项目金额。若第 1 列 ≥ 第 2 列，第 3 列 "调增金额" 填报第 1-2 列金额。若第 1 列 < 第 2 列，第 4 列 "调减金额" 填报第 1-2 列金额的绝对值。

（四）特殊事项调整项目

36. 第 36 行 "四、特殊事项调整项目"：填报特殊事项调整项目第 37 行至第 43 行的合计金额。

37. 第 37 行 "（一）企业重组及递延纳税事项"：根据《企业重组及递延纳税事项纳税调整明细表》（A105100）填报。第 1 列 "账载金额" 填报表 A105100 第 16 行第 1+4 列金额。第 2 列 "税收金额" 填报表 A105100 第 16 行第 2+5 列金额。若表 A105100 第 16 行第 7 列 ≥ 0，第 3 列 "调增金额" 填报表 A105100 第 16 行第 7 列金额。若表 A105100 第 16 行第

7 列<0，第 4 列"调减金额"填报表 A105100 第 16 行第 7 列金额的绝对值。

38. 第 38 行"（二）政策性搬迁"：根据《政策性搬迁纳税调整明细表》（A105110）填报。若表 A105110 第 24 行≥0，第 3 列"调增金额"填报表 A105110 第 24 行金额。若表 A105110 第 24 行<0，第 4 列"调减金额"填报表 A105110 第 24 行金额的绝对值。

39. 第 39 行"（三）特殊行业准备金"：填报特殊行业准备金调整项目第 39.1 行至第 39.7 行（不包含第 39.3 行）的合计金额。

40. 第 39.1 行"1. 保险公司保险保障基金"：第 1 列"账载金额"填报纳税人会计核算的保险公司保险保障基金的金额。第 2 列"税收金额"填报按照税收规定允许税前扣除的金额。若第 1 列≥第 2 列，第 3 列"调增金额"填报第 1-2 列金额。若第 1 列<第 2 列，第 4 列"调减金额"填报第 1-2 列金额的绝对值。

41. 第 39.2 行"2. 保险公司准备金"：第 1 列"账载金额"填报纳税人会计核算的保险公司准备金的金额。第 2 列"税收金额"填报按照税收规定允许税前扣除的金额。若第 1 列≥第 2 列，第 3 列"调增金额"填报第 1-2 列金额。若第 1 列<第 2 列，第 4 列"调减金额"填报第 1-2 列金额的绝对值。

42. 第 39.3 行"其中：已发生未报案未决赔款准备金"：第 1 列"账载金额"填报纳税人会计核算的保险公司未决赔款准备金中已发生未报案准备金的金额。第 2 列"税收金额"填报按照税收规定允许税前扣除的金额。若第 1 列≥第 2 列，第 3 列"调增金额"填报第 1-2 列金额。若第 1 列<第 2 列，第 4 列"调减金额"填报第 1-2 列金额的绝对值。

43. 第 39.4 行"3. 证券行业准备金"：第 1 列"账载金额"填报纳税人会计核算的证券行业准备金的金额。第 2 列"税收金额"填报按照税收规定允许税前扣除的金额。若第 1 列≥第 2 列，第 3 列"调增金额"填报第 1-2 列金额。若第 1 列<第 2 列，第 4 列"调减金额"填报第 1-2 列金额的绝对值。

44. 第 39.5 行"4. 期货行业准备金"：第 1 列"账载金额"填报纳税人会计核算的期货行业准备金的金额。第 2 列"税收金额"填报按照税收规定允许税前扣除的金额。若第 1 列≥第 2 列，第 3 列"调增金额"填报第 1-2 列金额。若第 1 列<第 2 列，第 4 列"调减金额"填报第 1-2 列金额的绝对值。

45. 第 39.6 行"5. 中小企业融资（信用）担保机构准备金"：第 1 列"账载金额"填报纳税人会计核算的中小企业融资（信用）担保机构准备金的金额。第 2 列"税收金额"填报按照税收规定允许税前扣除的金额。若第 1 列≥第 2 列，第 3 列"调增金额"填报第 1-2 列金额。若第 1 列<第 2 列，第 4 列"调减金额"填报第 1-2 列金额的绝对值。

46. 第 39.7 行"6. 金融企业、小额贷款公司准备金"：根据《贷款损失准备金及纳税调整明细表》（A105120）填报。若表 A105120 第 10 行第 11 列≥0，第 3 列"调增金额"填报表 A105120 第 10 行第 11 列金额。若表 A105120 第 10 行第 11 列<0，第 4 列"调减金额"填报表 A105120 第 10 行第 11 列金额的绝对值。

47. 第 40 行"（四）房地产开发企业特定业务计算的纳税调整额"：根据《视同销售和房地产开发企业特定业务纳税调整明细表》（A105010）填报。第 2 列"税收金额"填报表 A105010 第 21 行第 1 列金额。若表 A105010 第 21 行第 2 列≥0，第 3 列"调增金额"填报表 A105010 第 21 行第 2 列金额。若表 A105010 第 21 行第 2 列 <0，第 4 列"调减金额"填报表 A105010 第 21 行第 2 列金额的绝对值。

48．第 41 行"（五）合伙企业法人合伙人分得的应纳税所得额"：第 1 列"账载金额"填报合伙企业法人合伙人本年会计核算上确认的对合伙企业的投资所得。第 2 列"税收金额"填报纳税人按照"先分后税"原则和《财政部 国家税务总局关于合伙企业合伙人所得税问题的通知》（财税〔2008〕159 号）文件第四条规定计算的从合伙企业分得的法人合伙人应纳税所得额。若第 1 列≤第 2 列，第 3 列"调增金额"填报第 2-1 列金额。若第 1 列 >第 2 列，第 4 列"调减金额"填报第 2-1 列金额的绝对值。

49．第 42 行"（六）发行永续债利息支出"：本行填报企业发行永续债采取的税收处理办法与会计核算方式不一致时的纳税调整情况。当永续债发行方会计上按照债务核算，税收上适用股息、红利企业所得税政策时，第 1 列"账载金额"填报支付的永续债利息支出计入当期损益的金额；第 2 列"税收金额"填报 0。永续债发行方会计上按照权益核算，税收上按照债券利息适用企业所得税政策时，第 1 列"账载金额"填报 0；第 2 列"税收金额"填报永续债发行方支付的永续债利息支出准予在企业所得税税前扣除的金额。若第 2 列≤第 1 列，第 3 列"调增金额"填报第 1-2 列金额。若第 2 列 >第 1 列，第 4 列"调减金额"填报第 1-2 列金额的绝对值。

50．第 43 行"（七）其他"：填报其他因会计处理与税收规定有差异需纳税调整的特殊事项金额。

（五）特殊纳税调整所得项目

51．第 44 行"五、特别纳税调整应税所得"：第 3 列"调增金额"填报纳税人按特别纳税调整规定自行调增的当年应税所得。第 4 列"调减金额"填报纳税人依据双边预约定价安排或者转让定价相应调整磋商结果的通知，需要调减的当年应税所得。

（六）其他

52．第 45 行"六、其他"：填报其他会计处理与税收规定存在差异需纳税调整的项目金额，包括企业执行《企业会计准则第 14 号——收入》（财会〔2017〕22 号发布）产生的税会差异纳税调整金额。

53．第 46 行"合计"：填报第 1+12+31+36+44+45 行的合计金额。

二、表内、表间关系

（一）表内关系

1．第 1 行 = 第 2+3+4+5+6+7+8+10+11 行。

2．第 12 行 = 第 13+14+…+23+24+26+27+28+29+30 行。

3．第 31 行 = 第 32+33+34+35 行。

4．第 36 行 = 第 37+38+39+40+41+42+43 行。

5．第 39 行 = 第 39.1+39.2+39.4+39.5+39.6+39.7 行。

6．第 46 行 = 第 1+12+31+36+44+45 行。

（二）表间关系

1．第 2 行第 2 列 = 表 A105010 第 1 行第 1 列；第 2 行第 3 列 = 表 A105010 第 1 行第 2 列。

2．第 3 行第 1 列 = 表 A105020 第 14 行第 2 列；第 3 行第 2 列 = 表 A105020 第 14 行第 4 列；若表 A105020 第 14 行第 6 列≥0，第 3 行第 3 列 = 表 A105020 第 14 行第 6 列；若表

A105020 第 14 行第 6 列<0，第 3 行第 4 列=表 A105020 第 14 行第 6 列的绝对值。

3. 第 4 行第 1 列=表 A105030 第 10 行第 1+8 列；第 4 行第 2 列=表 A105030 第 10 行第 2+9 列；若表 A105030 第 10 行第 11 列≥0，第 4 行第 3 列=表 A105030 第 10 行第 11 列；若表 A105030 第 10 行第 11 列<0，第 4 行第 4 列=表 A105030 第 10 行第 11 列的绝对值。

4. 第 9 行第 3 列=表 A105040 第 7 行第 14 列；第 9 行第 4 列=表 A105040 第 7 行第 4 列。

5. 第 13 行第 2 列=表 A105010 第 11 行第 1 列；第 13 行第 4 列=表 A105010 第 11 行第 2 列的绝对值。

6. 第 14 行第 1 列=表 A105050 第 13 行第 1 列；第 14 行第 2 列=表 A105050 第 13 行第 5 列；若表 A105050 第 13 行第 6 列≥0，第 14 行第 3 列=表 A105050 第 13 行第 6 列；若表 A105050 第 13 行第 6 列<0，第 14 行第 4 列=表 A105050 第 13 行第 6 列的绝对值。

7. 若表 A105060 第 12 行第 1 列≥0，第 16 行第 3 列=表 A105060 第 12 行第 1 列，若表 A105060 第 12 行第 1 列<0，第 16 行第 4 列=表 A105060 第 12 行第 1 列的绝对值。

8. 第 17 行第 1 列=表 A105070 合计行第 1 列；第 17 行第 2 列=表 A105070 合计行第 4 列；第 17 行第 3 列=表 A105070 合计行第 5 列；第 17 行第 4 列=表 A105070 合计行第 6 列。

9. 保险企业：第 23 行第 1 列=表 A105060 第 1 行第 2 列。若表 A105060 第 3 行第 2 列≥第 6 行第 2 列，第 2 列=表 A105060 第 6 行第 2 列；若表 A105060 第 3 行第 2 列<第 6 行第 2 列，第 2 列=表 A105060 第 3 行第 2 列+第 9 行第 2 列。若表 A105060 第 12 行第 2 列≥0，第 3 列=表 A105060 第 12 行第 2 列。若表 A105060 第 12 行第 2 列<0，第 4 列=表 A105060 第 12 行第 2 列的绝对值。

10. 第 25 行第 3 列=表 A105040 第 7 行第 11 列。

11. 第 28 行第 3 列=表 A108010 第 10 行第 16+17 列。

12. 第 32 行第 1 列=表 A105080 第 41 行第 2 列；第 32 行第 2 列=表 A105080 第 41 行第 5 列；若表 A105080 第 41 行第 9 列≥0，第 32 行第 3 列=表 A105080 第 41 行第 9 列；若表 A105080 第 41 行第 9 列<0，第 32 行第 4 列=表 A105080 第 41 行第 9 列的绝对值。

13. 若表 A105090 第 29 行第 7 列≥0，第 34 行第 3 列=表 A105090 第 29 行第 7 列；若表 A105090 第 29 行第 7 列<0，第 34 行第 4 列=表 A105090 第 29 行第 7 列的绝对值。

14. 第 37 行第 1 列=表 A105100 第 16 行第 1+4 列；第 37 行第 2 列=表 A105100 第 16 行第 2+5 列；若表 A105100 第 16 行第 7 列≥0，第 37 行第 3 列=表 A105100 第 16 行第 7 列；若表 A105100 第 16 行第 7 列<0，第 37 行第 4 列=表 A105100 第 16 行第 7 列的绝对值。

15. 若表 A105110 第 24 行≥0，第 38 行第 3 列=表 A105110 第 24 行；若表 A105110 第 24 行<0，第 38 行第 4 列=表 A105110 第 24 行的绝对值。

16. 若表 A105120 第 10 行第 11 列≥0，第 39.7 行第 3 列=表 A105120 第 10 行第 11 列；若表 A105120 第 10 行第 11 列<0，第 39.7 行第 4 列=表 A105120 第 10 行第 11 列的绝对值。

17. 第 40 行第 2 列=表 A105010 第 21 行第 1 列；若表 A105010 第 21 行第 2 列≥0，第 40 行第 3 列=表 A105010 第 21 行第 2 列；若表 A105010 第 21 行第 2 列<0，第 40 行第 4 列=表 A105010 第 21 行第 2 列的绝对值。

18. 第 46 行第 3 列=表 A100000 第 15 行；第 46 行第 4 列=表 A100000 第 16 行。

表 6-33　视同销售和房地产开发企业特定业务纳税调整明细表

行次	项目	税收金额	纳税调整金额
		1	2
1	一、视同销售（营业）收入（2+3+4+5+6+7+8+9+10）	65 000.00	65 000.00
2	（一）非货币性资产交换视同销售收入	0.00	0.00
3	（二）用于市场推广或销售视同销售收入	65 000.00	65 000.00
4	（三）用于交际应酬视同销售收入	0.00	0.00
5	（四）用于职工奖励或福利视同销售收入	0.00	0.00
6	（五）用于股息分配视同销售收入	0.00	0.00
7	（六）用于对外捐赠视同销售收入	0.00	0.00
8	（七）用于对外投资项目视同销售收入	0.00	0.00
9	（八）提供劳务视同销售收入	0.00	0.00
10	（九）其他	0.00	0.00
11	二、视同销售（营业）成本（12+13+14+15+16+17+18+19+20）	40 000.00	−40 000.00
12	（一）非货币性资产交换视同销售成本	0.00	0.00
13	（二）用于市场推广或销售视同销售成本	40 000.00	−40 000.00
14	（三）用于交际应酬视同销售成本	0.00	0.00
15	（四）用于职工奖励或福利视同销售成本	0.00	0.00
16	（五）用于股息分配视同销售成本	0.00	0.00
17	（六）用于对外捐赠视同销售成本	0.00	0.00
18	（七）用于对外投资项目视同销售成本	0.00	0.00
19	（八）提供劳务视同销售成本	0.00	0.00
20	（九）其他	0.00	0.00
21	三、房地产开发企业特定业务计算的纳税调整额（22-26）	0.00	0.00
22	（一）房地产企业销售未完工开发产品特定业务计算的纳税调整额（24-25）	0.00 0.00	0.00 *
23	1. 销售未完工产品的收入	0.00	0.00
24	2. 销售未完工产品预计毛利额	0.00	0.00
25	3. 实际发生的税金及附加、土地增值税	0.00	0.00
26	（二）房地产企业销售的未完工产品转完工产品特定业务计算的纳税调整额（28-29）	0.00	*
27	1. 销售未完工产品转完工产品确认的销售收入	0.00	0.00
28	2. 转回的销售未完工产品预计毛利额	0.00	0.00
29	3. 转回实际发生的税金及附加、土地增值税	0.00	0.00

《视同销售和房地产开发企业特定业务纳税调整明细表》填报说明

本表适用于发生视同销售、房地产企业特定业务纳税调整项目的纳税人填报。纳税人根据税法、《国家税务总局关于企业处置资产所得税处理问题的通知》（国税函〔2008〕828号）、《国家税务总局关于印发〈房地产开发经营业务企业所得税处理办法〉的通知》（国税发〔2009〕31号）、《国家税务总局关于企业所得税有关问题的公告》（国家税务总局公告2016年第80号）等相关规定，以及国家统一企业会计制度，填报视同销售行为、房地产企业销售未完工产品、未完工产品转完工产品特定业务的税收规定及纳税调整情况。

一、有关项目填报说明

1. 第1行"一、视同销售收入"：填报会计处理不确认销售收入，而税收规定确认为应税收入的金额，本行为第2行至第10行小计数。第1列"税收金额"填报税收确认的应税收入金额；第2列"纳税调整金额"等于第1列"税收金额"。

2. 第2行"（一）非货币性资产交换视同销售收入"：填报发生非货币性资产交换业务，会计处理不确认销售收入，而税收规定确认为应税收入的金额。第1列"税收金额"填报税收确认的应税收入金额；第2列"纳税调整金额"等于第1列"税收金额"。

3. 第3行"（二）用于市场推广或销售视同销售收入"：填报发生将货物、财产用于市场推广、广告、样品、集资、销售等，会计处理不确认销售收入，而税收规定确认为应税收入的金额。填列方法同第2行。

4. 第4行"（三）用于交际应酬视同销售收入"：填报发生将货物、财产用于交际应酬，会计处理不确认销售收入，而税收规定确认为应税收入的金额。填列方法同第2行。

5. 第5行"（四）用于职工奖励或福利视同销售收入"：填报发生将货物、财产用于职工奖励或福利，会计处理不确认销售收入，而税收规定确认为应税收入的金额。企业外购资产或服务不以销售为目的，用于替代职工福利费用支出，且购置后在一个纳税年度内处置的，以公允价值确定视同销售收入。填列方法同第2行。

6. 第6行"（五）用于股息分配视同销售收入"：填报发生将货物、财产用于股息分配，会计处理不确认销售收入，而税收规定确认为应税收入的金额。填列方法同第2行。

7. 第7行"（六）用于对外捐赠视同销售收入"：填报发生将货物、财产用于对外捐赠或赞助，会计处理不确认销售收入，而税收规定确认为应税收入的金额。填列方法同第2行。

8. 第8行"（七）用于对外投资项目视同销售收入"：填报发生将货物、财产用于对外投资，会计处理不确认销售收入，而税收规定确认为应税收入的金额。填列方法同第2行。

9. 第9行"（八）提供劳务视同销售收入"：填报发生对外提供劳务，会计处理不确认销售收入，而税收规定确认为应税收入的金额。填列方法同第2行。

10. 第10行"（九）其他"：填报发生除上述列举情形外，会计处理不作为销售收入核算，而税收规定确认为应税收入的金额。填列方法同第2行。

11. 第11行"一、视同销售成本"：填报会计处理不确认销售收入，税收规定确认为应税收入对应的视同销售成本金额。本行为第12行至第20行小计数。第1列"税收金额"填报予以税前扣除的视同销售成本金额；将第1列税收金额以负数形式填报第2列"纳税调整金额"。

12. 第 12 行"（一）非货币性资产交换视同销售成本"：填报发生非货币性资产交换业务，会计处理不确认销售收入，税收规定确认为应税收入所对应的应予以税前扣除的视同销售成本金额。第 1 列"税收金额"填报予以扣除的视同销售成本金额；将第 1 列税收金额以负数形式填报第 2 列"纳税调整金额"。

13. 第 13 行"（二）用于市场推广或销售视同销售成本"：填报发生将货物、财产用于市场推广、广告、样品、集资、销售等，会计处理不确认销售收入，税收规定确认为应税收入时，其对应的应予以税前扣除的视同销售成本金额。填列方法同第 12 行。

14. 第 14 行"（三）用于交际应酬视同销售成本"：填报发生将货物、财产用于交际应酬，会计处理不确认销售收入，税收规定确认为应税收入时，其对应的应予以税前扣除的视同销售成本金额。填列方法同第 12 行。

15. 第 15 行"（四）用于职工奖励或福利视同销售成本"：填报发生将货物、财产用于职工奖励或福利，会计处理不确认销售收入，税收规定确认为应税收入时，其对应的应予以税前扣除的视同销售成本金额。填列方法同第 12 行。

16. 第 16 行"（五）用于股息分配视同销售成本"：填报发生将货物、财产用于股息分配，会计处理不确认销售收入，税收规定确认为应税收入时，其对应的应予以税前扣除的视同销售成本金额。填列方法同第 12 行。

17. 第 17 行"（六）用于对外捐赠视同销售成本"：填报发生将货物、财产用于对外捐赠或赞助，会计处理不确认销售收入，税收规定确认为应税收入时，其对应的应予以税前扣除的视同销售成本金额。填列方法同第 12 行。

18. 第 18 行"（七）用于对外投资项目视同销售成本"：填报会计处理发生将货物、财产用于对外投资，会计处理不确认销售收入，税收规定确认为应税收入时，其对应的应予以税前扣除的视同销售成本金额。填列方法同第 12 行。

19. 第 19 行"（八）提供劳务视同销售成本"：填报会计处理发生对外提供劳务，会计处理不确认销售收入，税收规定确认为应税收入时，其对应的应予以税前扣除视同销售成本金额。填列方法同第 12 行。

20. 第 20 行"（九）其他"：填报发生除上述列举情形外，会计处理不确认销售收入，税收规定确认为应税收入的同时，予以税前扣除视同销售成本金额。填列方法同第 12 行。

21. 第 21 行"三、房地产开发企业特定业务计算的纳税调整额"：填报房地产企业发生销售未完工产品、未完工产品结转完工产品业务，按照税收规定计算的特定业务的纳税调整额。第 1 列"税收金额"填报第 22 行第 1 列减去第 26 行第 1 列的余额；第 2 列"纳税调整金额"等于第 1 列"税收金额"。

22. 第 22 行"（一）房地产企业销售未完工开发产品特定业务计算的纳税调整额"：填报房地产企业销售未完工开发产品取得销售收入，按税收规定计算的纳税调整额。第 1 列"税收金额"填报第 24 行第 1 列减去第 25 行第 1 列的余额；第 2 列"纳税调整金额"等于第 1 列"税收金额"。

23. 第 23 行"1. 销售未完工产品的收入"：第 1 列"税收金额"填报房地产企业销售未完工开发产品，会计核算未进行收入确认的销售收入金额。

24. 第 24 行"2. 销售未完工产品预计毛利额"：第 1 列"税收金额"填报房地产企业销售未完工产品取得的销售收入按税收规定预计计税毛利率计算的金额；第 2 列"纳税调整

金额"等于第 1 列"税收金额"。

25. 第 25 行"3. 实际发生的税金及附加、土地增值税":第 1 列"税收金额"填报房地产企业销售未完工产品实际发生的税金及附加、土地增值税,且在会计核算中未计入当期损益的金额;第 2 列"纳税调整金额"等于第 1 列"税收金额"。

26. 第 26 行"(二) 房地产企业销售的未完工产品转完工产品特定业务计算的纳税调整额":填报房地产企业销售的未完工产品转完工产品,按税收规定计算的纳税调整额。第 1 列"税收金额"填报第 28 行第 1 列减去第 29 行第 1 列的余额;第 2 列"纳税调整金额"等于第 1 列"税收金额"。

27. 第 27 行"1. 销售未完工产品转完工产品确认的销售收入":第 1 列"税收金额"填报房地产企业销售的未完工产品,此前年度已按预计毛利额征收所得税,本年度结转为完工产品,会计上符合收入确认条件,当年会计核算确认的销售收入金额。

28. 第 28 行"2. 转回的销售未完工产品预计毛利额":第 1 列"税收金额"填报房地产企业销售的未完工产品,此前年度已按预计毛利额征收所得税,本年结转完工产品,会计核算确认为销售收入,转回原按税收规定预计计税毛利率计算的金额;第 2 列"纳税调整金额"等于第 1 列"税收金额"。

29. 第 29 行"3. 转回实际发生的税金及附加、土地增值税":填报房地产企业销售的未完工产品结转完工产品后,会计核算确认为销售收入,同时将对应实际发生的税金及附加、土地增值税转入当期损益的金额;第 2 列"纳税调整金额"等于第 1 列"税收金额"。

二、表内、表间关系

(一) 表内关系

1. 第 1 行 = 第 2+3+…+10 行。

2. 第 11 行 = 第 12+13+…+20 行。

3. 第 21 行 = 第 22−26 行。

4. 第 22 行 = 第 24−25 行。

5. 第 26 行 = 第 28−29 行。

(二) 表间关系

1. 第 1 行第 1 列 = 表 A105000 第 2 行第 2 列。

2. 第 1 行第 2 列 = 表 A105000 第 2 行第 3 列。

3. 第 11 行第 1 列 = 表 A105000 第 13 行第 2 列。

4. 第 11 行第 2 列的绝对值 = 表 A105000 第 13 行第 4 列。

5. 第 21 行第 1 列 = 表 A105000 第 40 行第 2 列。

6. 若第 21 行第 2 列≥0,第 21 行第 2 列 = 表 A105000 第 40 行第 3 列;若第 21 行第 2 列<0,第 21 行第 2 列的绝对值 = 表 A105000 第 40 行第 4 列。

表 6-34 职工薪酬支出及纳税调整明细表

行次	项目	账载金额 1	实际发生额 2	税收规定扣除率 3	以前年度累计结转扣除额 4	税收金额 5	纳税调整金额 6 (1-5)	累计结转以后年度扣除额 7 (2+4-5)
1	一、工资薪金支出	10 000 000.00	10 000 000.00	*	*	10 000 000.00	0.00	*
2	其中：股权激励	0.00	0.00	*	*	0.00	0.00	*
3	二、职工福利费支出	2 100 000.00	2 100 000.00	14.00%	*	1 400 000.00	700 000.00	*
4	三、职工教育经费支出	400 000.00	400 000.00	*	0.00	400 000.00	0.00	0.00
5	其中：按税收规定比例扣除的职工教育经费	400 000.00	400 000.00	8.00%	0.00	400 000.00	0.00	0.00
6	按税收规定全额扣除的职工培训费用	0.00	0.00	100.00%	*	0.00	0.00	*
7	四、工会经费支出	200 000.00	200 000.00	2.00%	*	200 000.00	0.00	*
8	五、各类基本社会保障性缴款	0.00	0.00	*	*	0.00	0.00	*
9	六、住房公积金	0.00	0.00	*	*	0.00	0.00	*
10	七、补充养老保险	0.00	0.00	5.00%	*	0.00	0.00	*
11	八、补充医疗保险	0.00	0.00	5.00%	*	0.00	0.00	*
12	九、其他	0.00	0.00	*	*	0.00	0.00	*
13	合计 (1+3+4+7+8+9+10+11+12)	12 700 000.00	12 700 000.00	*	0.00	12 000 000.00	700 000.00	0.00

《职工薪酬支出及纳税调整明细表》填报说明

纳税人根据税法、《国家税务总局关于企业工资薪金及职工福利费扣除问题的通知》（国税函〔2009〕3号）、《财政部 国家税务总局关于扶持动漫产业发展有关税收政策问题的通知》（财税〔2009〕65号）、《财政部 国家税务总局关于进一步鼓励软件产业和集成电路产业发展企业所得税政策的通知》（财税〔2012〕27号）、《国家税务总局关于我国居民企业实行股权激励计划有关企业所得税处理问题的公告》（国家税务总局公告2012年第18号）、《财政部 国家税务总局商务部科技部国家发展改革委关于完善技术先进型服务企业有关企业所得税政策问题的通知》（财税〔2014〕59号）、《国家税务总局关于企业工资薪金和职工福利费等支出税前扣除问题的公告》（国家税务总局公告2015年第34号）、《财政部 税务总局关于企业职工教育经费税前扣除政策的通知》（财税〔2018〕51号）等相关规定，以及国家统一企业会计制度，填报纳税人职工薪酬会计处理、税收规定，以及纳税调整情况。纳税人只要发生相关支出，不论是否纳税调整，均需填报。

一、有关项目填报说明

1. 第1行"一、工资薪金支出"：填报纳税人本年度支付给在本企业任职或者受雇的员工的所有现金形式或非现金形式的劳动报酬及其会计核算、纳税调整等金额，具体如下：

（1）第1列"账载金额"：填报纳税人会计核算计入成本费用的职工工资、奖金、津贴和补贴金额。

（2）第2列"实际发生额"：分析填报纳税人"应付职工薪酬"会计科目借方发生额（实际发放的工资薪金）。

（3）第5列"税收金额"：填报纳税人按照税收规定允许税前扣除的金额，按照第1列和第2列分析填报。

（4）第6列"纳税调整金额"：填报第1-5列金额。

2. 第2行"股权激励"：适用于执行《上市公司股权激励管理办法》（中国证券监督管理委员会令第126号）的纳税人填报，具体如下：

（1）第1列"账载金额"：填报纳税人按照国家有关规定建立职工股权激励计划，会计核算计入成本费用的金额。

（2）第2列"实际发生额"：填报纳税人根据本年实际行权时股权的公允价格与激励对象实际行权支付价格的差额和数量计算确定的金额。

（3）第5列"税收金额"：填报行权时按照税收规定允许税前扣除的金额，按第2列金额填报。

（4）第6列"纳税调整金额"：填报第1-5列金额。

3. 第3行"二、职工福利费支出"：填报纳税人本年度发生的职工福利费及其会计核算、纳税调整等金额，具体如下：

（1）第1列"账载金额"：填报纳税人会计核算计入成本费用的职工福利费的金额。

（2）第2列"实际发生额"：分析填报纳税人"应付职工薪酬"会计科目下的职工福利费实际发生额。

（3）第3列"税收规定扣除率"：填报税收规定的扣除比例。

（4）第5列"税收金额"：填报按照税收规定允许税前扣除的金额，按第1行第5列"工资薪金支出\税收金额"×税收规定扣除率与第1列、第2列三者孰小值填报。

（5）第6列"纳税调整金额"：填报第1-5列金额。

4. 第 4 行"三、职工教育经费支出"：填报第 5 行金额或者第 5+6 行金额。

5. 第 5 行"按税收规定比例扣除的职工教育经费"：适用于按照税收规定职工教育经费按比例税前扣除的纳税人填报，填报纳税人本年度发生的按税收规定比例扣除的职工教育经费及其会计核算、纳税调整等金额，具体如下：

（1）第 1 列"账载金额"填报纳税人会计核算计入成本费用的按税收规定比例扣除的职工教育经费金额，不包括第 6 行"按税收规定全额扣除的职工培训费用"金额。

（2）第 2 列"实际发生额"：分析填报纳税人"应付职工薪酬"会计科目下的职工教育经费实际发生额，不包括第 6 行"按税收规定全额扣除的职工培训费用"金额。

（3）第 3 列"税收规定扣除率"：填报税收规定的扣除比例。

（4）第 4 列"以前年度累计结转扣除额"：填报纳税人以前年度累计结转准予扣除的职工教育经费支出余额。

（5）第 5 列"税收金额"：填报纳税人按照税收规定允许税前扣除的金额（不包括第 6 行"按税收规定全额扣除的职工培训费用"金额），按第 1 行第 5 列"工资薪金支出\税收金额"×税收规定扣除率与第 2+4 列的孰小值填报。

（6）第 6 列"纳税调整金额"：填报第 1-5 列金额。

（7）第 7 列"累计结转以后年度扣除额"：填报第 2+4-5 列金额。

6. 第 6 行"按税收规定全额扣除的职工培训费用"：适用于按照税收规定职工培训费用允许全额税前扣除的纳税人填报，填报纳税人本年度发生的按税收规定全额扣除的职工培训费用及其会计核算、纳税调整等金额，具体如下：

（1）第 1 列"账载金额"：填报纳税人会计核算计入成本费用的按税收规定全额扣除的职工培训费用金额。

（2）第 2 列"实际发生额"：分析填报纳税人"应付职工薪酬"会计科目下的职工教育经费本年实际发生额中可全额扣除的职工培训费用金额。

（3）第 3 列"税收规定扣除率"：填报税收规定的扣除比例（100%）。

（4）第 5 列"税收金额"：填报按照税收规定允许税前扣除的金额，按第 2 列金额填报。

（5）第 6 列"纳税调整金额"：填报第 1-5 列金额。

7. 第 7 行"四、工会经费支出"：填报纳税人本年度拨缴工会经费及其会计核算、纳税调整等金额，具体如下：

（1）第 1 列"账载金额"：填报纳税人会计核算计入成本费用的工会经费支出金额。

（2）第 2 列"实际发生额"：分析填报纳税人"应付职工薪酬"会计科目下的工会经费本年实际发生额。

（3）第 3 列"税收规定扣除率"：填报税收规定的扣除比例。

（4）第 5 列"税收金额"：填报按照税收规定允许税前扣除的金额，按第 1 行第 5 列"工资薪金支出\税收金额"×税收规定扣除率与第 1 列、第 2 列三者孰小值填报。

（5）第 6 列"纳税调整金额"：填报第 1-5 列金额。

8. 第 8 行"五、各类基本社会保障性缴款"：填报纳税人依照国务院有关主管部门或者省级人民政府规定的范围和标准为职工缴纳的基本社会保险费及其会计核算、纳税调整等金额，具体如下：

（1）第 1 列"账载金额"：填报纳税人会计核算的各类基本社会保障性缴款的金额。

（2）第 2 列"实际发生额"：分析填报纳税人"应付职工薪酬"会计科目下的各类基本

社会保障性缴款本年实际发生额。

（3）第5列"税收金额"：填报按照税收规定允许税前扣除的各类基本社会保障性缴款的金额，按纳税人依照国务院有关主管部门或者省级人民政府规定的范围和标准计算的各类基本社会保障性缴款的金额、第1列及第2列孰小值填报。

（4）第6列"纳税调整金额"：填报第1-5列金额。

9. 第9行"六、住房公积金"：填报纳税人依照国务院有关主管部门或者省级人民政府规定的范围和标准为职工缴纳的住房公积金及其会计核算、纳税调整等金额，具体如下：

（1）第1列"账载金额"：填报纳税人会计核算的住房公积金金额。

（2）第2列"实际发生额"：分析填报纳税人"应付职工薪酬"会计科目下的住房公积金本年实际发生额。

（3）第5列"税收金额"：填报按照税收规定允许税前扣除的住房公积金金额，按纳税人依照国务院有关主管部门或者省级人民政府规定的范围和标准计算的住房公积金金额、第1列及第2列三者孰小值填报。

（4）第6列"纳税调整金额"：填报第1-5列金额。

10. 第10行"七、补充养老保险"：填报纳税人为投资者或者职工支付的补充养老保险费及其会计核算、纳税调整等金额，具体如下：

（1）第1列"账载金额"：填报纳税人会计核算的补充养老保险金额。

（2）第2列"实际发生额"：分析填报纳税人"应付职工薪酬"会计科目下的补充养老保险本年实际发生额。

（3）第3列"税收规定扣除率"：填报税收规定的扣除比例。

（4）第5列"税收金额"：填报按照税收规定允许税前扣除的补充养老保险的金额，按第1行第5列"工资薪金支出\税收金额"×税收规定扣除率与第1列、第2列三者孰小值填报。

（5）第6列"纳税调整金额"：填报第1-5列金额。

11. 第11行"八、补充医疗保险"：填报纳税人为投资者或者职工支付的补充医疗保险费及其会计核算、纳税调整等金额，具体如下：

（1）第1列"账载金额"：填报纳税人会计核算的补充医疗保险金额。

（2）第2列"实际发生额"：分析填报纳税人"应付职工薪酬"会计科目下的补充医疗保险本年实际发生额。

（3）第3列"税收规定扣除率"：填报税收规定的扣除比例。

（4）第5列"税收金额"：填报按照税收规定允许税前扣除的补充医疗保险的金额，按第1行第5列"工资薪金支出\税收金额"×税收规定扣除率与第1列、第2列三者孰小值填报。

（5）第6列"纳税调整金额"：填报第1-5列金额。

12. 第12行"九、其他"：填报其他职工薪酬的金额及其会计核算、纳税调整等金额。

13. 第13行"合计"：填报第1+3+4+7+8+9+10+11+12行金额。

二、表内、表间关系

（一）表内关系

1. 第4行=第5行或第5+6行。

2. 第13行=第1+3+4+7+8+9+10+11+12行。

3. 第6列=第1-5列。

4. 第 7 列 = 第 2+4−5 列。

（二）表间关系

1. 第 13 行第 1 列 = 表 A105000 第 14 行第 1 列。

2. 第 13 行第 5 列 = 表 A105000 第 14 行第 2 列。

3. 若第 13 行第 6 列≥0，第 13 行第 6 列 = 表 A105000 第 14 行第 3 列；若第 13 行第 6 列<0，第 13 行第 6 列的绝对值 = 表 A105000 第 14 行第 4 列。

表 6-35　广告费和业务宣传费等跨年度纳税调整明细表

行次	项目	广告费和业务宣传费	保险企业手续费及佣金支出
		1	2
1	一、本年支出	7 078 600.00	
2	减：不允许扣除的支出	0.00	
3	二、本年符合条件的支出（1−2）	7 078 600.00	
4	三、本年计算扣除限额的基数	82 065 000.00	
5	乘：税收规定扣除率	15.00%	
6	四、本企业计算的扣除限额（4×5）	12 309 750.00	
7	五、本年结转以后年度扣除额 （3>6，本行 = 3−6；3≤6，本行 = 0）	0.00	
8	加：以前年度累计结转扣除额	0.00	
9	减：本年扣除的以前年度结转额 ［3>6，本行 = 0；3≤6，本行 = 8 与（6−3）孰小值］	0.00	
10	六、按照分摊协议归集至其他关联方的金额（10≤3 与 6 孰小值）	0.00	＊
11	按照分摊协议从其他关联方归集至本企业的金额	0.00	＊
12	七、本年支出纳税调整金额 （3>6，本行 = 2+3−6+10−11；3≤6，本行 = 2+10−11−9）	0.00	
13	八、累计结转以后年度扣除额（7+8−9）	0.00	

《广告费和业务宣传费等跨年度纳税调整明细表》填报说明

本表适用于发生广告费和业务宣传费纳税调整项目（含广告和业务宣传费结转），保险企业手续费及佣金支出纳税调整项目（含保险企业手续费及佣金支出结转）的纳税人填报。纳税人根据税法、《财政部　国家税务总局关于广告费和业务宣传费支出税前扣除政策的通知》（财税〔2012〕48 号）、《财政部　税务总局关于保险企业手续费及佣金支出税前扣除政策的公告》（财政部税务总局公告 2019 年第 72 号）等相关规定，以及国家统一企业会计制度，填报广告费和业务宣传费、保险企业手续费及佣金支出会计处理、税收规定，以及跨年度纳税调整情况。

一、有关项目填报说明

（一）列次填报

1. 第 1 列 "广告费和业务宣传费"：填报广告费和业务宣传费会计处理、税收规定，以及跨年度纳税调整情况。

2. 第 2 列 "保险企业手续费及佣金支出"：填报保险企业手续费及佣金支出会计处理、税收规定，以及跨年度纳税调整情况。

（二）行次填报

1. 第 1 行 "一、本年支出"：填报纳税人计入本年损益的支出金额。

2. 第 2 行"减：不允许扣除的支出"：填报税收规定不允许扣除的支出金额。

3. 第 3 行"二、本年符合条件的支出"：填报第 1-2 行的余额。

4. 第 4 行"三、本年计算扣除限额的基数"：填报按照税收规定计算扣除限额的基数。"广告费和业务宣传费"列次填写计算扣除限额的当年销售（营业）收入。"保险企业手续费及佣金支出"列次填报当年保险企业全部保费收入扣除退保金等后余额。

5. 第 5 行"税收规定扣除率"：填报税收规定的扣除比例。

6. 第 6 行"四、本企业计算的扣除限额"：填报第 4×5 行的金额。

7. 第 7 行"五、本年结转以后年度扣除额"：若第 3 行>第 6 行，填报第 3-6 行的余额；若第 3 行≤第 6 行，填报 0。

8. 第 8 行"加：以前年度累计结转扣除额"：填报以前年度允许税前扣除但超过扣除限额未扣除、结转扣除的支出金额。

9. 第 9 行"减：本年扣除的以前年度结转额"：若第 3 行>第 6 行，填 0；若第 3 行≤第 6 行，填报第 6-3 行与第 8 行的孰小值。

10. 第 10 行"六、按照分摊协议归集至其他关联方的金额"：本行第 1 列填报签订广告费和业务宣传费分摊协议（以下简称分摊协议）的关联企业的一方，按照分摊协议，将其发生的不超过当年销售（营业）收入税前扣除限额比例内的广告费和业务宣传费支出归集至其他关联方扣除的广告费和业务宣传费，本行应≤第 3 行与第 6 行的孰小值。本行第 2 列不可填报。

11. 第 11 行"按照分摊协议从其他关联方归集至本企业的金额"：本行第 1 列填报签订广告费和业务宣传费分摊协议（以下简称分摊协议）的关联企业的一方，按照分摊协议，从其他关联方归集至本企业的广告费和业务宣传费。本行第 2 列不可填报。

12. 第 12 行"七、本年支出纳税调整金额"：若第 3 行>第 6 行，填报第 2+3-6+10-11 行的金额；若第 3 行≤第 6 行，填报第 2+10-11-9 行的金额。

13. 第 13 行"八、累计结转以后年度扣除额"：填报第 7+8-9 行的金额。

二、表内、表间关系

（一）表内关系

1. 第 3 行=第 1-2 行。

2. 第 6 行=第 4×5 行。

3. 若第 3>6 行，第 7 行=第 3-6 行；若第 3≤6 行，第 7 行=0。

4. 若第 3>6 行，第 9 行=0；若第 3≤6 行，第 9 行=第 8 行与第 6-3 行的孰小值。

5. 若第 3>6 行，第 12 行=2+3-6+10-11 行；若第 3≤6 行，第 12 行=第 2-9+10-11 行。

6. 第 13 行=第 7+8-9 行。

（二）表间关系

1. 若第 12 行第 1 列≥0，第 12 行第 1 列=表 A105000 第 16 行第 3 列；若第 12 行第 1 列<0，第 12 行第 1 列的绝对值=表 A105000 第 16 行第 4 列。

2. 保险企业：第 1 行第 2 列=表 A105000 第 23 行第 1 列。若第 3 行第 2 列≥第 6 行第 2 列，第 6 行第 2 列=表 A105000 第 23 行第 2 列；若第 3 行第 2 列<第 6 行第 2 列，第 3 行第 2 列+第 9 行第 2 列=表 A105000 第 23 行第 2 列。若第 12 行第 2 列≥0，第 12 行第 2 列=表 A105000 第 23 行第 3 列。若第 12 行第 2 列<0，第 12 行第 2 列的绝对值=表 A105000 第 23 行第 4 列。

表 6-36　资产折旧、摊销及纳税调整明细表

行次	项目	账载金额			税收金额					纳税调整金额
		资产原值	本年折旧、摊销额	累计折旧、摊销额	资产计税基础	税收折旧、摊销额	享受加速折旧政策的资产按税收一般规定计算的折旧、摊销额	加速折旧、摊销统计额	累计折旧、摊销额	
		1	2	3	4	5	6	7 (5-6)	8	9 (2-5)
1	一、固定资产 (2+3+4+5+6+7)	2 550 000.00	313 300.00	1 411 500.00	2 050 000.00	263 300.00	*	*	1 211 500.00	50 000.00
2	（一）房屋、建筑物	0.00	0.00	0.00	0.00	0.00	*	*	0.00	0.00
3	（二）飞机、火车、轮船、机器、机械和其他生产设备	0.00	0.00	0.00	0.00	0.00	*	*	0.00	0.00
4	（三）与生产经营活动有关的器具、工具、家具等	1 550 000.00	155 000.00	620 000.00	1 050 000.00	105 000.00	*	*	420 000.00	50 000.00
5	（四）飞机、火车、轮船以外的运输工具	0.00	0.00	0.00	0.00	0.00	*	*	0.00	0.00
6	（五）电子设备	1 000 000.00	158 300.00	791 500.00	1 000 000.00	158 300.00	*	*	791 500.00	0.00
7	（六）其他	0.00	0.00	0.00	0.00	0.00	*	*	0.00	0.00
8	其中：享受固定资产加速折旧及一次性扣除政策的资产 （一）重要行业固定资产加速折旧（不含一次性扣除）									*
9	（二）其他行业研发设备加速折旧									*
10	（三）特定地区企业固定资产加速折旧 (10.1+10.2)									*
10.1	1. 海南自由贸易港企业固定资产加速折旧									*
10.2	2. 其他特定地区企业固定资产加速折旧额大于一般折旧额的部分									*

续表

行次	项目	账载金额			税收金额					纳税调整金额
		资产原值	本年折旧、摊销额	累计折旧、摊销额	资产计税基础	税收折旧、摊销额	享受加速折旧政策的资产按税收一般规定计算的折旧、摊销额	加速折旧、摊销统计额	累计折旧、摊销额	
		1	2	3	4	5	6	7 (5-6)	8	9 (2-5)
11	（四）500万元以下设备器具一次性扣除									*
12	（五）疫情防控重点保障物资生产企业单价500万元以上设备一次性扣除									*
13	（六）特定地区企业固定资产一次性扣除（13.1+13.2）									*
13.1	1. 海南自由贸易港企业固定资产一次性扣除									*
13.2	2. 其他特定地区企业固定资产一次性扣除									*
14	（七）技术进步、更新换代固定资产加速折旧									*
15	（八）常年强震动、高腐蚀固定资产加速折旧									*
16	（九）外购软件加速折旧									*
17	（十）集成电路生产企业生产设备加速折旧									*
18	二、生产性生物资产（19+20）						*	*		
19	（一）林木类						*	*		
20	（二）畜类						*	*		
21	三、无形资产（22+23+24+25+26+27+28+29）	4 130 000.00	275 300.00	1 101 200.00	7 227 500.00	413 000.00	*	*	1 652 000.00	-137 700.00

其中：享受固定资产加速折旧及一次性扣除政策的资产折旧额大于一般折旧额的部分

续表

行次	项目		账载金额			税收金额					纳税调整金额
			资产原值	本年折旧、摊销额	累计折旧、摊销额	资产计税基础	税收折旧、摊销额	享受加速折旧政策的资产按税收一般规定计算的折旧、摊销额	加速折旧、摊销统计额	累计折旧、摊销额	
			1	2	3	4	5	6	7 (5-6)	8	9 (2-5)
22	所有无形资产	(一)专利权	4 130 000.00	275 300.00	1 101 200.00	7 227 500.00	413 000.00	*	*	1 652 000.00	-137 700.00
23		(二)商标权						*	*		
24		(三)著作权						*	*		
25		(四)土地使用权						*	*		
26		(五)非专利技术						*	*		
27		(六)特许权使用费						*	*		
28		(七)软件						*	*		
29		(八)其他						*	*		
30	其中:享受无形资产加速摊销及一次性摊销政策的资产的资产加速摊销大于一般摊销额的部分	(一)企业外购软件加速摊销									*
31		(二)特定地区企业无形资产加速摊销(31.1+31.2)									*
31.1		1. 海南自由贸易港企业无形资产加速摊销									*
31.2		2. 其他特定地区企业无形资产加速摊销									*
32		(三)特定地区企业无形资产一次性摊销(32.1+32.2)									*
32.1		1. 海南自由贸易港企业无形资产一次性摊销									*
32.2		2. 其他特定地区企业无形资产一次性摊销									*

续表

行次	项目	账载金额			税收金额					纳税调整金额
		资产原值	本年折旧、摊销额	累计折旧、摊销额	资产计税基础	税收折旧、摊销额	享受加速折旧政策的资产按税收一般规定计算的折旧、摊销额	加速折旧、摊销统计额	累计折旧、摊销额	
		1	2	3	4	5	6	7 (5−6)	8	9 (2−5)
33	四、长期待摊费用 (34+35+36+37+38)	6 680 000.00	588 600.00	2 512 700.00	9 277 500.00	676 300.00	*	7 (5−6)	2 863 500.00	−87 700.00
34	(一) 已足额提取折旧的固定资产的改建支出						*	*		
35	(二) 租入固定资产的改建支出						*	*		
36	(三) 固定资产的大修理支出						*	*		
37	(四) 开办费						*	*		
38	(五) 其他						*	*		
39	五、油气勘探投资						*	*		
40	六、油气开发投资						*	*		
41	合计 (1+18+21+33+39+40)						0.00	0.00		
附列资料	全民所有制企业公司制改制资产评估增值政策资产						*	*		

《资产折旧、摊销及纳税调整明细表》填报说明

本表适用于发生资产折旧、摊销的纳税人填报。纳税人根据税法、《国家税务总局关于企业固定资产加速折旧所得税处理有关问题的通知》（国税发〔2009〕81号）、《国家税务总局关于融资性售后回租业务中承租方出售资产行为有关税收问题的公告》（2010年第13号）、《国家税务总局关于企业所得税若干问题的公告》（2011年第34号）、《国家税务总局关于发布〈企业所得税政策性搬迁所得税管理办法〉的公告》（2012年第40号）、《财政部 国家税务总局关于进一步鼓励软件产业和集成电路产业发展企业所得税政策的通知》（财税〔2012〕27号）、《国家税务总局关于企业所得税应纳税所得额若干问题的公告》（2014年第29号）、《财政部 国家税务总局关于完善固定资产加速折旧税收政策有关问题的通知》（财税〔2014〕75号）、《财政部 国家税务总局关于进一步完善固定资产加速折旧企业所得税政策的通知》（财税〔2015〕106号）、《国家税务总局关于全民所有制企业公司制改制企业所得税处理问题的公告》（2017年第34号）、《财政部 税务总局关于设备器具扣除有关企业所得税政策的通知》（财税〔2018〕54号）、《国家税务总局关于设备器具扣除有关企业所得税政策执行问题的公告》（2018年第46号）、《财政部 税务总局关于扩大固定资产加速折旧优惠政策适用范围的公告》（2019年第66号）、《财政部 税务总局关于支持新型冠状病毒感染的肺炎疫情防控有关税收政策的公告》（2020年第8号）、《财政部 税务总局关于海南自由贸易港企业所得税优惠政策的通知》（财税〔2020〕31号）、《财政部 税务总局关于延长部分税收优惠政策执行期限的公告》（2021年第6号）、《财政部 税务总局关于延续实施应对疫情部分税费优惠政策的公告》（2021年第7号）等相关规定，以及国家统一企业会计制度，填报资产折旧、摊销的会计处理、税收规定，以及纳税调整情况。纳税人只要发生相关事项，均需填报本表。

一、有关项目填报说明

（一）列次填报

对于不征税收入形成的资产，其折旧、摊销额不得税前扣除。第4列至第8列税收金额不包含不征税收入所形成资产的折旧、摊销额。

1. 第1列"资产原值"：填报纳税人会计处理计提折旧、摊销的资产原值（或历史成本）的金额。

2. 第2列"本年折旧、摊销额"：填报纳税人会计核算的本年资产折旧、摊销额。

3. 第3列"累计折旧、摊销额"：填报纳税人会计核算的累计（含本年）资产折旧、摊销额。

4. 第4列"资产计税基础"：填报纳税人按照税收规定据以计算折旧、摊销的资产原值（或历史成本）的金额。

5. 第5列"税收折旧、摊销额"：填报纳税人按照税收规定计算的允许税前扣除的本年资产折旧、摊销额。

第8行至第17行、第30行至第32行第5列"税收折旧、摊销额"：填报享受相关加速折旧、摊销优惠政策的资产，采取税收加速折旧、摊销或一次性扣除方式计算的税收折旧额合计金额、摊销额合计金额。本列仅填报"税收折旧、摊销额"大于"享受加速折旧政策

的资产按税收一般规定计算的折旧、摊销额"月份的金额合计。如，享受加速折旧、摊销优惠政策的资产，发生本年度某些月份其"税收折旧、摊销额"大于"享受加速折旧政策的资产按税收一般规定计算的折旧、摊销额"，其余月份其"税收折旧、摊销额"小于"享受加速折旧政策的资产按税收一般规定计算的折旧、摊销额"的情形，仅填报"税收折旧、摊销额"大于"享受加速折旧政策的资产按税收一般规定计算的折旧、摊销额"月份的税收折旧额合计金额、摊销额合计金额。

6. 第6列"享受加速折旧政策的资产按税收一般规定计算的折旧、摊销额"：仅适用于第8行至第17行、第30行至第32行，填报纳税人享受加速折旧、摊销优惠政策的资产，按照税收一般规定计算的折旧额合计金额、摊销额合计金额。按照税收一般规定计算的折旧、摊销额，是指该资产在不享受加速折旧、摊销优惠政策情况下，按照税收规定的最低折旧年限以直线法计算的折旧额、摊销额。本列仅填报"税收折旧、摊销额"大于"享受加速折旧政策的资产按税收一般规定计算的折旧、摊销额"月份的按税收一般规定计算的折旧额合计金额、摊销额合计金额。

7. 第7列"加速折旧、摊销统计额"：用于统计纳税人享受各类固定资产加速折旧政策的优惠金额，按第5-6列金额填报。

8. 第8列"累计折旧、摊销额"：填报纳税人按照税收规定计算的累计（含本年）资产折旧、摊销额。

9. 第9列"纳税调整金额"：填报第2-5列金额。

（二）行次填报

1. 第2行至第7行、第19行至第20行、第22行至第29行、第34行至第40行：填报各类资产有关情况。

2. 第8行至第17行、第30行至第32行：填报纳税人享受相关加速折旧、摊销优惠政策的资产有关情况及优惠统计情况。

第8行"（一）重要行业固定资产加速折旧"：适用于符合财税〔2014〕75号、财税〔2015〕106号和财政部、税务总局公告2019年第66号文件规定的制造业，信息传输、软件和信息技术服务业行业（以下称"重要行业"）的企业填报，填报新购进固定资产享受加速折旧政策的有关情况及优惠统计情况。重要行业纳税人按照上述文件规定享受固定资产一次性扣除政策的资产情况在第11行"（四）500万元以下设备器具一次性扣除"中填报。

第9行"（二）其他行业研发设备加速折旧"：适用于重要行业以外的其他企业填报，填报单位价值超过100万元以上专用研发设备采取缩短折旧年限或加速折旧方法的有关情况及优惠统计情况。

第10行"（三）特定地区企业固定资产加速折旧"，适用于海南自由贸易港等特定地区设立的企业填报享受固定资产加速折旧政策有关情况。本行填报第10.1+10.2行金额。

第10.1行"1. 海南自由贸易港企业固定资产加速折旧"：海南自由贸易港企业填报新购置（含自建）500万元以上的固定资产，按照税收规定采取缩短折旧年限或加速折旧方法的有关情况及优惠统计情况。若固定资产同时符合重要行业加速折旧政策条件，纳税人自行选择在本表第8行或本行填报，但不得重复填报。

第10.2行"2. 其他特定地区企业固定资产加速折旧"：其他特定地区企业填报按照税

收规定采取缩短折旧年限或加速折旧方法的固定资产有关情况及优惠统计情况。若固定资产同时符合重要行业加速折旧政策条件，纳税人自行选择在本表第8行或本行填报，但不得重复填报。

第11行"（四）500万元以下设备器具一次性扣除"：填报新购进单位价值不超过500万元的设备、器具等，按照税收规定一次性扣除的有关情况及优惠统计情况。对疫情防控重点保障物资生产企业，其为扩大产能新购置的相关设备价值不超过500万元的，其按照税收规定一次性扣除的有关情况及优惠统计情况在本行填列。

第12行"（五）疫情防控重点保障物资生产企业单价500万元以上设备一次性扣除"，填报疫情防控重点保障物资生产企业单价500万元以上设备，按照税收规定一次性扣除的有关情况及优惠统计情况。

第13行"（六）特定地区企业固定资产一次性扣除"：适用于海南自由贸易港等特定地区设立的企业填报享受固定资产一次性扣除政策有关情况。本行填报第13.1+13.2行金额。

第13.1行"1.海南自由贸易港企业固定资产一次性扣除"：海南自由贸易港企业填报新购置（含自建）固定资产，按照税收规定采取一次性摊销方法的有关情况及优惠统计情况。若固定资产同时符合"500万元以下设备器具一次性扣除"政策的，由纳税人自行选择在第11行或本行填报，但不得重复填报。

第13.2行"2.其他特定地区企业固定资产一次性扣除"：其他特定地区企业填报按照税收规定采取一次性扣除方法的有关固定资产情况及优惠统计情况。若固定资产同时符合"500万元以下设备器具一次性扣除"政策的，纳税人自行选择在第11行或本行填报，但不得重复填报。

第14行"（七）技术进步、更新换代固定资产加速折旧"：填报固定资产因技术进步、产品更新换代较快而按税收规定享受固定资产加速折旧政策的有关情况及优惠统计情况。

第15行"（八）常年强震动、高腐蚀固定资产加速折旧"：填报常年处于强震动、高腐蚀状态的固定资产按税收规定享受固定资产加速折旧政策的有关情况及优惠统计情况。

第16行"（九）外购软件加速折旧"：填报企业外购软件作为固定资产处理，按财税〔2012〕27号文件规定享受加速折旧政策的有关情况及优惠统计情况。

第17行"（十）集成电路企业生产设备加速折旧"：填报集成电路生产企业的生产设备，按照财税〔2012〕27号文件规定享受加速折旧政策的有关情况及优惠统计情况。

第30行"（一）企业外购软件加速摊销"：填报企业外购软件作无形资产处理，按财税〔2012〕27号文件规定享受加速摊销政策的有关情况及优惠统计情况。

第31行"（二）特定地区企业无形资产加速摊销"：适用于海南自由贸易港等特定地区设立的企业填报享受无形资产加速摊销政策有关情况。本行填报第31.1+31.2行金额。

第31.1行"海南自由贸易港企业无形资产加速摊销"：海南自由贸易港企业填报新购置（含自行开发）无形资产，按照税收规定采取缩短摊销年限或加速摊销方法的有关情况及优惠统计情况。

第31.2行"其他特定地区企业无形资产加速摊销"：其他特定地区企业填报按照税收

规定采取缩短摊销年限或加速摊销方法的无形资产有关情况及优惠统计情况。

第 32 行"（三）特定地区企业无形资产一次性摊销"：适用于海南自由贸易港等特定地区设立的企业填报享受无形资产一次性摊销政策有关情况。本行填报第 32.1+32.2 行金额。

第 32.1 行"海南自由贸易港企业无形资产一次性摊销"：海南自由贸易港企业填报新购置（含自行开发）无形资产，按照税收规定采取一次性摊销方法有关情况及优惠统计情况。

第 32.2 行"其他特定地区企业无形资产一次性摊销"：其他特定地区企业填报按照税收规定采取一次性摊销方法的无形资产有关情况及优惠统计情况。

3. 附列资料"全民所有制企业公司制改制资产评估增值政策资产"：填报企业按照国家税务总局公告 2017 年第 34 号规定，执行"改制中资产评估增值不计入应纳税所得额，资产的计税基础按其原有计税基础确定，资产增值部分的折旧或者摊销不得在税前扣除"政策的有关情况。本行不参与计算，仅用于统计享受全民所有制企业公司制改制资产评估增值政策资产的有关情况，相关资产折旧、摊销情况及调整情况在第 1 行至第 40 行填报。

二、表内、表间关系

（一）表内关系

1. 第 1 行 = 第 2+3+…+7 行。

2. 第 10 行 = 第 10.1 行+第 10.2 行。

3. 第 13 行 = 第 13.1+13.2 行。

4. 第 18 行 = 第 19+20 行。

5. 第 21 行 = 第 22+23…+29 行。

6. 第 31 行 = 第 31.1+31.2 行。

7. 第 32 行 = 第 32.1+32.2 行。

8. 第 33 行 = 第 34+35+36+37+38 行。

9. 第 41 行 = 第 1+18+21+33+39+40 行。（其中第 41 行第 6 列 = 第 8+9+10+11+12+13+14+15+16+17+30+31+32 行第 6 列；第 41 行第 7 列 = 第 8+9+10+11+12+13+14+15+16+17+30+31+32 行第 7 列。）

10. 第 7 列 = 第 5-6 列。

11. 第 9 列 = 第 2-5 列。

（二）表间关系

1. 第 41 行第 2 列 = 表 A105000 第 32 行第 1 列。

2. 第 41 行第 5 列 = 表 A105000 第 32 行第 2 列。

3. 若第 41 行第 9 列≥0，第 41 行第 9 列 = 表 A105000 第 32 行第 3 列；若第 40 行第 9 列<0，第 41 行第 9 列的绝对值 = 表 A105000 第 32 行第 4 列。

表 6-37　企业所得税弥补亏损明细表

行次	项目	年度	当年境内所得额	合并、分立转入的亏损额				弥补亏损企业类型	当年亏损额	当年待弥补的亏损额	用本年度所得额弥补的以前年度亏损额		当年可结转以后年度弥补的亏损额
				分立转出的亏损额	可弥补年限5年	可弥补年限8年	可弥补年限10年				使用境内所得弥补	使用境外所得弥补	
		1	2	3	4	5	6	7	8	9	10	11	12
1	前十年度	2011	0.00	0.00	0.00	0.00	0.00	0.00	0.00	0.00	0.00	0.00	0.00
2	前九年度	2012	0.00	0.00	0.00	0.00	0.00	0.00	0.00	0.00	0.00	0.00	0.00
3	前八年度	2013	0.00	0.00	0.00	0.00	0.00	0.00	0.00	0.00	0.00	0.00	0.00
4	前七年度	2014	0.00	0.00	0.00	0.00	0.00	0.00	0.00	0.00	0.00	0.00	0.00
5	前六年度	2015	0.00	0.00	0.00	0.00	0.00	0.00	0.00	0.00	0.00	0.00	0.00
6	前五年度	2016	86 000.00	0.00	0.00	0.00	0.00	0.00	0.00	0.00	0.00	0.00	0.00
7	前四年度	2017	25 000.00	0.00	0.00	0.00	0.00	0.00	0.00	0.00	0.00	0.00	0.00
8	前三年度	2018	120 000.00	0.00	0.00	0.00	0.00	0.00	0.00	0.00	0.00	0.00	0.00
9	前二年度	2019	360 000.00	0.00	0.00	0.00	0.00	0.00	0.00	0.00	0.00	0.00	0.00
10	前一年度	2020	103 200.00	0.00	0.00	0.00	0.00	0.00	0.00	0.00	0.00	0.00	0.00
11	本年度	2021		0.00	0.00	0.00	0.00	0.00	0.00	0.00	0.00	0.00	0.00
12	可结转以后年度弥补的亏损额合计		4 813 300.00										0.00

《企业所得税弥补亏损明细表》填报说明

本表适用于发生弥补亏损、亏损结转等事项的纳税人填报。纳税人应当根据税法、《财政部 税务总局关于延长高新技术企业和科技型中小企业亏损结转年限的通知》（财税〔2018〕76号）、《国家税务总局关于延长高新技术企业和科技型中小企业亏损结转弥补年限有关企业所得税处理问题的公告》（2018年第45号）、《财政部 国家税务总局关于支持新型冠状病毒感染的肺炎疫情防控有关税收政策的公告》（2020年第8号）、《财政部 税务总局关于电影等行业税费支持政策的公告》（2020年第25号）、《财政部 税务总局 发展改革委 工业和信息化部关于促进集成电路和软件产业高质量发展企业所得税政策的公告》（2020年第45号）等相关规定，填报本表。

一、有关项目填报说明

纳税人弥补以前年度亏损时，应按照"先到期亏损先弥补、同时到期亏损先发生的先弥补"的原则处理。

1. 第1列"年度"：填报公历年度。纳税人应首先填报第11行"本年度"对应的公历年度，再依次从第10行往第1行倒推填报以前年度。纳税人发生政策性搬迁事项，如停止生产经营活动年度可以从法定亏损结转弥补年限中减除，则按可弥补亏损年度进行填报。本年度是指申报所属期年度，如：纳税人在2019年5月10日进行2018年度企业所得税年度纳税申报时，本年度（申报所属期年度）为2018年。

2. 第2列"当年境内所得额"：第11行填报表A100000第19-20行金额。第1行至第10行填报以前年度主表第23行（2013年及以前纳税年度）、以前年度表A106000第6行第2列（2014至2017纳税年度）、以前年度表A106000第11行第2列的金额（亏损以负数表示）。发生查补以前年度应纳税所得额、追补以前年度未能税前扣除的实际资产损失等情况的，按照相应调整后的金额填报。

3. 第3列"分立转出的亏损额"：填报本年度企业分立按照企业重组特殊性税务处理规定转出的符合条件的亏损额。分立转出的亏损额按亏损所属年度填报，转出亏损的亏损额以正数表示。

4. 第4列"合并、分立转入的亏损额-可弥补年限5年"：填报企业符合企业重组特殊性税务处理规定，因合并或分立本年度转入的不超过5年亏损弥补年限规定的亏损额。合并、分立转入的亏损额按亏损所属年度填报，转入的亏损额以负数表示。

5. 第5列"合并、分立转入的亏损额-可弥补年限8年"：填报企业符合企业重组特殊性税务处理规定，因合并或分立本年度转入的不超过8年亏损弥补年限规定的亏损额。合并、分立转入的亏损额按亏损所属年度填报，转入的亏损额以负数表示。

6. 第6列"合并、分立转入的亏损额-可弥补年限10年"：填报企业符合企业重组特殊性税务处理规定，因合并或分立本年度转入的不超过10年亏损弥补年限规定的亏损额。合并、分立转入的亏损额按亏损所属年度填报，转入的亏损额以负数表示。

7. 第7列"弥补亏损企业类型"：纳税人根据不同年度情况从《弥补亏损企业类型代码表》中选择相应的代码填入本项。不同类型纳税人的亏损结转年限不同，纳税人选择"一般企业"是指亏损结转年限为5年的纳税人；"符合条件的高新技术企业""符合条件的科技型中小企业"是指符合《财政部 税务总局关于延长高新技术企业和科技型中小企业亏损结转年限的通知》（财税〔2018〕76 号）、《国家税务总局关于延长高新技术企业和科技型中小企业亏损结转弥补年限有关企业所得税处理问题的公告》（2018 年第 45 号）等文件规定，亏损结转年限为 10 年的纳税人；"线宽小于 130 纳米（含）的集成电路生产企业"是指符合《财政部 税务总局 发展改革委 工业和信息化部关于促进集成电路和软件产业高质量发展企业所得税政策的公告》（2020 年第 45 号）等文件规定，亏损结转年限为 10 年的纳税人；"受疫情影响困难行业企业"是指符合《财政部 税务总局关于支持新型冠状病毒感染的肺炎疫情防控有关税收政策的公告》（2020 年第 8 号）等文件规定的受疫情影响较大的困难行业企业 2020 年度发生的亏损，最长结转年限由 5 年延长至 8 年的纳税人；"电影行业企业"是指《财政部 税务总局关于电影等行业税费支持政策的公告》（2020 年第 25 号）规定的电影行业企业 2020 年度发生的亏损，最长结转年限由 5 年延长至 8 年的纳税人。

表 6-38　弥补亏损企业类型代码表

代码	类型
100	一般企业
200	符合条件的高新技术企业
300	符合条件的科技型中小企业
400	线宽小于 130 纳米（含）的集成电路生产企业
500	受疫情影响困难行业企业
600	电影行业企业

8. 第 8 列"当年亏损额"：填报纳税人各年度可弥补亏损额的合计金额。

9. 第 9 列"当年待弥补的亏损额"：填报在用本年度（申报所属期年度）所得额弥补亏损前，当年度尚未被弥补的亏损额。

10. 第 10 列"用本年度所得额弥补的以前年度亏损额-使用境内所得弥补"：第 1 行至第 10 行，当第 11 行第 2 列本年度（申报所属期年度）的"当年境内所得额"＞0 时，填报各年度被本年度（申报所属期年度）境内所得依次弥补的亏损额，弥补的顺序是按照亏损到期的年限优先弥补到期时间近的亏损额，亏损到期年限相同则先弥补更早发生的亏损额，弥补的亏损额以正数表示。本列第 11 行，填报本列第 1 行至第 10 行的合计金额，表 A100000 第 21 行填报本项金额。

11. 第 11 列"用本年度所得额弥补的以前年度亏损额-使用境外所得弥补"：第 1 行至第 10 行，当纳税人选择用境外所得弥补境内以前年度亏损的，填报各年度被本年度（申报所属期年度）境外所得依次弥补的亏损额，弥补的顺序是按照亏损到期的年限优先弥补到期时间近的亏损额，亏损到期年限相同则先弥补更早发生的亏损额，弥补的亏损额以正数表示。本列第 11 行，填报本列第 1 行至第 10 行的合计金额。

12. 第 12 列"当年可结转以后年度弥补的亏损额"：第 1 行至第 11 行，填报各年度尚未弥补完的且准予结转以后年度弥补的亏损额，结转以后年度弥补的亏损额以正数表示。本列第 12 行，填报本列第 1 行至第 11 行的合计金额。

二、表内、表间关系

（一）表内关系

1. 当第 2 列＜0 且第 3 列＞0 时，第 3 列＜第 2 列的绝对值；当第 2 列≥0 时，则第 3 列＝0。

2. 第 10 列第 11 行 = 第 10 列第 1+2+3+4+5+6+7+8+9+10 行；当第 2 列第 11 行≤0 时，第 10 列第 1 行至第 11 行 =0；当第 2 列第 11 行>0 时，第 10 列第 11 行≤第 2 列第 11 行。

3. 第 11 列第 11 行 = 第 11 列第 1+2+3+4+5+6+7+8+9+10 行。

4. 第 12 列第 12 行 = 第 12 列第 1+2+3+4+5+6+7+8+9+10+11 行。

5. 第 1 行第 12 列 =0；第 2 至 10 行第 12 列 = 第 9 列的绝对值－第 10 列－第 11 列；第 11 行第 12 列 = 第 9 列的绝对值。

（二）表间关系

1. 第 11 行第 2 列 = 表 A100000 第 19－20 行。

2. 第 11 行第 10 列 = 表 A100000 第 21 行。

3. 第 11 行第 11 列 = 表 A108000 第 10 行第 6 列－表 A100000 第 18 行。

表 6-39　免税、减计收入及加计扣除优惠明细表

行次	项目	金额
1	一、免税收入（2+3+9+…+16）	1 050 000.00
2	（一）国债利息收入免征企业所得税	500 000.00
3	（二）符合条件的居民企业之间的股息、红利等权益性投资收益免征企业所得税（4+5+6+7+8）	550 000.00
4	1. 一般股息红利等权益性投资收益免征企业所得税（填写 A107011）	550 000.00
5	2. 内地居民企业通过沪港通投资且连续持有 H 股满 12 个月取得的股息红利所得免征企业所得税（填写 A107011）	0.00
6	3. 内地居民企业通过深港通投资且连续持有 H 股满 12 个月取得的股息红利所得免征企业所得税（填写 A107011）	0.00
7	4. 居民企业持有创新企业 CDR 取得的股息红利所得免征企业所得税（填写 A107011）	0.00
8	5. 符合条件的永续债利息收入免征企业所得税（填写 A107011）	0.00
9	（三）符合条件的非营利组织的收入免征企业所得税	0.00
10	（四）中国清洁发展机制基金取得的收入免征企业所得税	0.00
11	（五）投资者从证券投资基金分配中取得的收入免征企业所得税	0.00
12	（六）取得的地方政府债券利息收入免征企业所得税	0.00
13	（七）中国保险保障基金有限责任公司取得的保险保障基金等收入免征企业所得税	0.00
14	（八）中国奥委会取得北京冬奥组委支付的收入免征企业所得税	0.00
15	（九）中国残奥委会取得北京冬奥组委分期支付的收入免征企业所得税	0.00
16	（十）其他	0.00
17	二、减计收入（18+19+23+24）	0.00
18	（一）综合利用资源生产产品取得的收入在计算应纳税所得额时减计收入	0.00
19	（二）金融、保险等机构取得的涉农利息、保费减计收入（20+21+22）	0.00
20	1. 金融机构取得的涉农贷款利息收入在计算应纳税所得额时减计收入	0.00
21	2. 保险机构取得的涉农保费收入在计算应纳税所得额时减计收入	0.00
22	3. 小额贷款公司取得的农户小额贷款利息收入在计算应纳税所得额时减计收入	0.00
23	（三）取得铁路债券利息收入减半征收企业所得税	0.00
24	（四）其他（24.1+24.2）	0.00

行次	项目	金额
24.1	1. 取得的社区家庭服务收入在计算应纳税所得额时减计收入	
24.2	2. 其他	
25	三、加计扣除（26+27+28+29+30）	
26	（一）开发新技术、新产品、新工艺发生的研究开发费用加计扣除（填写 A107012）	
27	（二）科技型中小企业开发新技术、新产品、新工艺发生的研究开发费用加计扣除（填写 A107012）	
28	（三）企业为获得创新性、创意性、突破性的产品进行创意设计活动而发生的相关费用加计扣除（加计扣除比例___%）	
29	（四）安置残疾人员所支付的工资加计扣除	
30	（五）其他	
31	合计（1+17+25）	1 050 000.00

《免税、减计收入及加计扣除优惠明细表》填报说明

本表适用于享受免税收入、减计收入和加计扣除优惠的纳税人填报。纳税人根据税法及相关税收政策规定，填报本年发生的免税收入、减计收入和加计扣除优惠情况。

一、有关项目填报说明

1. 第 1 行"一、免税收入"：填报第 2+3+9+10+11+12+13+14+15+16 行金额。

2. 第 2 行"（一）国债利息收入免征企业所得税"：填报纳税人根据《国家税务总局关于企业国债投资业务企业所得税处理问题的公告》（2011 年第 36 号）等相关税收政策规定，持有国务院财政部门发行的国债取得的利息收入。

3. 第 3 行"（二）符合条件的居民企业之间的股息、红利等权益性投资收益免征企业所得税"：填报《符合条件的居民企业之间的股息、红利等权益性投资收益优惠明细表》（A107011）第 8 行第 17 列金额。

4. 第 4 行"1. 一般股息红利等权益性投资收益免征企业所得税"：填报《中华人民共和国企业所得税法实施条例》第八十三条规定的投资收益，不含持有 H 股、创新企业 CDR、永续债取得的投资收益，按表 A107011 第 9 行第 17 列金额填报。

5. 第 5 行"2. 内地居民企业通过沪港通投资且连续持有 H 股满 12 个月取得的股息红利所得免征企业所得税"：填报根据《财政部 国家税务总局 证监会关于沪港股票市场交易互联互通机制试点有关税收政策的通知》（财税〔2014〕81 号）等相关税收政策规定，内地居民企业连续持有 H 股满 12 个月取得的股息红利所得，按表 A107011 第 10 行第 17 列金额填报。

6. 第 6 行"3. 内地居民企业通过深港通投资且连续持有 H 股满 12 个月取得的股息红利所得免征企业所得税"：填报根据《财政部 国家税务总局 证监会关于深港股票市场交易互联互通机制试点有关税收政策的通知》（财税〔2016〕127 号）等相关税收政策规定，内地居民企业连续持有 H 股满 12 个月取得的股息红利所得，按表 A107011 第 11 行第 17 列金额填报。

7. 第 7 行 "居民企业持有创新企业 CDR 取得的股息红利所得免征企业所得税"：根据《财政部　税务总局　证监会关于创新企业境内发行存托凭证试点阶段有关税收政策的公告》（2019 年第 52 号）等相关税收政策规定，居民企业持有创新企业 CDR 取得的股息红利所得，按表 A107011 第 12 行第 17 列金额填报。

8. 第 8 行 "符合条件的永续债利息收入免征企业所得税"：填报根据《财政部　税务总局关于永续债企业所得税政策问题的公告》（2019 年第 64 号）等相关税收政策规定，居民企业取得的可以适用企业所得税法规定的居民企业之间的股息、红利等权益性投资收益免征企业所得税规定的永续债利息收入，按表 A107011 第 13 行第 17 列金额填报。

9. 第 9 行 "（三）符合条件的非营利组织的收入免征企业所得税"：填报纳税人根据税法、《财政部　国家税务总局关于非营利组织企业所得税免税收入问题的通知》（财税〔2009〕122 号）、《财政部　税务总局关于非营利组织免税资格认定管理有关问题的通知》（财税〔2018〕13 号）等相关税收政策规定，认定的符合条件的非营利组织，取得的捐赠收入等免税收入，但不包括从事营利性活动所取得的收入。当表 A000000 "207 非营利组织" 选择 "是" 时，本行可以填报，否则不得填报。

10. 第 10 行 "（四）中国清洁发展机制基金取得的收入免征企业所得税"：填报中国清洁发展机制基金根据《财政部　国家税务总局关于中国清洁发展机制基金及清洁发展机制项目实施企业有关企业所得税政策问题的通知》（财税〔2009〕30 号）等相关税收政策规定，中国清洁发展机制基金取得的 CDM 项目温室气体减排量转让收入上缴国家的部分，国际金融组织赠款收入，基金资金的存款利息收入，购买国债的利息收入，国内外机构、组织和个人的捐赠收入。

11. 第 11 行 "（五）投资者从证券投资基金分配中取得的收入免征企业所得税"：填报纳税人根据《财政部　国家税务总局关于企业所得税若干优惠政策的通知》（财税〔2008〕1 号）第二条第（二）项等相关税收政策规定，投资者从证券投资基金分配中取得的收入。

12. 第 12 行 "（六）取得的地方政府债券利息收入免征企业所得税"：填报纳税人根据《财政部　国家税务总局关于地方政府债券利息所得免征所得税问题的通知》（财税〔2011〕76 号）、《财政部　国家税务总局关于地方政府债券利息免征所得税问题的通知》（财税〔2013〕5 号）等相关税收政策规定，取得的 2009 年、2010 年和 2011 年发行的地方政府债券利息所得，2012 年及以后年度发行的地方政府债券利息收入。

13. 第 13 行 "（七）中国保险保障基金有限责任公司取得的保险保障基金等收入免征企业所得税"：填报中国保险保障基金有限责任公司根据《财政部　税务总局关于保险保障基金有关税收政策问题的通知》（财税〔2018〕41 号）等相关税收政策规定，按《保险保障基金管理办法》规定取得的境内保险公司依法缴纳的保险保障基金；依法从撤销或破产保险公司清算财产中获得的受偿收入和向有关责任方追偿所得，以及依法从保险公司风险处置中获得的财产转让所得；捐赠所得；银行存款利息收入；购买政府债券、中央银行、中央企业和中央级金融机构发行债券的利息收入；国务院批准的其他资金运用取得的收入。

14. 第 14 行 "（八）中国奥委会取得北京冬奥组委支付的收入免征企业所得税"：根据《财政部　税务总局　海关总署关于北京 2022 年冬奥会和冬残奥会税收政策的通知》（财税〔2017〕60 号）等相关税收政策规定，中国奥委会填报按中国奥委会、主办城市签订的《联合市场开发计划协议》和中国奥委会、主办城市、国际奥委会签订的《主办城市合同》

取得的由北京冬奥组委分期支付的收入、按比例支付的盈余分成收入。

15. 第 15 行 "（九）中国残奥委会取得北京冬奥组委分期支付的收入免征企业所得税"：填报根据财税〔2017〕60 号等相关税收政策规定，中国残奥委会按照《联合市场开发计划协议》取得的由北京冬奥组委分期支付的收入。

16. 第 16 行 "（十）其他"：填报纳税人享受的本表未列明的其他免税收入税收优惠事项名称、减免税代码及免税收入金额。

17. 第 17 行 "二、减计收入"：填报第 18+19+23+24 行金额。

18. 第 18 行 "（一）综合利用资源生产产品取得的收入在计算应纳税所得额时减计收入"：填报纳税人综合利用资源生产产品取得的收入总额乘以 10% 的金额。

19. 第 19 行 "（二）金融、保险等机构取得的涉农利息、保费减计收入"：填报金融、保险等机构取得的涉农利息、保费收入减计收入的金额，按第 20+21+22 行金额填报。

20. 第 20 行 "1. 金融机构取得的涉农贷款利息收入在计算应纳税所得额时减计收入"：填报纳税人取得农户小额贷款利息收入总额乘以 10% 的金额。

21. 第 21 行 "2. 保险机构取得的涉农保费收入在计算应纳税所得额时减计收入"：填报保险公司为种植业、养殖业提供保险业务取得的保费收入总额乘以 10% 的金额。其中保费收入总额＝原保费收入＋分保费收入－分出保费。

22. 第 22 行 "3. 小额贷款公司取得的农户小额贷款利息收入在计算应纳税所得额时减计收入"：填报根据《财政部　税务总局关于小额贷款公司有关税收政策的通知》（财税〔2017〕48 号）等相关税收政策规定，经省级金融管理部门（金融办、局等）批准成立的小额贷款公司取得的农户小额贷款利息收入乘以 10% 的金额。

23. 第 23 行 "（三）取得铁路债券利息收入减半征收企业所得税"：填报纳税人根据《财政部　国家税务总局关于铁路建设债券利息收入企业所得税政策的通知》（财税〔2011〕99 号）、《财政部　国家税务总局关于 2014、2015 年铁路建设债券利息收入企业所得税政策的通知》（财税〔2014〕2 号）及《财政部　国家税务总局关于铁路债券利息收入所得税政策问题的通知》（财税〔2016〕30 号）、《财政部　税务总局关于铁路债券利息收入所得税政策的公告》（2019 年第 57 号）等相关税收政策规定，持有中国铁路建设铁路债券等企业债券取得的利息收入乘以 50% 的金额。

24. 第 24 行 "（四）其他"：根据相关行次计算结果填报。本行＝第 24.1+24.2 行。第 24.1 行和第 24.2 行按照以下要求填报：

第 24.1 行 "1. 取得的社区家庭服务收入在计算应纳税所得额时减计收入"：填报纳税人根据《财政部　税务总局　发展改革委　民政部　商务部　卫生健康委关于养老、托育、家政等社区家庭服务业税费优惠政策的公告》（2019 年第 76 号）等相关税收政策规定，社区养老、托育、家政相关服务的收入乘以 10% 的金额。

第 24.2 行 "2. 其他"：填报纳税人享受的本表未列明的其他减计收入的税收优惠事项名称、减免税代码及减计收入金额。

25. 第 25 行 "三、加计扣除"：填报第 26+27+28+29+30 行的合计金额。

26. 第 26 行 "（一）开发新技术、新产品、新工艺发生的研究开发费用加计扣除"：当表 A000000 "210-3" 项目未填有入库编号时，填报表 A107012 第 51 行金额。本行与第 27 行不可同时填报。

27. 第 27 行"（二）科技型中小企业开发新技术、新产品、新工艺发生的研究开发费用加计扣除"：当表 A000000"210-3"项目填有入库编号时，填报表 A107012 第 51 行金额。本行与第 26 行不可同时填报。

28. 第 28 行"（三）企业为获得创新性、创意性、突破性的产品进行创意设计活动而发生的相关费用加计扣除"：填报纳税人根据《财政部　国家税务总局　科技部关于完善研究开发费用税前加计扣除政策的通知》（财税〔2015〕119 号）第二条第四项规定，为获得创新性、创意性、突破性的产品进行创意设计活动而发生的相关费用按照规定进行税前加计扣除的金额。纳税人填报本行时，根据有关政策规定填报加计扣除比例。

29. 第 29 行"（四）安置残疾人员所支付的工资加计扣除"：填报纳税人根据《财政部　国家税务总局关于安置残疾人员就业有关企业所得税优惠政策问题的通知》（财税〔2009〕70 号）等相关税收政策规定安置残疾人员的，按照支付给残疾职工工资的 100% 加计扣除的金额。

30. 第 30 行"（五）其他"：填报纳税人享受的本表未列明的其他加计扣除的税收优惠事项名称、减免税代码及加计扣除的金额。

31. 第 31 行"合计"：填报第 1+17+25 行金额。

二、表内、表间关系

（一）表内关系

1. 第 1 行 = 第 2+3+9+10+…+16 行。

2. 第 3 行 = 第 4+5+6+7+8 行。

3. 第 17 行 = 第 18+19+23+24 行。

4. 第 19 行 = 第 20+21+22 行。

5. 第 24 行 = 第 24.1+24.2 行。

6. 第 25 行 = 第 26+27+28+29+30 行。

7. 第 26 行和第 27 行不可同时填报。

8. 第 31 行 = 第 1+17+25 行。

（二）表间关系

1. 第 3 行 = 表 A107011 第 8 行（合计行）第 17 列。

2. 第 4 行 = 表 A107011 第 9 行第 17 列。

3. 第 5 行 = 表 A107011 第 10 行第 17 列。

4. 第 6 行 = 表 A107011 第 11 行第 17 列。

5. 第 7 行 = 表 A107011 第 12 行第 17 列。

6. 第 8 行 = 表 A107011 第 13 行第 17 列。

7. 当表 A000000"210-3"项目未填有入库编号时，第 26 行 = 表 A107012 第 51 行。

8. 当表 A000000"210-3"项目填有入库编号时，第 27 行 = 表 A107012 第 51 行。

9. 第 31 行 = 表 A100000 第 17 行。

表 6-40　符合条件的居民企业之间的股息、红利等权益性投资收益优惠明细表

行次	被投资企业	被投资企业统一社会信用代码(纳税人识别号)	投资性质	投资成本	投资比例	被投资企业利润分配确认金额		被投资企业清算确认金额			撤回或减少投资确认金额						合计
						被投资企业做出利润分配或转股决定时间	依决定归属于本公司的股息、红利等权益性投资收益金额	分得的被投资企业清算剩余资产	被清算企业累计未分配利润和累计盈余公积中应享有部分	应确认的股息所得(8与9孰小)	从被投资企业撤回或减少投资取得的资产	减少投资比例	收回初始投资成本(4×12)	取得资产中超过收回初始投资成本部分(11-13)	撤回或减少投资应享有被投资企业累计未分配利润和累计盈余公积计算部分	应确认的股息所得(16与15孰小)	
	1	2	3	4	5	6	7	8	9	10(8与9孰小)	11	12	13(4×12)	14(11-13)	15	16(14与15孰小)	17(7+10+16)
1	A 企业	91330823220264 3708	(1)直接投资	200 000.00	5.0000%	2021-12-22	550 000.00	0.00	0.00	0.00	0.00	0.0000%	0.00	0.00	0.00	0.00	550 000.00
2																	
3																	
4																	
5																	
6																	
7																	
8	合计						550 000.00										550 000.00
9	其中：直接投资或非 H 股票投资																
10	股票投资—沪港通 H 股																
11	股票投资—深港通 H 股																
12	创新企业 CDR																
13	永续债																

《符合条件的居民企业之间的股息、红利等权益性投资收益优惠明细表》填报说明

本表适用于享受符合条件的居民企业之间的股息、红利等权益性投资收益优惠的纳税人填报。纳税人根据税法、《财政部　国家税务总局关于企业清算业务企业所得税处理若干问题的通知》（财税〔2009〕60号）、《财政部　国家税务总局关于执行企业所得税优惠政策若干问题的通知》（财税〔2009〕69号）、《国家税务总局关于贯彻落实企业所得税法若干税收问题的通知》（国税函〔2010〕79号）、《国家税务总局关于企业所得税若干问题的公告》（国家税务总局公告2011年第34号）、《财政部　国家税务总局证监会关于沪港股票市场交易互联互通机制试点有关税收政策的通知》（财税〔2014〕81号）、《财政部　国家税务总局证监会关于深港股票市场交易互联互通机制试点有关税收政策的通知》（财税〔2016〕127号）、《财政部　税务总局证监会关于创新企业境内发行存托凭证试点阶段有关税收政策的公告》（财政部　税务总局证监会公告2019年第52号）、《财政部　税务总局关于永续债企业所得税政策问题的公告》（财政部　税务总局公告2019年第64号）等相关税收政策规定，填报本年发生的符合条件的居民企业之间的股息、红利（包括H股）等权益性投资收益优惠情况，不包括连续持有居民企业公开发行并上市流通的股票不足12个月取得的投资收益。

一、有关项目填报说明

（一）行次填报

1. 行次根据投资企业名称和投资性质填报，可以根据情况增加。

2. 第8行"合计"：填报第1+2+…+7行的第17列合计金额，若增行，根据增行后的情况合计。

3. 第9行"其中：直接或非H股票投资"：填报第1+2…+7行中，"投资性质"列选择"（1）直接投资"或"（2）股票投资（不含H股）"的行次，第17列合计金额。

4. 第10行"股票投资—沪港通H股"：填报第1+2…+7行中，"投资性质"列选择"（3）股票投资（沪港通H股投资）"的行次，第17列合计金额。

5. 第11行"股票投资—深港通H股"：填报第1+2…+7行中，"投资性质"列选择"（4）股票投资（深港通H股投资）"的行次，第17列合计金额。

6. 第12行"创新企业CDR"：填报第1+2…+7行中，"投资性质"列选择"（5）创新企业CDR"的行次，第17列合计金额。

7. 第13行"永续债"：填报第1+2…+7行中，"投资性质"列选择"（6）永续债"的行次，第17列合计金额。

（二）列次填报

1. 第1列"被投资企业"：填报被投资企业名称。

2. 第2列"被投资企业统一社会信用代码（纳税人识别号）"：填报被投资企业工商等部门核发的纳税人统一社会信用代码。未取得统一社会信用代码的，填报税务机关核发的纳税人识别号。

3. 第3列"投资性质"：按选项填报：（1）直接投资、（2）股票投资（不含H股）、

（3）股票投资（沪港通 H 股投资）、（4）股票投资（深港通 H 股投资）、（5）创新企业 CDR、（6）永续债。

符合财税〔2014〕81 号文件第一条第（四）项第 1 目规定，享受沪港通 H 股股息红利免税政策的企业，选择"（3）股票投资（沪港通 H 股投资）"。

符合财税〔2016〕127 号文件第一条第（四）项第 1 目规定，享受深港通 H 股股息红利免税政策的企业，选择"（4）股票投资（深港通 H 股投资）"。

符合《财政部　税务总局　证监会关于创新企业境内发行存托凭证试点阶段有关税收政策的公告》（财政部　税务总局　证监会公告 2019 年第 52 号）第二条第 1 款规定，享受对持有创新企业 CDR 取得的股息红利所得按规定免征企业所得税的，选择"（5）创新企业 CDR"。

符合《财政部　税务总局关于永续债企业所得税政策问题的公告》（财政部　税务总局公告 2019 年第 64 号）第一条规定，享受永续债利息收入免征企业所得税的企业，选择"（6）永续债"。

4. 第 4 列"投资成本"：填报纳税人投资于被投资企业的计税成本。

5. 第 5 列"投资比例"：填报纳税人投资于被投资企业的股权比例。若购买公开发行股票的，此列可不填报。

6. 第 6 列"被投资企业作出利润分配或转股决定时间"：填报被投资企业作出利润分配或转股决定的时间。

7. 第 7 列"依决定归属于本公司的股息、红利等权益性投资收益金额"：填报纳税人按照投资比例或者其他方法计算的，实际归属于本公司的股息、红利等权益性投资收益金额。若被投资企业将股权（票）溢价所形成的资本公积转为股本的，不作为投资方企业的股息、红利收入，投资方企业也不得增加该项长期投资的计税基础。

8. 第 8 列"分得的被投资企业清算剩余资产"：填报纳税人分得的被投资企业清算后的剩余资产。

9. 第 9 列"被清算企业累计未分配利润和累计盈余公积应享有部分"：填报被清算企业累计未分配利润和累计盈余公积中本企业应享有的金额。

10. 第 10 列"应确认的股息所得"：填报第 7 列与第 8 列孰小值。

11. 第 11 列"从被投资企业撤回或减少投资取得的资产"：填报纳税人从被投资企业撤回或减少投资时取得的资产。

12. 第 12 列"减少投资比例"：填报纳税人撤回或减少的投资额占投资方在被投资企业持有总投资比例。

13. 第 13 列"收回初始投资成本"：填报第 3×11 列的金额。

14. 第 14 列"取得资产中超过收回初始投资成本部分"：填报第 11-13 列的余额。

15. 第 15 列"撤回或减少投资应享有被投资企业累计未分配利润和累计盈余公积"：填报被投资企业累计未分配利润和累计盈余公积按减少实收资本比例计算的部分。

16. 第 16 列"应确认的股息所得"：填报第 13 列与第 14 列孰小值。

17. 第 17 列"合计"：填报第 7+10+16 列的合计金额。

二、表内、表间关系

（一）表内关系

1. 第 13 列 = 第 4×12 列。

2. 第 14 列 = 第 11−13 列。

3. 第 17 列 = 第 7+10+16 列。

4. 第 10 列 = 第 8 列与第 9 列孰小值。

5. 第 16 列 = 第 14 列与第 15 列孰小值。

6. 第 8 行（"合计"行）= 第 1+2+…+7 行第 17 列合计。

7. 第 9 行（"直接投资或非 H 股票投资"合计行）= 第 1+2+…+7 行中，各行第 3 列选择"（1）直接投资"或"（2）股票投资（不含 H 股）"的行次第 17 列合计金额。

8. 第 10 行（"股票投资—沪港通 H 股"合计行）= 第 1+2+…+7 行中，各行第 3 列选择"（3）股票投资（沪港通 H 股投资）"的行次第 17 列合计金额。

9. 第 11 行（"股票投资—深港通 H 股"合计行）= 第 1+2…+7 行中，各行第 3 列选择"（4）股票投资（深港通 H 股投资）"的行次第 17 列合计金额。

10. 第 12 行（"创新企业 CDR"合计行）= 第 1+2…+7 行中，"投资性质"列选择"（5）居民企业持有 CDR"的行次第 17 列合计金额。

11. 第 13 行（"永续债"合计行）= 第 1+2…+7 行中，"投资性质"列选择"（6）符合条件的永续债"的行次第 17 列合计金额。

（二）表间关系

1. 第 8 行第 17 列 = 表 A107010 第 3 行。

2. 第 9 行第 17 列 = 表 A107010 第 4 行。

3. 第 10 行第 17 列 = 表 A107010 第 5 行。

4. 第 11 行第 17 列 = 表 A107010 第 6 行。

5. 第 12 行第 17 列 = 表 A107010 第 7 行。

6. 第 13 行第 17 列 = 表 A107010 第 8 行。

表 6-41　境外所得税收抵免明细表

行次	国家（地区）	境外税前所得 1	境外税前所得 2	境外所得纳税调整后所得 3	弥补境外以前年度亏损 4	境外应纳税所得额 5 (3-4)	抵减境内亏损 6	抵减境内亏损后的境外应纳税所得额 7 (5-6)	税率 8	境外所得应纳税额 9 (7×8)	境外所得可抵免税额 10	境外所得抵免限额 11	本年可抵免境外所得税额 12	未超过境外所得抵免限额的余额 13 (11-12)	本年可抵免以前年度未抵免境外所得税额 14	按简易办法计算 按低于12.5%的实际税率计算的抵免额 15	按12.5%计算的抵免额 16	按25%计算的抵免额 17	小计 18 (15+16+17)	境外所得抵免所得税额合计 19 (12+14+18)
1	不分国（地区）不分项	1 200 000.00	1 200 000.00	1 200 000.00	0.00	1 200 000.00	0.00	1 200 000.00	25.00%	300 000.00	420 000.00	300 000.00	300 000.00	0.00	0.00	0.00	0.00	0.00	0.00	300 000.00
2		0.00	0.00	0.00	0.00	0.00	0.00	0.00	0.00%	0.00	0.00	0.00	0.00	0.00	0.00	0.00	0.00	0.00	0.00	0.00
3		0.00	0.00	0.00	0.00	0.00	0.00	0.00	0.00%	0.00	0.00	0.00	0.00	0.00	0.00	0.00	0.00	0.00	0.00	0.00
4		0.00	0.00	0.00	0.00	0.00	0.00	0.00	0.00%	0.00	0.00	0.00	0.00	0.00	0.00	0.00	0.00	0.00	0.00	0.00
5		0.00	0.00	0.00	0.00	0.00	0.00	0.00	0.00%	0.00	0.00	0.00	0.00	0.00	0.00	0.00	0.00	0.00	0.00	0.00
6		0.00	0.00	0.00	0.00	0.00	0.00	0.00	0.00%	0.00	0.00	0.00	0.00	0.00	0.00	0.00	0.00	0.00	0.00	0.00
7		0.00	0.00	0.00	0.00	0.00	0.00	0.00	0.00%	0.00	0.00	0.00	0.00	0.00	0.00	0.00	0.00	0.00	0.00	0.00
8		0.00	0.00	0.00	0.00	0.00	0.00	0.00	0.00%	0.00	0.00	0.00	0.00	0.00	0.00	0.00	0.00	0.00	0.00	0.00
9		0.00	0.00	0.00	0.00	0.00	0.00	0.00	0.00%	0.00	0.00	0.00	0.00	0.00	0.00	0.00	0.00	0.00	0.00	0.00
10	合计	1 200 000.00	1 200 000.00	1 200 000.00	0.00	1 200 000.00	0.00	1 200 000.00	0.00%	300 000.00	420 000.00	300 000.00	300 000.00	0.00	0.00	0.00	0.00	0.00	0.00	300 000.00

《境外所得税收抵免明细表》
填报说明

本表适用于取得境外所得的纳税人填报。纳税人应根据税法、《财政部 国家税务总局关于企业境外所得税收抵免有关问题的通知》（财税〔2009〕125号）、《国家税务总局关于发布〈企业境外所得税收抵免操作指南〉的公告》（2010年第1号）、《财政部 国家税务总局关于我国石油企业从事油（气）资源开采所得税收抵免有关问题的通知》（财税〔2011〕23号）、《财政部 税务总局关于完善企业境外所得税收抵免政策问题的通知》（财税〔2017〕84号）、《财政部 税务总局关于海南自由贸易港企业所得税优惠政策的通知》（财税〔2020〕31号）等规定，填报本年来源于或发生于其他国家、地区的所得按照税收规定计算应缴纳和应抵免的企业所得税。

一、有关项目填报说明

（一）行次填报

纳税人若选择"分国（地区）不分项"的境外所得抵免方式，应根据《境外所得纳税调整后所得明细表》（A108010）、《境外分支机构弥补亏损明细表》（A108020）、《跨年度结转抵免境外所得税明细表》（A108030）分国（地区）别逐行填报本表；纳税人若选择"不分国（地区）不分项"的境外所得抵免方式，应按照税收规定计算可抵免境外所得税税额和抵免限额，并根据表A108010、表A108020、表A108030的合计金额填报本表第1行。

（二）列次填报

1. 第1列"国家（地区）"：纳税人若选择"分国（地区）不分项"的境外所得抵免方式，填报纳税人境外所得来源的国家（地区）名称，来源于同一国家（地区）的境外所得合并到一行填报；纳税人若选择"不分国（地区）不分项"的境外所得抵免方式，无需填报。

2. 第2列"境外税前所得"：填报表A108010第14列-第19列-第24列的金额。

3. 第3列"境外所得纳税调整后所得"：填报表A108010第18列-第26列的金额。

4. 第4列"弥补境外以前年度亏损"：填报表A108020第4+8列的合计金额。

5. 第5列"境外应纳税所得额"：填报第3-4列的余额。当第3-4列<0时，本列填报0。

6. 第6列"抵减境内亏损"：当纳税人选择用境外所得抵减弥补境内亏损时，填报纳税人境外所得按照税收规定抵减境内的亏损额（包括抵减的当年度境内亏损额和弥补的以前年度境内亏损额）；当纳税人选择不用境外所得抵减弥补境内亏损时，填报0。

7. 第7列"抵减境内亏损后的境外应纳税所得额"：填报第5-6列金额。

8. 第8列"税率"：填报法定税率25%。符合《财政部 国家税务总局关于高新技术企业境外所得适用税率及税收抵免问题的通知》（财税〔2011〕47号）第一条规定的高新技术企业填报15%。

9. 第9列"境外所得应纳税额"：填报第7×8列金额。

10. 第10列"境外所得可抵免税额"：填报表A108010第13列-第23列-第25列金额。

11. 第11列"境外所得抵免限额"：境外所得抵免限额按以下公式计算：

抵免限额=中国境内、境外所得依照企业所得税法和条例的规定计算的应纳税总额×来源于某国（地区）的应纳税所得额÷中国境内、境外应纳税所得总额。

12. 第 12 列"本年可抵免境外所得税额"：填报纳税人本年来源于境外的所得已缴纳所得税在本年度允许抵免的金额。按第 10 列、第 11 列孰小值填报。

13. 第 13 列"未超过境外所得税抵免限额的余额"：填报纳税人本年在抵免限额内抵免完境外所得税后有余额的，可用于抵免以前年度结转的待抵免的所得税额。按第 11－12 列金额填报。

14. 第 14 列"本年可抵免以前年度未抵免境外所得税额"：填报纳税人本年可抵免以前年度未抵免、结转到本年度抵免的境外所得税额，按表 A108030 第 13 列金额填报。

15. 第 15 列至第 18 列由选择简易办法计算抵免额的纳税人填报。

（1）第 15 列"按低于 12.5% 的实际税率计算的抵免额"：纳税人从境外取得营业利润所得以及符合境外税额间接抵免条件的股息所得，所得来源国（地区）的实际有效税率低于 12.5% 的，填报按照实际有效税率计算的抵免额。

（2）第 16 列"按 12.5% 计算的抵免额"：纳税人从境外取得营业利润所得以及符合境外税额间接抵免条件的股息所得，除第 15 列情形外，填报按照 12.5% 计算的抵免额。

（3）第 17 列"按 25% 计算的抵免额"：纳税人从境外取得营业利润所得以及符合境外税额间接抵免条件的股息所得，所得来源国（地区）的实际有效税率高于 25% 的，填报按照 25% 计算的抵免额。

16. 第 19 列"境外所得抵免所得税额合计"：填报第 12+14+18 列金额。

二、表内、表间关系

（一）表内关系

1. 第 5 列=第 3－4 列，当第 3－4 列<0 时，本列=0。

2. 第 6 列≤第 5 列。

3. 第 7 列=第 5－6 列。

4. 第 9 列=第 7×8 列。

5. 第 12 列=第 10 列、第 11 列孰小值。

6. 第 13 列=第 11－12 列。

7. 第 14 列≤第 13 列。

8. 第 18 列=第 15+16+17 列。

9. 第 19 列=第 12+14+18 列。

（二）表间关系

1. 若选择"分国（地区）不分项"的境外所得抵免方式，第 2 列各行=表 A108010 第 14 列相应行次－第 19 列相应行次－第 24 列相应行次；若选择"不分国（地区）不分项"的境外所得抵免方式，第 1 行第 2 列=表 A108010 第 14 列合计－第 19 列合计－第 24 列合计。

2. 若选择"分国（地区）不分项"的境外所得抵免方式，第 3 列各行=表 A108010 第 18 列相应行次－第 26 列相应行次；若选择"不分国（地区）不分项"的境外所得抵免方式，第 1 行第 3 列=表 A108010 第 18 列合计－第 26 列合计。

3. 若选择"分国（地区）不分项"的境外所得抵免方式，第 4 列各行＝表 A108020 第 4 列相应行次＋第 8 列相应行次；若选择"不分国（地区）不分项"的境外所得抵免方式，第 1 行第 4 列＝表 A108020 第 4 列合计＋第 8 列合计。

4. 若选择"分国（地区）不分项"的境外所得抵免方式，第 6 列合计 ≤ 第 5 列合计、表 A106000 第 9 列第 1 行至第 10 行合计＋表 A100000 第 18 行的孰小值；若选择"不分国（地区）不分项"的境外所得抵免方式，第 1 行第 6 列 ≤ 第 1 行第 5 列、表 A106000 第 9 列第 1 行至第 10 行合计＋表 A100000 第 18 行的孰小值。

5. 第 9 列合计＝表 A100000 第 29 行。

6. 若选择"分国（地区）不分项"的境外所得抵免方式，第 10 列各行＝表 A108010 第 13 列相应行次－第 23 列相应行次－第 25 列相应行次；若选择"不分国（地区）不分项"的境外所得抵免方式，第 1 行第 10 列＝表 A108010 第 13 列合计－第 23 列合计－第 25 列合计。

7. 若选择"分国（地区）不分项"的境外所得抵免方式，第 14 列各行＝表 A108030 第 13 列相应行次；若选择"不分国（地区）不分项"的境外所得抵免方式，第 1 行第 14 列＝表 A108030 第 13 列合计。

8. 第 19 列合计＝表 A100000 第 30 行。

表 6-42　境外所得纳税调整后所得明细表

国家(地区)	行次	境外税后所得								境外所得可抵免的所得税额				境外税前所得	境外所得纳税调整后所得				其中：新增境外直接投资所得					新增境外直接投资相对应股息所得		境外享受免税政策的所得小计
		分支机构营业利润所得	股息、红利等权益性投资所得	利息所得	租金所得	特许权使用费所得	财产转让所得	其他所得	小计	直接缴纳的所得税额	间接负担的所得税额	享受税收抵免税额	小计	境外税前所得	境外分支机构收入与支出纳税调整额	境外分支机构调整分摊扣除的有关成本费用	境外所得对应调整的相关成本费用支出	境外所得纳税调整后所得	新设境外分支机构所得营业利润	调整分摊扣除的有关成本费用	新设境外分支机构纳税调整额	纳税调整后所得	境外所得税得税额	对应的股息所得	对应的股息自身境外所得税额	
		2	3	4	5	6	7	8	9(2+…+8)	10	11	12	13(10+11+12)	14(9+10+11)	15	16	17	18(14+15-16-17)	19	20	21	22(19-20+21)	23	24	25	26(22+24)
美利坚合众国	1	0.00	0.00	0.00	0.00	0.00	780 000.00	0.00	780 000.00	420 000.00	0.00	0.00	420 000.00	1 200 000.00	0.00	0.00	0.00	1 200 000.00								
	2	0.00	0.00	0.00	0.00	0.00	0.00	0.00	0.00	0.00	0.00	0.00	0.00	0.00	0.00	0.00	0.00	0.00								
	3	0.00	0.00	0.00	0.00	0.00	0.00	0.00	0.00	0.00	0.00	0.00	0.00	0.00	0.00	0.00	0.00	0.00								
	4	0.00	0.00	0.00	0.00	0.00	0.00	0.00	0.00	0.00	0.00	0.00	0.00	0.00	0.00	0.00	0.00	0.00								
	5	0.00	0.00	0.00	0.00	0.00	0.00	0.00	0.00	0.00	0.00	0.00	0.00	0.00	0.00	0.00	0.00	0.00								
	6	0.00	0.00	0.00	0.00	0.00	0.00	0.00	0.00	0.00	0.00	0.00	0.00	0.00	0.00	0.00	0.00	0.00								
	7	0.00	0.00	0.00	0.00	0.00	0.00	0.00	0.00	0.00	0.00	0.00	0.00	0.00	0.00	0.00	0.00	0.00								
	8	0.00	0.00	0.00	0.00	0.00	0.00	0.00	0.00	0.00	0.00	0.00	0.00	0.00	0.00	0.00	0.00	0.00								
	9	0.00	0.00	0.00	0.00	0.00	0.00	0.00	0.00	0.00	0.00	0.00	0.00	0.00	0.00	0.00	0.00	0.00								
合计	10	0.00	0.00	0.00	0.00	0.00	780 000.00	0.00	780 000.00	420 000.00	0.00	0.00	420 000.00	1 200 000.00	0.00	0.00	0.00	1 200 000.00								

《境外所得纳税调整后所得明细表》填报说明

本表适用于取得境外所得的纳税人填报。纳税人应根据税法、《财政部　国家税务总局关于企业境外所得税收抵免有关问题的通知》（财税〔2009〕125号）、《国家税务总局关于发布〈企业境外所得税收抵免操作指南〉的公告》（2010年第1号）、《财政部　国家税务总局关于我国石油企业从事油（气）资源开采所得税收抵免有关问题的通知》（财税〔2011〕23号）、《财政部　税务总局关于完善企业境外所得税收抵免政策问题的通知》（财税〔2017〕84号）、《财政部　税务总局关于海南自由贸易港企业所得税优惠政策的通知》（财税〔2020〕31号）等规定，填报本年来源于或发生于不同国家、地区的所得按照税收规定计算的境外所得纳税调整后所得。对于境外所得税收抵免方式选择"不分国（地区）不分项"的纳税人，也应按照规定计算可抵免境外所得税税额，并按国（地区）别逐行填报。

一、有关项目填报说明

1. 第1列"国家（地区）"：填报纳税人境外所得来源的国家（地区）名称，来源于同一个国家（地区）的境外所得可合并到一行填报。

2. 第2列至第9列"境外税后所得"：填报纳税人取得的来源于境外的税后所得，包含已计入利润总额以及按照税法相关规定已在《纳税调整项目明细表》（A105000）进行纳税调整的境外税后所得。

3. 第10列"直接缴纳的所得税额"：填报纳税人来源于境外的营业利润所得在境外所缴纳的企业所得税，以及就来源于或发生于境外的股息、红利等权益性投资所得、利息、租金、特许权使用费、财产转让等所得在境外被源泉扣缴的预提所得税。

4. 第11列"间接负担的所得税额"：填报纳税人从其直接或者间接控制的外国企业分得的来源于中国境外的股息、红利等权益性投资收益，外国企业在境外实际缴纳的所得税额中属于该项所得负担的部分。

5. 第12列"享受税收饶让抵免税额"：填报纳税人从与我国政府订立税收协定（或安排）的国家（地区）取得的所得，按照该国（地区）税收法律享受了免税或减税待遇，且该免税或减税的数额按照税收协定应视同已缴税额的金额。

6. 第15列"境外分支机构收入与支出纳税调整额"：填报纳税人境外分支机构收入、支出按照税收规定计算的纳税调整额。

7. 第16列"境外分支机构调整分摊扣除的有关成本费用"：填报纳税人境外分支机构应合理分摊的总部管理费等有关成本费用，同时在《纳税调整项目明细表》（A105000）进行纳税调增。

8. 第17列"境外所得对应调整的相关成本费用支出"：填报纳税人实际发生与取得境外所得有关但未直接计入境外所得应纳税所得的成本费用支出，同时在《纳税调整项目明细表》（A105000）进行纳税调增。

9. 第18列"境外所得纳税调整后所得"：填报第14+15-16-17列的金额。

10. 第19列至第26列"其中：新增境外直接投资所得"：填报在海南自由贸易港等特定地区设立的旅游业、现代服务业、高新技术产业企业新增境外直接投资取得的所得。

11. 第19列"营业利润"：填报纳税人已计入本年利润总额的新设立境外分支机构营业利润。

12. 第 20 列"调整分摊扣除的有关成本费用"：填报纳税人境外新设立分支机构本年应合理分摊的总部管理费等有关成本费用。

13. 第 21 列"纳税调整额"：填报纳税人境外新设立分支机构收入、扣除等按照税收规定计算的纳税调整额。

14. 第 22 列"纳税调整后所得"：填报第 19-20+21 列的金额，若为负数则填 0。

15. 第 23 列"境外所得税额"：填报纳税人新设立的境外分支机构本年营业利润按照中国境外税收法律以及相关规定应当缴纳并已实际缴纳的企业所得税性质的税款，包括从与我国政府订立税收协定（或安排）的国家（地区）取得的新设立的境外分支机构的营业利润按照该国（地区）税收法律享受了免税或减税待遇的税额，且该免税或减税的数额按照税收协定应视同已缴税额的金额。

16. 第 24 列"对应的股息所得"：填报纳税人本年从其持股比例超过 20%（含）的境外子公司分回的来源于中国境外的股息、红利等权益性投资收益中，属于新增直接投资所对应的股息、红利等权益性投资收益，包括按照税法规定进行纳税调整的股息、红利等权益性投资收益。

17. 第 25 列"对应的股息境外所得税额"：填报纳税人本年从其持股比例超过 20%（含）的境外子公司分回的来源于中国境外的股息、红利等权益性投资收益中，属于新增直接投资所对应的股息、红利等权益性投资收益已缴境外所得税，包含如下：

一是在境外被源泉扣缴的预提所得税；

二是间接负担的境外所得税；

三是享受了与我国政府订立税收协定（或安排）的国家（地区）给予的免税或减税待遇，且该免税或减税的数额按照税收协定应视同已缴税额的金额。

18. 第 26 列"境外享受免税政策的所得小计"：填报纳税人按照财税〔2020〕31 号规定享受免税的境外所得金额，金额等于第 22+24 列。

二、表内、表间关系

（一）表内关系

1. 第 9 列 = 第 2+3+…+8 列。

2. 第 13 列 = 第 10+11+12 列。

3. 第 14 列 = 第 9+10+11 列。

4. 第 18 列 = 第 14+15-16-17 列。

5. 第 22 列 = 第 19-20+21 列。当第 19-20+21 列<0 时，第 22 列 =0。

6. 第 26 列 = 第 22+24 列。

（二）表间关系

1. 若选择"分国（地区）不分项"的境外所得抵免方式，本表第 13 列各行-第 23 列各行-第 25 列各行=表 A108000 第 10 列相应行次；若选择"不分国（地区）不分项"的境外所得抵免方式，本表第 13 列合计-第 23 列合计-第 25 列合计=表 A108000 第 1 行第 10 列。

2. 若选择"分国（地区）不分项"的境外所得抵免方式，本表第 14 列各行-第 19 列各行-第 24 列各行=表 A108000 第 2 列相应行次；若选择"不分国（地区）不分项"的境外所得抵免方式，本表第 14 列合计-第 19 列合计-第 24 列合计=表 A108000 第 1 行第 2 列。

3. 第 14 列合计−第 11 列合计 = 表 A100000 第 14 行。

4. 第 16 列合计 + 第 17 列合计 = 表 A105000 第 28 行第 3 列。

5. 若选择"分国（地区）不分项"的境外所得抵免方式，本表第 18 列各行−第 26 列各行 = 表 A108000 第 3 列相应行次；若选择"不分国（地区）不分项"的境外所得抵免方式，本表第 18 列合计−第 26 列合计 = 表 A108000 第 1 行第 3 列。

思考与练习

1. 代理企业在年终汇算时需要注意哪些事项？

2. 实务题

鸿蒙公司是一家居民企业，为增值税一般纳税人，2021 年该公司发生的业务数据资料如下：

（1）取得产品销售收入 1 400 万元，其他业务收入 120 万元，销售成本 500 万元，其他业务成本 60 万元。

（2）计入成本的工资 200 万元，发生职工福利费 30 万元，职工工会经费 2.8 万元，职工教育经费 5 万元。

（3）管理费用账面列支 90 万元，其中包含业务招待费 25 万元、支给母公司的管理费 15 万元。销售费用账面列支 450 万元，其中广告费 250 万元、业务宣传费 100 万元。财务费用账面列支 40 万元，其中当年 9 月向非金融企业借款 90 万元，用于生产经营，同年支付利息 6.7 万元（同期银行贷款利率为 6%）。

（4）营业外收入账面中存在受赠价值 65 万元的货物一批、取得的增值税专用发票上注明的增值税税额是 8.45 万元。营业外支出账面列支 40 万元，其中对外捐赠 25 万元（通过县级政府向希望小学捐赠 20 万元、直接向灾区捐赠 5 万元）。

要求：计算鸿蒙公司本年的应纳企业所得税额并填写年度纳税申报表。

第 7 章 代理其他税种纳税申报实务

学习目标

通过本章的学习，使学生掌握代理土地增值税、印花税、房产税、城镇土地使用税、资源税的纳税申报方法、程序、操作规范，以及纳税申报表的填制方法。

导入案例

某企业厂区外有一块 20 000 平方米的空地，由于该地块在厂区后面，远离街道，位置不好，商业开发价值不大，所以一直闲置，职工及家属和周边的居民将其作为休闲娱乐之用。据了解该地区的城镇土地使用税税额标准 4 元/米^2，企业为该地块一年负担的城镇土地使用税为 20 000×4＝80 000 元，该企业咨询税务代理机构有没有办法免缴该地块的城镇土地使用税。

7.1 代理土地增值税纳税申报实务

土地增值税纳税申报应在转让房地产合同签订后 7 日内，到房地产所在地主管税务机关办理。纳税人办理申报手续时应提交房屋及建筑物不动产权证书、土地转让合同、房屋买卖合同、房地产评估报告及其他与转让房地产有关的资料。

7.1.1 土地增值税的计算方法

土地增值税按照纳税人转让房地产所取得的增值额和适用的超率累进税率计算征收。计算公式为：

$$土地增值税应纳税额＝增值额×适用税率-扣除项目金额×速算扣除系数$$

【例 7-1】

1. 企业概况

（1）纳税人识别号：91230102MA1982F×××

（2）纳税人名称：哈尔滨××房地产开发股份有限责任公司

（3）项目名称：××国际住宅小区

（4）项目地址：哈尔滨市道里区通达街 78 号

（5）所属行业：房地产

（6）登记注册类型：股份有限责任公司

（7）纳税人地址：哈尔滨市道里区安达街 24 号

（8）开户银行及银行账号：中国光大银行股份有限公司黑龙江分行哈尔滨市道里支行，银行账号：303261000×××

（9）电话：0451-88331654

（10）法定代表人：张海旭

（11）主管税务机关：哈尔滨市道里区地方税务局

2. 业务资料

2021年3月某房地产开发公司建造一幢普通标准住宅出售，取得销售收入2 000万元（增值税税率为9%，城市维护建设税税率为7%，教育费附加征收率为3%）。该公司为建造普通标准住宅而支付的土地价款为200万元，建造此楼投入了600万元的房地产开发成本（其中：土地征用及拆迁补偿费80万元，前期工程费60万元，建筑安装工程费200万元，基础设施费100万元，公共配套设施费100万元，开发间接费用60万元），对该普通标准住宅所用的银行贷款利息支出20万元无法提供贷款证明，该地规定房地产开发费用的计提比例为10%。假设以上各项均为不含税收入，本月未发生增值税进项税额可抵扣项目，则其应纳税额计算如下。

确定转让房地产的收入为2 000万元。

确定转让房地产的扣除项目金额如下。

（1）取得土地使用权所支付的金额200万元。

（2）房地产开发成本600万元。

（3）房地产开发费用=（200+600）×10%=80（万元）。

（4）与转让房地产有关的税金增值税=（2 000-200）×9%=162（万元）。

城市维护建设税=162×7%=11.34（万元）。

教育费附加=162×3%=4.86（万元）。

（5）财政部门规定的其他扣除项目=（200+600）×20%=160（万元）。

（6）扣除项目金额合计=200+600+80+11.34+4.86+160=1 056.20（万元）

增值额=2 000-1 056.20=943.8（万元）

增值额与扣除项目金额之比=（943.8/1 056.20）×100%=89.36%

应纳土地增值税税额=943.8×40%-1 056.20×5%=324.71（万元）。

【例7-2】××制药厂2021年4月将一栋旧楼出售，取得不含税销售收入3 000万元，该楼账面原值1 500万元，已提折旧800万元。该单位为建造此楼支付的土地价款为500万元；经评估机构评估确认：该楼重置成本为1 800万元，成新率为70%。该企业已于4月10日与购买方签订了转让合同，并办理了相关产权变更登记手续（增值税税率为5%，城市维护建设税税率为7%，印花税税率为0.5‰，教育费附加征收率为3%）。则其应纳税额计算如下。

（1）确定转让房地产的收入为3 000万元。

（2）确定转让房地产的扣除项目金额如下。

① 取得土地使用权所支付的金额500万元。

② 旧房及建筑物的评估价格=1 800×70%=1 260（万元）。

③ 与转让房地产有关的税金=3 000×5%×(7%+3%)+3 000×0.5‰=16.50（万元）。

④ 扣除项目金额=500+1 260+16.50=1 776.50（万元）。

（3）增值额=3 000-1 776.50=1 223.50（万元）。

（4）增值额与扣除项目金额之比=（1 223.50/1 776.50）×100%=68.87%。

（5）应缴土地增值税额＝1 223.50×40%－1 776.50×5%＝400.58（万元）。

7.1.2　代理土地增值税纳税申报操作规范与申报表填制方法

为贯彻落实中办、国办印发的《关于进一步深化税收征管改革的意见》，深入推进税务领域"放管服"改革，优化营商环境，切实减轻纳税人、缴费人申报负担，根据《国家税务总局关于开展 2021 年"我为纳税人缴费人办实事暨便民办税春风行动"的意见》（税总发〔2021〕14 号），自 2021 年 6 月 1 日起，纳税人申报缴纳城镇土地使用税、房产税、车船税、印花税、耕地占用税、资源税、土地增值税、契税、环境保护税、烟叶税中一个或多个税种时，使用《财产和行为税纳税申报表》（见表 7-1）。

纳税申报时，各税种统一采用《财产行为税纳税申报表》。该申报表由一张主表和一张减免税附表组成，主表为纳税情况，附表为申报享受的各类减免税情况。纳税申报前，需先维护税源信息。税源信息没有变化的，确认无变化后直接进行纳税申报；税源信息有变化的，通过填报《税源明细表》进行数据更新维护后再进行纳税申报。可以自由选择维护税源信息的时间，既可以在申报期之前，也可以在申报期内。为确保税源信息和纳税申报表逻辑一致，减轻纳税人填报负担，征管系统将根据各税种税源信息自动生成新申报表，纳税人审核确认后即可完成申报。无论选择何种填报方式，纳税人申报时，系统都会根据已经登记的税源明细表自动生成申报表。由于本章介绍的税种均属于简并税费申报内容，所以后面内容仅对《税源明细表》的填报进行详细介绍，《财产和行为税纳税申报表》依据《税源明细表》自动生成，无需纳税人手动填写，仅需签章确认。

1. 土地增值税纳税申报操作规范

（1）核查房地产投资立项合同、批准证书和房地产转让合同，确认投资立项与转让的时间及房地产开发项目的性质。如属于免税项目，应向主管税务机关申请办理免征土地增值税的申报手续。

（2）核查应收账款、预收账款、经营收入、其他业务收入、固定资产清理账户及主要的原始凭证，确认本期应申报的转让房地产收入。

（3）核查土地使用权转让合同及付款凭证，确认土地出让金的实际缴付金额。

（4）核查开发成本账户及开发建筑承包合同与付款凭证，确认土地征用及拆迁补偿费、前期工程费等开发支出。

（5）核查财务费用账户及相关借款合同，确认利息支出并按税法规定计算扣除。对于其他房地产开发费用应根据利息计算分摊情况，以土地出让金和开发成本为基数按规定比例计算。

（6）核查税金和管理费用账户及缴税原始凭证，确认与转让房地产有关的税金。

（7）核查有关旧房及建筑物房地产评估机构出具的评估报告及原始资料，确认重置成本价及成新度折扣率。

在经过以上步骤操作之后，可计算得出土地增值额，按适用税率计算应纳税额。由于房地产开发项目投资大、工期长，在项目全部竣工结算前，难以计算纳税人转让房地产的增值额，一般按预收款收入的一定比例预缴税款，待竣工结算后清算，多退少补。因此，代理房地产企业土地增值税预缴申报，可按照确认征免和核查转让房地产收入的程序进行操作。

表 7-1　财产和行为税纳税申报表

纳税人识别号（统一社会信用代码）：□□□□□□□□□□□□□□□□□□□
纳税人名称：

金额单位：人民币元（列至角分）

序号	税种	税目	税款所属期起	税款所属期止	计税依据	税率	应纳税额	减免税额	已缴税额	应补（退）税额
1										
2										
3										
4										
5										
6										
7										
8										
9										
10										
11	合计	—	—	—	—	—				

声明：此表是根据国家税收法律法规及相关规定填写的，本人（单位）对填报内容（及附带资料）的真实性、可靠性、完整性负责。

纳税人（签章）：

经办人：
经办人身份证号：
代理机构签章：
代理机构统一社会信用代码：

受理人：
受理税务机关（章）：　年　月　日
受理日期：

年　月　日

《财产和行为税纳税申报表》填表说明

1. 本表适用于申报城镇土地使用税、房产税、契税、耕地占用税、土地增值税、印花税、车船税、烟叶税、环境保护税、资源税。

2. 本表根据各税种税源明细表自动生成，申报前需填写税源明细表。

3. 本表包含一张附表《财产和行为税减免税明细申报附表》（见表7-2）。

4. 纳税人识别号（统一社会信用代码）：填写税务机关核发的纳税人识别号或有关部门核发的统一社会信用代码。纳税人名称：填写营业执照、税务登记证等证件载明的纳税人名称。

5. 税种：税种名称，多个税种的，可增加行次。

6. 税目：税目名称，多个税目的，可增加行次。

7. 税款所属期起：纳税人申报相应税种所属期的起始时间，填写具体的年、月、日。

8. 税款所属期止：纳税人申报相应税种所属期的终止时间，填写具体的年、月、日。

9. 计税依据：计算税款的依据。

10. 税率：适用的税率。

11. 应纳税额：纳税人本期应当缴纳的税额。

12. 减免税额：纳税人本期享受的减免税金额，等于减免税附表中该税种的减免税额小计。

13. 已缴税额：纳税人本期应纳税额中已经缴纳的部分。

14. 应补（退）税额：纳税人本期实际需要缴纳的税额。应补（退）税额＝应纳税额－减免税额－已缴税额。

表7-2　财产和行为税减免税明细申报附表

纳税人识别号（统一社会信用代码）：□□□□□□□□□□□□□□□□□□

纳税人名称：

金额单位：人民币元（列至角分）

本期是否适用增值税小规模纳税人减征政策	□是　□否	
本期适用增值税小规模纳税人减征政策起始时间	年　月	
本期适用增值税小规模纳税人减征政策终止时间	年　月	

合计减免税额		
本期适用增值税小规模纳税人减征政策	合计减免税额	—

城镇土地使用税

序号	土地编号	税款所属期起	税款所属期止	减免性质代码和项目名称	减免税额
1					
2					
小计	—			—	

房产税

序号	房产编号	税款所属期起	税款所属期止	减免性质代码和项目名称	减免税额
1					
2					
小计	—			—	

车船税

序号	车辆识别代码/船舶识别码	税款所属期起	税款所属期止	减免性质代码和项目名称	减免税额
1					
2					
小计	—			—	

印花税

序号	税目	税款所属期起	税款所属期止	减免性质代码和项目名称	减免税额
1					
2					
小计	—			—	

资源税

序号	税目	子目	税款所属期起	税款所属期止	减免性质代码和项目名称	减免税额
1						

续表

资源税

序号	税目	子目	税款所属期起	税款所属期止	减免性质代码和项目名称	减免税额
2	—	—				
小计						

耕地占用税

序号	税源编号	税款所属期起	税款所属期止	减免性质代码和项目名称	减免税额
1	—			—	
2					
小计					

契税

序号	税源编号	税款所属期起	税款所属期止	减免性质代码和项目名称	减免税额
1	—			—	
2					
小计					

土地增值税

序号	项目编号	税款所属期起	税款所属期止	减免性质代码和项目名称	减免税额
1	—			—	
2					
小计					

环境保护税

序号	税源编号	污染物类别	污染物名称	税款所属期起	税款所属期止	减免性质代码和项目名称	减免税额
1	—	—	—				
2							
小计							

声明：此表是根据国家税收法律法规及相关规定填写的，本人（单位）对填报内容（及附带资料）的真实性、可靠性、完整性负责。

纳税人（签章）：

　　　　　　年　月　日

经办人：
经办人身份证号：
代理机构签章：
代理机构统一社会信用代码：

受理人：
受理税务机关（章）：
受理日期：　　　年　月　日

《财产和行为税减免税明细申报附表》填表说明

1. 本表为《财产和行为税纳税申报表》的附表，适用于申报城镇土地使用税、房产税、契税、耕地占用税、土地增值税、印花税、车船税、环境保护税、资源税的减免税。

2. 纳税人识别号（统一社会信用代码）：填写税务机关核发的纳税人识别号或有关部门核发的统一社会信用代码。纳税人名称：填写营业执照、税务登记证等证件载明的纳税人名称。

3. 适用增值税小规模纳税人减征政策的，需填写"本期是否适用增值税小规模纳税人减征政策""本期适用增值税小规模纳税人减征政策起始时间""本期适用增值税小规模纳税人减征政策终止时间"。其余项目根据各税种税源明细表自动生成，减免税申报前需填写税源明细表。

4. 本期是否适用增值税小规模纳税人减征政策：适用增值税小规模纳税人减征政策的，填写本项。纳税人在税款所属期内适用增值税小规模纳税人减征政策的，勾选"是"；否则，勾选"否"。纳税人自增值税一般纳税人按规定转登记为小规模纳税人的，自成为小规模纳税人的当月起适用减征优惠。增值税小规模纳税人按规定登记为一般纳税人的，自一般纳税人生效之日起不再适用减征优惠；增值税年应税销售额超过小规模纳税人标准应当登记为一般纳税人而未登记，经税务机关通知，逾期仍不办理登记的，自逾期次月起不再适用减征优惠。

5. 本期适用增值税小规模纳税人减征政策起始时间：适用增值税小规模纳税人减征政策的，填写本项。如果税款所属期内纳税人一直为增值税小规模纳税人，填写税款所属期起始月份；如果税款所属期内纳税人由增值税一般纳税人转登记为增值税小规模纳税人，填写成为增值税小规模纳税人的月份。

6. 本期适用增值税小规模纳税人减征政策终止时间：适用增值税小规模纳税人减征政策的，填写本项。如果税款所属期内纳税人一直为增值税小规模纳税人，填写税款所属期终止月份，如同时存在多个税款所属期，则填写最晚的税款所属期终止月份；如果税款所属期内纳税人由增值税小规模纳税人登记为增值税一般纳税人，填写增值税一般纳税人生效之日上月；经税务机关通知，逾期仍不办理增值税一般纳税人登记的，自逾期次月起不再适用减征优惠，填写逾期当月所在的月份。

7. 税款所属期起：指纳税人申报相应税种所属期的起始时间，具体到年、月、日。

8. 税款所属期止：指纳税人申报相应税种所属期的终止时间，具体到年、月、日。

9. 减免性质代码和项目名称：按照税务机关最新制发的减免税政策代码表中最细项减免项目名称填写。

10. 减免税额：减免税项目对应的减免税金额。

2. 代理填制《土地增值税税源明细表》的方法

纳税人新增土地增值税或土地增值税变化时，需先填报《土地增值税税源明细表》，具体如表 7-3 所示，表中填制数据依据例 7-1。

表 7-3　土地增值税税源明细表

税款所属期限：自 2021 年 3 月 1 日至 2021 年 3 月 31 日

纳税人识别号（统一社会信用代码）：9 1 2 3 0 1 0 2 M A 1 9 8 2 F × × ×

纳税人名称：　　　　　　　　　　金额单位：人民币元（列至角分）；面积单位：平方米

土地增值税项目登记表（从事房地产开发的纳税人适用）				
项目名称		项目地址		
土地使用权受让（行政划拨）合同号		受让（行政划拨）时间		
建设项目起讫时间		总预算成本	单位预算成本	
项目详细坐落地点				
开发土地总面积	开发建筑总面积		房地产转让合同名称	
转让次序	转让土地面积（按次填写）	转让建筑面积（按次填写）	转让合同签订日期（按次填写）	
第 1 次				
第 2 次				
……				
备注				

土地增值税申报计算及减免信息
申报类型：
1. 从事房地产开发的纳税人预缴适用□
2. 从事房地产开发的纳税人清算适用□
3. 从事房地产开发的纳税人按核定征收方式清算适用□
4. 纳税人整体转让在建工程适用□
5. 从事房地产开发的纳税人清算后尾盘销售适用□
6. 转让旧房及建筑物的纳税人适用□
7. 转让旧房及建筑物的纳税人核定征收适用□

项目名称	××国际住宅小区	项目编码		
项目地址	哈尔滨市道里区通达街 78 号			
项目总可售面积		自用和出租面积		
已售面积	其中：普通住宅已售面积	其中：非普通住宅已售面积	其中：其他类型房地产已售面积	
清算时已售面积		清算后剩余可售面积		

申报类型	项目	序号	金额			
			普通住宅	非普通住宅	其他类型房地产	总额
1. 从事房地产开发的纳税人预缴适用	一、房产类型子目	1				——
	二、应税收入	2=3+4+5				
	1. 货币收入	3				
	2. 实物收入及其他收入	4				
	3. 视同销售收入	5				
	三、预征率（%）	6				——

续表

申报类型	项目		序号	金额			
				普通住宅	非普通住宅	其他类型房地产	总额
2. 从事房地产开发的纳税人清算适用 3. 从事房地产开发的纳税人按核定征收方式清算适用 4. 纳税人整体转让在建工程适用	一、转让房地产收入总额		1=2+3+4	20 000 000.00			
	1. 货币收入		2	20 000 000.00			
	2. 实物收入及其他收入		3	0.00			
	3. 视同销售收入		4	0.00			
	二、扣除项目金额合计		5=6+7+14+17+21+22	10 562 000.00			
	1. 取得土地使用权所支付的金额		6	20 000 000.00			
	2. 房地产开发成本		7=8+9+10+11+12+13	6 000 000.00			
	其中：土地征用及拆迁补偿费		8	800 000.00			
	前期工程费		9	600 000.00			
	建筑安装工程费		10	2 000 000.00			
	基础设施费		11	1 000 000.00			
	公共配套设施费		12	1 000 000.00			
	开发间接费用		13	600 000.00			
	3. 房地产开发费用		14=15+16	800 000.00			
	其中：利息支出		15	200 000.00			
	其他房地产开发费用		16	600 000.00			
	4. 与转让房地产有关的税金等		17=18+19+20	162 000.00			
	其中：营业税		18	0.00			
	城市维护建设税		19	113 400.00			
	教育费附加		20	48 600.00			
	5. 财政部规定的其他扣除项目		21	1 600 000.00			
	6. 代收费用 (纳税人整体转让在建工程不填此项)		22	0.00			
	三、增值额		23=1−5	9 438 000.00			
	四、增值额与扣除项目金额之比(%)		24=23÷5	88.36%			
	五、适用税率（核定征收率）(%)		25	40%			
	六、速算扣除系数(%)		26	5%			
	七、减免税额		27=29+31+33	0.00			
	其中：减免税（1）	减免性质代码和项目名称（1）	28				
		减免税额（1）	29	0.00			
	减免税（2）	减免性质代码和项目名称（2）	30				
		减免税额（2）	31				
	减免税（3）	减免性质代码和项目名称（3）	32				
		减免税额（3）	33	0.00			

申报类型	项目		序号	金额			总额
				普通住宅	非普通住宅	其他类型房地产	
5. 从事房地产开发的纳税人清算后尾盘销售适用	一、转让房地产收入总额		1＝2＋3＋4				
	1. 货币收入		2				
	2. 实物收入及其他收入		3				
	3. 视同销售收入		4				
	二、扣除项目金额合计		5＝6×7＋8				
	1. 本次清算后尾盘销售的销售面积		6				
	2. 单位成本费用		7				
	3. 本次与转让房地产有关的税金		8＝9＋10＋11				
	其中：营业税		9				
	城市维护建设税		10				
	教育费附加		11				
	三、增值额		12＝1－5				
	四、增值额与扣除项目金额之比（%）		13＝12÷5				
	五、适用税率（核定征收率）（%）		14				
	六、速算扣除系数(%)		15				
	七、减免税额		16＝18＋20＋22				
	其中：减免税（1）	减免性质代码和项目名称（1）	17				
		减免税额（1）	18				
	减免税（2）	减免性质代码和项目名称（2）	19				
		减免税额（2）	20				
	减免税（3）	减免性质代码和项目名称（3）	21				
		减免税额（3）	22				
6. 转让旧房及建筑物的纳税人适用 7. 转让旧房及建筑物的纳税人核定征收适用	一、转让房地产收入总额		1＝2＋3＋4				
	1. 货币收入		2				
	2. 实物收入		3				
	3. 其他收入		4				
	二、扣除项目金额合计		(1) 5＝6＋7＋10＋15 (2) 5＝11＋12＋14＋15				
	（1）提供评估价格						
	1. 取得土地使用权所支付的金额		6				
	2. 旧房及建筑物的评估价格		7＝8×9				
	其中：旧房及建筑物的重置成本价		8				
	成新度折扣率		9				
	3. 评估费用		10				
	（2）提供购房发票						

申报类型	项目		序号	金额			
				普通住宅	非普通住宅	其他类型房地产	总额
6. 转让旧房及建筑物的纳税人适用 7. 转让旧房及建筑物的纳税人核定征收适用	1. 购房发票金额		11				
	2. 发票加计扣除金额		12＝11×5%×13				
	其中：房产实际持有年数		13				
	3. 购房契税		14				
	4. 与转让房地产有关的税金等		15＝16+17+18+19				
	其中：营业税		16				
	城市维护建设税		17				
	印花税		18				
	教育费附加		19				
	三、增值额		20＝1-5				
	四、增值额与扣除项目金额之比(%)		21＝20÷5				
	五、适用税率（核定征收率)(%)		22				
	六、速算扣除系数(%)		23				
	七、减免税额		24＝26+28+30				
	其中：减免税（1）	减免性质代码和项目名称（1）	25				
		减免税额（2）	26				
	减免税（2）	减免性质代码和项目名称（2）	27				
		减免税额（2）	28				
	减免税（3）	减免性质代码和项目名称（3）	29				
		减免税额（3）	30				

《土地增值税税源明细表》填表说明

土地增值税项目登记表

1. 本表适用于从事房地产开发的纳税人，在立项后及每次转让时填报。

2. 凡从事新建房及配套设施开发的纳税人，均应在规定的期限内，据实向主管税务机关填报本表所列内容。

3. 本表栏目的内容如果没有，可以空置不填。

4. 纳税人填报本表时，应同时向主管税务机关提交土地使用权受让合同、房地产转让合同等有关资料。

土地增值税申报计算及减免信息

申报类型：必填。由纳税人根据申报业务种类以及适用的征收方式进行选择。

一、从事房地产开发的纳税人预缴适用

（一）表头项目

1. 本表适用于从事房地产开发并转让的土地增值税纳税人。

2. 纳税人应在自首次取得预收收入起至办理项目清算申报止的期间内，在每次转让时填报，也可按月或按各省、自治区、直辖市和计划单列市税务局规定的期限汇总填报。

3. 本表栏目的内容如果没有，可以空置不填。

4. 纳税人填报预缴信息表时，应同时向主管税务机关提交《土地增值税项目登记表》等有关资料。

5. 项目名称填写纳税人所开发并转让的且经国家有关部门审批的房地产开发项目全称；项目编码为纳税人进行房地产项目登记时，税务机关按照一定的规则赋予的编码，此编码跟随项目的预缴清算尾盘销售全过程。

（二）表中项目

1. 第 1 栏"房产类型子目"：主管税务机关规定的预征率类型，每一个子目唯一对应一个房产类型。

2. 第 3 栏"货币收入"：按纳税人转让房地产开发项目所取得的货币形态的收入额（不含增值税）填写。

3. 第 4 栏"实物收入及其他收入"：按纳税人转让房地产开发项目所取得的实物形态的收入和无形资产等其他形式的收入额（不含增值税）填写。

4. 第 5 栏"视同销售收入"：纳税人将开发产品用于职工福利、奖励、对外投资、分配给股东或投资人、抵偿债务、换取其他单位和个人的非货币性资产等，发生所有权转移时应视同销售房地产，其确认收入不含增值税。

二、从事房地产开发的纳税人清算适用

（一）表头项目

1. 本表适用于从事房地产开发并转让的土地增值税纳税人。

2. 税款所属期是项目预缴开始的时间，截止日期是税务机关规定（通知）申报期限的最后一日（应清算项目达到清算条件起 90 天的最后一日/可清算项目税务机关通知书送达起90 天的最后一日）。

3. 项目名称填写纳税人所开发并转让的且经国家有关部门审批的房地产开发项目全称；项目编码为纳税人进行房地产项目登记时，税务机关按照一定的规则赋予的编码，此编码跟随项目的预缴清算尾盘销售全过程。

（二）表中项目

1. 第 1 栏"转让房地产收入总额"，按纳税人转让房地产开发项目所取得的全部收入额（不含增值税）填写。

2. 第 2 栏"货币收入"，按纳税人转让房地产开发项目所取得的货币形态的收入额（不含增值税）填写。

3. 第 3 栏"实物收入及其他收入"，按纳税人转让房地产开发项目所取得的实物形态的收入和无形资产等其他形式的收入额（不含增值税）填写。

4. 第 4 栏"视同销售收入"，纳税人将开发产品用于职工福利、奖励、对外投资、分配给股东或投资人、抵偿债务、换取其他单位和个人的非货币性资产等，发生所有权转移时应视同销售房地产，其确认收入不含增值税。

5. 第 6 栏"取得土地使用权所支付的金额"，按纳税人为取得该房地产开发项目所需要的土地使用权而实际支付（补交）的土地出让金（地价款）及按国家统一规定交纳的有关费用的数额填写。

6. 第 8 栏至 13 栏，应根据《中华人民共和国土地增值税暂行条例实施细则》（财法字〔1995〕6 号，以下简称《细则》）规定的从事房地产开发所实际发生的各项开发成本的具体数额填写。

7. 第 15 栏"利息支出"，按纳税人进行房地产开发实际发生的利息支出中符合《细则》第七条第（三）项规定的数额填写。如果不单独计算利息支出的，则本栏数额填写为"0"。

8. 第 16 栏"其他房地产开发费用"，应根据《细则》第七条第（三）项的规定填写。

9. 第 18 栏至 20 栏，按纳税人转让房地产时所实际缴纳的税金数额（不包括增值税）填写。

10. 第 21 栏"财政部规定的其他扣除项目"，是指根据《中华人民共和国土地增值税暂行条例》（国务院令第 138 号，以下简称《条例》）和《细则》等有关规定所确定的财政部规定的扣除项目的合计数。

11. 第 22 栏"代收费用"，应根据《财政部国家税务总局关于土地增值税一些具体问题规定的通知》（财税字〔1995〕48 号）第六条"关于地方政府要求房地产开发企业代收的费用如何计征土地增值　税的问题"规定填写。

12. 第 25 栏"适用税率（核定征收率）"，适用查账征收方式的纳税人应根据《条例》规定的四级超率累进税率，按所适用的最高一级税率填写；适用核定征收方式的纳税人应根据主管税务机关确定的核定征收率填写。

13. 第 26 栏"速算扣除系数"，应根据《细则》第十条的规定找出相关速算扣除系数填写。

14. 第 28、30、32 栏"减免性质代码和项目名称"：按照税务机关最新制发的减免税政策代码表中　最细项减免性质代码填报。表第 29、31、33 栏"减免税额"填写相应"减免性质代码和项目名称"对应的减免税金额，纳税人同时享受多个减免税政策应分别填写，不享受减免税的，不填写此项。

15. 表中每栏按照"普通住宅、非普通住宅、其他类型房地产"分别填写。

三、从事房地产开发的纳税人按核定征收方式清算适用

1. 本表适用于从事房地产开发并转让的纳税人清算方式为核定征收时填报，各行次应按不同房产类型分别填写。

2. 税款所属期是项目预缴开始的时间，截止日期是税务机关规定（通知）申报期限的最后一日。纳税人在填报本表时，应同时提交税务机关出具的核定文书。

3. 项目名称填写纳税人所开发并转让的且经国家有关部门审批的房地产开发项目全称；项目编码为纳税人进行房地产项目登记时，税务机关按照一定的规则赋予的编码，此编码跟随项目的预缴清算尾盘销售全过程。

4. 表中项目按税务机关出具的核定文书要求填写。

四、纳税人整体转让在建工程

（一）表头项目

1. 本表适用于从事房地产开发并转让的纳税人，及非从事房地产开发的纳税人，在整体转让在建工程时填报，数据应填列至其他类型房地产中。

2. 税款所属期：从事房地产开发并转让的纳税人是项目预缴开始的时间，截止日期是开发项目整体转让在建工程合同（协议）签订时间；非房地产开发纳税人是整体转让在建工程合同（协议）签订时间。

3. 项目名称：从事房地产开发并转让的纳税人填写纳税人所开发并转让的且经国家有关部门审批的房地产开发项目全称，项目编码为纳税人进行房地产项目登记时，税务机关按照一定的规则赋予的编码，此编码跟随项目的预缴清算尾盘销售全过程。

（二）表中项目

1. 第 1 栏"转让房地产收入总额"，按纳税人在转让房地产开发项目所取得的全部收入额（不含增值税）填写。

2. 第 2 栏"货币收入"，按纳税人转让房地产开发项目所取得的货币形态的收入额（不含增值税）填写。

3. 第 3 栏"实物收入及其他收入"，按纳税人转让房地产开发项目所取得的实物形态的收入和无形资产等其他形式的收入额（不含增值税）填写。

4. 第 4 栏"视同销售收入"，纳税人将开发产品用于职工福利、奖励、对外投资、分配给股东或投资人、抵偿债务、换取其他单位和个人的非货币性资产等，发生所有权转移时应视同销售房地产，其确认收入不含增值税。

5. 第 6 栏"取得土地使用权所支付的金额"，按纳税人为取得该房地产开发项目所需要的土地使用权而实际支付（补交）的土地出让金（地价款）及按国家统一规定交纳的有关费用的数额填写。

6. 第 8 栏至 13 栏，应根据《细则》规定的从事房地产开发所实际发生的各项开发成本的具体数额填写。

7. 第 15 栏"利息支出"，按纳税人进行房地产开发实际发生的利息支出中符合《细则》第七条第（三）项规定的数额填写。如果不单独计算利息支出的，则本栏数额填写为"0"。

8. 第 16 栏"其他房地产开发费用"，应根据《细则》第七条第（三）项的规定填写。

9. 第 18 栏至 20 栏，按纳税人转让房地产时所实际缴纳的税金数额（不包括增值税）填写。

10. 第 21 栏"财政部规定的其他扣除项目"，是指根据《条例》《细则》等有关规定所确定的财政部规定的扣除项目的合计数。

11. 第 22 栏"代收费用"，纳税人整体转让在建工程时，不填写本项。

12. 第 25 栏"适用税率（核定征收率）"，适用查账征收方式的纳税人应根据《条例》规定的四级超率累进税率，按所适用的最高一级税率填写；适用核定征收方式的纳税人应根据主管税务机关确定的核定征收率填写。

13. 第 26 栏"速算扣除系数"，应根据《细则》第十条的规定找出相关速算扣除系数填写。

14. 第 28、30、32 栏"减免性质代码和项目名称"：按照税务机关最新制发的减免税政策代码表中最细项减免性质代码填报。表第 29、31、33 栏"减免税额"填写相应"减免性质代码和项目名称"对应的减免税金额，纳税人同时享受多个减免税政策应分别填写，不享受减免税的，不填写此项。

五、从事房地产开发的纳税人清算后尾盘销售适用

（一）表头项目

1. 本表适用于从事房地产开发并转让的纳税人，在清算后尾盘销售时填报，各行次应按不同房产类型分别填写。

2. 税款所属期是房地产开发项目尾盘销售收入的纳税义务发生时间。

3. 项目名称填写纳税人所开发并转让的且经国家有关部门审批的房地产开发项目全称；项目编码为纳税人进行房地产项目登记时，税务机关按照一定的规则赋予的编码，此编码会跟随项目的预缴清算尾盘销售全过程。

4. 项目总可售面积应与纳税人清算时填报的总可售面积一致。

5. 清算时已售面积应与纳税人清算时填报的已售面积一致。

6. 清算后剩余可售面积=项目总可售面积-清算时已售面积。

（二）表中项目

1. 第 1 栏"转让房地产收入总额"，按纳税人在转让房地产开发项目所取得的全部收入额（不含增值税）填写。

2. 第 2 栏"货币收入"，按纳税人转让房地产开发项目所取得的货币形态的收入额（不含增值税）填写。

3. 第 3 栏"实物收入及其他收入"，按纳税人转让房地产开发项目所取得的实物形态的收入和无形资产等其他形式的收入额（不含增值税）填写。

4. 第 4 栏"视同销售收入"，纳税人将开发产品用于职工福利、奖励、对外投资、分配给股东或投资人、抵偿债务、换取其他单位和个人的非货币性资产等，发生所有权转移时应视同销售房地产，其确认收入不含增值税。

5. 第 6 栏"本次清算后尾盘销售的销售面积"，按申报税款所属期纳税人尾盘销售的建筑面积填报。

6. 第 7 栏"单位成本费用"。单位成本费用=清算申报时或清算审核确定的扣除项目金额÷清算的总已售面积。公式中的"扣除项目金额"不包括清算时扣除的"与转让房地产有关的税金"。

7. 第 14 栏"适用税率（核定征收率）"，适用查账征收方式的纳税人应根据《条例》规定的四级超率累进税率，按所适用的最高一级税率填写；适用核定征收方式的纳税人应根据主管税务机关确定的核定征收率填写。

8. 第 15 栏"速算扣除系数"，应根据《细则》第十条的规定找出相关速算扣除系数填写。

9. 第 17、19、21 栏"减免性质代码和项目名称"：按照税务机关最新制发的减免税政策代码表中最细项减免性质代码填报。第 18、20、22 栏"减免税额"填写相应"减免性质代码和项目名称"对应的减免税金额，纳税人同时享受多个减免税政策应分别填写，不享受减免税的，不填写此项。

10. 表中每栏按照"普通住宅、非普通住宅、其他类型房地产"分别填写。

六、转让旧房及建筑物的纳税人适用

（一）表头项目

1. 本表适用于转让旧房及建筑物的纳税人，纳税人应在签订房地产转让合同后的七日内，向房地产所在地主管税务机关填报土地增值税纳税申报表。本表还适用于从事房地产开发的纳税人将开发产品转为自用、出租等用途且已达到主管税务机关旧房界定标准后，又将该旧房对外出售的。

2. 项目名称：从事房地产开发并转让的纳税人填写纳税人所开发并转让的且经国家有关部门审批的房地产开发项目全称，项目编码为纳税人进行房地产项目登记时，税务机关按照一定的规则赋予的编码，此编码会跟随项目的预缴清算尾盘销售全过程。

（二）表中项目

本表的各主要项目内容，应根据纳税人转让的房地产项目作为填报对象。纳税人如果同时转让两个或两个以上房地产的，应分别填报。

1. 第 1 栏"转让房地产收入总额"，按纳税人转让房地产所取得的全部收入额（不含增值税）填写。

2. 第 2 栏"货币收入"，按纳税人转让房地产所取得的货币形态的收入额（不含增值税）填写。

3. 第 3、4 栏"实物收入""其他收入"，按纳税人转让房地产所取得的实物形态的收入和无形资产等其他形式的收入额（不含增值税）填写。

4. 第 6 栏"取得土地使用权所支付的金额"，按纳税人为取得该房地产项目所需要的土地使用权而实际支付（补交）的土地出让金（地价款）及按国家统一规定交纳的有关费用的数额填写。

5. 第 7 栏"旧房及建筑物的评估价格"，是指根据《条例》《细则》等有关规定，按重置成本法评估旧房及建筑物并经当地税务机关确认的评估价格的数额。本栏由第 8 栏与第 9 栏相乘得出。如果本栏数额能够直接根据评估报告填报，则本表第 8、9 栏可以不必再填报。

6. 第 8 栏"旧房及建筑物的重置成本价"，是指按照《条例》和《细则》规定，由政府批准设立的房地产评估机构评定的重置成本价。

7. 第 9 栏"成新度折扣率"，是指按照《条例》和《细则》规定，由政府批准设立的房地产评估机构评定的旧房及建筑物的新旧程度折扣率。

8. 第 10 栏"评估费用"，是指纳税人转让旧房及建筑物时因计算纳税的需要而对房地产进行评估，其支付的评估费用允许在计算增值额时予以扣除。

9. 第 11 栏"购房发票金额"，区分以下情形填写：提供营业税销售不动产发票的，按发票所载金额填写；提供增值税专用发票的，按发票所载金额与不允许抵扣进项税额合计金额数填写；提供增值税普通发票的，按照发票所载价税合计金额数填写。

10. 第 12 栏"发票加计扣除金额"是指购房发票金额乘以房产实际持有年数乘以 5% 的积数。

11. 第 13 栏"房产实际持有年数"是指，按购房发票所载日期起至售房发票开具之日止，每满 12 个月计一年；未满 12 个月但超过 6 个月的，可以视同为一年。

12. 第 14 栏"购房契税"是指购房时支付的契税。

13. 第 15 栏"与转让房地产有关的税金等"为第 16 栏至 19 栏的合计数。

14. 第 16 栏至 19 栏，按纳税人转让房地产时实际缴纳的有关税金的数额填写。开具营业税发票的，按转让房地产时缴纳的营业税数额填写；开具增值税发票的，第 16 栏营业税为 0。

15. 第 22 栏"适用税率（核定征收率）"，适用查账征收方式的纳税人应根据《条例》规定的四级超率累进税率，按所适用的最高一级税率填写；适用核定征收方式的纳税人应根据主管税务机关确定的核定征收率填写。

16. 第 23 栏"速算扣除系数"，应根据《细则》第十条的规定找出相关速算扣除系数填写。

17. 第 25、27、29 栏"减免性质代码和项目名称"：按照税务机关最新制发的减免税政策代码表中的最细项减免性质代码填报。表第 26、28、30 栏"减免税额"填写相应"减免性质代码和项目名称"对应的减免税金额，纳税人同时享受多个减免税政策应分别填写，不享受减免税的，不填写此项。

七、转让旧房及建筑物的纳税人核定征收适用

1. 本表适用于转让旧房及建筑物的纳税人采用核定征收方式时填报。纳税人应在签订房地产转让合同后的七日内，向房地产所在地主管税务机关填报本表。本表还适用于从事房地产开发的纳税人将开发产品转为自用、出租等用途且已达到主管税务机关旧房界定标准后，又将该旧房对外出售的。纳税人在填报本表时，应同时提交税务机关出具的核定文书。

2. 项目名称：从事房地产开发并转让的纳税人填写纳税人所开发并转让的且经国家有关部门审批的房地产开发项目全称，项目编码为纳税人进行房地产项目登记时，税务机关按照一定的规则赋予的编码，此编码会跟随项目的预缴清算尾盘销售全过程；非从事房地产开发的纳税人填写纳税人进行房地产项目登记时税务机关赋予的项目名称及项目编码。

3. 表中项目按税务机关出具的核定文书要求填写。

7.2 代理印花税纳税申报实务

《中华人民共和国印花税法》已由中华人民共和国第十三届全国人民代表大会常务委员会第二十九次会议于 2021 年 6 月 10 日通过，自 2022 年 7 月 1 日起施行。

印花税纳税义务发生的时间为应税凭证书立或领受的当时，即纳税人书立和领受了应税凭证，就应履行纳税义务贴花完税，具体可采用自贴自缴或按期汇总缴纳的方法。

7.2.1 印花税的计算方法

印花税实行从价定率和从量定额两种征收办法。其计算公式为：

$$应纳税额 = 计税金额 \times 税率$$

或

$$应纳税额 = 固定税额 \times 应税凭证件数$$

应纳税额不足一角的不征税。应纳税额在一角以上，其尾数按四舍五入方法计算贴花。

企业应税凭证所记载的金额为外币的，应按凭证书立、领受当日国家外汇管理局公布的外汇牌价折合为人民币，计算应纳税额。

【例 7-3】哈尔滨××房地产开发股份有限公司 2022 年 7 月开业，与其他企业订立转移专有技术使用权书据一件，所载金额 80 万元；订立产品购销合同两件，所载金额为 140 万元；订立借款合同一份，所载金额为 40 万元。此外，企业的营业账簿中，"实收资本"科目载有资金 200 万元，其他账簿 5 本。则该企业 3 月份应计算印花税应纳税额如下。

（1）产权转移书据本期应纳税额 = 800 000×0.3‰ = 240（元）。

（2）购销合同本期应纳税额 = 1 400 000×0.3‰ = 420（元）。

（3）借款合同本期应纳税额 = 400 000×0.05‰ = 20（元）。

（4）营业账簿（记载资金的账簿）本期应纳税额 = 2 000 000×0.25‰ = 500（元）。

（5）营业账簿（其他账簿）免征印花税。

（6）合计本期应纳税额 = 240+420+20+500 = 1 180（元）。

一般情况下，企业需要预先购买印花税票，待发生应税行为时，再根据凭证的性质和规

定的比例税率或按件计算应纳税额，将已购买的印花税票粘在应税凭证上，并在每枚税票的骑缝处盖戳注销或划销，办理完税手续。

7.2.2　代理印花税纳税申报操作规范与申报表填制方法

印花税的计税方法虽然简单，然而税目有 14 个，税率也都有不同的规定，涉及企业生产经营的各个环节，纳税人稍有疏忽就会因零星税额的漏缴而受到严厉的处罚。代理印花税纳税申报，税务师应详细了解委托人应税凭证的范围，做到及时贴花、不漏不缺。

1. 代理印花税纳税申报操作规范

（1）了解企业生产经营所属的行业及生产经营项目的特点，确定应税凭证可能发生的主要范围。

（2）核查企业当期书立的购销合同、加工承揽合同、货物运输合同、技术合同、营业账簿、权利许可证照等，按合同金额和适用的税率计算应纳税额。

（3）核查企业具有合同性质的票据、单据。例如，运输费用发票，购销单位相互之间开出的订单、要货单、传真函件等，均应视为应税凭证按规定贴花。

（4）核查企业可能发生应税凭证业务的核算账户，如"实收资本""资本公积""固定资产""制造费用""税金及附加"等，以防止漏缴税款。

（5）对于加工承揽合同、货物运输合同等在计税时可做一定金额扣除的应税凭证，还应核查计税金额与扣除金额，确定计税依据。

（6）将本期各应税凭证印花税税额汇总计算后，如税额较小可到税务机关购买印花税票贴花完税并在每枚税票的骑缝处划销；税额较大的（税法规定为超过 500 元）可用税收缴款书缴纳税款。如果企业应税凭证种类多，纳税次数发生频繁，且金额较大，可向主管税务机关申请采取汇总缴纳的方法。

2. 代理填制《印花税税源明细表》的方法

（1）"税目"可填项包括购销合同、加工承揽合同、建设工程勘察设计合同、建筑安装工程承包合同、财产租赁合同、货物运输合同、仓储保管合同、借款合同、财产保险合同、技术合同、产权转移书据、营业账簿（记载资金的账簿）、营业账簿（其他账簿），以及权利、许可证照。

（2）"计税金额或件数"可填写营业账簿（其他账簿）和权利，许可证照税目填写件数，其他税目填写金额。

（3）实行核定征收的，填写核定比例。根据各省、区、市确定的核定比例填写。

（4）有减免税情况的，"减免性质代码和项目名称"项目必填。按照税务机关最新制发的减免税政策代码表中最细项减免性质代码填写。

印花税税源明细表如表 7-4 所示。

表7-4　印花税税源明细表

纳税人识别号（统一社会信用代码）：□□□□□□□□□□□□□□□□□□□□

纳税人名称：哈尔滨XX房地产开发股份有限公司

金额单位：人民币元（列至角分）

序号	*税目	*税款所属期起	*税款所属期止	应纳税凭证证号	应纳税凭证立（领受）日期	*计税金额或件数	核定比例	*税率	减免性质代码和项目名称
				按期申报					
1	购销合同	2022年7月1日	2022年7月31日			1 400 000.00		0.3‰	
2	借款合同	2022年7月1日	2022年7月31日			400 000		0.05‰	
3	产权转移书	2022年7月1日	2022年7月31日			800 000.00		0.03‰	
4	营业账簿（记载资金的账簿）	2022年7月1日	2022年7月31日			2 000 000.00		0.25‰	
5									
6									
				按次申报					
1									
2									
3									

《印花税税源明细表》填表说明

1. 税目：必填。可填项：购销合同、加工承揽合同、建设工程勘察设计合同、建筑安装工程承包合同、财产租赁合同、货物运输合同、仓储保管合同、借款合同、财产保险合同、技术合同、产权转移书据、营业账簿（记载资金的账簿）、营业账簿（其他账簿），以及权利、许可证照。

2. 税款所属期起：按期申报的，填写所属期的起始时间，应填写具体的年、月、日。按次申报的，如填写了应纳税凭证书立（领受）日期，则为应纳税凭证书立（领受）日期；否则为填表当日。

3. 税款所属期止：按期申报的，填写所属期的终止时间，应填写具体的年、月、日。按次申报的，如填写了应纳税凭证书立（领受）日期，则为应纳税凭证书立（领受）日期；否则为填表当日。

4. 应纳税凭证编号：申报购销合同、加工承揽合同、建设工程勘察设计合同、建筑安装工程承包合同、财产租赁合同、货物运输合同、仓储保管合同、借款合同、财产保险合同、技术合同、产权转移书据等税目的，填写合同或者凭证编号。各省、区、市根据税源管理需要，设置该项是否为必填项，默认为选填。

5. 应纳税凭证书立（领受）日期：申报购销合同、加工承揽合同、建设工程勘察设计合同、建筑安装工程承包合同、财产租赁合同、货物运输合同、仓储保管合同、借款合同、财产保险合同、技术合同、产权转移书据等税目的，填写合同或者凭证书立（领受）日期。各省、区、市根据税源管理需要，设置该项是否为必填项，默认为选填。

6. 计税金额或件数：必填。营业账簿（其他账簿）和权利、许可证照税目填写件数，其他税目填写金额。

7. 核定比例：实行核定征收的，填写核定比例。根据各省、区、市确定的核定比例填写。

8. 税率：按照《中华人民共和国印花税暂行条例》等相关规定，填写税目对应的适用税率。

9. 减免性质代码和项目名称：有减免税情况的，必填。按照税务机关最新制发的减免税政策代码表中最细项减免性质代码填写。

7.3　代理房产税纳税申报实务

房产税作为财产税性质的税种，实行按年征收分期缴纳，地方政府有较大的税收管理权限。代理房产税的纳税申报，除要掌握税法的一般规定外，还必须了解地方政府的特殊政策。

7.3.1　房产税的计算方法

房产税应纳税额的计算分为以下两种情况。

以房产原值为计税依据的，计算公式为

$$应纳税额 = 房产余值 \times 税率（1.2\%）$$

以房产租金收入为计税依据的，计算公式为

$$应纳税额 = 房产租金收入 \times 税率（12\%）$$

企业缴纳的房产税应在"税金及附加"中列支。计算应缴房产税时，借记"税金及附加"科目，贷记"应交税费——应交房产税"科目；缴纳房产税时，借记"应交税费——应交房产税"科目，贷记"银行存款"科目。

【例 7-4】2021 年哈尔滨××物流有限公司自用办公楼账面原值为 800 万元,综合楼账面原值为 500 万元;仓储仓库账面原值为 1 000 万元,对外出租取得租金收入 50 万元,按规定房产原值扣除比率为 30%,2021 年房产税应纳税计算如下。

(1) 自用房产。

$$办公楼房产税本期应纳税额 = 800 \times (1 - 30\%) \times 1.2\% = 6.72（万元）$$
$$综合楼房产税本期应纳税额 = 500 \times (1 - 30\%) \times 1.2\% = 4.20（万元）$$

(2) 对外出租房产。

$$仓储仓库房产税本期应纳税额 = 50 \times 12\% = 6.00（万元）$$

7.3.2　代理房产税纳税申报操作规范与申报表填制方法

1. 房产税纳税申报操作规范

房产税征税对象单一。但是,有关纳税人的确认、计税依据的计算、减税免税的规定却较为复杂。为能准确把握应纳税额的计算,维护委托方应享有的税收权益,应按下述规范要领操作。

(1) 核查应税房屋及与房屋不可分割的各种附属设施,或者一般不单独计算价值的配套设施,确认产权所属关系,以此判定纳税人。

(2) 核查应税房产投入使用或竣工、验收的时间,确认纳税义务发生的时间。

(3) 核查“固定资产”“税金及附加”“在建工程”“其他业务收入”等核算账户,确认应税房产的净值或租金收入,确定房产税的计税依据。

(4) 核查在征税范围内按现行政策应予以减税免税的房产。例如,危房、险房,停止使用、企业停产闲置不用的房产,因大修理停用在半年以上的房产等,报请税务机关审核同意的可暂免征收房产税。

2. 代理填制《房产税税源明细表》的方法

(1) 首次进行纳税申报的纳税人,需要填写全部房产的相关信息,此后办理纳税申报时,纳税人的房产及相关信息未发生变化的,可仅对已填报的信息进行确认;发生变化的,仅就变化的内容进行填写。

(2) 房产税税源明细填报遵循“谁纳税谁申报”的原则,只要存在房产税纳税义务,就应当如实填报房产明细信息。

(3) 每一独立房产应当填写一张表。即同一不动产权证(房屋所有权证)有多幢(个)房产的,每幢(个)房产填写一张表。无不动产权证(房屋所有权证)的房产,每幢(个)房产填写一张表。纳税人不得将多幢房产合并成一条记录填写。

(4) 对于本表中的数据项目,有不动产权证(房屋所有权证)的,依据证件记载的内容填写,没有不动产权证(房屋所有权证)的,依据实际情况填写。

(5) 纳税人有出租房产的,应当先填写从价计征房产税税源明细,再填写从租计征房产税税源明细。

由于每一独立房产应当填写一张表,以例 7-4 中仓储仓库出租为例,填写《城镇土地使用税　房产税税源明细表》,具体如表 7-5 所示。

7.4　代理城镇土地使用税纳税申报实务

城镇土地使用税计税方法简单直观。但是,由于界定土地使用权,计税的面积和类别、适用的定额税率情况各异，使代理申报工作也具有一定的难度。

7.4.1　城镇土地使用税的计算方法

城镇土地使用税实行从量定额征收办法，其应纳税额公式为

$$应纳税额 = 单位税额 \times 实际占用土地面积$$

【例 7-5】2021 年哈尔滨××物流有限公司实际占用土地面积 20 000 平方米，其中企业所属幼儿园占用土地面积 200 平方米，所在地城镇土地使用税税额标准为 3 元/平方米，该公司城镇土地使用税应纳税额计算如下。

$$(20\ 000 - 200) \times 3 = 59\ 400（元）$$

会计处理如下。

（1）计算城镇土地使用税应纳税额。

借：税金及附加　　　　　　　　　　　　　　　　　　　　　59 400

　　贷：应交税费——应交城镇土地使用税　　　　　　　　　　　　　59 400

（2）计算缴纳税款。

借：应交税费——应交城镇土地使用税　　　　　　　　　　　59 400

　　贷：银行存款　　　　　　　　　　　　　　　　　　　　　　　　59 400

7.4.2　代理城镇土地使用税纳税申报操作规范与申报表填制方法

城镇土地使用税计税方法直观简单，代理申报操作的重点环节是确定纳税人和计税土地面积及类别。

1. 代理城镇土地使用税纳税申报操作规范

（1）核查企业土地使用证标示的土地面积和实际占用的土地面积，在此基础上核查土地实际所处的类区和用途，以确定征税土地面积的数量和适用的单位税额。

（2）核查拥有土地使用权的实际情况，确认纳税人。

（3）核查企业实际占用的减税免税土地面积及核批手续，确认减税免税土地面积。

（4）根据适用的单位税额计算应纳税额，按年计算分期缴纳。

2. 代理填制《城镇土地使用税》的方法

（1）首次进行纳税申报的纳税人，需要填写全部土地的相关信息。此后办理纳税申报时，纳税人的土地及相关信息未发生变化的，可仅对已填报的信息进行确认；发生变化的，仅就变化的内容进行填写。

（2）城镇土地使用税税源明细填报遵循"谁纳税谁申报"的原则，只要存在城镇土地使用税纳税义务，就应当如实填报土地信息。

（3）每一宗土地填写一张表。同一宗土地跨两个土地等级的，按照不同等级分别填表。无不动产权证（土地使用权证）的，按照土地坐落地址分别填表。纳税人不得将多宗土地合并成一条记录填表。

（4）对于本表中的数据项目，有不动产权证（土地使用权证）的，依据证件记载内容填写，没有不动产权证（土地使用权证）的，依据实际情况填写。

依据例 7-4 出租仓储仓库取得租金缴纳房产税和例 7-5 填制《城镇土地使用税　房产税税源明细表》，具体如表 7-5 所示。

表7-5　城镇土地使用税　房产税税源明细表

纳税人识别号（统一社会信用代码）：□□□□□□□□□□□□□□□□□□

纳税人名称：哈尔滨XX物流有限公司

金额单位：人民币元（列至角分）；面积单位：平方米

一、城镇土地使用税税源明细

*纳税人类型	土地使用权人□　（集体土地使用人□　代管人□　实际使用人□（必选）土地使用权人纳税人识别号（统一社会信用代码）	土地使用权人名称
*土地编号	土地名称	
	*土地单元代码	
不动产产权代码	宗地号	不动产权证号
*土地取得方式	划拨□　出让□　转让□　租赁□　其他□（必选）*土地用途	*土地性质　国有□　集体□（必选）
	工业□　商业□　居住□　综合□　房地产开发企业的开发用地□　其他□（必选）	
*土地坐落地址（详细地址）	省（自治区、直辖市）　市（区）　县（区）　乡镇（街道）（必填）	
*土地所属主管税务所（科、分局）		
*土地取得时间	年　月	
信息项变更	变更类型　纳税义务终止（权属转移□　其他□）纳税义务终止（土地面积变更□　土地等级变更□　减免税变更□　其他□）	变更时间　年　月
*占用土地面积	地价　20 000	*土地等级　*税额标准　3元/平方

减免税部分	序号	减免性质代码和项目名称	减免起止时间		减免税土地面积	月减免税额
			减免起始月份	减免终止月份		
	1	幼儿园自用土地 10101401	2021年1月	2021年12月	200	50
	2					
	3					

续表

二、房产税税源明细

（一）从价计征房产税明细

*纳税人类型	产权所有人□ 经营管理人□ 承典人□ 房屋代管人□ 房屋使用人□ 融资租赁承租人□（必选）
*房产编号	所有权人纳税人识别号（统一社会信用代码） ／ 所有权人名称：哈尔滨××物流有限公司
不动产权证号	房产名称：仓储仓库
不动产单元代码	
*房屋坐落地址（详细地址）	省（自治区、直辖市） 市（区） 县（区） 乡镇（街道）（必填）
*房产所属主管税务所（科、分局）	

*房产用途	工业□ 商业及办公□ 住房□ 其他□（必选）
房屋所在土地编号	纳税义务终止（权属转移□ 其他□） 信息项变更（房产原值变更□ 出租房产原值变更□ 减免税变更□ 申报租金收入变更□ 其他□）
*房产取得时间	年 月 ｜ 变更类型 ｜ 变更时间 年 月
*建筑面积	其中：出租房产面积
*房产原值 500 000.00	其中：出租房产原值 500 000.00 ｜ 计税比例 30% ｜ 计税房产原值 500 000.00

减免部分

序号	减免性质代码和项目名称	减免起始月份	减免终止月份	减免房产原值	月减免税额
		减免起止时间			
		减免起始月份 年月	减免终止月份 年月		
1					
2					
3					

（二）从租计征房产税明细

*房产编号	房产名称	仓储仓库
*房产所属主管税务所（科、分局）		

续表

二、房产税税源明细

（二）从租计征房产税明细

承租方纳税人识别号（统一社会信用代码）		承租方名称	
*出租面积		*申报租金收入	500 000.00
*申报租金所属租赁期起	2021年1月1日	*申报租金所属租赁期止	2021年12月31日

减免税部分	序号	减免性质代码和项目名称	减免起止时间		减免税租金收入	月减免税金额
			减免起始月份	减免终止月份		
			年　月	年　月		
	1					
	2					
	3					

《城镇土地使用税房产税税源明细表》填表说明

城镇土地使用税税源明细

1. 首次进行纳税申报的纳税人，需要填写全部土地的相关信息。此后办理纳税申报时，纳税人的土地及相关信息未发生变化的，可仅对已填报的信息进行确认；发生变化的，仅就变化的内容进行填写。

2. 城镇土地使用税税源明细填报遵循"谁纳税谁申报"的原则，只要存在城镇土地使用税纳税义务，就应当如实填报土地信息。

3. 每一宗土地填写一张表。同一宗土地跨两个土地等级的，按照不同等级分别填表。无不动产权证（土地使用权证）的，按照土地坐落地址分别填表。纳税人不得将多宗土地合并成一条记录填表。

4. 对于本表中的数据项目，有不动产权证（土地使用权证）的，依据证件记载内容填写，没有不动产权证（土地使用权证）的，依据实际情况填写。

5. 纳税人类型（必填）：分为土地使用权人、集体土地使用人、无偿使用人、代管人、实际使用人。必选一项，且只能选一项。

6. 土地使用权人纳税人识别号（统一社会信用代码）：填写土地使用权人纳税人识别号或统一社会信用代码。

7. 土地使用权人名称：填写土地使用权人的名称。

8. 土地编号：纳税人不必填写。由系统赋予编号。

9. 土地名称：纳税人自行填写，以便于识别。如：1号土地、第一车间土地等。

10. 不动产权证号：纳税人有不动产权证（土地使用权证）的，必填。填写不动产权证（土地使用权证）载明的证件编号。

11. 不动产单元代码：纳税人有不动产权证的，必填。填写不动产权证载明的不动产单元代码。

12. 宗地号：填写土地权属证书记载的宗地号，有不动产单元代码的不必填写。

13. 土地性质（必选）：根据实际的土地性质选择。选项为国有、集体。

14. 土地取得方式（必选）：根据土地的取得方式选择，分为：划拨、出让、转让、租赁和其他。

15. 土地用途（必选）：分为工业、商业、居住、综合、房地产开发企业的开发用地和其他，必选一项，且只能选一项，不同用途的土地应当分别填表。

16. 土地坐落地址（必填）：应当填写详细地址，具体为：××省（自治区、直辖市）××市（区）××县（区）××乡镇（街道）+详细地址。

17. 土地所属主管税务所（科、分局）：系统自动带出，纳税人不必填写。

18. 土地取得时间（必填）：填写纳税人取得该土地的时间。

19. 变更类型：有变更情况的必选。

20. 变更时间：有变更情况的必填，填至月。变更类型选择纳税义务终止的，税款计算至当月末；变更类型选择信息项变更的，自变更次月起按新状态计算税款。

21. 占用土地面积（必填）：根据纳税人本表所填列土地实际占用的土地面积填写，保留两位小数。此面积为全部面积，包括减税面积和免税面积。

22. 地价：地价为取得土地使用权支付的价款与开发土地发生的成本费用之和。若未支付价款和成本费用，则填 0。

23. 土地等级（必填）：根据本地区土地等级的有关规定，填写纳税人占用土地所属的土地的等级。不同土地等级的土地应当分别填表。

24. 税额标准：系统自动带出，纳税人不必填写。

25. 减免性质代码和项目名称：有减免税情况的必填，按照税务机关最新制发的减免税政策代码表中最细项减免性质代码填写。适用不同减免性质政策的土地应当分行填表。纳税人减免税情况发生变化时，应当进行变更。

26. 减免起始月份：有减免税情况的必填。纳税人如有困难减免的情况，填写经税务机关核准的困难减免的起始月份。

27. 减免终止月份：有减免税情况的必填。纳税人如有困难减免的情况，填写经税务机关核准的困难减免的终止月份。

28. 减免税土地的面积：填写享受减免税政策的土地的全部面积。

29. 月减免税金额：本表所列土地本项减免税项目享受的月减免税金额。

从价计征房产税税源明细

1. 首次进行纳税申报的纳税人，需要填写全部房产的相关信息，此后办理纳税申报时，纳税人的房产及相关信息未发生变化的，可仅对已填报的信息进行确认；发生变化的，仅就变化的内容进行填写。

2. 房产税税源明细填报遵循"谁纳税谁申报"的原则，只要存在房产税纳税义务，就应当如实填报房产明细信息。

3. 每一独立房产应当填写一张表。即：同一不动产权证（房屋所有权证）有多幢（个）房产的，每幢（个）房产填写一张表。无不动产权证（房屋所有权证）的房产，每幢（个）房产填写一张表。纳税人不得将多幢房产合并成一条记录填写。

4. 对于本表中的数据项目，有不动产权证（房屋所有权证）的，依据证件记载的内容填写，没有不动产权证（房屋所有权证）的，依据实际情况填写。

5. 纳税人有出租房产的，应当先填写从价计征房产税税源明细，再填写从租计征房产税税源明细。

6. 纳税人类型（必选）：分为产权所有人、经营管理人、承典人、房屋代管人、房屋使用人、融资租赁承租人。必选一项，且只能选一项。

7. 所有权人纳税人识别号（统一社会信用代码）：填写房屋所有权人的纳税人识别号或统一社会信用代码。

8. 所有权人名称：填写房屋所有权人的名称。

9. 房产编号：纳税人不必填写。由系统赋予编号。

10. 房产名称：纳税人自行编写，以便于识别。如：1 号办公楼、第一车间厂房等。

11. 不动产权证号：纳税人有不动产权证（房屋所有权证）的，必填。填写不动产权证（房屋所有权证）载明的证件编号。

12. 不动产单元代码：纳税人有不动产权证的，必填。填写不动产权证载明的不动产单元代码。

13. 房屋坐落地址：应当填写详细地址，具体为：××省（自治区、直辖市）××市（区）××县（区）××乡镇（街道）+详细地址，且应当与土地税源明细数据关联并一致。系统自动带出已填报的土地税源信息，供选择。一栋房产仅可选择对应一条土地信息。

14. 房产所属主管税务所（科、分局）：系统自动带出，纳税人不必填写。

15. 房屋所在土地编号：系统自动带出。

16. 房产用途（必选）：房产用途依据不动产权证（房屋所有权证）登记的用途填写，无证的，依据实际用途填写。分为工业、商业及办公、住房、其他，必选一项，且只能选一项，不同用途的房产应当分别填表。

17. 房产取得时间（必填）：填写纳税人取得该房产的时间。

18. 变更类型：有变更情况的必选。

19. 变更时间：有变更情况的必填，填至月。变更类型选择纳税义务终止的，税款计算至当月末；变更类型选择信息项变更的，自变更次月起按新状态计算税款。

20. 建筑面积（必填）：保留两位小数。

21. 出租房产面积：有出租情况的必填。

22. 房产原值（必填）：填写房产的全部房产原值。应包括：分摊的应计入房产原值的地价，与房产不可分割的设备设施的原值，房产中已出租部分的原值，以及房产中减免税部分的原值。

23. 出租房产原值：有出租情况的必填。

24. 计税比例：各地房产原值减除的比例。系统自动带出，纳税人不必填写。

25. 减免性质代码和项目名称：有减免税情况的必填。按照税务机关最新制发的减免税政策代码表中最细项减免性质代码填写。不同减免性质代码的房产应当分行填表。纳税人减免税情况发生变化时，应当进行变更。

26. 减免起始月份：有减免税情况的必填。纳税人如有困难减免的情况，填写经税务机关（人民政府）核准的困难减免的起始月份。

27. 减免终止月份：有减免税情况的必填。纳税人如有困难减免的情况，填写经税务机关（人民政府）核准的困难减免的终止月份。

28. 减免税房产原值：依据政策确定的可以享受减免税政策的房产原值。政策明确按一定比例进行减免的，该项为经过比例换算确定的减免税房产原值。例如：供热企业用于居民供热的免税房产原值=房产原值×实际从居民取得的采暖费收入/采暖费总收入。

29. 月减免税金额：本表所列房产本项减免税项目享受的月减免税金额。

从租计征房产税税源明细

1. 每一独立出租房产应当填写一张表。即同一不动产权证（房屋所有权证）有多幢（个）房产的，每幢（个）房产填写一张表。无不动产权证（房屋所有权证）的房产，每幢（个）房产填写一张表。纳税人不得将多幢房产合并成一条记录填写。

2. 纳税人有出租房产的，应先填写从价计征房产税税源明细，再填写从租计征房产税税源明细。

3. 房产编号：由系统赋予编号，纳税人不必填写。

4. 房产名称：纳税人自行编写，以便于识别。与从价计征房产税明细信息关联并一致。

5. 房产所属主管税务所（科、分局）：系统自动带出，纳税人不必填写。

6. 承租方纳税人识别号（统一社会信用代码）：填写承租方的纳税人识别号或统一社会信用代码。

7. 承租方名称：填写承租方的单位名称或个人姓名。

8. 出租面积（必填）：填写出租房产的面积。

9. 申报租金收入（必填）：填写本次申报的应税租金收入。

10. 申报租金所属租赁期起（必填）：填写申报租金收入的所属租赁期起。

11. 申报租金所属租赁期止（必填）：填写申报租金收入的所属租赁期止。

12. 减免性质代码和项目名称：有减免税情况的必填。按照税务机关制发的减免税政策代码表中最细项减免性质代码填写，对于出租房产不适用 12% 法定税率的，应当填写相关的减免税内容。

13. 减免起始月份：有减免税情况的必填。纳税人如有困难减免的情况，填写经税务机关（人民政府）核准的困难减免的起始月份。

14. 减免终止月份：有减免税情况的必填。纳税人如有困难减免的情况，填写经税务机关（人民政府）核准的困难减免的终止月份。

15. 减免税租金收入：填写本出租房产可以享受减免税政策的租金收入。

16. 月减免税金额：本表所列房产出租部分本项减免税项目享受的月减免税金额

7.5　代理资源税纳税申报实务

资源税具有特定的征税范围，根据资源地区级差或等级收入设置幅度税额和明细税额，实行从价与从量定额征收。代理资源税的纳税申报，应在了解企业应税资源税目和特点的基础上，正确划分征免范围，确定适用的税目、税率。

7.5.1　资源税应纳税额的计算方法

资源税的应纳税额按照应税产品的销售额或课税数量与适用的单位税额计算。其计算公式如下。

1. 从价计征

$$应纳税额 = 销售额 \times 税率$$

2. 从量计征

$$应纳税额 = 课税数量（或视同销售的自用数量）\times 单位税额$$

【例 7-6】

1）企业概况

（1）电话号码：0451-89465451。

（2）纳税人名称：哈尔滨××集团股份有限公司。

（3）法定代表人姓名：张福禄。

（4）注册地址及生产经营地址：哈尔滨市香坊区珠江路 101 号。

（5）开户行及账号：工商银行哈尔滨市香坊区支行；账号：3500043109006889×××。

（6）登记注册类型：股份有限公司（增值税一般纳税人）。

（7）纳税人识别号：23011069070872 8×××。

（8）主管税务机关：哈尔滨市香坊区国家税务局。

2）业务资料

按业务次序逐笔计算资源税，资源税税率为 2%。

【业务 1】2021 年 10 月，领用本企业生产原煤 100 吨发放给职工个人生活使用，单位成本 400 元，单位售价 650 元，取得领料单一份。

【业务 2】2021 年 10 月，哈尔滨热电厂股份有限公司对外销售原煤 20 000 吨，单价 650 元，开出增值税专用发票，款项已收到。

【业务 3】2021 年 10 月，中煤公司使用本矿生产的原煤加工洗煤 8 000 吨并全部对外销售，单位售价 800 元，开出增值税专用发票一份，相关款项已收到。已知该矿加工洗煤的综合回收率为 80%。

【业务 4】缴纳资源税 240 800 元，取得电子缴税凭证一份。

要求：计算当月资源税应纳税额并填写资源税纳税申报表。

企业应纳资源税计算如下。

（1）原煤自用应纳税额 = 100×650×2% = 1 300（元）

（2）原煤外销应纳税额 = 20 000×650×2% = 260 000（元）

（3）原煤加工应纳税额 = [8 000×800/80%]×2% = 160 000（元）

当月应纳税额 = 1 300+260 000+160 000 = 421 300.00（元）

（4）资源税税源明细表填写如表 7-6 所示。申报从量计征税目的资源税纳税人需填写《资源税税源明细表》的 1～6 栏。申报从价计征税目的资源税纳税人需填写 1～4 栏、7～10 栏。无发生数额的，应填写 0。不涉及外购应税产品购进数量扣减的，第 5 栏填写 0；不涉及运杂费扣除的，第 8 栏填写 0；不涉及外购应税产品购进金额扣减的，第 9 栏填写 0。

【例 7-7】某油田 2021 年 12 月开采原油 3.50 万吨，其中已销售 2 万吨，每吨售价 4 520 元（含税），自用 0.30 万吨，另有 0.10 万吨在采油过程中用于加热和修理油井，尚待销售 1.40 万吨，适用 6% 的资源税税率，计算当月的资源税应纳税额。

应纳税额 = [（2+0.30）×4 520/（1+13%）]×6% = 552（万元）

7.5.2　代理资源税纳税申报操作规范

代理资源税纳税申报主要涉及两个方面：纳税单位资源税应纳税申报和收购应税资源单位代扣代缴申报。

1. 资源税纳税申报

（1）核查应税资源项目，确定销售额和课税数量，对于应税与非应税资源混同的企业，应具体加以区分。

（2）核查应税项目中按税法规定享受减免税政策的应税资源数量。

（3）根据资源税的明细税额和本地区的具体规定确定适用税率，计算填报纳税申报表。

2. 资源税代扣代缴申报

资源税扣缴义务人主要有两种：① 收购应税未税矿产品的独立矿山或联合企业；② 其他收购未税矿产品的单位。代理资源税扣缴申报操作要点如下。

（1）核查收购未税矿产品原始凭证和付款凭证，确定销售额和课税数量。

（2）根据资源税明细税额计算应扣缴的税额。

（3）指导收购单位在向纳税人支付收购款项前扣缴税款，并按照主管税务机关规定的期限办理扣缴税款报告。

表 7-6　资源税税源明细表

根据国家税收法律、法规及资源税有关规定制定本表。纳税人不论有无销售额，均应按照税务机关核定的纳税期限填写本表，并向当地税务机关申报。

税款所属期限：自 2021 年 10 月 1 日至 2021 年 10 月 31 日　　填表日期：2016 年 11 月 1 日

纳税人识别号（统一社会信用代码）：2 3 0 1 1 0 6 9 0 7 0 8 7 2 8 × × ×

纳税人名称：哈尔滨××集团股份有限公司　　金额单位：人民币元（列至角分）

申报计算明细										
序号	税目	子目	计量单位	销售数量	准予扣减的外购应税产品购进数量	计税销售数量	销售额	准予扣除的运杂费	准予扣减的外购应税产品购进金额	计税销售额
	1	2	3	4	5	6=4−5	7	8	9	10=7−8−9
1	原煤	自用	吨	100			65 000. 00	0. 00	0. 00	65 000. 00
2	原煤	外销	吨	20 000			13 000 000. 00	0. 00	0. 00	13 000 000. 00
3	原煤	加工	吨	10 000			8 000 000. 00	0. 00	0. 00	8 000 000. 00
合计	—	—	—	3 0100. 00			21 065 000	0. 00	0. 00	21 065 000

减免税计算明细									
序号	税目	子目	减免性质代码和项目名称	计量单位	减免税销售数量	减免税销售额	适用税率	减征比例	本期减免税额
	1	2	3	4	5	6	7	8	9①=5×7×8 9②=6×7×8
1									
2									
合计									

《资源税税源明细表》填表说明

税款所属期限：纳税人申报资源税所属期的起止时间，应填写具体的年、月、日。

申报计算明细

1. 申报从量计征税目的资源税纳税人需填写 1-6 栏。申报从价计征税目的资源税纳税人需填写 1-4、7-10 栏。无发生数额的，应填写 0。不涉及外购应税产品购进数量扣减的，第 5 栏填 0；不涉及运杂费扣除的，第 8 栏填写 0；不涉及外购应税产品购进金额扣减的，第 9 栏填写 0。

2. 第 1 栏"税目"：按照《中华人民共和国资源税法》后附《资源税税目税率表》规定的税目填写。多个税目的，可增加行次。

3. 第 2 栏"子目"：填写同一税目下不同的征税对象或明细项目，如"原矿""选矿"等。

4. 第 3 栏"计量单位"：填写计税销售数量的计量单位，如"吨""立方米"等。

5. 第 4 栏"销售数量"：填写纳税人当期应税产品的销售数量，包括实际销售和自用两部分。实际销售的应税产品销售数量按其增值税发票等票据注明的数量填写或计算填写；票据上未注明数量的，填写与应税产品销售额对应的销售数量。自用的应税产品销售数量据实填写。

6. 第 5 栏"准予扣减的外购应税产品购进数量"：填写按规定准予扣减的外购应税产品购进数量。扣减限额以第 6 栏"计税销售数量"减至 0 为限，当期不足扣减或未扣减的，可结转下期扣减。

7. 第 7 栏"销售额"：填写纳税人当期应税产品的销售额，包括实际销售和自用两部分。实际销售的应税产品销售额按其增值税发票等票据注明的金额填写或计算填写。自用的应税产品销售额按规定计算填写。

8. 第 8 栏"准予扣除的运杂费"：填写按规定准予扣除的运杂费用。

9. 第 9 栏"准予扣减的外购应税产品购进金额"：填写按规定准予扣减的外购应税产品购进金额。当期不足扣减或未扣减的，可结转下期扣减。

10. 第 8 栏"准予扣减的运杂费"、第 9 栏"准予扣减的外购应税产品购进金额"扣减限额之和以第 10 栏"计税销售额"减至 0 为限。

减免税计算明细

1. 适用于有减免资源税项目（增值税小规模纳税人减征政策除外）的纳税人填写。如不涉及减免税事项，纳税人不需填写，系统会将"本期减免税额"默认为 0。

2. 第 1 栏"税目"：按照《中华人民共和国资源税法》后附《资源税税目税率表》规定的税目填写。多个税目的，可增加行次。

3. 第 2 栏"子目"：同一税目适用的减免性质代码、税率不同的，视为不同的子目，按相应的减免税销售额和销售数量分行填写。

4. 第 3 栏"减免性质代码和项目名称"：有减免税情况的必填，按照税务机关最新制发的减免税政策代码表中最细项减免性质代码填写。

5. 第 4 栏"计量单位"：填写计税销售数量的计量单位，如"吨""立方米"等。

6. 第 5 栏"减免税销售数量"：填写减免资源税项目对应的应税产品销售数量，申报从量计征税目和从价计征税目的纳税人均应填写。

7. 第 6 栏"减免税销售额"：填写减免资源税项目对应的应税产品销售收入，由申报从价计征税目的纳税人填写。

8. 第 7 栏"适用税率"：填写《中华人民共和国资源税法》后附《资源税税目税率表》规定的应税产品具体适用税率或各省、自治区、直辖市公布的应税产品具体适用税率。从价计征税目的适用税率为比例税率，如原油资源税率为 6%，即填 6%；从量计征税目的适用税率为定额税率，如某税目每立方米 3 元，即填 3。

9. 第 8 栏"减征比例"：填写减免税额占应纳税额的比例，免税项目的减征比例按 100% 填写。

10. 第 9 栏"本期减免税额"：填写本期应纳税额中按规定应予减免的部分。申报从量计征税目的纳税人适用的计算公式为：9①＝5×7×8。申报从价计征税目的纳税人适用的计算公式为：9②＝6×7×8。

思考与练习

1. 简述代理城镇土地使用税纳税申报操作规范。
2. 简述代理房产税纳税申报操作规范。
3. 实务题。

某房地产开发公司与某单位在 2021 年 5 月份正式签署一份写字楼转让协议，取得转让收入 8 500 万元，公司按规定缴纳了有关税金。已知该公司为取得土地使用权而支付的地价款和相关费用为 2 300 万元；房地产开发成本为 2 950 万元；房地产开发费用中利息支出为 200 万元，能按转让房地产项目计算分摊利息，并提供金融机构相关证明（增值税税率为 9%，城市维护建设税税率为 7%，教育费附加征收费为 3%，印花税税率为 0.5‰）。

要求：

（1）根据上述资料，计算该公司土地增值税应纳税额。

（2）代理填报《土地增值税税源明细表》。

第 4 篇

代理税务纳税审查

第8章　代理纳税审查方法

学习目标

通过本章的学习，学生掌握纳税审查的基本方法和账务调整的基本方法，熟悉纳税审查的基本内容。

导入案例

某税务师事务所 2022 年审查 2021 年某企业的账簿记录，发现 2021 年 12 月份多转材料成本差异 40 000 元（借方超支数），而消耗该材料的产品已完工入库，该产品于 2021 年售出。应该如何处理？

8.1　纳税审查的基本方法

纳税审查有多种方法，每种方法各有特点，概括地说，主要分为顺查法和逆查法、详查法和抽查法、核对法和查询法、比较分析法和控制计算法。在实际审查中，应根据审查的时间、范围和对象的不同，灵活运用各种方法。

8.1.1　顺查法和逆查法

针对查账的顺序不同，纳税审查的方法可分为顺查法和逆查法。

顺查法是指按照会计核算程序，从审查原始凭证开始，顺次审查账簿，核对报表，最后审查纳税情况的审查方法。顺查法比较系统、全面，运用简单，可避免遗漏。但这种方法工作量大，重点不突出，适用于审查经济业务量较少的纳税人、扣缴义务人。

逆查法是以会计核算的相反顺序，从分析审查会计报表开始，对于有疑点的地方再进一步审查账簿和凭证。这种方法能够抓住重点，迅速突破问题，适用于税务师对于纳税人、扣缴义务人的税务状况较为了解的情况。

8.1.2　详查法和抽查法

根据审查的内容、范围不同，纳税审查的方法可分为详查法和抽查法。

详查法是对纳税人、扣缴义务人在审查期内的所有会计凭证、账簿、报表进行全面、系统、详细的审查的一种方法。这种方法的审查可以从多方面进行比较、分析，相互考证，在一定程度上保证纳税审查的质量，但工作量大、时间长，仅适用于审查经济业务量较少的纳税人、扣缴义务人。

抽查法是对纳税人、扣缴义务人的会计凭证、账簿、报表有选择性地抽取一部分进行审查的一种方法。抽查法能够提高纳税审查的工作效率，但抽查有较高的风险，影响纳税审查的质量，所以税务师在用这种方法进行纳税审查时，应对纳税人、扣缴义务人的相关方面予以评价。抽查法适用于对经济业务量较大的纳税人、扣缴义务人的审查。

8.1.3 核对法和查询法

核对法是指根据凭证、账簿、报表之间的相互关系，对账证、账表、账账、账实的相互钩稽关系进行核对审查的一种方法。一般用于对纳税人、扣缴义务人有关会计处理结果之间的对应关系有所了解的情况。

查询法是在查账过程中，根据查账的线索，通过询问或调查的方式，取得必要的资料或旁证的一种审查方法。查询法便于了解现实情况，常与其他方法一起使用。

8.1.4 比较分析法和控制计算法

比较分析法是将纳税人、扣缴义务人审查期间的账表资料和账面同历史的、计划的、同行业的、同类的相关资料进行对比分析，找出存在问题的一种审查方法。比较分析法易于发现纳税人、扣缴义务人存在的问题，但分析比较的结果只能为更进一步的审查提供线索。

控制计算法是根据账簿、生产环节之间等的必然联系，进行测算以证实账面数据是否正确的一种审查方法。例如，以产核销、以耗定产都属于这种方法。这种方法通常需要配合其他方法，才能发挥其作用。

8.2 纳税审查的基本内容

我国目前开征的税种中，按征税对象可分为三大类，即按流转额征税，按所得额征税，按资源、财产及行为征税。虽然不同的税种纳税审查的侧重点不同，但是审查的基本内容大多一致。

（1）审查其核算是否符合《企业会计准则》和分行业财务制度及会计制度。

（2）审查计税是否符合税收法规，重点是审查计税依据和税率。

（3）审查纳税人有无不按纳税程序办事、违反征管制度的情况，主要是审查纳税人税务登记、凭证管理、纳税申报、缴纳税款等方面的情况。

8.2.1 会计报表的审查

会计报表是综合反映企业一定时期财务状况和经营结果的书面文件，按照我国现行会计制度和公司法的规定，企业的会计报表主要包括资产负债表、利润表、现金流量表、各种附表及附注说明。

1. 资产负债表的审查

1）从编制技术上审查资产负债表

根据会计核算原理，审查资产负债表中资产合计数是否等于负债与所有者权益合计数；审查表中相关数据的衔接钩稽关系是否正确，表中数据与其他报表、总账、明细分类账数据是否相符。

2）对资产、负债及所有者权益各项目的审查

（1）对流动资产各项目的审查与分析。在审查时，首先分析流动资产占全部资产的比

重，分析企业的资产分布是否合理，分析流动资产的实际占用数是否与企业的生产规模和生产任务计划相适应。若流动资产实际占用数增长过快，则应注意是因材料或商品集中到货或因价格变动等因素引起，还是由于管理不善、物资积压、产品滞销或是虚增库存成本所造成，以便进一步分析企业有无弄虚作假、乱挤成本等问题。对流动资产项目进行分析后，还要进一步考核企业流动资金的周转情况，通过计算应收账款周转率、存货周转率等指标，并分别与计划、上年同期进行对比，分析这些指标的变化是否正常。

(2) 对长期股权投资、固定资产、无形及递延资产的审查与分析。长期股权投资反映企业不准备在一年内变现的投资。按规定，企业可以采用货币资金、实物、无形资产等方式向其他单位投资，由于投资额的大小涉及企业的投资效益。因此，在对资产负债表进行审查分析时，应注意核实企业长期股权投资数额。对长期股权投资的审查分析，除核实其数额外，还应注意企业对长期股权投资的核算方法。

固定资产的审查分析，首先是了解固定资产增减变动的情况；其次是在核实固定资产原值的基础上，进一步核实固定资产折旧额，审查企业折旧计算方法是否得当、计算结果是否正确。

对"在建工程"项目的审核，应注意了解企业有无工程预算，各项在建工程费用支出是否核算真实，有无工程支出与生产经营支出混淆情况等。

审查无形资产项目时，应注意企业无形资产期末数与期初数的变化情况，了解企业本期无形资产的变动和摊销情况，并注意企业无形资产的摊销额计算是否正确，有无多摊或少摊的现象。

递延资产的审查，应审查期末数与期初数的变动情况，注意企业有无将不属于开办费支出的由投资者负担的费用和为取得各项固定资产、无形资产所发生的支出，以及筹建期间应当计入资产价值的汇兑损益、利息支出等记入"递延资产"账户的情况，并审核固定资产修理费支出和租入固定资产的改良支出核算是否准确，摊销期限的确定是否合理，各期摊销额的计算是否正确。

(3) 对负债各项目的审查与分析。通过报表中期末数与期初数的比较，分析负债的增减变化，对于增减变化数额较大、数字异常的项目，应进一步查阅账面记录，审查企业有无将应转入的收入挂在"应付账款"账面、逃漏税收的情况。审查企业"应交税费"是否及时、足额上缴，表中"未交税费"项目的金额与企业的"应交税费"贷方的余额是否相符，有无欠缴、错缴等问题。

(4) 对所有者权益的审查和分析。在审查资产负债表中所有者权益各项目时，主要依据财务制度的有关规定，审核企业投资者是否按规定履行出资义务，资本公积金核算是否正确，盈余公积金的提留比例是否符合制度的规定，并根据所有者权益各项目期末数和期初数之间的变动数额，分析企业投入资本的情况和利润分配的结果。

2. 利润表的审查

通过对利润表的审查和分析，可以了解企业本期生产经营的成果。由于企业的利润总额是计征所得税的依据，利润总额反映不实，势必影响缴纳的应纳税额。

1) 销售收入的审查

销售收入的增减直接关系到税收收入和企业的财务状况及资金周转的速度，影响销售收入变化的主要因素是销售数量和销售价格。审查时，应分别按销售数量和销售单价进行分析。对销售数量的分析应结合当期的产销情况，将本期实际数与计划数或上年同期数进行对比，如果销售数量下降，应注意企业有无销售产品不通过"产品（商品）销售收入"账户核算的情况或企业领用本企业产品（或商品）而不计销售收入的情况。另外，还应注意销售合同的执行情况，有无应转未转的销售收入。对销售价格的审查，应注意销售价格的变动是否正常，如变动较大，应注意查明原因。企业的销售退回和销售折扣与折让，均冲减当期的销售收入，因此，应注意销售退回的有关手续是否符合规定，销售折扣与折让是否合理合法，特别是以现金支付的退货款项和折扣、折让款项是否存在套取现金或支付回扣等问题。

2）销售成本的审查

对于产品（商品）销售成本的审查，应注意企业销售产品（商品）品种结构的变化情况，注意成本结转时的计价方法是否正确。同时，注意分析期末库存产品（商品）的成本是否真实。对于采用售价核算的商业企业，还应注意结转的商品进销价是否正确。

3）税金及附加的审查

税金及附加是指企业销售产品（商品）所缴纳的消费税、城市维护建设税的税金及教育费附加等。分析时应注意：①税率有没有调整变动；②不同税率的产品产量结构有没有变动；③企业申报数字是否属实。由于销售收入与税金有密切的联系，两者成正比例增减，因此，要在核实销售收入的基础上，审查核实企业税金及附加计算结果是否正确，有无错计、漏计等情况。

4）销售利润的审查

审查销售利润时应核查企业是否完成销售利润计划，与上期相比有无增减变动，计算出本期销售利润，并与上期、上年同期的销售利润率进行对比，如果企业生产规模无多大变化，而销售利润率变动较大，可能存在收入、成本计算不实，人为调节销售利润等问题，应进一步审查。

5）营业利润的审查与分析

在审查营业利润增减变动情况时，应注意审查主营业务的利润，以及其他业务的收入和为取得其他业务收入而发生的各项支出。因此，审查时要核实其他业务收入是否真实准确，其他业务支出是否与其他业务收入相配比，有无将不属于其他业务支出的费用摊入的现象。另外，分析企业各项支出是否合理合法，有无多列多摊费用、减少本期利润的现象。

6）投资收益的审查与分析

投资收益应按照国家规定缴纳或补缴所得税。在审查利润表的投资收益时，应注意企业是否如实反映情况。企业对外投资具有控制权时，是否按权益法记账、投资收益的确认是否准确。

7）营业外收支项目的审查与分析

在审查营业外收支数额的变动情况时，对于营业外收入，应注意企业有无将应列入销售收入的款项或收益直接记作营业外收入，漏报流转税额。对于营业外支出，应注意是否符合规定的开支范围和开支标准，有无突增突减的异常变化。对于超过标准的公益救济性捐赠等，在计算应纳税额时，应调增应纳税所得额。

3. 现金流量表的审查

对现金流量表的审查，应注意审查核对现金流量表有关项目数字来源及计算的正确性，即主要核对经营活动、投资活动和筹资活动产生的现金流量。

8.2.2　会计账簿的审查与分析

在对会计报表进行审查分析后，对于有疑点的地方，则需要通过账簿审查才能查证落实。报表审查可提供进一步深入审查的线索和重点，账簿审查则是逐项审查和落实问题。

1. 日记账的审查与分析

对现金日记账审查时，应注意企业现金日记账是否做到日清日结，账面余额与库存现金是否相符，有无白条抵库现象，库存现金是否在规定限额之内，现金收入和支付是否符合现金管理的有关规定，有无坐支或挪用现金的情况，有无私设小金库的违法行为。并进一步核实现金账簿记录是否正确，计算是否准确，更改的数字是否有经手人盖章。对银行存款日记账的审查，应注意银行存款日记账所记录的借贷方向是否正确，金额是否与原始凭证相符，各项经济业务是否合理合法，前后页过账的数字、本期发生额合计和期初、期末余额合计是否正确，并应注意将企业银行存款日记账与银行对账单进行核对，审查企业有无隐瞒收入等情况。

2. 总分类账的审查与分析

审查总分类账可以从总体上了解企业财产物资、负债等变化情况，从中分析审查、找出查账线索。审查总分类账时，应注意总分类账的余额与资产负债表中所列数字是否相符。各账户本期借贷方发生额和余额与上期相比较，有无异常的增减变化。特别是对与纳税有关的经济业务，应根据总分类账的有关记录，进一步审查有关明细分类账户的记录和相关的会计凭证，据以发现和查实问题。由于总分类账户提供的是总括的资料，一般金额比较大，如果企业某些经济业务有问题，但金额较小，在总分类账中数字变化不明显，则审查时不容易发现。因此，审查和分析总分类账簿的记录，只能为进一步审查提供线索，不能作为定案处理的根据。企业查账的重点应放在明细分类账簿的审查上。

3. 明细分类账的审查与分析

审查总分类账后，根据发现的线索，应重点分析审查明细分类账，因为有些问题总分类账反映不出来或数字变化不明显。例如，结转耗用原材料成本所采用的计价方法是否正确，计算结果是否准确等，在总分类账中不能直接看出来，而审查明细分类账则可以一目了然。明细分类账审查方法主要包括以下内容。

（1）审查总分类账与所属明细分类账记录是否相吻合，借贷方向是否一致，金额是否相符。

（2）审查明细分类账的业务摘要，了解每笔经济业务是否真实合法，若发现疑点应进一步审查会计凭证，核实问题。

（3）审查各账户年初余额是否同上年年末余额相衔接，有无利用年初建立新账之机，采取合并或分设账户的办法，故意增减或转销某些账户的数额，弄虚作假、偷税漏税。

（4）审查账户的余额是否正常，计算是否正确，如果出现反常余额或红字余额，应注意核实是核算错误还是弄虚作假所造成的。

（5）审查实物明细分类账的计量、计价是否正确。按实际成本计价的企业，各种实物增减变动的计价是否准确合理，有无将不应计入实物成本的费用计入实物成本的现象，发出实物时，有无随意变更计价方法的情况。如有疑点，应重新计算，进行验证。

8.2.3　会计凭证的审查与分析

会计凭证按其填制程序和用途划分，可分为原始凭证和记账凭证两种。原始凭证是在经济业务发生时所取得或填制的、载明业务的执行和完成情况的书面证明，它是进行会计核算的原始资料和重要依据。记账凭证是由会计部门根据原始凭证编制的，是登记账簿的依据。由于原始凭证和记账凭证的用途不同，因此，审查的内容也不同。但两者有着密切的联系，应结合对照审查。

1. 原始凭证的审查

（1）审查内容是否齐全，注意审查凭证的合法性。查看凭证记录的经济内容是否符合政策、法规和财务会计制度规定的范围与标准。①审查凭证的真实性。对凭证各项目的经济内容、数据、文字要注意有无涂改、污损、伪造、大头小尾等问题，并进行审查分析，从中发现问题。②审查凭证的完整性。对凭证上的商品名称、规格、计量单位、大小写金额的填制日期仔细核对，应注意填写的内容是否清晰，计算的结果是否准确。③审查自制的原始凭证手续是否完备，应备附件是否齐全。对差旅费报销还应与所附车船票、住宿费单据核对，查看内容、金额是否相符。

（2）审查有无技术性或人为性的错误。这主要是通过对产成品（库存商品）、原材料（材料物资）等出入库凭证的检查，查看有无产品（商品）销售后收取的现金不入账，减少当期收入的情况；有无多列、虚列材料（商品）成本的情况；通过对成本类原始凭证的检查，查看纳税人是否区分了本期的收支与非本期的收支，基本业务收支与营业外收支，资本性支出与收益性支出等。有无因此而影响当期或后期计税所得额的情况。

（3）审查有无白条入账的情况。要注意审查自制凭证的种类、格式及使用是否符合财会制度的规定，审批手续是否健全，有无白条代替正式凭证的现象。对收款凭证要注意其号码是否连续，如发现缺本、缺页、审批手续不全的，应进一步查明原因。在审查支出凭证所记载的内容是否遵守制度规定的开支范围和标准时，要注意有无使用白条做支出凭证的情况。

2. 记账凭证的审查

（1）审查所附原始凭证有无短缺，两者的内容是否一致。首先要注意记账凭证与原始凭证的数量、金额是否一致。

（2）审查会计科目及其对应关系是否正确。会计事项的账务处理及其科目的对应关系在会计制度中一般都有明确规定，如果乱用会计科目或歪曲会计科目，就可能出现少缴或未缴税款的情况。

（3）记账凭证的会计科目与原始凭证反映的经济业务内容是否相符。审查时应注意会计凭证的摘要说明与原始凭证的经济内容是否相符。

8.2.4　不同委托人代理审查的具体内容

1. 审查按流转额征税税种的主要内容

按流转额征税的主要税种有增值税、消费税。增值税是以增值额为计税依据，应主要审查销售额及适用税率的确定，划清进项税额可抵扣与不允许抵扣的界限，界定免税项目是否符合规定。审查增值税专用发票的使用，对于消费税应侧重于征税对象和计税依据的审查，同时注意纳税人是否在规定环节申报纳税，适用税目、税率是否正确，减免税是否符合税法规定。

2. 审查按所得额征税税种的主要内容

所得税的计税依据是应纳税所得额，应纳税所得额是以利润总额加调整项目，利润总额是由销售收入扣除成本费用项目后的余额。审查应纳税所得额的正确性，主要应审查销售收入的正确性、成本额的正确性、成本与费用划分的正确性、营业外收支的正确性，以及税前调整项目范围、数额的正确性。

3. 审查按资源、财产、行为征税税种的主要内容

按资源、财产、行为征税的税种多，但计税相对较为简单。审查时着重注意计税依据的真实性，如印花税的计税依据为各类账、证、数据应贴花的计税金额。

8.3　账务调整的基本方法

税务师对纳税人的纳税情况进行全面审查后，对于有错漏问题的会计账目，按照财务会计制度进行账务调整，使账账、账证、账实相符。

8.3.1　账务调整的作用

根据审查结果，正确、及时地调整账务，既可防止明补暗退，又可避免重复征税，保证企业会计核算资料的真实性。

8.3.2　账务调整的原则

账务调整要与现行财务会计准则相一致，要与税法的有关会计核算相一致。

（1）账务调整要与会计原理相符合。调整错账时，需要作出新的账务处理来纠正原错账。所以新的账务处理业务必须符合会计原理和核算程序，反映错账的来龙去脉，清晰表达调整的思路；还应做到核算准确、数字可靠，正确反映企业的财务状况和生产经营情况。

（2）调整错账的方法应从实际出发，简便易行。账务处理的调整既要做到账实一致，反映查账的结果，又要坚持从简账务调整的原则。

8.3.3　账务调整的基本方法

在一个会计年度结账前，税务师查出纳税人的错账或漏账，可以在当期的有关账户中直接进行调整。调整方法主要有以下几种。

1. 红字冲销法

红字冲销法是先用红字冲销原错误的会计分录，再用蓝字重新编制正确的会计分录，重新登记账簿。红字冲销法适用于会计科目用错和会计科目正确但核算金额错误的情况。一般情况下，在及时发现错误、没有影响后续核算的情况下多使用红字冲销法。

【例 8-1】某税务师事务所审查某工业企业的纳税情况时发现，该企业将自制产品用于职工福利，所用产品的成本为 3 000 元，不含税销售价为 4 000 元，增值税税率为 13%，企业账务处理为

借：应付职工薪酬　　　　　　　　　　　　　　　　　　　　　　　4 520
　　贷：库存商品　　　　　　　　　　　　　　　　　　　　　　　　4 000
　　　　应交税费——应交增值税（销项税额）　　　　　　　　　　　520

税务师认为，企业将生产的应纳增值税的货物用于职工福利，应视同销售货物计算增值税应纳税额。此笔账会计科目运用正确，错误在于多计金额，用红字冲销法做调整分录为

借：应付职工薪酬　　　　　　　　　　　　　　　　　　　　　　　　| 1 000 |

　　贷：库存商品　　　　　　　　　　　　　　　　　　　　　　　　　　| 1 000 |

2. 补充登记法

补充登记法是通过编制转账分录，将调整金额直接入账，以更正错账。它适用于漏计或错账所涉及的会计科目正确，但核算金额小于应计金额的情况。

【例 8-2】某税务师事务所审查某企业的纳税情况，发现该企业本月应摊销长期待摊费用6 000 元，实际摊销 4 800 元，在本年度纳税审查中发现少摊销 1 200 元，企业的账务处理为

借：制造费用　　　　　　　　　　　　　　　　　　　　　　　　4 800

　　贷：长期待摊费用　　　　　　　　　　　　　　　　　　　　　　　4 800

税务师认为，企业的此笔账务处理所涉及的会计科目的对应关系没有错误，但核算金额少计 1 200 元，用补充登记法做调整分录为

借：制造费用　　　　　　　　　　　　　　　　　　　　　　　　1 200

　　贷：长期待摊费用　　　　　　　　　　　　　　　　　　　　　　　1 200

3. 综合账务调整法

综合账务调整法是将红字冲销法与补充登记法综合加以运用，一般适用于错用会计科目的情况，而且主要用于所得税纳税审查后的账务调整，如果涉及会计所得，可以直接调整"本年利润"账户。综合账务调整法一般运用于会计分录借贷方，有一方会计科目用错，而另一方会计科目没有错的情况。正确的一方不调整，错误的一方用错误科目转账调整，使用正确科目时及时调整。

【例 8-3】某企业将专项工程耗用材料列入管理费用 7 000 元。企业的账务处理为

借：管理费用　　　　　　　　　　　　　　　　　　　　　　　　7 000

　　贷：原材料　　　　　　　　　　　　　　　　　　　　　　　　　　7 000

税务师认为，上述会计分录借方错用会计科目，按会计准则规定专项工程用料应列入"在建工程"科目。用综合账务调整法做调整分录为

借：在建工程　　　　　　　　　　　　　　　　　　　　　　　　7 000

　　贷：管理费用　　　　　　　　　　　　　　　　　　　　　　　　　7 000

同样，如果以上所举例的错账是在月后发现的，而企业又是按月结算利润的，则影响利润的项目，还应通过"本年利润"科目调整。

例如，承例 8-3，假设月度结算后发现错账。则用本年利润科目做调整分录为

借：在建工程　　　　　　　　　　　　　　　　　　　　　　　　7 000

　　贷：本年利润　　　　　　　　　　　　　　　　　　　　　　　　　7 000

8.3.4　错账的类型及调整范围

根据错账发生的时间不同，可将错账分为当期发生的错账和以往年度发生的错、漏账。其发生的时间不同，调账的方法也有所不同。

1. 对当期错误会计账目的调账方法

在审查中发现的当期错误会计账目，可根据正常的会计核算程序，采用红字调整法、补

充登记法、综合账务调整法予以调整。对于按月结转利润的纳税人，在本月内发现的错账，调整错账本身即可；在本月以后发现的错账，由于以前月份已结转利润，所以影响到利润的账项还需先通过相关科目最终结转到本年利润科目调整。

2. 对上一年度错误会计账目的调账方法

（1）对上一年度错账并且对上年度税收发生影响的，分以下两种情况。

① 如果在上一年度决算报表编制前发现的，可直接调整上年度账项，这样可以应用上述几种方法加以调整，对于影响利润的错账需要一并调整"本年利润"科目核算的内容。

② 如果在上一年度决算报表编制之后发现的，一般不能应用上述方法，而应按正常的会计核算对有关账户进行一一调整。这时需区别不同情况，按简便实用的原则进行调整。

对于不影响上年利润的项目，可以直接进行调整。

【例 8-4】在所得税的汇算清缴中，税务师受托对某企业的企业所得税纳税情况进行审查，发现该企业将用于职工福利支出的 20 000 元记入"在建工程"账户，审查是在年终结账后进行的。税务师经过认真审核，确认该笔业务应通过"应付职工薪酬"科目核算，因企业基建工程尚未完工交付使用，相关调账分录为

借：以前年度损益调整　　　　　　　　　　　　　　　　　　　　　20 000

　　贷：在建工程　　　　　　　　　　　　　　　　　　　　　　　　　20 000

对于影响上年利润的项目，由于企业在会计年度内已结账，所有的损益账户在当期都结转至"本年利润"账户，凡涉及调整会计利润的，不能用正常的核算程序对"本年利润"进行调整，而应通过"以前年度损益调整"进行调整。

【例 8-5】某税务师事务所 2022 年 4 月在对某公司 2021 年度纳税审查中，发现少计提厂房租金 20 000 元，应予以回冲。

应通过"以前年度损益调整"科目调整，将调整数体现在 2021 年的核算中，应做调整分录如下。

① 借：管理费用　　　　　　　　　　　　　　　　　　　　　　　　20 000

　　　贷：以前年度损益调整　　　　　　　　　　　　　　　　　　　　20 000

② 应补企业所得税税额 = 20 000×25% = 5 000（元）

借：以前年度损益调整　　　　　　　　　　　　　　　　　　　　　5 000

　　贷：应交税费——应交所得税　　　　　　　　　　　　　　　　　　5 000

③ 将以前年度损益调整贷方余额转入未分配利润

借：以前年度损益调整　　　　　　　　　　　　　　　　　　　　　15 000

　　贷：利润分配——未分配利润　　　　　　　　　　　　　　　　　　15 000

（2）对上一年度错账且不影响上一年度的税收，但与本年度核算和税收有关的，可以根据上一年度账项的错漏金额影响本年度税项情况，相应调整本年度有关账项。

【例 8-6】某税务师事务所 2022 年审查某企业 2021 年的账簿记录，发现 2021 年 12 月份多转材料成本差异 20 000 元（借方超支数），而消耗该材料的产品已完工入库，该产品于2022 年售出。

这一错误账项虚增了 2021 年 12 月份的产品生产成本，由于产品未销售，无须结转销售成本，未对 2021 年度税收产生影响，但是由于在 2022 年售出，此时虚增的生产成本会转化为虚增销售成本，从而影响 2022 年度的税额。如果是在决算报表编制前发现且产品还未销

售，那样可应用转账调整法予以调整上年度账项，即

借：材料成本差异　　　　　　　　　　　　　　　　　　　20 000

　　贷：库存商品　　　　　　　　　　　　　　　　　　　　　20 000

如果是在决算报表编制后发现且产品已经销售，由于上一年度账项已结平，这时可直接调整本年度的"主营业务成本"或"本年利润"账户，做调整分录为

借：材料成本差异　　　　　　　　　　　　　　　　　　　20 000

　　贷：主营业务成本或本年利润　　　　　　　　　　　　　　20 000

3. 不能直接按审查出的错误数额调整利润情况的账务调整方法

审查出的纳税错误数额，有的直接表现为实现的利润，无须进行计算分摊，直接调整利润账户；有的需经过计算分摊，将错误的数额分别摊入相应的有关账户内，才能确定应调整的利润数额。后一种情况主要是在材料采购成本、原材料成本的结转和生产成本的核算中发生的错误，如果尚未完成一个生产周期，其错误额会依次转入原材料、在产品、产成品、销售成本及利润中，导致虚增利润，使纳税人多缴当期的所得税。因此，应将错误额根据具体情况在期末原材料、在产品、产成品和本期销售产品成本之间进行合理分摊。

计算分摊的方法是：应按产品成本核算过程逐步剔除挤占因素，即将审查出的需分配的错误数额，按原材料、自制半成品、在产品、产成品、产品销售成本等核算环节的程序，一步一步地往下分配。将计算出的各环节应分摊的成本数额，分别调整有关账户，在期末结账后，当期销售产品应分摊的错误数额应直接调整利润数。在实际工作中一般较多地采用"按比例分摊法"。其计算步骤如下。

1）计算分摊率

分摊率=（审查出的错误额）/（期末原材料结存成本+期末在产品结存成本+期末产成品结存成本+本期产品销售成本）

上述公式是基本计算公式，具体运用时，应根据错误发生的环节，相应地选择某几个项目进行计算分摊，不涉及的项目则不参加分摊。

（1）在"生产成本"账户贷方、"库存商品"账户借方查出的数额，只需在期末产成品、本期产品销售成本之间分摊。

（2）在"原材料"账户贷方、"生产成本——基本生产成本"账户借方查出的错误额，即多转或少转成本的问题，应在公式中后3个项目之间分摊。

（3）在"原材料"账户借方查出的问题，即多计或少计材料成本，要在公式中的4个项目之间分摊。

2）计算分摊额

（1）期末原材料应分摊的数额=期末原材料成本×分摊率

（2）期末在产品应分摊的数额=期末在产品成本×分摊率

（3）期末产成品应分摊的数额=期末产成品成本×分摊率

（4）本期销售产品应分摊的数额=本期销售产品成本×分摊率

3）调整相关账户

将计算出的各环节应分摊的成本数额，分别调整有关账户，在期末结账后，当期销售产品应分摊的错误数额应直接调整利润数。

【例8-7】税务师受托对某企业进行纳税审查，发现该企业某月份将基建工程领用的生

产用原材料 30 000 元计入生产成本。由于当期期末既有期末在产品，也有生产完工产品，完工产品当月对外销售一部分。因此，多计入生产成本的 30 000 元，已随企业的生产经营过程分别进入了生产成本、产成品、产品销售成本之中。经核实，期末在产品成本为150 000 元，产成品成本为 150 000 元，产品销售成本为 300 000 元，则税务师可按以下步骤计算分摊各环节的错误数额，并做相应调账处理。

第一步：计算分摊率。

分摊率＝多计生产成本数额÷（期末在产品结存成本＋期末产成品结存成本＋本期产品销售成本）＝30 000/（150 000+150 000+300 000）＝0.05

第二步：计算各环节的分摊数额。

（1）在产品应分摊数额＝150 000×0.05＝7 500（元）

（2）产成品应分摊数额＝150 000×0.05＝7 500（元）

（3）本期产品销售应分摊数额＝300 000×0.05＝15 000（元）

第三步：调整相关账户。

若审查期在当年，调账分录为

借：在建工程   30 000

    贷：生产成本   7 500

        库存商品   7 500

        本年利润   15 000

若审查期在以后年度，则调账分录为

借：在建工程   30 000

    贷：生产成本   7 500

        库存商品   7 500

        以前年度损益调整   15 000

思考与练习

1. 纳税审查的方法主要有哪些？各适用于什么情况？

2. 纳税审查的内容主要有哪些？

3. 简述调账的基本方法及调账的意义。

4. 实务题。

某税务师 2022 年 2 月对企业 2021 年的纳税情况进行审核，发现企业 2021 年 12 月份将福利部门领用的材料成本 20 000 元计入生产成本中，由于企业生产产品成本已经进行了部分结转和销售，所以无法按照审核发现的 20 000 元直接作为错账调整金额。2021 年年底企业的在产品相关成本科目余额为 100 000 元，完工产品相关成本科目余额为 500 000 元，当期的已销售产品成本为 400 000 元，假设该企业已经结账。

要求：

（1）按"比例分摊法"计算错账调账金额在相关环节分摊的分配率、分摊数额。

（2）做跨年度账务调整分录。

第9章 代理纳税审查实务

学习目标

通过本章的学习，学生掌握流转税及所得税纳税审查的重点和方法，重点掌握计税依据、适用税率、应纳税额计算的审查。

导入案例

某企业系增值税小规模纳税人，主要生产水泥。2020年1月试生产，2020年5月取得第一笔产品销售收入，并于6月份到主管税务机关按月申报缴纳增值税。2020年8月某国税局接到群众举报，反映该企业不开发票账外销售产品。税务机关委托××税务师事务所审核该企业的纳税情况，并指导该企业正确核算经营情况，如实申报纳税。

9.1 代理流转税纳税审查实务

9.1.1 代理增值税纳税审核实务

1. 代理增值税一般纳税人纳税审核

代理增值税一般纳税人纳税审核，一般应遵循增值税的计税规律确定审查环节，重点审核征税范围、销售额与销项税额、进项税额的抵扣与进项税额的转出、应纳税额与出口货物退（免）税。

1）征税范围的审核

（1）增值税一般纳税人和增值税小规模纳税人确定的审核。

① 审核增值税一般纳税人的认定手续是否完备。重点审核纳税人认定手续是否完备、真实。

② 审核纳税人年应税销售额是否达到一般纳税人条件。

③ 审核纳税人会计核算制度是否健全。

（2）增值税征税范围审核的基本内容。

① 应税货物范围的审核要点是审核企业是否所有应税货物的销售都申报并缴纳了增值税；审核征收消费税、资源税的货物销售是否没有申报增值税。

② 应税劳务范围的审核要点是审核企业有无将加工、修理修配同其他劳务相混淆不申报增值税；审核企业受托加工的货物是否符合受托加工的条件。

③ 进口货物范围的审核要点是审核进口的应税货物是否全部申报了增值税；审核从境内保税地购进的应税货物是否申报了增值税。

④ 出口货物范围的审核要点是审核纳税人出口不适用零税率的货物是否依法纳税。

2）销项税额的审核

销项税额的计算要素有销售额与适用税率。销项税额的审核是增值税审核的首要环节，税务师应把握基本的操作要点。

（1）销售额审核要点。销售额是销项税额的计税依据，是正确计算销项税额的关键所在，应重点审核以下几方面内容。

① 审核销售收入的结算方式，是否存在结算期内的应税销售额未申报纳税的情况。

② 根据现行增值税法的有关规定，审核纳税人在申报时对应税销售额的计算有无下列情况。

● 销售货物、应税劳务、应税服务、不动产、无形资产收取价外费用是否并入应税销售额。

● 销售残次品（废品）、半残品、副产品，以及下脚料、边角料等取得的收入是否并入应税销售额。

● 采取以旧换新方式销售货物，是否按新货物的同期销售价格确认应税销售额。

● 采取还本销售方式销售货物，是否从应税销售额中减除了还本支出，造成少计应税销售额。

● 采取折扣方式销售货物，将折扣额另开发票的，是否从应税销售额中减除了折扣额，造成少计应税销售额。

● 为销售货物而出租、出借包装物收取押金，因逾期而不再退还的，是否已并入应税销售额并按所包装货物适用税率计算纳税。同时应注意审核有关特殊的纳税规定，如对销售酒类产品（除适用啤酒、黄酒外）收取的包装物押金的规定。

● 将自产或委托加工的货物用于集体福利、个人消费的，是否视同销售将其金额并入应税销售额。

● 将自产、委托加工或购买的货物对外投资，分配给股东、投资者、无偿赠送他人，是否按规定视同销售将其金额并入应税销售额。

● 将货物交付他人代销是否按规定视同销售将其金额并入应税销售额。

● 销售代销货物是否按规定视同销售将其金额并入应税销售额。

● 移送货物用于销售是否按规定视同销售将其金额并入应税销售额。

● 对外提供有偿加工货物的应税劳务，是否按规定将收入并入应税销售额。

● 以物易物或用应税货物抵偿债务，是否并入应税销售额。

● 混合销售行为和兼营行为，按规定应当征收增值税的，其应税销售额的确认是否正确。

● 纳税人发生销售退回或销售折让，是否依据退回的增值税专用发票或购货方主管税务机关开具的"企业进货退出及索取折让证明单"，按退货或折让金额冲减原销售额。

● 销售货物、应税劳务或应税服务的价格偏低或有视同销售货物行为而无销售额，纳税人按规定需采用组成计税价格确定销售额的，其应税销售额的计算是否正确。

● 销售货物、应税劳务、应税服务、不动产、无形资产采用销售额与销项税额合并定价方法的，其应税销售额的计算是否正确。

● 外汇结算销售额折计人民币应税销售额是否正确。

（2）适用税率或征收率审核要点。

① 增值税税率或征收率运用是否正确，是否扩大了低税率或征收率货物的适用范围。

审核时，要深入企业了解情况，从投入产出和产品（商品）的性能、用途、生产工艺等各方面，严格对照税法规定的征税范围及注释，审定适用的税率或征收率是否正确。

② 增值税税率或征收率已发生变动的应税行为，是否按税率或征收率变动的规定执行日期计算纳税。

③ 纳税人兼营不同税率或征收率的应税行为、应税劳务或应税服务，未分别核算销售额的，是否从高适用增值税税率或征收率计算纳税。

④ 混合销售行为的适用税率和处理是否准确。混合销售行为所适用的税率是否与纳税人主业相符，有无出现同一企业相同的混合销售业务适用不同税率的现象。

⑤ 出口货物适用的退税率是否正确。是否将不同税率的出口货物分开核算和申报办理退税，如划分不清适用税率的，是否从低适用退税率计算退税。

（3）销售自己使用过的固定资产的审核。自 2009 年 1 月 1 日起，纳税人销售自己使用过的固定资产应区分不同情形征收增值税。

① 销售自己使用过的 2009 年 1 月 1 日以后购进或自制的固定资产，按照适用税率征收增值税。

② 2008 年 12 月 31 日以前未纳入扩大增值税抵扣范围试点的纳税人，销售自己使用过的 2008 年 12 月 31 日以前购进或自制的固定资产，按照 3% 征收率减按 2% 征收增值税。

③ 2008 年 12 月 31 日以前已纳入扩大增值税抵扣范围试点的纳税人，销售自己使用过的在本地区扩大增值税抵扣范围试点以前购进或自制的固定资产，按照 3% 征收率减按 2% 征收增值税；销售自己使用过的在本地区扩大增值税抵扣范围试点以后购进或自制的固定资产，按照适用税率征收增值税。

（4）关于纳税人销售自己使用过的固定资产。增值税一般纳税人销售自己使用过的固定资产，凡根据《财政部　国家税务总局关于全国实施增值税转型改革若干问题的通知》（财税〔2008〕170 号）、《财政部　国家税务总局关于部分货物适用增值税低税率和简易办法征收增值税政策的通知》（财税〔2009〕9 号）、《财政部　国家税务总局关于简并增值税征收率政策的通知》（财税〔2014〕57 号）文件等规定，适用于简易办法按照 3% 征收率减按 2% 征收增值税政策的，应开具普通发票，不得开具增值税专用发票。

增值税小规模纳税人销售自己使用过的固定资产，应开具普通发票，不得由税务机关代开增值税专用发票。

（5）关于销售额和应纳税额。

① 增值税一般纳税人销售自己使用过的物品和旧货，适用于简易办法按照 3% 征收率减按 2% 征收增值税政策的，按下列公式确定销售额和应纳税额

$$销售额 = 含税销售额/(1+3\%)$$

$$应纳税额 = 销售额 \times 2\%$$

② 增值税小规模纳税人销售自己使用过的固定资产和旧货，按下列公式确定销售额和应纳税额

$$销售额 = (含税销售额)/(1+3\%)$$

$$应纳税额 = 销售额 \times 2\%$$

审核要点如下。

● 审核"固定资产"明细分类账，审核已出售的固定资产是否为应税固定资产，是否

按规定申报缴纳了增值税。

● 审核"固定资产清理"账户的贷方发生额，并与"固定资产"明细分类账核对，审核是否按规定申报缴纳了增值税。

3）进项税额的审核要点

对于纳税人进项税额的计算和会计处理，税务师既要审核原始抵扣凭证，又要结合有关账户审核，防止虚增进项税额多抵销项税额、少缴增值税的问题。

（1）进项税额抵扣凭证的审核要点。审核进项抵扣凭证，应结合"应付职工薪酬""长期股权投资""应交税费——应交增值税"等账户进行。

① 购进货物、应税劳务、应税服务、不动产、无形资产是否按规定取得增值税扣税凭证，取得的增值税专用发票抵扣联是否合法有效。

● 审核纳税人购进货物、应税劳务、应税服务、不动产、无形资产取得增值税专用发票注明的进项税额。

● 审核纳税人据以核算进项税额的增值税专用发票的发票联、抵扣联的记载内容是否一致，有无只有抵扣联而无发票联，或者只有发票联而无抵扣联的增值税专用发票。

● 审核纳税人取得的增值税电子专用发票是否与试点抵扣区域范围和时间相符；以增值税电子专用发票的纸质打印件作为抵扣凭证的，是否同时保存打印该纸质件的增值税电子专用发票。

● 审核纳税人购进货物是否与购货方的生产、经营相关。其主要是核对生产经营范围；核对"原材料""库存商品"明细分类账，防止虚开、代开。

● 审核增值税专用发票和增值税电子专用发票是否按规定在增值税发票综合服务平台进行用途确认；对已确认用途的增值税专用发票和增值税电子专用发票，改变用途时是否向主管税务机关申请后按规定调整用途确认。

② 进口货物是否按规定取得完税凭证，并按税法规定进行税款抵扣。

● 审核海关代征进口货物增值税时的增值税专用缴款书票据的真实性。即原件的唯一性、企业名称的准确性。专用缴款书上若标明有两个单位名称，既有代理进口单位名称，又有委托进口单位名称的，只准予其中取得专用缴款书原件的单位抵扣税款。

● 审核专用缴款书所注明的进口货物入库单。重点追踪进口货物的流向，若无库存，是否已做销售申报纳税。

③ 购进免税农业产品准予抵扣的进项税额，其原始凭证是否符合规定，有无超范围计算进项税额抵扣的问题。

④ 对进货退回或折让而收回的增值税税额，是否在取得红字专用发票的当期，从进项税额中扣减。

（2）进项税额转出的审核要点。当纳税人购进的原材料、商品改变用途时，应将其负担的进项税额由"应交税费——应交增值税"账户的贷方"进项税额转出"科目转入相应的账户中去。因此，对纳税人发生的下列业务，应审核在结转材料和商品销售成本的同时，是否作了转出进项税额的账务处理。

①用于简易计税方法计税项目、免征增值税项目、集体福利或者个人消费的购进货物、加工修理修配劳务、服务、无形资产、不动产。②非正常损失的购进货物，以及相关的加工修理修配劳务和交通运输服务。③非正常损失的在产品、产成品所耗用的购进货物（不包

括固定资产)、加工修理修配劳务和交通运输服务。④非正常损失的不动产,以及该不动产所耗用的购进货物、设计服务和建筑服务。⑤非正常损失的不动产在建工程所耗用的购进货物、设计服务和建筑服务。⑥购进的旅客运输服务、贷款服务、餐饮服务、居民日常服务和娱乐服务。⑦财政部和国家税务总局规定的其他情形。

对上述项目除了注意审查计算方法是否正确外,还要注意审核企业进项税额转出的金额计算依据是否正确,进项税额转出的时间与增值税会计处理的规定是否一致。

(3)销售返还进项税额转出的审核要点。对增值税一般纳税人,因购买货物而从销售方取得的各种形式的返还资金,均应依所购货物的增值税税率计算应冲减的进项税额,并从其取得返还资金当期的进项税额中予以冲减,并按以下公式计算

当期应冲减的进项税额=〔当期取得返回资金/(1+所购货物适税率)〕×所购货物适用的增值税税率

增值税一般纳税人因购买货物而从销售方取得的返还资金一般有以下几种表现形式。

① 购买方直接从销售方取得货币资金。

② 购买方直接从应向销售方支付的货款中代扣。

③ 购买方向销售方索取或代扣有关销售费用或管理费用。

④ 购买方在销售方直接或间接列支或报销有关费用。

⑤ 购买方取得销售方支付的费用补偿。

上述情况主要集中在流通领域内的商业企业。其在财务上的审核要点如下。

● 审核"主营业务收入"账户,判断是否存在将因购买货物取得的返还资金列入该账户核算,特别是"代销手续费",是否符合代销的条件。

● 审核"其他业务收入"账户,分析该收入的性质及取得该收入的原因。

● 审核"投资收益""本年利润"账户,分析是否未向销售方投资或未与销售方联营协作而以投资收益或联营分利的名义分解利润。

● 审核"应付账款"账户明细分类账,若购货方与供货方始终保持业务往来,而购货方应付账款余额越滚越大,要进一步分析原因。若应付账款余额被核销,需了解核销的原因。销售方对此债权是否也予以核销,而让购货方取得了除实物形式以外的返还利润。

● 审核"银行存款""库存现金"等贷方发生额与购货发票票面所载金额的差额,对照购、销双方的结算清单,确定应结算与实际结算货款的差额,分析差额部分是否有代扣广告费、促销费,管理费等问题。

● 审查"销售费用""管理费用"账户,了解"销售费用""管理费用"贷方发生额或红字冲销的原因,或者"销售费用""管理费用"某一会计期间大幅度减少的原因,是否向销售方转移费用支出。

(4)进项税额抵扣时限的审核要点。自2017年7月1日起,增值税一般纳税人申请抵扣的防伪税控系统开具的增值税专用发票,必须自该专用发票开具之日起360日内到税务机关认证,否则不予抵扣进项税额。增值税一般纳税人认证通过的防伪税控系统开具的增值税专用发票,应在认证通过的次月按照增值税有关规定核算当期进项税额并申报抵扣,否则不予抵扣进项税额。

4)增值税应纳税额的审核

(1)增值税"应交税费"明细分类账审核要点 。"应交税费——应交增值税"明细分

类账，是为了全面核算和反映增值税的应缴、已缴情况而设置的。对纳税人"应交税费——应交增值税"明细分类账的审核，是否符合有关增值税会计处理的规定。

增值税是否做到按月计算应纳税额，"月清月结"有无将本月欠税用下期进项税额抵顶、滞纳税款的问题。

有无多计"进项税额"、少计"销项税额""进项税额转出"，造成当期应交税费不实的问题。

生产销售的货物按简易办法计算缴纳增值税的企业，其不得抵扣进项税额计算是否正确；出口企业按出口货物离岸价与征、退税率之差计算的不予抵扣的税额是否在当期从"进项税额转出"科目转增产品销售成本等。

增值税税控系统专用设备和技术服务费抵减增值税税款是否记入"应交税费——应交增值税（减免税款）"账户；记入金额是否与专用设备和技术服务费规定的收费标准相符；抵扣增值税税额的设备是否是增值税税控系统的专用设备，有无将通用设备支付费用混入抵扣增值税税额；抵扣的专用设备是否初次购买；全额抵扣增值税税额后的专用设备和技术服务费支付费用取得的增值税专用发票注明的增值税额是否又作为进项税额抵扣。

（2）增值税一般纳税人申报表审核要点。

① 本期销项税额，应根据"主营业务收入（出口销售收入）""其他业务收入""应交税费——应交增值税（销项税额）"等账户，检查销售货物、应税劳务、应税服务、不动产、无形资产的应税销售额和销项税额，出口货物的免税销售额。对于视同销售行为，应根据"营业外支出"等账户核算内容，计算其销项税额。

② 本期进项税额，应根据"原材料""应付账款""管理费用""固定资产""应交税费——应交增值税（进项税额）"等账户，计算确认纳税人的本期进项税额、不允许抵扣的进项税额、本期应抵扣进项税额。

③ 税款计算，应按《增值税及附加税费申报表（一般纳税人适用）》上的逻辑关系正确计算各项税额，确认本期应纳税额和留抵税额。

【例 9-1】某企业系为增值税一般纳税人，取得的发票，均已通过税务机关认证。税务师事务所于 2021 年 3 月受托对企业 2 月份增值税纳税情况进行审核，取得该企业 2 月份会计资料如下。

（1）2 月 5 日，购进原材料一批，已验收入库，取得增值税专用发票一张，注明价款 10 000 元，税额 1 300 元，取得运输部门开具的增值税专用发票，注明运费金额 600 元，另支付装卸费 300 元，款项均未支付。企业账务处理为

借：原材料　　　　　　　　　　　　　　　　　　　　　　　　　　　　10 819
　　应交税费——应交增值税（进项税额）　　　　　　　　　　　　　　 1 381
　　贷：应付账款　　　　　　　　　　　　　　　　　　　　　　　　　　　12 200

（2）2 月 7 日，购进原材料并入库，增值税专用发票上注明价款 12 950 元，税额 2 585 元；取得运输部门开具的增值税专用发票，注明运费金额 420 元，其他杂费 80 元；银行解款通知单，注明金额 16 035 元。企业账务处理为

借：原材料　　　　　　　　　　　　　　　　　　　　　　　　　　　　13 405
　　应交税费——应交增值税（进项税额）　　　　　　　　　　　　　　 2 630
　　贷：银行存款　　　　　　　　　　　　　　　　　　　　　　　　　　　16 035

（3）2月9日，购进原材料一批，尚未取得增值税专用发票，按照企业自制出库单据上注明价款 15 000 元，税额 1 950 元，货款未付，材料尚未入库。企业账务处理为

借：在途物资 15 000
　　应交税费——应交增值税（进项税额） 1 950
　　贷：应付账款 16 950

（4）2月15日，销售产品一批，开出增值税专用发票一张，注明价款 20 000 元，税额 2 600 元，货已发出，款项已收到 60%。企业账务处理为

借：银行存款 13 560
　　应收账款 9 040
　　贷：主营业务收入 20 000
　　　　应交税费——应交增值税（销项税额） 1 560
　　　　其他应付款——应交增值税 1 040

（5）2月18日，2020 年 1 月 15 日收取的出租包装物押金 1 130 元，到期包装物未收回。企业账务处理为

借：其他应付款 1 130
　　贷：其他业务收入 1 130

（6）2月22日，2月12日售出的部分产品，由于质量问题，购货单位退货，销货额为 5 000 元，税额 650 元，退回产品已验收入库，成本价为 4 000 元。企业账务处理为

借：主营业务收入 5 000
　　应交税费——应交增值税（销项税额） 650
　　贷：银行存款 5 650

同时

借：库存商品 4 000
　　贷：主营业务成本 4 000

（7）2月26日，月末盘库发生原材料盘亏。企业账务处理为

借：待处理财产损溢 2 000
　　贷：原材料 2 000

后附：存货盘点表一张。业务内容：盘亏原材料成本 2 000 元。

要求：

（1）计算企业增值税应纳税额，指出该企业增值税计算缴纳存在的问题，并计算本月企业少计（多计）增值税应纳税额。

（2）根据上述经济业务，进行"应交税费——应交增值税"明细分类账相关账务调账处理。

解：

（1）计算企业增值税应纳税额：

① 销项税额 $= 20\,000 \times 13\% + [1\,130/(1+13\%)] \times 13\% + (-650) = 2\,080$（元）

② 进项税额 $= 1\,300 + 600 \times 9\% + 420 \times 9\% + (-2\,000 \times 13\%) = 1\,131.8$（元）

③ 应纳税额 $= 2\,080 - 1\,131.8 = 948.2$（元）

④ 本期已缴税额 $= 0$

⑤ 本期应补（退）税额 = 948.2 - 0 = 948.2（元）

（2）企业增值税计算缴纳存在问题与"应交税费——应交增值税"会计处理调整。

① 2 月 5 日，对增值税一般纳税人外购货物所支付的运输费用，根据增值税专用发票进项税额准予扣除，但随同运费支付的装卸费、保险费等其他杂费不得计算抵扣进项税额。该企业把装卸费 300 元也按 9% 进行了抵扣，多抵扣进项税额为：$300 \times 9\% = 27$（元）。

当期调账分录如下

借：原材料　　　　　　　　　　　　　　　　　　　　　　　　　　27

　　贷：应交税费——应交增值税（进项税额转出）　　　　　　　　　　　27

② 2 月 7 日，销售方开具的增值税专用发票不符合各项目内容正确无误的要求，因此增值税专用发票上的税额 2 585 元不允许抵扣。对增值税一般纳税人外购货物所支付的运输费用，根据增值税专用发票上的进项税额准予扣除，但随同运费支付的装卸费、保险费等其他杂费不得计算抵扣进项税额。该企业把杂费 80 元也按 9% 进行了抵扣，多抵扣进项税额：$80 \times 9\% = 7.20$（元），共计多抵扣进项税额为：$2\,585 + 7.20 = 2\,292.2$（元）。

当期调账分录如下

借：原材料　　　　　　　　　　　　　　　　　　　　　　　　2 593.80

　　贷：应交税费——应交增值税（进项税额转出）　　　　　　　　　2 593.80

③ 2 月 9 日，工业企业购进货物必须在取得合法扣税凭证后，才能申报抵扣进项税额，该企业原材料尚未取得合法扣税凭证，企业却申报纳税，因此，多抵扣进项税额 1 950 元。

当期调账分录如下

借：管理费用——待抵扣进项税额　　　　　　　　　　　　　　　1 950

　　贷：应交税费——应交增值税（进项税额转出）　　　　　　　　　1 950

④ 2 月 15 日，企业对尚未收款部分，挂往来账户，少计销项税额，应调增销项税额。

当期调账分录如下

借：其他应付款——应交增值税　　　　　　　　　　　　　　　　1 040

　　贷：应交税费——应交增值税（销项税额）　　　　　　　　　　　1 040

⑤ 2 月 18 日，纳税人为销售货物而出租出借包装物收取的押金，单独记账核算的，不并入销售额征税。但对因逾期未收回包装物不再退还的押金，应按所包装货物的适用税率征收增值税。该企业没收逾期包装物押金未计算增值税，少计增值税税额为

$$[1\,130 / (1 + 13\%)] \times 13\% = 130（元）$$

当期调账分录如下

借：其他业务成本　　　　　　　　　　　　　　　　　　　　　　130

　　贷：应交税费——应交增值税（销项税额）　　　　　　　　　　　130

⑥ 2 月 22 日，账务处理正确。

⑦ 2 月 26 日，非正常损失的购进货物的进项税额不允许抵扣，而该企业发生材料盘亏，其进项税额未转出，多计进项税额为：$2\,000 \times 13\% = 260$（元）。

当期调账分录如下

借：待处理财产损溢　　　　　　　　　　　　　　　　　　　　　260

　　贷：应交税费——应交增值税（进项税额转出）　　　　　　　　　260

⑧ 根据上述 6 笔调账分录，月末调整本月应补缴增值税 948.2 元。

借：应交税费——应交增值税（转出未交增值税）　　　　　948.2

　　贷：应交税费——未交增值税　　　　　　　　　　　　　　　948.2

2. 增值税小规模纳税人的纳税审核

代理增值税小规模纳税人的纳税审查，要根据小规模纳税人计税资料和会计核算的特点，确定审核内容和方法。

（1）重点核查小规模纳税人将含税的销售额换算成不含税销售额的计算是否正确。将本期含税的销售额换算成不含税的销售额，与纳税人申报表中的销售额进行对比，审核是否一致。

（2）审核小规模纳税人计算应纳税额适用的征收率是否正确。小规模纳税人自 2009 年 1 月 1 日起，其征收率调减为 3%。但在应对新冠肺炎疫情期间支持复工复产减按 1% 征收率。

（3）审核应纳税额计算是否准确无误，纳税人是否按规定时限缴纳税款。

3. 出口货物退（免）税的审核

1）出口退（免）税重点审核的产品

凡在出口退税预警、评估分析工作中发现出口数量、出口价格异常增长的，生产企业自营或委托出口的，主管税务机关应对生产企业的场地、设备、生产能力、生产规模，以及生产的品种、数量和纳税情况等进行实地核查。

2）出口企业业务往来、资金流向的审核重点

（1）外贸企业的管理规定。

在审核外贸企业退税申报时，对出口业务购货渠道、付款方向和出口退税款的资金流向等，属下列异常情况的，必须严格审核。

① 货物报关出口后即收汇，出口企业在收汇的当天或次日，将出口货物的价款付给供货方，收到退税款后，再将退税款支付给供货方或第三方。

② 出口企业收汇后，以现金或现金支票等形式支付给个人。

③ 收款单位与增值税专用发票上注明的供货单位不一致。

④ 在异地结汇，本地收汇核销的。

⑤ 对外贸企业母子公司关系及借权、挂靠关系等问题的界定，应实事求是，区别对待。

（2）外贸企业与其关联企业的业务往来重点审核内容。

① 审核出口货物的换汇成本是否过高，是否存在虚抬出口货物的购进价格问题；上游关联企业是否存在大量农产品和废旧物资收购凭证，是否已对上游关联企业作延伸核查或发函调查；对从境内关联企业购进出口到境外关联企业的货物，是否存在购进价格和出口价格同时提高的问题。

② 审核与关联企业间开展的加工贸易及从关联企业购进原材料委托加工收回出口的货物，其原材料、产成品等是否存在异常的问题。

③ 关联企业若为小规模纳税人、新发生出口业务的企业、小型出口企业的，应审核是否存在借权出口或假自营代理的问题。

④ 对关联企业为享受先征后返或即征即退税收政策的，从其购进出口货物办理退税后是否仍享受先征后返或即征即退的政策。

9.1.2　代理消费税纳税审核实务

消费税是一个特定的税种，在征税范围、计税依据、纳税环节、税额扣除等方面都有特

殊规定。因此，代理消费税的纳税审核应注重其特点，有针对性地核查纳税人的计税资料。

1. 计税依据的审核

消费税实行从价定率、从量定额和复合计税的办法计算应纳税额，其计税依据分别是应税消费品的销售额和销售数量。实行从量定额征税办法的应税消费品有黄酒、啤酒、汽油和柴油等，卷烟、粮食白酒和薯类白酒实行复合计税的办法，其余应税消费品均按从价定率办法征税。在实际工作中，税务师应针对税法中对自产和委托加工应税消费品的不同规定，选择其计税依据审核的侧重点。

1）销售自产应税消费品的审核

（1）实行从价定率征税办法的应税消费品，其计税依据为纳税人销售应税消费品向购买方收取的全部价款和价外费用，但不包括应向购买方收取的增值税税款。应重点审核的内容包括以下几点。

① 对价外费用的审核要点。

● 审核纳税人"其他业务收入""营业外收入"等明细分类账，核对有关会计凭证，查看属于销售应税消费品从购货方收取的价外费用，是否按规定依照应税消费品的适用税率计算消费税，并与"应交税费——应交消费税"账户相核对。

● 审核纳税人"销售费用""管理费用""财务费用""其他业务成本"等明细分类账，如有借方红字发生额或贷方发生额，应对照有关会计凭证逐笔进行核对，审核纳税人是否有销售应税消费品收取的价外费用，是否按规定计算消费税，并与"应交税费——应交消费税"账户相核对。

● 审核纳税人的"应收账款""应付账款""其他应收款""其他应付款"等往来账户，审查纳税人销售应税消费品收取的价外费用是否直接通过往来账户核算而不并入销售额计算消费税。

● 审核纳税人已开具的普通发票存根联时，如发现有运输费、仓储费等收费项目的，应注意审查是否属于价外费用。

● 审核纳税人与购买方的销售结算清单，仔细审查销售清单反映的收费项目是否有属应征消费税、增值税的价外费用。

② 对包装物计税的审核要点。随同应税消费品做销售的包装物是否按所包装的产品适用的税率缴纳了消费税；逾期不再退还的包装物押金及已收取 1 年以上的包装物押金，是否按规定缴纳了消费税；从 1995 年 6 月 1 日起，对销售酒类消费品（除啤酒、黄酒外）收取的包装物押金是否按规定及时缴纳了消费税；对于酒类产品包装物的审核，主要通过"包装物""其他应付款"等明细分类账，审核企业是否有出售包装物收入和收取包装物押金，应缴纳消费税的包装物收入和收取的包装物押金，是否缴纳了消费税。

③ 对应税消费品以物易物、以货抵债、投资入股的审核要点。纳税人将自产的应税消费品用于换取生产资料、消费资料、投资入股、抵偿债务的是否纳税。

计税价格是如何确定的，是否按纳税人同类消费品的最高销售价格作为计税依据计算缴纳消费税。

（2）实行从量定额征税办法的应税消费品，其计税依据为应税消费品的销售数量。应审核"主营业务收入""税金及附加""库存商品""应交税费——应交消费税"等明细分类账，对照销货发票等原始凭证，查看计量单位折算标准的使用及销售数量的确认是否正确，有无多计或少计销售数量的问题。

【例9-2】税务师在代理审核某化妆品厂2021年11月应纳消费税情况时发现，该企业采用预收货款方式销售高档化妆品50箱，取得含税销售额56 500元，商品已发出（高档化妆品消费税税率为15%）。企业会计处理为

借：银行存款　　　　　　　　　　　　　　　　　　　　　　　　　　56 500
　　贷：预收账款　　　　　　　　　　　　　　　　　　　　　　　　　　56 500

要求：计算本月应纳消费税并调账。

（1）对采取预收货款方式销售的高档化妆品，应于收到货款后、发出商品时缴纳消费税，并同时缴纳增值税。因此，该企业本月应纳消费税为

$$[56\ 500/(1+13\%)]\times15\% = 7\ 500\ (元)$$

（2）调账。

① 企业在商品发出时应将预收的销售款从"预收账款"账户转作产品销售收入，应作以下账务处理

借：预收账款　　　　　　　　　　　　　　　　　　　　　　　　　　56 500
　　贷：主营业务收入　　　　　　　　　　　　　　　　　　　　　　　　50 000
　　　　应交税费——应交增值税（销项税额）　　　　　　　　　　　　　　6 500

② 将应缴纳的消费税款作以下账务处理

借：税金及附加　　　　　　　　　　　　　　　　　　　　　　　　　　7 500
　　贷：应交税费——应交消费税　　　　　　　　　　　　　　　　　　　　7 500
借：应交税费——应交消费税　　　　　　　　　　　　　　　　　　　　7 500
　　贷：银行存款　　　　　　　　　　　　　　　　　　　　　　　　　　7 500

2）委托加工应税消费品审核要点

对于委托加工的应税消费品，首先应审核是否符合税法中规定的委托加工方式，如不符合规定，是否按销售自制应税消费品缴纳了消费税，然后应重点审核以下几点。

（1）应审核"委托加工物资""应交税费——应交消费税"等明细分类账，对照委托加工合同等原始凭证，查看纳税人委托加工的应税消费品是否按照受托方的同类消费品的销售价格计算纳税；没有同类消费品销售价格的，是否按照组成计税价格计算纳税，受托方代收代缴的消费税税额计算是否正确。

（2）应审核"委托加工物资""生产成本""应交税费——应交消费税"等明细分类账，查看纳税人以外购或委托加工收回的已税烟丝等应税消费品连续生产应税消费品，在计税时准予扣除外购或收购的应税消费品的已纳消费税税款，是否按当期生产领用数量计算，计算是否正确。

（3）应审查"委托加工物资""应交税费——应交消费税"等明细分类账，查看委托加工应税消费品直接出售的，有无重复征收消费税的问题。

3）视同销售应税消费品的审核要点

（1）审核"库存商品""原材料""应付账款"等明细分类账，查看有无应税消费品换取生产资料和消费资料、投资入股和抵偿债务等情况。如有，是否以纳税人同类应税消费品的最高销售价格作为计税依据计征消费税。

（2）纳税人用于生产非应税消费品，在建工程、管理部门、非生产机构、提供劳务，以

及用于馈赠、赞助、集资、广告、职工福利、奖励等方面的应税消费品，应于移送使用时视同销售缴纳消费税。税务师应审核"库存商品""原材料""应付账款""应付职工薪酬""管理费用"等明细分类账，查看有无这种情况，是否于移送使用时缴纳了消费税。

4）金银首饰的审核要点

（1）金银首饰范围的审核。税务师审核时，应注意正确掌握金银首饰消费税的征收范围，不能简单地以商品名称确定其是否属于应税金银首饰的范围。

（2）金银首饰计税依据的审核要点。

① 以旧换新、翻新改制的审核。其主要审核要点是：审核纳税人"主营业务收入""库存商品""其他业务收入"等明细分类账，并与金银首饰零售发票核对，审核纳税人是否按规定申报缴纳消费税；审核纳税人"其他应付款""销售费用"等明细分类账的贷方发生额或借方红字发生额，审核纳税人是否将收取的加工费挂往来账或直接冲减费用未申报缴纳消费税。

② 带料加工业务的审核。其主要审核要点是：审核纳税人带料加工业务是否真实，将"原材料""生产成本""其他业务收入"等明细分类账与有关会计凭证相互对照检查，审核其是否符合带料加工业务的条件；审核纳税人带料加工业务的计税依据是否正确，对纳税人当期或最近时期的同类金银首饰销售价格的有关资料或"主营业务收入——加工收入"明细分类账和委托加工合同进行检查，审核纳税人使用的计税价格或计算的组成计税价格是否正确。

③ 用于馈赠、赞助、集资、广告、样品、职工福利、奖励等方面的审核。其主要审核要点是：审核纳税人的"库存商品"等明细分类账户的贷方发生额，并与"应付职工薪酬""营业外支出""管理费用""销售费用"等明细分类账核对，审核纳税人用于馈赠、赞助、职工福利等方面的金银首饰是否按规定申报缴纳消费税；审核纳税人当期或最近时期的同类金银价格的有关资料或"生产成本"明细分类账，审核纳税人使用的计税价格或计算的组成计税价格是否正确。

④ 成套销售的审核。其主要审核要点是：询问企业有关人员有无成套金银首饰的业务并深入金银首饰专柜，查看和了解有无成套销售金银首饰的样品及情况；审核纳税人"主营业务收入"明细分类账及有关会计凭证，并与金银首饰销售发票核对，审核纳税人若有成套销售金银首饰业务的，是否按规定申报缴纳消费税，有无分解销售收入少申报缴纳消费税的情况。

2. 适用税目、税率、纳税环节的审核

1）适用税目、税率的审核要点

（1）审核纳税人生产消费税税率已发生变化的应税消费品其应纳消费税是否按税法规定时间执行。

（2）审核纳税人兼营不同税率的应税消费品是否分别核算不同税率应税消费品的销售额、销售数量，未分别核算销售额、销售数量，或者将不同税率应税消费品组成成套消费品销售的，是否从高适用税率。

2）纳税环节审核要点

（1）审核"税金及附加""应交税费——应交消费税""生产成本""库存商品"等明细分类账，确认纳税人生产的应税消费品是否于销售时纳税。对于自产自用的应税消费品，用于连续生产应税消费品的，不纳税；用于其他方面的，是否已于移送使用时纳税。

（2）审核"委托加工物资""应交税费——应交消费税"等明细分类账，确认委托加工收回的应税消费品，是否已由受托方在向委托方交货时代收代缴税款。

（3）将纳税人"应付账款""预收账款""库存商品""分期收款发出商品"等明细分类账与有关会计凭证和产品销售合同相核对，审核有无已实现的销售收入不记入"主营业务收入"账户的情况。

3. 出口货物退免税的审核

1）生产企业出口应税消费品审核要点

对生产企业直接出口应税消费品或通过外贸企业出口应税消费品，按规定直接予以免税的，可不计算应缴消费税。

2）外贸企业出口应税消费品审核要点

对外贸企业自营出口的应税消费品，除审核出口发票、出口收汇核销单（出口退税专用）、出口报关单（出口退税专用）、购货发票等退税凭证外，还应审核"出口货物消费税专用缴款书"。

另外，在审核中还应注意，纳税人出口按规定不予退税或免税的应税消费品，应视同国内销售处理。

9.1.3　代理营业税改征增值税审核实务

1. 交通运输服务审核要点

（1）将"主营业务收入——运输收入"等收入明细分类账与增值税及附加税费申报表及有关的发票、收款单据等原始凭证核对，审核已实现的营运业务收入是否及时足额申报纳税，有无收入不及时入账、漏报收入或以收抵支的现象。

（2）有无将应税运营收入记入"营业外收入""其他业务收入"账户，少计收入、少缴税款的。

（3）审核"应付账款""预收账款"等科目相应的原始凭证，查看有无将已实现的运营收入长期挂账，不做收入处理的现象。

（4）审核"主营业务成本——运输支出""主营业务成本——装卸支出"等支出类明细分类账，是否存在以收入直接冲减费用支出、少计收入的现象。

【例9-3】北京通达交通运输股份有限公司，系增值税一般纳税人，下设顺义、丰台、石景山三个中心站，丰台中心站2020年5月5日营业收入日报显示：材料销售收入22 600元、技术转让收入200 000元、广告收入8 480元，收入均为含税销售额，款项收讫并转存银行。

材料销售收入应交增值税，税率13%；广告收入应交增值税，税率6%；技术转让收入免税。

$$材料销售收入应计销项税额 = [22\ 600/(1+13\%)] \times 13\% = 2\ 600（元）$$
$$广告收入应计销项税额 = [8\ 480/(1+6\%)] \times 6\% = 480（元）$$
$$销项税额合计 = 2\ 600+480 = 3\ 080（元）$$

会计处理如下

借：银行存款　　　　　　　　　　　　　　　　　　　　　　　231 080

　　　　贷：其他业务收入——材料销售收入　　　　　　　　　　　　　　　20 000
　　　　　　　　　　——广告收入　　　　　　　　　　　　　　　　　　　8 000
　　　　　　　　　　——技术转让收入　　　　　　　　　　　　　　　　200 000
　　　　　　应交税费——应交增值税（销项税额）　　　　　　　　　　　　3 080

　　2. 邮政服务、电信服务审核要点

　　邮政电信企业的邮政收入、长途电信收入和市内电话费收入在"主营业务收入"科目核算，邮政电信物品销售收入在"其他业务收入"科目核算。税务师应从以下几方面予以审核。

　　（1）审核纳税人"主营业务收入"和"其他业务收入"明细分类账的贷方发生额，并与企业纳税申报额核对，审查纳税人的纳税申报情况，有无少报、瞒报收入。

　　（2）审核纳税人"主营业务收入"和"其他业务收入"明细分类账，并与有关会计凭证核对，审查纳税人有无分解应税收入。

　　（3）审核纳税人"主营业务成本""销售费用""管理费用""其他业务支出"等明细分类账，并与有关会计凭证核对，审查纳税人有无将营业收入直接冲减成本、费用而不计收入的情况。

　　（4）审核纳税人"营业款结算""应付账款""预收账款"等往来账，并与有关会计凭证核对，审核纳税人有无将营业收入长期挂账而延期纳税的情况。

　　3. 建筑服务审核要点

　　建筑业务是使用建筑材料建造建筑物、构筑物并对其进行修缮、装饰，以及安装各种设备工程作业的劳务活动。建筑业务的计税依据是从事建筑业务所取得的全部收入。

　　纳税人从事建筑业务所取得的收入，在不同的行业中，会计核算也是不相同的。施工企业通过设置"主营业务收入"科目进行核算，其他行业的建筑业务往往不是其主营业务，在会计上设置"其他业务收入"科目来核算。

　　（1）审核应税收入是否全额纳税。建筑业增值税的销售额包括建筑安装企业向建设单位收取的工程价款（工程造价）及工程价款之外收取的各种费用。审核中应参照工程承包合同、纳税申报表，结合"主营业务收入"账户，查看纳税人"工程价款结算账单"中确认的价款是否全额申报纳税。

　　（2）审核有无分解工程价款的现象。抽查"主营业务收入""库存商品""其他业务收入""营业外收入"等有关账户的原始凭证和记账凭证，审查材料出库单等原始凭证，确定实际完成工作量的施工成本。注意纳税人有无为逃避纳税分解工程价款的情况。

　　① 将工程耗用的材料不计入施工成本，而是直接冲减库存材料。

　　② 将向发包单位收取的各种索赔款不作为计税收入，而计入"营业外收入"。

　　③ 向建设单位收取抢工费、全优工程奖和提前竣工奖，将这部分收入计入"应付职工薪酬"，作为职工奖励基金。

　　④ 将材料差价款直接冲减工程结算成本或材料等账户，少计工程收入额。

　　（3）审核"应付账款""预收账款"等往来明细分类账，核对记账凭证及原始凭证，查看有无将已结算的工程价款长期挂账不计收入的情况。

　　（4）建筑业的总承包人将工程分包或转包给他人的，应对照分包转包建筑安装工程合同及分包、转包工程的"工程价款结算账单"，核实"应付账款"等账户核算内容，审查其销售额是否为工程的全部承包额减去付给分包人或转包人的价款后的余额。

（5）从事建筑、修缮工程作业的纳税人，一般情况下，无论与对方如何结算，其营业额均应包括工程所用原材料及其他物资和动力的价款在内；从事安装工程作业的纳税人，要查看安装工程合同，凡所安装的设备价值作为安装工程产值的，其销售额应包括设备的价款在内。

（6）对于企业行政事业单位的自营施工单位为所在单位承担建筑安装工程的，应查验该纳税人是否为独立核算单位，是否与本单位结算工程价款。从而确定该施工项目是否确属于自建自用工程项目，有无借故"自建自用建筑物"而未计征增值税。

4. 金融服务审核要点

1）金融业审核要点

金融企业的收入在会计核算中的明细分类账为"利息收入""金融企业往来收入""手续费及佣金收入""汇兑收益""证券发行收入"等科目，因此，审核时，应结合企业增值税申报表及各收入类账户进行。

（1）贷款服务。①对于一般贷款业务主要审核"利息收入""利息支出""销售费用"明细分类账及其有关的原始凭证和记账凭证，查看纳税人有无随意分解收入，或者将费用、支出直接冲减收入现象。②对于委托贷款业务，应重点审核"应付账款"和"手续费及佣金收入"账户，核实每期应付的委托贷款利息和扣收的手续费，查看有无错计、漏计增值税的。③对典当业的抵押贷款业务，应注意审核典当物品的保管费用和经营费用是否并入应税营业额中。

（2）金融商品转让。其主要审核"利息支出""金融企业往来支出"等账户，并抽查重要的原始凭证和记账凭证，核实从利息收入等科目中抵减的支出项目是否真实、准确。

（3）直接收款金融服务。其主要审核"手续费及佣金收入""手续费及佣金支出"等明细分类账，并抽查相关原始凭证及记账凭证，查看有无将收入冲减费用或差额计税的情况。

2）保险服务审核要点

保险服务以向投保者收取的全部保险费为销售额。在会计核算中，保险公司主要通过"保费收入""追偿款收入""利息收入""手续费收入""其他收入"等科目核算。

（1）将企业的纳税申报表与"保费收入"等账户相核对，查看企业的纳税申报是否正确，有无少报、瞒报收入的现象。将"保费收入"明细分类账与有关会计凭证相核对，查看有无分解收入或将费用支出冲减收入的现象。

（2）审核分保险业务，应结合保险合同和分保账单，审查"保费收入""应付分保账款""分保费支出"等明细分类账，以及有关原始凭证、记账凭证，查看其保费收入是否全部纳税，有无借故付给分保人保险费，而减少应税销售额。

（3）审核无赔款奖励业务。保险机构的无赔款奖励支出，进行冲减保费收入处理时，在计征增值税时仍要以冲减前的保费收入为计税依据，纳税人如有无赔款奖励支出，计算纳税时是否扣除了这部分支出而少纳增值税。

（4）审核有无收费收入长期挂账的问题。按规定对保户采取分期收费的，必须全额贷记"保费收入"账户。审核时应注意，企业有无收取保费，但长期挂账而不结转的问题。

（5）审核保险企业支付的手续费及佣金是否超过税法规定的标准。企业发生与生产经营有关的手续费用佣金支出，不超过以下规定计算限额以内的部分，准予扣除；超过部分，不得扣除。

① 保险企业：财产保险企业按当年全部保费收入扣除退保金等后余额的 15%（含本数，下同）计算限额；人身保险企业按当年全部保费收入扣除退保金等后余额的 10% 计算限额。

② 其他企业：按与具有合法经营资格中介服务机构或个人（不含交易双方及其雇员、代理人和代表人等）所签订服务协议或合同确认的收入金额的 5% 计算限额。

5. 现代服务审核要点

现代服务包括研发和技术服务、信息技术服务、文化创意服务、物流辅助服务、租赁服务、鉴证咨询服务、广播影视服务、商务辅助服务和其他现代服务。现就主要服务行业代理纳税审核的重点介绍如下。

1）物流辅助服务中仓储服务审核

对仓储业主要通过审核库存现金、银行存款等账户及企业已开具使用的收款凭证等，审核其价外收取的各类款项，如汽车进仓佩戴防火罩费、熏蒸虫费、吊机费、延期提货（付款）费、过地磅费、铁路专用线费、搬运费等，是否已按规定计入销售额中申报纳税。

2）租赁服务的审核

租赁服务的审核要点如下。

（1）通过对"其他业务收入"或"营业外收入"、往来账户进行审核，查看企业有无取得的出租收入通过"其他业务收入"科目反映，但不申报纳税，或者通过"其他应付款""营业外收入"科目反映，逃避纳税的情形。

（2）通过对成本费用类科目的审查，查看企业有无用取得的租赁收入冲减成本费用的情形。

（3）注意租赁服务的纳税义务发生时间是否正确，按现行税法规定，采取预收款方式发生的租赁业务应当于实际收到预收款的当天确认纳税义务缴纳增值税，查看企业有无不按税法规定，递延收入实现人为缓缴税款的行为发生。

3）广播影视服务中广告服务审核

（1）通过审核承揽合同、收款凭证，查看其应收的收入是否入账，有无以提供广告为前提，向对方索取货物，而不折算为收入入账，或者以赞助费、联营利润名义入账，偷逃税款的情况。

（2）审核企业有无将制作费、劳务费、播放费、信息费以党政机关报刊或广播电台、电视台的名义收款，混入免税收入中偷逃税款的情况。

6. 生活服务审核要点

生活服务包括文化体育服务、教育医疗服务、旅游娱乐服务、餐饮住宿服务、居民日常服务和其他生活服务。各个具体行业的服务项目也可能有相互兼容的情况。现就主要行业代理纳税审核的重点介绍如下。

1）餐饮住宿服务的审核

（1）餐饮服务审核如下。

① 将"主营业务收入"明细分类账与有关的收款凭证和原始记录相核对，如服务员开具的菜码单、报送的营业日报表等，审核纳税人有无分解营业收入的现象。

对于纳税人申报收入明显偏低，与其经营规模、雇工人数、饮食营业成本、水电费用等明显不成比例的，应查明其有无不计收入、钱货直接交易的情况。必要时，通过原材料的耗用量来换算成品销售量，测算营业收入额，并与营业日报表和交款凭单核对，查明有无漏计、漏报或瞒报收入的情况。

抽查销售价格，查看其是否按配料定额成本和规定的毛利率或加成率计算营业收入。

$$销售价格 = 原材料成本 / (1 + 毛利率)$$

或
$$销售价格 = 原材料成本 \times (1 + 加成率)$$

② 将"主营业务成本""销售费用""管理费用"等明细分类账与有关的凭证进行核对，注意成本、费用账户的贷方发生额，查看有无将收入直接冲减成本、费用而未计入"主营业务收入"的现象。

③ 将"应付账款""预收账款"等往来明细分类账与有关的记账凭证、原始凭证相核对，查看有无将收入长期挂往来账、偷逃税款的现象；有无将收入不入账直接抵顶租赁费、装修费、承包费等各项债务等。

④ 审核发票开具及领、用、存情况，并对照收入账户，查看纳税人是否按规定开具发票，是否存在开具大头小尾发票等现象。

（2）住宿服务审核如下。

住宿服务应区分不同情形予以审核。对规模小、档次低的旅店、宾馆等，应特别认真地核查住宿登记本（或登记单），将登记本（或登记单）上登记的人次、天数与住宿收入相核对，查看收到的款项是否有不入账或少入账的情况。对经营规模大、档次高的旅店、宾馆等，其功能除了住宿以外，还从事饮食、桑拿、歌舞厅、理发美容、会议、代理购票、代办长途电话、洗车、停车等项服务。对这类企业的审查，首先要调查清楚经营项目、经营方式（如有些项目是承包经营的）、收费标准等；然后对其会计资料进行审核，查看其该收的收入是否已全额入账，已入账的收入是否已全额申报纳税，已申报纳税的应税收入有无错用税目、税率的情况。

2）旅游娱乐服务的审核

旅游娱乐服务的审核要点如下。

（1）通过审查其自印收款凭证的领、用、存情况和旅客报名表等，查看"主营业务收入"账户贷方和"应收账款"等账户借方，核实营业收入结算是否及时、正确。查看有无在收费以外另收餐费、保险费、签证费等费用不入账或少入账而不按规定计税的情况。

（2）查看"主营业务成本"账户借方及其对应账户，确定应当从旅游业营业收入中扣除计税的项目范围及金额，要注意纳税人为旅游者支付给其他单位的住宿费、餐饮费、交通费和其他代付费用是否取得合法凭证。

【例 9-4】某培训中心属全民所有制的餐饮服务企业，经营范围有住宿、餐饮、服务等。2021 年 12 月份，累计实现营业收入 1 850 000 元，缴纳各项税费合计 90 300 元。

某税务师事务所受托于 2022 年 1 月份对该培训中心 2021 年度的纳税情况进行审核。税务师用逆查法对该培训中心 2021 年度的会计账簿和会计凭证进行了审查。在审核资金往来账簿时，发现"应付账款"科目贷方有一笔本市某公司拨来的补助款 200 000 元，原会计分录为

借：银行存款   200 000

     贷：应付账款   200 000

通过进一步审查核实，此笔款项实为培训中心的营业收入。

税务师认为，根据《餐饮服务业财务管理制度》的规定，此笔款项应记入"主营业务收入"科目，并按照《营业税改征增值税试点实施办法》的规定缴纳增值税 = 200 000×6% = 12 000（元），缴纳城市维护建设税 = 12 000×7% = 840（元），缴纳教育费附加 = 12 000× 3% = 360（元）。

（1）假定税务师审核后，发现该培训中心 2021 年度尚未结账，则可做以下调账处理。

① 调整收入。

借：应付账款	200 000
贷：主营业务收入——餐饮收入	200 000

② 补提税金。

借：税金及附加	1 200
贷：应交税费——应交城市维护建设税	840
——应交教育费附加	360

③ 补缴税金。

借：应交税费——应交城市维护建设税	840
——应交教育费附加	360
贷：银行存款	1 200

（2）税务师审核后，如果发现该培训中心 2021 年度账务已结，则应按调整上年损益的方法做以下调账处理。

① 调整收入：

借：应付账款	200 000
贷：以前年度损益调整	200 000

② 补提税金：

借：以前年度损益调整	1 200
贷：应交税费——应交城市维护建设税	840
——应交教育费附加	360

③ 补缴税金：

借：应交税费——应交城市维护建设税	840
——应交教育费附加	360
贷：银行存款	1 200

7. 销售不动产、转让无形资产的审核

1）房地产开发企业

（1）将"主营业务收入"账户与有关会计凭证相核对，同时核对纳税人开具的"商品房发票"和"动迁房发票"存根联，查看有无分解收入、减少销售额的现象。

（2）将"主营业务收入""分期收款开发产品"等明细分类账与有关记账凭证、原始凭证和销售合同核对，查看有无按合同规定应收取的销售款因实际未收到等原因而未转作"经营收入"的现象。

（3）将"应付账款""预收账款"等往来明细分类账与有关记账凭证、原始凭证、销售合同等相核对，查看有无将收入挂往来账而不纳税的现象。

2）其他企业

（1）将纳税人的纳税申报表与"固定资产清理"账户核对，查看纳税人出售建筑物等不动产的收入是否申报纳税，其计税依据应为出售时获得的价款，而不是从所获价款中扣除清理费等以后的净收益。

（2）将"固定资产清理"账户与有关记账凭证、原始凭证相核对，查看有无分解销售不动产销售额的现象。

（3）将"固定资产""营业外收入""营业外支出"等账户与有关记账凭证、原始凭证相对照，查看有无将出售不动产的销售额未通过"固定资产清理"账户，而直接列作营业外收支的现象。

（4）将"固定资产""营业外支出"等账户与有关会计凭证相对照，查看有无对外捐赠不动产的行为，捐赠不动产是否已比照销售不动产缴纳了增值税。

3）转让无形资产审核要点

纳税人转让无形资产向对方收取的全部价款和价外费用为计税销售额，在会计核算中记入"营业外收入"等账户，在确认纳税人转让无形资产的行为是否属税法规定的本税目征税范围的同时，应重点审核其确认的收入额正确与否。

（1）应审核纳税人确认的收入额正确与否，将"营业外收入""无形资产"等账户与有关记账凭证、原始凭证相对照，查看有无分解收入，或者将收入直接冲减无形资产成本或其他支出的现象。

（2）将"应付账款""预收账款"等往来明细分类账与有关凭证相核对，查看有无将已实现的营业额（如预收定金等）挂往来账而不及时纳税的现象。

（3）如果纳税人转让无形资产取得的是货物或其他经济利益，审核中应注意其货物价值在合同中有无明确规定，如果没有规定，是否按以下顺序确定其价值。

① 受让人提供的货物的当月销售价格。

② 受让人同类货物的近期销售价格。

③ 同类货物的市场销售价格。

【例9-5】2021年12月，税务师受托对某街道办集体企业进行纳税审查，发现企业签订了一份技术所有权转让合同（已按规定贴印花税票并划销）标明转让金额为20万元，该项无形资产账面摊余价值为12万元，企业会计做账务处理如下。

（1）取得收入时：

借：银行存款		200 000
贷：无形资产——××技术		120 000
其他业务收入		80 000

（2）计提税金：

借：税金及附加		480
贷：应交税费——应交城市维护建设税		336
——应交教育费附加		144

税务师认为，企业将转让无形资产取得的收入先冲抵账面摊余价值，以余额作收入，应予以调账，并补提相应的税金，故建议企业做以下调账处理。

借：累计摊销　　　　　　　　　　　　　　　　　　　　　　　　　　　　120 000

其他业务收入	80 000
贷：税金及附加	480
无形资产	120 000
应交税费——应交城市维护建设税	504
——应交教育费附加	216
营业外收入——处置非流动资产所得	78 800

9.2　代理所得税纳税审查实务

9.2.1　代理个人所得税纳税审核实务

1. 综合所得的审核要点

鉴于新个人所得税法将居民个人工资、薪金所得，劳务报酬所得，稿酬所得，特许权使用费所得纳入综合所得，在计算个人所得税时，除了提高费用扣除基数及规定的"三险一金"外，又新增子女教育、继续教育、大病医疗、住房贷款利息、住房租金、赡养老人、3 岁以下婴幼儿照护七项与民生密切相关的专项附加扣除。为此，税务师在综合所得审核时要重点关注以下几点。

1）审核专项附加扣除政策办理途径

纳税人可以通过两种主要途径享受专项附加扣除政策：

（1）由单位按月发工资预扣税款时办理。

（2）自行在年度综合所得汇算清缴申报时办理。

如果同时有两个以上发工资的单位，那么对同一个专项附加扣除项目，在一个纳税年度内，税务师要提示纳税人只能选择从其中的一个单位办理扣除。

2）审核纳税人专项附加扣除的内容

对子女教育、继续教育、大病医疗、住房贷款利息、住房租金、赡养老人、3 岁以下婴幼儿照护七项专项附加扣除的政策享受条件、扣除标准和方式、政策享受起止时间、年度汇算可享受的补充扣除情形和需留存备查资料事项进行审核。

3）审核纳税人新个人所得税法实施过渡阶段相关业务衔接

（1）审核全年一次性奖金、中央企业负责人年度绩效薪金延期兑现收入和任期奖励的股权激励业务处理是否符合税法规定。

（2）审核上市公司股权激励业务处理是否符合税法规定。

（3）审核保险营销员、证券经纪人佣金收入业务处理是否符合税法规定。

（4）审核个人领取企业年金、职业年金业务处理是否符合税法规定。

（5）审核解除劳动关系、提前退休、内部退养情形下取得的一次性补偿收入的业务处理是否符合税法规定。

（6）审核单位低价向职工售房业务处理是否符合税法规定。

（7）审核外籍个人有关津补贴业务处理是否符合税法规定。

2. 经营所得的审核要点

1）审核取得经营所得的主体

经营所得的主体是个体工商户业主、个人独资企业投资者、合伙企业个人合伙人、承包承租经营者个人以及其他从事生产、经营活动的个人。

2）审核经营所得的计算

经营所得，以每一纳税年度的收入总额减除成本、费用以及损失后的余额，为应纳税所得额。

3）审核适用的税率

经营所得，适用5%～35%的超额累进税率。

4）审核取得经营所得的纳税申报

税务师审核纳税人取得经营所得的纳税申报是否正确时，要关注纳税人取得经营所得，按年计算个人所得税，由纳税人在月度或季度终了后15日内，向经营管理所在地主管税务机关办理预缴纳税申报，并报送《个人所得税经营所得纳税申报表（A表）》。在取得所得的次年3月31日前，向经营管理所在地主管税务机关办理汇算清缴，并报送《个人所得税经营所得纳税申报表（B表）》；从两处以上取得经营所得的，选择向其中一处经营管理所在地主管税务机关办理年度汇总申报，并报送《个人所得税经营所得纳税申报表（C表）》。

3. 利息、股息、红利所得审核要点

1）企业向个人支付利息的审核

根据"财务费用"明细分类账借方发生额、"其他应付款"明细分类账贷方发生额等有关凭证，了解企业是否有职工个人集资，核查企业支付集资利息费用，对于支付的集资是否按规定代扣代缴税款，企业为个人负担税款的是否将不含税的利息收入换算成含税的收入纳税，对职工个人出资缴纳的风险抵押金利息收入是否按利息所得处理。

2）企业向个人支付股息、红利的审核

根据企业"利润分配——应付利润"明细分类账及有关原始凭证，审核支付对象有无个人，对于外国投资者从企业取得的股息（利润）、红利暂免征收个人所得税，对于我国公民取得的股息、红利应按规定纳税。

4. 对捐赠扣除计税的审核要点

1）公益性捐赠通过渠道的审核

审核纳税人的公益性捐赠是否通过我国境内的非营利性的社会团体、国家机关。税法规定，只有通过社会团体、国家机关的捐赠才允许从应纳税所得额中扣除。未经过上述机关、团体的捐赠，即由纳税人直接向受益人的捐赠不得扣除。

2）捐赠款项用途的审核

审核捐赠款是否用于教育事业、其他公益事业，以及遭受自然灾害的地区或贫困地区，捐赠款是否超过允许扣除的比例。不符合以上条件的，不予在税前扣除。防止纳税人利用公益性捐赠扣除项目少缴纳税款。

3）公益性捐赠超过扣除限额部分的处理

纳税人通过社会团体、国家机关的公益性捐赠超过扣除限额的部分，应由纳税人自行负担，不得以任何形式抵减税款。

4）纳税人发生的公益捐赠支出金额确认是否正确

按照税法规定，捐赠货币性资产的，按照实际捐赠金额确定；捐赠股权、房产的，按照个人持有股权、房产的财产原值确定；捐赠除股权、房产以外的其他非货币性资产的，按照非货币性资产的市场价格确定。

9.2.2　代理企业所得税纳税审核实务

1. 收入总额的审核

收入总额的审核包括主营业务收入的审核、其他业务收入的审核、投资收益的审核和营业外收入的审核。

1）主营业务收入的审核

（1）审核主营业务收入的会计处理是否正确。

① 对应账户为"在建工程"等，应注意是否为在建工程领用产品，未通过主营业务收入账户，漏计收入。

② 对应账户为"销售费用""管理费用"等，应注意是否将产品作为馈赠礼物。

③ 对应账户为"银行存款""库存现金""应收账款"，应注意其价格是否正常，有无低估收入等情况。

④ 对应账户为"原材料"等存货类账户，应注意是否存在以物易物，互不开销售发票，从而少计收入的情况。

（2）审核应税收入与不征税收入和免税收入的划分是否正确。根据税法规定，收入总额中的下列收入为不征税收入：财政拨款；依法收取并纳入财政管理的行政事业性收费、政府性基金；国务院规定的其他不征税收入。

企业的下列收入为免税收入：国债利息收入；符合条件的居民企业之间的股息、红利等权益性投资收益；在我国境内设立机构、场所的非居民企业从居民企业取得与该机构、场所有实际联系的股息、红利等权益性投资收益；符合条件的非营利组织的收入。

审核人员要注意企业有无错将应税收入当作不征税收入或免税收入从收入总额中予以扣除，减少应纳税所得额的问题。

2）其他业务收入的审核

（1）审核其他业务收入的入账时间和入账金额是否正确，是否有漏计其他业务收入的情况，或者通过往来账少计其他业务收入。

（2）审核其他业务收入的账务处理是否正确，是否存在将不属于其他业务收入的业务收入记入本账户。审核时，可根据"其他业务收入"明细分类账借方或贷方发生额，调阅会计凭证核实。

3）投资收益的审核

（1）投资收益会计处理方法的审核。投资收益是企业在对外进行股票、债券或其他投资活动中取得的收益。其主要包括企业在对外投资中分得的利润、股利和债券利息，投资到期收回或中途转让取得款项高于账面价值的差额，以及按照权益法核算的股票投资在被投资单位增加的净资产中所拥有的数额。

（2）股票投资收益的审核。当公司股票投资拥有的股权不对被投资公司的经营决策有重大影响时，应采用成本法。当公司股票投资对被投资公司的经营能施加重大影响时，应采用权益法。

采用"成本法"核算的企业，其审核要点包括公司在未收回投资前，有无对"长期股权投资"账户的账面价值进行调整；公司有无将收到的股利，不做当期投资收益处理。

采用"权益法"核算的企业，其审核要点包括核实投资公司的投资额；通过会计师事务所或发行公司所在地税务机关，核查发售股票公司的盈利或亏损数额，对其盈利或亏损数额应取得审定单位的法定证明；审核企业是否按投资比例计算所拥有权益的增加。在审核过程中，必须对投资双方的有关资料进行核对，查看是否一致。

（3）债券投资收益的审核。对债券投资收益的审核，首先，审核应计利息是否正确。审核企业债券投资是否按债券的票面利率计提应计利息，计算是否正确；审核应计利息是否记入"投资收益"账户，有无漏计、少计或转作他用的情况。其次，审核溢价或折价摊销额的计算是否正确。最后，审核债券的转让收入与原账面金额的差额是否记入"投资收益"账户，同时，还要注意审查"投资收益"账户的期末余额是否转入"本年利润"账户，有无长期挂账不做本年收益处理的情况。

此外，对其他投资的审核，应注意收回其他投资时，其收回的投资与投出资金的差额，是否做了增减投资收益处理。

4）营业外收入的审核

营业外收入是指企业发生与生产经营没有直接联系的收入。作为营业外收入，不属于经营性收入，不缴纳税金，直接构成利润总额的组成部分。营业外收入包括固定资产盘盈、处理固定资产净收益、罚款收入、确实无法支付而应转作营业外收入的应付款项、教育费附加返还款等。对营业外收入审核的主要内容和方法如下。

（1）审核应属于营业外收入的项目，有无不及时转账，长期挂"其他应付款""应付账款"账户的。有些企业将应反映在营业外收入中的各种收入通过各种方式反映在"应付账款""应付职工薪酬""其他应付款"等账户中或作为账外"小金库"。

（2）审核有无将营业外收入直接转入企业税后利润，甚至做账外处理或直接抵付非法支出的。

2. 税前准予扣除项目和标准的审核

主营业务成本是企业在一定时期内（如一个纳税年度）已实现销售的产品制造成本，它是用已销产品数量乘以单位制造成本计算出来的。

1）材料费用的审核

材料费用审核的主要内容如下。

（1）审核材料收发、领退的各种原始凭证是否完整，内容是否真实齐全，材料收入的计价是否正确，是否符合财务会计制度规定。

（2）企业有无将购进材料直接记入生产费用账户，多计材料消耗的。

（3）有无以领代耗，对生产已领未用材料月末不办理退料或办理假退料手续，加大当月生产成本的。

（4）有无将生产经营过程中回收的有利用价值的各种边角余料、下脚料不作价入账，长期留在账外，不冲减生产成本的；有无不按规定的方法计算发出材料单价（按实际成本时）、材料成本差异率和发出材料应负担差异额（按计划成本时），随意多计材料成本或多（少）转材料成本差异的。

（5）有无把非生产部门领用的材料计入生产成本的。

审核的主要方法是对于直接材料成本的审核，一般应从审阅材料和生产成本明细分类账入手，抽查有关的费用凭证，验证企业产品直接耗用材料的数量，计价和材料费用分配是否真实合理。

2）低值易耗品的审核

（1）低值易耗品和固定资产界限的审核。核查企业有无将属于固定资产的生产资料按照低值易耗品处理，增加当期成本的问题。

（2）低值易耗品摊销的审核。对采用"一次摊销法"的，应核查"低值易耗品"明细分类账的贷方发生额与"制造费用""管理费用""其他业务支出"明细分类账的借方发生额，注意有无以购代耗的问题。对采用"分期摊销法"的，应核查"低值易耗品"的贷方发生额与"长期待摊费用""递延资产"明细分类账的借方发生额，核查有无缩短摊销期限、提高摊销额，加速摊销的问题。对采用"五五摊销法"的，应核查"低值易耗品——在库低值易耗品"账户的贷方发生额，与"低值易耗品——在用低值易耗品"账户的借方发生额，注意有无将未用的低值易耗品摊入当期成本的问题。

（3）低值易耗品残值收入的审核。根据领用部门填写的"低值易耗品报废单"核查使用期限、残值估价是否合理，报废的低值易耗品收回残料作价是否冲销已摊销价值，有无留在账外不入账或挂往来账的问题。

3）包装物的审核

（1）包装物出租收入的核查。根据"包装物——出租包装物"明细分类账借方发生额，查明包装物出租的时间和租金收入，与其他业务收入贷方发生额相核对，审核企业有无将租金收入长期挂往来账的情况。

（2）逾期包装物押金收入的核查。根据"包装物——出租包装物"和"包装物——出借包装物"明细分类账的借方发生额，查明包装物出租、出借时间和期限，通过审核"其他应付款——存入保证金""营业外收入"账户，收取包装物押金时开具的收款发票存根联等，审核有无逾期押金长期未清理，隐瞒租金收入的问题。

4）材料盘盈、盘亏的审核

审核"待处理财产损溢——待处理流动资产损溢"明细分类账，与材料盘点表相核对，核实申报的材料盘盈、盘亏数量是否相符，审查有无擅自将盘亏转账处理，盘盈长时间挂账不做处理的问题。

5）工资及"三项费用"的审核

工资是企业根据职工的劳动数量和质量以货币形式支付给职工个人的劳动报酬。"三项费用"是指按工资总额一定比例提取的职工福利费、职工工会经费和职工教育经费。工资及"三项费用"数量的多少，直接影响到产品成本的大小和企业经营成果，从而最终影响企业纳税额，所以对工资及"三项费用"的审核十分必要。

（1）审核纳税人实际支出的工资总额，是否符合税法规定的内容，是否存在将非工资性的支出列入工资总额。

（2）审核纳税人有无将应由管理费用列支的离退休职工工资及 6 个月以上病假人员工资计入生产成本；有无将在建工程，固定资产安装、清理等发生的工资计入生产成本。

（3）有无接受外部劳务派遣用工混淆费用支出问题，将不属于工资性的劳务费误作为工资薪金支出，扩大"三项费用"计算基数。

（4）有无将不属于本企业人员的工资列入本企业的工资支出；有无弄虚作假、重复列支工资，扩大成本、费用的。

（5）工资费用、"三项费用"的列支是否符合税法规定的准予税前扣除的标准和条件。

6）制造费用的审核

制造费用是指企业为生产产品（或提供劳务）而发生的各项间接费用，应该计入产品制造成本。对其审核的主要内容和方法如下。

（1）审核制造费用列支范围是否正确。如将不属于制造费用内容的支出列作制造费用；将属于期间费用支出列作制造费用；将不属于当月列支的费用列入当月制造费用；将属于制造费用列支的项目未列作制造费用。

（2）审核是否有任意提高费用开支标准，加大成本的制造费用项目。如用缩短固定资产使用年限或扩大提取折旧的固定资产的范围、提高折旧率等方法，增大计入制造费用的折旧率，加大产品成本，少计利润，减缓企业应缴纳的企业所得税。

7）产品制造成本的审核

产品制造成本是工业企业生产某个种类和一定数量产品所发生的各项生产费用的总和，它反映生产费用的最终归宿，是正确计算利润的基础。

（1）生产费用归集、分配的审核。生产费用的归集前面已讲述，不再重复。生产费用分配审核主要应从企业采用的分配标准、应分配的金额和分配率等方面进行。

① 审核企业对各项费用的分配采用的分配标准是否适当。

② 审核"费用分配表"的分配费用总额与该项费用账户的发生额是否相符。

③ 审核生产费用分配率的计算是否正确，分配给各产品的费用与应负担的生产费用是否相符。根据"费用分配表"可用以下公式计算

$$费用分配率 = [应分配费用总额/费用分配标准总数] \times 100\%$$
$$某种产品应负担的费用 = 某种产品的分配标准 \times 费用分配率$$

通过复核，如发现有错，应查明原因，予以调整。

（2）产品成本计算的审核。对产品成本的计算主要是核实完工产品的成本是否正确、真实，重点是检查本期发生的成本分配是否合理。

工业企业完工产品的成本按下列公式计算

$$完工产品总成本 = 期初在产品成本 + 本期发生的生产费用 - 期末在产品成本$$

由此可见，期末在产品成本计算是否正确，直接影响完工产品成本计算的正确性。

（3）在产品成本计算的审核。

① 在产品数量的审核。在产品成本核算是成本计算工作中既重要又复杂的工作，包括在产品数量的核算和在产品成本的计算。

② 在产品成本计算的审核。所谓在产品成本计算，是指采用一定的方法将全部生产费用在在产品和完工产品之间进行分配，从而确定在产品成本，企业根据在产品批数的多少，各月在产品数量变化的大小，各项费用比例的大小，以及定额管理基础的好坏等具体条件，选择既合理又较简便的分配方法，将生产费用在完工产品和在产品之间进行分配。目前，常采用的几种分配方法是：不计算在产品成本法；按年初数固定计算在产品成本法；在产品按所耗原材料费用计价法；约当产量比例法；在产品成本按完工产品成本计算法；在产品按定额成本计价法和定额比例法。无论选用哪种方法，都必须适合企业的生产特点和管理对成本资料的要求。

（4）本期产成品总成本计算的审核。本期产成品总成本是由"产品成本计算单"中期初余额加本期借方发生额减期末在产品成本构成的，由于本期期初余额也就是上期在产品期

末余额，因此，审核在产品成本之后，对产品总成本的审核，只需对本期借方发生额做一般的审核核对即可。重点是审核期末剩料退库和有价值的边角余料的回收，是否冲减了当期产品的生产成本。

在当期产成品总成本计算的审核中，还应注意以下几个问题。

首先，在产品成本核算中，有意加大产成品成本。例如，企业采用综合逐步结转分步法计算产品成本，自制半成品由上一步骤转入下一步骤，直到制成成品为止，在自制半成品转移过程中，加大由上一步骤转到下一步骤自制半成品成本，这样就加大了产成品的成本。

审核人员应审阅自制半成品的明细分类账，在审阅过程中发现有关产品的自制半成品的明细分类账月末余额为红字，需进一步查询，确定问题。

其次，企业把新开发的产品试制费，计入产成品的成本中，加大产成品成本。企业产成品成本核算，应把新开发的产品作为成本计算对象，设置明细分类账，按成本项目归集费用，月末将新开发的产品费用，由"生产成本——基本生产成本"账户贷方转入"管理费用——新技术开发费"账户的借方。应审核企业对新开发的产品是否单独设置明细分类账，把新产品试制费分配到产成品成本中去。

审核人员应首先审阅生产计划，发现有新产品试制的，再进一步审核新产品试制计划及生产成本计算单，经查询、落实后，确定问题。

最后，企业在生产主要产品的同时，如果有副产品产出，企业成本核算应采用分类法核算产品成本，即应把生产主要产品的费用，采用一定的方法扣除副产品成本，所得的差异额为主要产品成本。

8）主营业务成本的审核

主营业务成本是企业已销产品的实际制造成本，由产品销售数量乘以单位制造成本构成。对其审核的主要内容和方法如下。

由于产品销售成本是由销售数量和单位制造成本构成的，所以应主要审核有无不按销售产品的数量计算和结转销售成本，造成产品销售成本不实的；有无不按加权平均法（或先进先出法、移动平均法等）计算和结转销售成本，造成多转或少转销售成本的；有无将销货退回只冲减销售收入，不冲减销售数量，不做销售退回处理的；有无不按月计算和结转销售成本应分担的产品成本差异的；有无将在建工程领用产成品、自制半成品计入在产品销售成本中，而又不做销售收入的；有无不按当月实际发生额计算工业性劳务收入和结转工业性劳务成本，造成多转或少转成本的。

9）期间费用及支出的审核

期间费用是指企业行政管理部门为组织和管理生产经营活动，筹集资金、组织产品销售而发生的各项费用，包括企业的管理费用、财务费用，以及为销售产品和提供劳务而发生的销售费用、进货费用。

（1）管理费用的审核。

① 固定资产折旧费的审核。主要审核有无将未使用、不需用、已提足折旧、报废或经营租赁方式租入的固定资产计提折旧的；有无将当月购进和使用的固定资产当月计提折旧的；有无任意改变折旧方法或不按规定加速折旧的。

固定资产折旧的审核方法如下。

首先，从"累计折旧"账户贷方查看各月提取的折旧金额是否均衡，如发现有的月份折旧额突然增加或减少，应做进一步审核，查看是否有多提和少提折旧的问题。

其次，通过"固定资产登记簿"和"固定资产折旧表"，对照审核固定资产残值和折旧年限的确定是否符合规定，折旧额计算是否正确，有无擅自改变折旧方法的。

最后，审核"固定资产登记簿"和"固定资产卡片"，核实未使用、不需用、报废、已提足折旧的情况，从而审定计提折旧的范围。

固定资产修理费的审核主要审核修理费用的支出是否真实，有无人为扩大修理费用，造成制造费用、管理费用不实的。

固定资产修理费审核的方法可根据"制造费用""管理费用"账户修理费用项目的发生额与"长期待摊费用""递延资产"明细分类账对照，结合原始凭证进行审核，各项支出的内容是否真实，有无将应构成固定资产原值的支出作为修理费用入账，各项支出的单据是否合法有效，并归属于本期应摊销的费用；有无违反规定计提大修理基金的；年终预提修理费结余数是否抵减有关费用，跨年度修理费用有无提前摊销的。

② 无形资产摊销的审核。主要审核外购无形资产入账的价值，付款的期限与合同协议是否一致，有无虚列冒报的；已作为技术转让费在费用中列支的使用非专利技术的支出，有无错按无形资产入账重复摊销的；无形资产的摊销年限不得低于 10 年。

审核的方法是根据"无形资产"账户借方发生额，结合其原始凭证，审核入账的金额是否真实，然后根据"累计摊销"账户贷方发生额审核其摊销期限和金额是否正确。

③ 开办费摊销的审核。对开办费摊销进行审核，主要审核开办费入账金额是否真实，各项费用开支是否有合法的原始凭证，各项费用的开支标准是否超过国家或本企业的有关规定，有无将计入固定资产和无形资产构建成本的支出列入开办费的；有无将应由投资者负担的费用支出列入开办费的；有无费用计入开办费的；开办费的摊销期限及摊销账务处理是否合理、合规。

④ 业务招待费的审核。对业务招待费的审核，主要查看列入业务招待费的支出是否真实、合理、合法，有无将请客送礼等违反财经纪律的支出列入管理费用的；有无将不属于业务经营的费用或不合理的支出列入管理费用的；对超限额列支的业务招待费在计算应纳税所得额时是否做调增处理。

⑤ 坏账损失的审核。2008 年 1 月 1 日前按照原企业所得税法规定计提的各类准备金，2008 年 1 月 1 日以后，未经财政部和国家税务总局核准的，企业以后年度实际发生的相应损失，应先冲减各项准备金余额。

⑥ 技术开发费的审核要点。一个纳税年度中实际发生的下列费用支出，允许在计算应纳税所得额时按照规定实行加计扣除。

● 人员人工费用。直接从事研发活动人员的工资薪金、基本养老保险费、基水医疗保险费、失业保险费、工伤保险费、生育保险费和住房公积金，以及外聘研发人员的劳务费用。

● 直接投入费用。研发活动直接消耗的材料、燃料和动力费用。用于中间试验和产品试制的模具、工艺装备开发及制造费，不构成固定资产的样品、样机及一般测试手段购置费，试制产品的检验费。用于研发活动的仪器、设备的运行维护、调整、检验、维修等费用，以及通过经营租赁方式租入的用于研发活动的仪器、设备租赁费。

● 折旧费用。用于研发活动的仪器、设备的折旧费。

● 无形资产摊销。用于研发活动的软件、专利权、非专利技术（包括许可证、专有技术、设计和计算方法等）的摊销费用。

● 新产品设计费、新工艺规程制定费、新药研制的临床试验费、勘探开发技术的现场试验费。

● 其他相关费用。与研发活动直接相关的其他费用，如技术图书资料费、资料翻译费、专家咨询费、高新科技研发保险费，研发成果的检索、分析、评议、论证、鉴定、评审、评估、验收费用，知识产权的申请费、注册费、代理费，差旅费、会议费等。此项费用总额不得超过可加计扣除研发费用总额的 10%。

● 财政部和国家税务总局规定的其他费用。

企业根据财务会计核算和研发项目的实际情况，对发生的研发费用进行收益化或资本化处理的，可按下述规定计算加计扣除：2018 年 1 月 1 日至 2023 年 13 月 31 日期间，企业开展研发活动中实际发生的研发费用，未形成无形资产计入当期损益的，在按规定据实扣除的基础上，按照实际发生额的 75%，在税前加计扣除。

2018 年 1 月 1 日至 2023 年 12 月 31 日期间，企业开展研发活动中实际发生的研发费用形成无形资产的，按照无形资产成本的 175% 在税前摊销。除法律另有规定外，摊销年限不得低于 10 年。

⑦ 固定资产租赁费的审核要点。根据税法规定，纳税人因生产、经营需要租入固定资产所支付的租赁费可以于税前扣除。但是，这里的固定资产租赁费用是指以经营租赁方式租入固定资产而发生可以列入管理费用财产核算的租赁费。

⑧ 补充养老保险费、补充医疗保险费的审核要点。自 2008 年 1 月 1 日起，企业根据国家有关政策规定，为在本企业任职或受雇的全体员工支付的补充养老保险费、补充医疗保险费，分别在不超过职工工资总额 5% 的标准内的部分，在计算应纳税所得额时准予扣除；超过的部分，不予扣除。

管理费用的审核要点，除前面有关项目的内容外，还有一些其他费用项目，其检查主要是根据列支的项目对照制度规定，结合原始凭证，审核其真实性、合法性、合理性，以及应在本期列支的，是否拖后列支，不在本期列支的，是否提前列支。同时，要划分资本支出和收益支出的界限，防止将固定资产、在建工程的支出作为管理费用列支。

（2）销售费用的审核。税务师应注意审核其开支是否属于销售费用的范围，有无将应计入材料采购成本的外地运杂费、应向购货方收回的代垫费用、业务应酬费开支，以及违反财经纪律的开支列入销售费用的；开支是否属实，有无虚报冒领、营私舞弊的；销售费用在产品之间的分配是否正确；企业支付的手续费及佣金支出是否符合税前扣除的标准及条件，根据现行税法规定，企业发生与生产经营有关的手续费及佣金支出，不超过规定计算限额以内的部分，准予扣除；超过部分，不得扣除。

（3）财务费用的审核。

① 利息净支出的审核。利息支出的审核，主要审核企业是否将资产性利息支出，作为生产经营期间的利息支出列入财务费用，如购建固定资产在尚未完工交付使用前发生的利息费用不计入固定资产价值，而列入财务费用；列入财务费用的利息支出金额是否超出规定的准予列支标准；有无利息收入不抵减利息支出的；长期借款利息有无人为调节利润而不按期限均衡提取的；对于投资者投资未到位而发生的利息支出是否按税法规定计算出不得扣除的金额从税前予以剔除，凡企业投资者在规定期限内未缴足其应缴资本额的，该企业对外借款

所发生的利息，相当于投资者实缴资本额与在规定期限内应缴资本额的差额应计付的利息，其不属于企业合理的支出，应由企业投资者负担，不得在计算企业应纳税所得额时扣除。

具体计算不得扣除的利息，应以企业一个年度内每一账面实收资本与借款余额保持不变的期间作为一个计算期，每一计算期内不得扣除的借款利息按该期间借款利息发生额乘以该期间企业未缴足的注册资本占借款总额的比例计算。其公式为

$$\text{企业每一计算期不得扣除的借款利息} = \text{该期间借款利息额} \times \frac{\text{该期间未缴足注册资本额}}{\text{该期间借款额}}$$

企业一个年度内不得扣除的借款利息总额为该年度内每一计算期不得扣除的借款利息额之和。

② 汇兑损益的审核。对汇兑损益，主要审核汇兑损益的计算方法是否正确，企业是否按规定时间确定汇兑损益；核对所用汇率是否正确；对于从筹建期间汇兑损益转入的，应查明其摊销方法在前后期是否保持一致，摊销金额是否正确。

10) 营业外支出的审核

（1）对营业外支出的审核内容。有无扩大营业外支出范围的，如将应计入"在建工程"的基建费用，应从税后利润支出的非公益救济性捐赠，各项罚款、滞纳金，以及违反财经纪律的支出列入营业外支出，在计税时未做剔除。

有无不按规定要求支出的，如有些企业停工损失的界限混淆，将季节性和修理性停工损失，列入营业外支出；对公益救济性捐赠超支部分，在计税时未做剔除。税法规定，纳税人用于公益、救济性的捐赠，在年度利润总额 12% 以内的部分，准予在计算应纳税所得额时扣除。

有无擅自列支固定资产净损失和非常损失的。

（2）审核方法。根据"营业外支出"明细分类账借方发生额，对摘要栏内容进行逐笔审核，对金额较大、登记摘要不明的，应重点审核记账凭证和原始凭证所反映的经济内容，鉴别、分析是否应列入营业外支出。

对一些有列支标准的项目，要审核是否符合规定的标准，如将营业外支出账上列支的公益救济性捐赠数额，与按规定的标准和计算办法计算出的法定限额对照，对超支部分应在计税时剔除并调增应纳税所得额。

企业当期发生的公益救济性捐赠不足年度利润总额 12% 的部分应据实扣除。

对于一些规定有审批手续的营业外支出项目，要检查是否有留存备查资料。如非正常损失必须根据损失金额大小，扣除过失人和保险赔款后列入营业外支出。

11) 其他业务成本的审核

（1）审核"其他业务成本"是否符合配比原则，有无少计、多计或不计成本费用的现象。

（2）审核其成本结转的计算方法是否正确。对于材料物资出售结转成本，可采用先进先出、加权平均法等计算其支出成本。

（3）审核"其他业务成本"是否有余额。审核时，应依据"其他业务成本"账户的借方发生额进行，对偏高的月份进行重点审核，并注意审核"本年利润"账户，查看其期末结转是否正确，"其他业务成本"有无余额。

12) 税金及附加审核要点

税金及附加的审核，主要从税金及附加的预提、缴纳、结算三个方面进行，查看有无多

提少缴或不缴的情况。

（1）预提税金及附加的审核。对预提税金及附加的审核，应在核实销售收入和适用税率的基础上，认真查阅"应交税费"账户，查看贷方发生额与纳税申报表上计提的应交税费及税金附加是否一致，如果不一致，则要查明原因。防止将耕地占用税、税收罚款等记入"税金及附加"账户中核算，减少少本期利润。

（2）缴纳税金的审核。企业缴纳税金在"应交税费"明细分类账户借方反映，应审核税款所属期限、实际缴纳期限是否正确，缴纳的税额是否与计提数一致，并要审阅各税完税凭证，分析缴纳税金的情况。有无提而不缴或将错提、多提的税金从"应交税费"账户借方非法转入其他账户的情况。

（3）结算税金的审核。年度终了，企业对缴纳各税的情况应进行汇算清缴，及时办理补退手续。由于年度税务检查一般是在年度决算后的次年进行，企业应补或应退的产品销售税金及附加，应在"以前年度损益调整"账户结算。而有的企业将查补上年的税款记入本年"税金及附加"账户中，抵减了本年利润，审核时要认真核实有无上述问题。

3. 适用税率及减免税的审核

1）适用税率的审核

审核企业所得税所用税率是否正确，对于小型微利企业，是否符合税法规定的条件，有无用错税率的情况。审核时，应以企业所得税申报表为依据，查看其确定的适用税率是否正确。

2）减免税的审核

（1）审核符合享受减免税条件的企业是否充分运用了优惠政策。根据税法规定，企业的下列支出，可以在计算应纳税所得额时加计扣除：①开发新技术、新产品、新工艺发生的研究开发费用；②安置残疾人员及国家鼓励安置的其他就业人员所支付的工资。创业投资企业从事国家需要重点扶持和鼓励的创业投资，可以按投资额的一定比例抵扣应纳税所得额。

（2）审核企业已享受的优惠政策是否根据政策要求留存相应的备查资料。

（3）审核企业享受减免的金额计算是否正确。

3）应纳税所得额的审核

应纳税所得额的审核是在前述收入、税前扣除项目审核、计算得出会计期间利润总额的基础上，对按照税法的有关规定进行纳税调整，将会计所得调整为应纳税所得额的情况进行审核。

审核超过规定标准项目即超过税法规定标准扣除的各种成本、费用和损失，而应予调增应纳税所得额部分，包括税法中单独作出明确规定的扣除标准，也包括税法虽未单独明确规定标准，但财务会计制度已做了规定的部分。

审核不允许扣除项目是指税法不允许扣除，但企业已作为扣除项目而予以扣除的各项成本、费用和损失，应调增应纳税所得额。

（1）资本性支出。通过审核"低值易耗品""管理费用""制造费用""财务费用""长期借款""在建工程""应付债券"等账户，确认企业有无将资本性支出作收益性支出处理，有无将应资本化的利息费用作为期间费用，若有，做相关调账处理，调增应纳税所得额。

（2）无形资产受让开发支出。根据税法规定，无形资产开发支出未形成资产的部分可作为支出准予扣除，已形成的无形资产不得直接扣除，须按直线法摊销。

（3）违法经营罚款和被没收财物损失项目。此项是指纳税人生产、经营违反国家法律、法规和规章，被有关部门处以罚款及被没收财物的损失，属于计算应纳税所得额时不允许扣除的项目。

（4）税收滞纳金、罚金、罚款项目。现行会计制度允许企业将该项支出在"营业外支出"科目中核算，应通过"营业外支出""以前年度损益调整"等账户的审核，将该项支出在计算应纳税所得额时予以剔除，以调增应纳税所得额。

（5）灾害事故损失赔偿。根据税法规定，该损失赔偿的部分，在计算应纳税所得额时不得扣除，应通过"固定资产清理""待处理财产损溢""营业外支出"，以及"银行存款""其他应收款"等账户的审核，以判明企业对应该得到或已得到损失赔偿的部分账务处理是否正确，若不正确，做相关调账处理，进而调增应纳税所得额。

（6）非公益救济性捐赠。根据现行会计制度规定，该项支出也在"营业外支出"科目中核算，应通过"营业外支出"等科目的审核，以判明是否存在非公益救济性捐赠支出，若有，在计算应纳税所得额时，全额予以剔除，以调增应纳税所得额。

（7）各种赞助支出。各种非广告性质的赞助支出不得在税前列支。要注意通过对赞助支出取得原始单据的审核，以判明企业的赞助支出是否属于广告性质的赞助，若是广告性质的赞助支出，可以在所得税前列支。

（8）与收入无关的支出。这是指与企业生产经营无关的支出部分。企业任何费用支出，必须与应税收入有关。例如，企业为其他纳税人提供与本身应纳税收入无关的贷款担保，因被担保方还不清贷款由该担保纳税人承担的本息等，不得在担保企业税前扣除。

4）应税收益项目的审核

应税收益是指纳税人根据税法及有关政策规定应计入应纳税所得额的收益，以及由于其他原因少提或未计入应纳税所得额而应补报的收益。税务师主要审核以下项目。

（1）无赔款优待。企业参加财产保险和运输保险，按规定缴纳的保险费用，准予扣除。保险公司给予企业的无赔款优待，须计入应纳税所得额。

（2）其他少计、未计应税收益。这是指企业应计而未计或少计应纳税所得额而应补报的收益，对属于计算上的差错或其他特殊原因而多报的收益，可用"－"号表示。

5）其他纳税调整项目的审核

其他纳税调整项目的审核主要是审核按财务制度规定计入当期会计所得，而根据现行税收规定，应从当期应纳税所得额抵减的项目。

6）外国企业常驻代表机构应纳税所得额审核要点

（1）采取查账征税方法应纳税所得额的核查。根据纳税人对外签订的合同，对照会计账簿及收支原始凭证，核查常驻代表机构的佣金、回扣收入是否全部入账，有无收入结算、支付地点在境外，或者直接支付给总机构而未计收入的情况。

（2）采取核定征税方法应纳税所得额的核查。根据纳税人的经费支出明细分类账，对照银行存款对账单，审核企业计税费用支出是否全部入账，有无应由纳税人负担但未在账面中反映的费用，如总机构直接支付给常驻代表机构雇员的工资可不入账，但属于该纳税人的经费支出。对账簿不健全、不能准确核算收入或成本费用，以及无法按查账征税办法据实申报的代表机构，核定其应纳税所得额的方式如下。

① 按经费支出换算收入。适用于能够准确反映经费支出但不能准确反映收入或成本费

用的代表机构。其计算公式为：

$$换算的收入额=经费支出总额/（1-核定利润率）$$

$$应纳税所得额=[本期经费支出额/（1-核定利润率）]×核定利润率$$

$$应纳企业所得税额=换算的收入额×核定利润率×企业所得税税率$$

代表机构购置固定资产所发生的支出，以及代表机构设立时或搬迁等原因所发生的装修费支出，应在发生时一次性作为经费支出额换算收入计税。

代表机构利息收入不得冲抵经费支出额，发生的实际应酬费，以实际发生数额计入经费支出额。

以货币形式用于我国境内的公益或救济性质的捐赠、滞纳金、罚款，以及为其总机构垫付的不属于其自身业务活动所发生的费用，不应作为代表机构的经费支出额。

② 按收入总额核定应纳税所得额。适用于可以准确反映收入但不能准确反映成本费用的代表机构。其计算公式为：

$$企业所得税应纳税额=收入总额×核定利润率×企业所得税税率$$

代表机构的核定利润率不应低于 15%。

7）外币业务的审核要点

（1）审核各相关明细分类账户，核对有关原始凭证，查看有无外部收入业务实现后未及时记账或未按规定要求记账的情况。

（2）审核企业按照记账本位币和各种外币设置的"银行存款"明细分类账户，并对各账户的期末余额按规定的方法进行核对，查看企业将外币折合成记账本位币或将记账本位币折合成外币的计算是否正确，有无错计汇兑损益，进而影响财务费用的情况。

（3）审核记账本位币和各种外币存款账户余额，并将余额的折合率同规定的人民币汇价相比较，如果期末余额的折合率高，可能是多计汇兑损失，多列财务费用。

（4）审核外币金额结算账户，对资产类账户要注意结转余额。

（5）逐项审核计算和结转汇兑损益情况，查看有无计算差错、应结转而未结转，把汇兑收益转到"实收资本""盈余公积""利润分配"或其他科目的情况。

（6）审核有无企业为购建固定资产而发生的汇兑损益，在固定资产尚未办理竣工决算前计入损益处理的情况。

8）清算所得的审核要点

企业的全部资产可变现价值或交易价格，减除资产的计税基础、清算费用、相关税费，加上债务清偿损益等后的余额，为清算所得。企业应将整个清算期作为一个独立的纳税年度计算清算所得。

企业全部资产的可变现价值或交易价格减除清算费用、职工的工资、社会保险费用和法定补偿金，结清清算企业所得税、以前年度欠税等税款，清偿企业债务，按规定计算可以向所有者分配的剩余资产。

被清算企业的股东分得的剩余资产的金额，其中相当于被清算企业累计未分配利润和累计盈余公积中按该股东所占股份比例计算的部分，应确认为股息所得；剩余资产减除股息所得后的余额，超过或低于股东投资成本的部分，应确认为股东的投资转让所得或损失。

被清算企业的股东从被清算企业分得的资产应按可变现价值或实际交易价格确定计税基础。

审核时注意被清算企业的股东分得的剩余资产的金额，超过其投资成本的部分，是否确认投资转让所得，依法计算缴纳企业所得税。

9.3 代理其他税种纳税审查实务

9.3.1 代理印花税纳税审核实务

印花税就所列举的应税凭证贴花完税，征税对象种类繁多，适用税率各不相同，代理纳税审核的基本方法是对纳税人所有涉税凭证进行全面检查。

1. 应税凭证的审核

1) 应税合同审核要点

印花税应税合同是指纳税人在经济活动和经济交往中书立的各类经济合同或具有合同性质的凭证。

(1) 审核征税范围。纳税人在经济交往中书立的凭证种类很多，鉴别所书立的凭证是否具有合同性质，是判别征免的主要标准。

(2) 审核应税合同的计税依据。

① 合同所载金额有多项内容的，是否按规定计算纳税。

② 已税合同修订后增加金额的，是否补贴印花。

③ 未注明金额或暂时无法确定金额的应税凭证，是否已按规定贴花。

④ 以外币计价的应税合同，是否按规定将计税金额折合成人民币后计算贴花。

⑤ 当合同中既有免税金额，又有应税金额时，纳税人是否正确计算纳税。

(3) 审核应税合同的适用税率。

① 纳税人有无将按比例税率和按定额税率计征的凭证相互混淆。例如，将营业账簿中记载有"实收资本"和"资本公积"的账簿等同于其他账簿，错按定额5元纳税贴花。

② 纳税人有无将载有多项不同性质经济业务的经济合同误用税目、税率。

③ 纳税人有无将性质相似的凭证误用税目、税率。

④ 技术合同、租赁合同等，在签订时因无法确定计税金额而暂时按每件5元计税贴花的，是否在结算实际金额时按其实际适用的比例税率计算并补贴了印花。

2) 其他凭证的审核要点

(1) 审核营业账簿计税情况。审核企业有无错划核算形式，漏缴印花税的问题。

(2) 审核产权转移书据、权利许可证照的计税情况。

2. 应纳税额的审核

1) 减税、免税审核要点

审核时，要注意纳税人已按免税处理的凭证是否为免税合同，有无混淆征免税界限、扩大减免税范围的情况。

2) 履行完税手续审核要点

(1) 审核纳税人是否按规定及时足额地履行完税手续，有无在应纳税凭证上未贴或少贴印花税票的情况；已贴印花税票有无未注销或未划销的情况；有无将已贴用的印花税票揭下重用的问题。

（2）审核平时"以表代账"的纳税人，在按月、按季或按年装订成册后，有无未按规定贴花完税的问题。

9.3.2 代理土地增值税纳税审核实务

土地增值税因其特点，纳税审核必须结合会计核算进行，而且要特别注意会计处理与税法规定不相一致需要调整的某些问题。

对土地增值税进行纳税审核，关键是核实转让房地产所取得的收入和法定的扣除项目金额，以此确定增值额和适用税率，并核查应纳税额。

1. 转让房地产收入审核要点

纳税人转让房地产取得的收入，应包括转让房地产的全部价款及有关的经济收益。从收入的形式来看，包括货币收入、实物收入和其他收入。检查时，应着重从以下几个方面进行。

（1）审核收入明细分类账、记账凭证、原始凭证，并进行核对，查看企业有无分解房地产收入或隐瞒房地产收入的情况。

（2）审核往来账户，如"应付账款""预付账款""分期收款开发产品""其他应付款"等账户，并与有关转让房地产合同、会计凭证相核对，查看有无将房地产收入长期挂账、不及时申报纳税的情况。

（3）审核房地产的成交价格，查看其是否正常合理。

2. 扣除项目金额审核要点

（1）审核取得土地使用权所支付的金额。

（2）审核房地产开发成本。

（3）审核房地产开发费用。房地产开发费用是指与房地产开发项目有关的销售费用、管理费用和财务费用。这 3 项费用作为期间费用，直接计入当期损益，不按成本核算对象进行分摊。

审核企业借款情况，查看其借款利息支出能否按转让房地产项目计算分摊：①利息的上浮幅度要按国家的有关规定执行，超过上浮幅度的部分不允许扣除；②对于超过贷款期限的利息部分和加罚的利息不允许扣除。

（4）审核与转让房地产有关的税金。企业转让房地产时缴纳的城市维护建设税、教育费附加、印花税，在"税金及附加""应交税费"账户核算。

（5）审核财政部规定的其他扣除项目。对从事房地产开发的纳税人，可按取得土地使用权所支付的金额与房地产开发成本计算的金额之和，加计 20% 扣除。审核时，应在核实纳税人取得土地使用权所支付的金额和房地产开发成本的基础上，按规定的扣除比例重新计算核实，查看企业申报扣除的金额有无差错。

3. 应纳税额的审核

审核应纳税额是否正确的程序是：①核实增值额；②以增值额除以扣除项目金额，核查增值额与扣除项目金额之比，以此确定该增值额适用的级距、税率和速算扣除系数；③计算土地增值税应纳税额。

【例 9-7】2021 年 10 月税务师受托对某房地产开发公司土地增值税纳税情况进行审核，了解到该房地产开发公司本期转让土地一块，销售收入 1 200 万元，申报缴纳土地增值税时，申报取得土地使用权及开发成本 400 万元，缴纳城市维护建设税及教育费附加 66 万元，开发费用按购买地价款和开发成本的 10% 扣除 40 万元，加计扣除 20% 即 80 万元，合计扣除项目金额 586 万元。

$$增值额 = 1\ 200 - 586 = 614（万元）$$

$$增值率 = 614/586 = 105\%$$

$$土地增值税应纳税额 = 614 \times 50\% - 586 \times 15\% = 307 - 87.9 = 219.10（万元）$$

已缴 150 万元，欠缴 69.10 万元。

税务师发现该房地产开发公司存在以下问题。

（1）取得 12 000 平方米土地使用权，支付金额 400 万元，未进行任何开发，便将 5 000 平方米转让取得收入 1 200 万元。

（2）因为转让的土地没有开发，计征土地增值税时不能享受 20% 的加计扣除。

根据以上两点，核实其扣除项目金额如下。

① 取得土地使用权所支付金额为

$$400 \times \frac{5\ 000}{12\ 000} = 166.67（万元）$$

② 其开发费用按购地款和开发成本的 10% 予以扣除：16.67 万元。

③ 核实扣除项目金额 = 166.67 + 66 + 16.67 = 249.34（万元）

④ 增值额 = 1 200 - 249.34 = 950.66（万元）

⑤ 增值率 = 950.66/249.34 = 381.27%

⑥ 应缴土地增值税税额 = 950.66 × 60% - 249.34 × 35%

　　　　　　　　　　　= 570.396 - 87.269

　　　　　　　　　　　= 483.127（万元）

⑦ 企业已缴纳土地增值税税额 = 150 万元。

⑧ 应补（退）土地增值税税额 = 483.127 - 150 = 333.127（万元）

⑨ 企业少计提土地增值税 = 333.127 - 219.1 = 114.027（万元）

建议企业做相关调账分录如下

借：税金及附加　　　　　　　　　　　　　　　　　　　　　　　　　1 140 270

　　贷：应交税费——应交土地增值税　　　　　　　　　　　　　　　　　　1 140 270

9.3.3　代理房产税纳税审核实务

房产税的会计核算比较简单，纳税审核的针对性较强。纳税审核工作时，应主要核查有关合同和会计账户，征免界限的划分，适用税率、幅度税额的确定等问题。

房产税以房屋为征税对象，按照房屋的计税余值或出租房屋的租金为计税依据，向产权所有人征收，纳税审核的重点范围应是房屋原值和租金收入。

1. 自用房产审核要点

审核房产的原值是否真实，有无少报、瞒报的现象。审核"固定资产"账簿中房屋的造价或原价是否真实、完整，有无分解记账的情况。

2. 出租房产审核要点

（1）审核"其他业务收入"等账户和房屋租赁合同及租赁费用结算凭证，核实房产租金收入，审核有无出租房屋不申报纳税的问题。

（2）审核有无签订经营合同隐瞒租金收入，或者以物抵租少报租金收入，或者将房租收入计入营业收入未缴房产税的问题。

（3）审核有无出租使用房屋，或者租用免税单位和个人私有房产的问题。

【例 9-8】税务师受托审核某企业房产税缴纳情况，从固定资产明细分类账查实该企业有房屋 10 幢，合计原值为 30 000 200 元，再查对"应交税费——应交房产税"账户的应缴税金，复核计算无误，税款已入库。但是，审核"其他业务收入"账户，发现有一笔固定资产出租收入 60 000 元，核查原始凭证，这笔收入是出租长安街一幢房屋给某公司经营的租金收入，没有计缴房产税。

税务师认为，企业应补缴房产税，计算办法如下。

应补缴的房产税：60 000×12% = 7 200（元）

并做相关调账分录如下

借：税金及附加   7 200

    贷：应交税费——应交房产税   7 200

3. 应纳税额审核要点

（1）审核征免界限的划分。各免税单位的自用房产与生产、经营用房产，出租房产的划分，免税单位房产与下属单位房产的划分是否明确，其划分方法是否正确，以及免税房产在改变用途转为应税房产后是否按规定申报纳税。在需要时，检查其申报的房产使用情况与其实际用途是否相符。

（2）审核房产税计算纳税的期限。对于新建、改造、翻建的房屋，已办理验收手续或未办理验收手续已经使用的，是否按规定期限申报纳，有无拖延纳税期限而少计税额的问题。

（3）审核房产税纳税申报表，核实计税依据和适用税率的计算是否正确。对于固定资产账户未记载的房产原值，或者房产原值明显不合理的应提议纳税人按有关程序进行评估，以保证计税依据的准确完整。

9.3.4 代理城镇土地使用税纳税审核实务

城镇土地使用税以纳税人实际占用土地面积为计税依据，按照当地政府根据国务院制定颁布的条例和省、自治区、直辖市人民政府规定的年税额幅度确定的适用税额计算征收。在审核时，应重点审核纳税人实际占用土地的面积、减免税土地面积，适用单位税额及税款计算缴纳等问题。

1. 应税土地面积审核要点

应税土地面积是纳税人实际占用土地的面积，它是计算城镇土地使用税的直接依据。

2. 减免税土地面积审核要点

在审核过程中，应严格掌握城镇土地使用税的减免税规定，对纳税人新征用的土地面积，可依据土地管理机关批准征地的文件来确定；对开山填海整治的土地和改造的废弃土地，可依据土地管理机关出具的证明文件来确定。另外，要审核是否将免税土地用于出租，或者多报免税土地面积的问题。

3. 应纳税额审核要点

根据土地位置和用途，对照当地人民政府对本地区土地划分的等级及单位税额，审核纳税人适用税率是否正确。在此基础上，进一步复核城镇土地使用税纳税申报表和有关完税凭证，审核纳税人应纳税款的计算正确与否，税款是否及时申报缴纳入库。

思考与练习

实务题：

税务师在代理审核某化妆品厂 2021 年 5 月应纳消费税情况时发现，该企业采用预收货款方式销售高档化妆品 100 箱，取得含税销售额 113 000 元，商品已发出。企业会计处理为：

借：银行存款　　　　　　　　　　　　　　　　　　　113 000
　　贷：预收账款　　　　　　　　　　　　　　　　　　　113 000

要求：

计算本月消费税应纳税额并调账。

第 5 篇

其他税务代理

第 10 章　其他税务代理事宜

学习目标

通过本章的学习，使学生了解税务行政复议的受案范围，税务行政复议的参加人和管辖，税务行政复议审理的基本规程，了解涉税文书的特点及种类，以及税务代理执业风险。

导入案例

某县税务局接到群众举报称某大酒店有偷税行为。税务局立案后于 2021 年 5 月 20 日派两名稽查员对该酒店实施了检查，稽查员未出示税务检查证，直接对该酒店的账簿以及记账凭证进行了核查；同时，经该县税务局局长批准，对此案件涉嫌人员的储蓄存款进行了查询。查实该酒店 1—4 月份采取少列收入的方式偷税 15 000 元的事实。在取得证据后，税务局告知了当事人做出行政处罚的事实依据、理由和相关权利，于 5 月 28 日做出了补税、加收滞纳金的税务处理决定，并告知对其处以 2 000 元罚款的行政处罚。该酒店在提供纳税担保得到税务机关确认后，于 5 月 31 日向该县税务局提起行政复议，税务局在接到行政复议申请书后于 6 月 10 日以该酒店未缴纳税款、滞纳金和罚款为由做出了不予受理的决定。

请问：税务部门在该案处理中有哪些不当之处，并说明理由。

10.1　代理税务行政复议实务

税务行政复议是纳税人或其他行政相对人认为税务机关的某一具体行政行为侵害了自己的合法权益，向作出具体行政行为的税务机关的上一级税务机关提出申诉，由上级税务机关依法裁决税务争议的过程。

10.1.1　税务行政复议的受案范围

（1）税务机关作出的征税行为。

税务机关作出的征税行为包括确认征税主体、征税对象、征税范围、减税、免税、退税、抵扣税款、适用税率、计税依据、纳税环节、纳税期限、纳税地点和税款征收方式等具体行政行为，以及征收税款、加收滞纳金，扣缴义务人、受税务机关委托的单位和个人作出的代扣代缴、代收代缴、代征行为等。

（2）行政许可、行政审批行为。

（3）发票管理行为。发票管理行为包括发售、收缴、代开发票等。

（4）税务机关作出的税收保全措施、强制执行措施。

税务保全措施包括税务机关书面通知银行或其他金融机构冻结存款；扣押、查封价值相当于应纳税款的商品、货物或其他财产。强制执行措施包括书面通知银行或其他金融机构从纳税人的存款中扣缴税款；变卖、拍卖扣押和查封的商品、货物或其他财产。

（5）税务机关作出的行政处罚行为：

① 罚款；

② 没收财物和违法所得；

③ 停止出口退税权。

（6）税务机关不依法履行下列职责的行为：

① 颁发税务登记证；

② 开具、出具完税凭证和外出经营活动税收管理证明；

③ 行政赔偿；

④ 行政奖励；

⑤ 其他不依法履行职责的行为。

（7）税务机关作出的资格认定行为。

（8）税务机关不依法确认纳税担保行为。

（9）政府信息公开工作中的具体行政行为。

（10）税务机关作出的纳税信用等级评定行为。

（11）税务机关作出的通知出入境管理机关阻止出境行为。

（12）税务机关作出的其他具体行政行为。

申请人认为税务机关的具体行政行为所依据的下列规定不合法，对具体行政行为申请行政复议时，可以一并向行政复议机关提出对有关规定的审查申请；申请人对具体行政行为提出行政复议申请时不知道该具体行政行为所依据的规定的，可以在行政复议机关作出行政复议决定以前提出对该规定的审查申请：

① 国家税务总局和国务院其他部门的规定；

② 其他各级税务机关的规定；

③ 地方各级人民政府的规定；

④ 地方人民政府工作部门的规定。

10.1.2 税务行政复议的参加人

1. 税务行政复议的申请人

税务行政复议的申请人是指认为税务机关的具体行政行为侵犯其合法权益，向税务行政复议机关申请行政复议的公民、法人和其他组织，也包括在中华人民共和国境内向税务机关申请行政复议的外国人、无国籍人和外国组织。

有权申请行政复议的公民死亡的，其近亲属可以申请行政复议；有权申请行政复议的公民为无行为能力人或限制行为能力人，其法定代理人可以代理申请行政复议；有权申请行政复议的法人或其他组织发生合并、分立或终止的，承受其权利与义务的法人或其他组织可以申请行政复议。

2. 税务行政复议的被申请人

申请人对具体行政行为不服申请行政复议的，税务行政复议的被申请人，是指作出引起争议的具体行政行为的税务机关。

（1）申请人对扣缴义务人的扣缴税款行为不服的，主管该扣缴义务人的税务机关为被申请人。

（2）对税务机关委托的单位和个人的代征行为不服的，委托税务机关为被申请人。

（3）税务机关与法律、法规授权的组织以共同的名义作出具体行政行为的，税务机关和法律、法规授权的组织为共同被申请人。

（4）税务机关与其他组织以共同名义作出具体行政行为的，税务机关为被申请人。

（5）税务机关依照法律、法规和规章规定，经上级税务机关批准作出具体行政行为的，批准机关为被申请人。

（6）申请人对经重大税务案件审理程序作出的决定不服的，审理委员会所在税务机关为被申请人。

（7）税务机关设立的派出机构、内设机构或其他组织，未经法律、法规授权，以自己名义对外作出具体行政行为的，税务机关为被申请人。

3. 税务行政复议的第三人

税务行政复议的第三人是指申请人以外的，与申请复议的具体行政行为有利害关系的个人或组织。所谓"利害关系"，一般是指经济上的债权、债务关系，股权控股关系等。行政复议期间，行政复议机关认为申请人以外的公民、法人或其他组织与被审查的具体行政行为有利害关系的，可以通知其作为第三人参加行政复议。

4. 税务行政复议的代理人

税务行政复议的代理人是指接受当事人委托，以被代理人的名义，在法律规定或当事人授予的权限范围内，为代理复议行为而参加复议的个人。

10.1.3　税务行政复议的管辖原则

税务行政复议管辖是指税务行政复议机关之间受理税务行政复议案件的职权划分。税务行政复议机构是税务机关内部的一个职能部门。

（1）对各级税务局的具体行政行为不服的，向其上一级税务局申请行政复议。

（2）对税务所（分局）、各级税务局的稽查局的具体行政行为不服的，向其所属税务局申请行政复议。

（3）对国家税务总局的具体行政行为不服的，向国家税务总局申请行政复议。对行政复议决定不服，申请人可以向人民法院提起行政诉讼，也可以向国务院申请裁决。国务院的裁决为最终裁决。

（4）对下列税务机关的具体行政行为不服的，按照下列规定申请行政复议。

① 对两个以上税务机关共同作出的具体行政行为不服的，向共同上一级税务机关申请行政复议；对税务机关与其他行政机关共同作出的具体行政行为不服的，向其共同上一级行政机关申请行政复议。

② 对被撤销的税务机关在撤销以前所作出的具体行政行为不服的，向继续行使其职权的税务机关的上一级税务机关申请行政复议。

③ 对税务机关作出逾期不缴纳罚款加处罚款的决定不服的，向做出行政处罚决定的税务机关申请行政复议。但是对已处罚款和加处罚款都不服的，一并向做出行政处罚决定的税

务机关的上一级税务机关申请行政复议。

申请人向具体行政行为发生地的县级地方人民政府提及行政复议申请的，由接受申请的县级地方人民政府按照《行政复议法》第十五条、第十八条的规定予以转送。

10.1.4　税务行政复议申请

1. 税务行政复议的申请期限

申请人可以在知道税务机关作出具体行政行为之日起 60 日内提出行政复议申请。因不可抗力或被申请人设置障碍等原因耽误法定申请期限的，申请期限的计算应当扣除被耽误时间。

有履行期限规定的，自履行期限届满之日起计算；没有履行期限规定的，自税务机关收到申请满 60 日起计算。税务机关作出的具体行政行为对申请人的权利、义务可能产生不利影响的，应当告知其申请行政复议的权利、行政复议机关和行政复议申请期限。

2. 税务行政复议申请的提交

申请人书面申请行政复议的，可以采取当面递交、邮寄或传真等方式提出行政复议申请。有条件的行政复议机关可以接受以电子邮件形式提出的行政复议申请。对以传真、电子邮件形式提出行政复议申请的，行政复议机关应当审核确认申请人的身份、复议事项。

10.1.5　税务行政复议受理

（1）行政复议申请符合下列规定的，行政复议机关应当受理。

① 属于规定的行政复议范围。

② 在法定申请期限内提出。

③ 有明确的申请人和符合规定的被申请人。

④ 申请人与具体行政行为有利害关系。

⑤ 有具体的行政复议请求和理由。

⑥ 符合《税务行政复议规则》第三十三条和第三十四条规定的条件。

⑦ 属于收到行政复议申请的行政复议机关的职责范围。

⑧ 其他行政复议机关尚未受理同一行政复议申请，人民法院尚未受理同一主体就同一事实提起的行政诉讼。

（2）行政复议机关收到行政复议申请以后，应当在 5 日内审查，决定是否受理。对不符合本规则规定的行政复议申请，决定不予受理，应当书面告知申请人。

对不属于本机关受理的行政复议申请，应当告知申请人向有关行政复议机关提出。行政复议机关收到行政复议申请以后未按照前款规定期限审查并作出不予受理决定的，视为受理。

（3）对符合规定的行政复议申请，自行政复议机构收到之日起即为受理；受理行政复议申请，应当书面告知申请人。

（4）行政复议申请材料不齐全、表述不清楚的，行政复议机构可以自收到该行政复议申请之日起 5 日内书面通知申请人补正。补正通知应当载明需要补正的事项和合理的补正期限。无正当理由逾期不补正的，视为申请人放弃行政复议申请。

补正申请材料所用时间不计入行政复议审理期限。

（5）上级税务机关认为行政复议机关不予受理行政复议申请的理由不成立的，可以督促其受理；经督促仍然不受理的，责令其限期受理。上级税务机关认为行政复议申请不符合法定受理条件的，应当告知申请人。

（6）上级税务机关认为有必要的，可以直接受理或提审由下级税务机关管辖的行政复议案件。

（7）对应当先向行政复议机关申请行政复议，对行政复议决定不服再向人民法院提起行政诉讼的具体行政行为，行政复议机关决定不予受理或受理以后超过行政复议期限不做答复的，申请人可以向收到不予受理决定书之日起或行政复议期满之日起 15 日内，依法向人民法院提起行政诉讼。

依照规定延长行政复议期限的，以延长以后的时间为行政复议期满时间。

（8）行政复议期间具体行政行为不停止执行；但是有下列情形之一的，可以停止执行。

① 被申请人认为需要停止执行的。

② 行政复议机关认为需要停止执行的。

③ 申请人申请停止执行，行政复议机关认为其要求合理，决定停止执行的。

④ 法律规定停止执行的。

（9）行政复议期间，有下列情形之一的，行政复议中止。

① 作为申请人的公民死亡，其近亲属尚未确定是否参加行政复议的。

② 作为申请人的公民丧失参加行政复议的能力，尚未确定法定代理人参加行政复议的。

③ 作为申请人的法人或其他组织终止，尚未确定权利与义务承受人的。

④ 作为申请人的公民下落不明或被宣告失踪的。

⑤ 申请人、被申请人因不可抗力，不能参加行政复议的。

⑥ 行政复议机关因不可抗力原因暂时不能履行工作职责的。

⑦ 案件涉及法律适用问题，需要有权机关作出解释或确认的。

⑧ 案件审理需要以其他案件的审理结果为依据，而其他案件尚未审结的。

⑨ 其他需要中止行政复议的情形。

行政复议中止的原因消除以后，应当及时恢复行政复议案件的审理。行政复议机构中止、恢复行政复议案件的审理，应当告知申请人、被申请人、第三人。

（10）行政复议期间，有下列情形之一的，行政复议终止。

① 申请人要求撤回行政复议申请，行政复议机构准予撤回的。

② 作为申请人的公民死亡，没有近亲属，或者其近亲属放弃行政复议权利的。

③ 作为申请人的法人或其他组织终止，其权利与义务的承受人放弃行政复议权利的。

④ 申请人与被申请人依照《税务行政复议规则》第八十七条的规定，经行政复议机构准许达成和解的。

⑤ 行政复议申请受理以后，发现其他行政复议机关已经先于本机关受理，或者人民法院已经受理的。

依照行政复议中止第①、②、③ 项规定中止行政复议，满 60 日行政复议中止的原因未消除的，行政复议终止。

10.1.6 税务行政复议证据

行政复议证据包括书证、物证、试听资料、电子数据、证人证言、当事人陈述、鉴定意见、勘验笔录、现场笔录。

（1）在行政复议中，被申请人对其作出的具体行政行为负有举证责任。

（2）行政复议机关应当依法全面审查相关证据。行政复议机关审查行政复议案件，应当以证据证明的案件事实为依据。定案证据应当具有合法性、真实性和关联性。

（3）行政复议机关应当根据案件的具体情况，从以下方面审查证据的合法性。

① 证据是否符合法定形式。

② 证据的取得是否符合法律、法规、规章和司法解释的规定。

③ 是否有影响证据效力的其他违法情形。

（4）行政复议机关应当根据案件的具体情况，从以下方面审查证据的真实性。

① 证据形成的原因。

② 发现证据时的环境。

③ 证据是否为原件、原物，复制件、复制品与原件、原物是否相符。

④ 提供证据的人或证人与行政复议参加人是否具有利害关系。

⑤ 影响证据真实性的其他因素。

（5）行政复议机关应当根据案件的具体情况，从以下方面审查证据的关联性。

① 证据与待证事实是否具有证明关系。

② 证据与待证事实的关联程度。

③ 影响证据关联性的其他因素。

（6）下列证据材料不得作为定案依据。

① 违反法定程序搜集的证据材料。

② 以偷拍、偷录和窃听等手段获取侵害他人合法权益的证据材料。

③ 以利诱、欺诈、胁迫和暴力等不正当手段获取的证据材料。

④ 无正当事由超出举证期限提供的证据材料。

⑤ 无正当理由拒不提供原件、原物，又无其他证据印证，且对方不予认可的证据的复制件、复制品。

⑥ 无法辨明真伪的证据材料。

⑦ 不能正确表达意志的证人提供的证言。

⑧ 不具备合法性、真实性的其他证据材料。

各级行政复议机关负责法制工作的机构依据职责所取得的有关材料，不得作为支持被申请人具体行政行为的证据。

（7）在行政复议过程中，被申请人不得自行向申请人和其他有关组织或个人搜集证据。

（8）行政复议机构认为必要时，可以调查取证。

（9）申请人和第三人可以查阅被申请人提出的书面答复，作出具体行政行为的证据、依据和其他有关材料，除涉及国家秘密、商业秘密或个人隐私外，行政复议机关不得拒绝。

10.1.7　税务行政复议审查和决定

行政复议原则上采用书面审查的办法，但是申请人提出要求或行政复议机构认为有必要时，应当听取申请人、被申请人和第三人的意见，并可以向有关组织和人员调查了解情况。

（1）行政复议机构应当自受理行政复议申请之日起 7 日内，将行政复议申请书副本或行政复议申请笔录复印件发送被申请人。被申请人应当自收到申请书副本或申请笔录复印件之日起 10 日内提出书面答复，并提交当初作出具体行政行为的证据、依据和其他有关材料。

对国家税务总局的具体行政行为不服申请行政复议的案件，由原承办具体行政行为的相关机构向行政复议机构提出书面答复，并提交当初作出具体行政行为的证据、依据和其他有关材料。

（2）行政复议机构审理行政复议案件，应当由 2 名以上行政复议工作人员参加。

（3）对重大、复杂的案件，申请人提出要求或行政复议机构认为必要时，可以采取听证的方式审理。

（4）行政复议机构决定举行听证的，应当将举行听证的时间、地点和具体要求等事项，通知申请人、被申请人和第三人。第三人不参加听证的，不影响听证的举行。

听证应当公开举行，但是涉及国家秘密、商业秘密或个人隐私的除外。

行政复议听证人员不得少于 2 人，听证主持人由行政复议机构确定。

听证应当制作笔录。申请人、被申请人和第三人应当确认听证笔录内容。行政复议听证笔录应当附卷，作为行政复议机构审理案件的依据之一。

（5）行政复议机关应当全面审查被申请人的具体行政行为所依据的事实证据、法律程序、法律依据和涉及的权利与义务内容的合法性、适当性。

（6）申请人在行政复议决定作出以前撤回行政复议申请的，经行政复议机构同意，可以撤回。申请人撤回行政复议申请的，不得再以同一事实和理由提出行政复议申请。但是，申请人能够证明撤回行政复议申请违背其真实意思表示的除外。

（7）行政复议期间被申请人改变原具体行政行为的，不影响行政复议案件的审理。但是，申请人依法撤回行政复议申请的除外。

（8）申请人在申请行政复议时，依据规定一并提出对有关规定的审查申请的，行政复议机关对该规定有权处理的，应当在 30 日内依法处理；无权处理的，应当在 7 日内按照法定程序逐级转送有权处理的行政机关依法处理，有权处理的行政机关应当在 60 日内依法处理。处理期间，中止对具体行政行为的审查。

（9）行政复议机关审查被申请人的具体行政行为时，认为其依据不合法，本机关有权处理的，应当在 30 日内依法处理；无权处理的，应当在 7 日内按照法定程序逐级转送有权处理的国家机关依法处理。处理期间，中止对具体行政行为的审查。

（10）行政复议机构应当对被申请人的具体行政行为提出审查意见，经行政复议机关负责人批准，按照下列规定作出行政复议决定。

① 具体行政行为认定事实清楚，证据确凿，适用依据正确，程序合法，内容适当的，决定维持。

② 被申请人不履行法定职责的，决定其在一定期限内履行。

③ 具体行政行为有下列情形之一的，决定撤销、变更或确认该具体行政行为违法；决

定撤销或确认该具体行政行为违法的，可以责令被申请人在一定期限内重新作出具体行政行为。

- 主要事实不清、证据不足的。
- 适用依据错误的。
- 违反法定程序的。
- 超越职权或滥用职权的。
- 具体行政行为明显不当的。

④ 被申请人不按照规定提出书面答复，提交当初作出具体行政行为的证据、依据和其他有关材料的，视为该具体行政行为没有证据、依据，决定撤销该具体行政行为。

（11）行政复议机关责令被申请人重新作出具体行政行为的，被申请人不得以同一事实和理由作出与原具体行政行为相同或基本相同的具体行政行为。但是，行政复议机关以原具体行政行为违反法定程序决定撤销的，被申请人重新作出具体行政行为的除外。

行政复议机关责令被申请人重新作出具体行政行为的，被申请人不得作出对申请人更为不利的决定；但是行政复议机关以原具体行政行为主要事实不清、证据不足或适用依据错误决定撤销的，被申请人重新作出具体行政行为的除外。

（12）有下列情形之一的，行政复议机关可以决定变更。

① 认定事实清楚，证据确凿，程序合法，但是明显不当或适用依据错误的。

② 认定事实不清，证据不足，但是经行政复议机关审理查明事实清楚，证据确凿的。

（13）有下列情形之一的，行政复议机关应当决定驳回行政复议申请。

① 申请人认为税务机关不履行法定职责申请行政复议，行政复议机关受理以后，发现该税务机关没有相应法定职责或在受理以前已经履行法定职责的。

② 受理行政复议申请后，发现该行政复议申请不符合《行政复议法》及其实施条例和本规则规定的受理条件的。

上级税务机关认为行政复议机关驳回行政复议申请的理由不成立的，应当责令限期恢复受理。行政复议机关审理行政复议申请期限的计算应当扣除因驳回耽误的时间。

（14）行政复议机关责令被申请人重新作出具体行政行为的，被申请人应当在 60 日内重新作出具体行政行为；情况复杂，不能在规定期限内重新作出具体行政行为的，经行政复议机关批准，可以适当延期，但是延期不得超过 30 日。

公民、法人或其他组织对被申请人重新作出的具体行政行为不服，可以依法申请行政复议，或者提起行政诉讼。

（15）申请人在申请行政复议时可以一并提出行政赔偿请求，行政复议机关对符合国家赔偿法规定应当赔偿的，在决定撤销、变更具体行政行为，或者确认具体行政行为违法时，应当同时决定被申请人依法赔偿。

申请人在申请行政复议时没有提出行政赔偿请求的，行政复议机关在依法决定撤销、变更原具体行政行为确定的税款、滞纳金、罚款和对财产的扣押、查封等强制措施时，应当同时责令被申请人退还税款、滞纳金和罚款，解除对财产的扣押、查封等强制措施，或者赔偿相应的价款。

（16）行政复议机关应当自受理申请之日起 60 日内作出行政复议决定。情况复杂，不能在规定期限内作出行政复议决定的，经行政复议机关负责人批准，可以适当延期，并告知申请人和被申请人，但是延期不得超过 30 日。

行政复议机关作出行政复议决定，应当制作行政复议决定书，并加盖行政复议机关印章。

行政复议决定书一经送达，即发生法律效力。

（17）被申请人应当履行行政复议决定。

被申请人不履行、无正当理由拖延履行行政复议决定的，行政复议机关或有关上级税务机关应当责令其限期履行。

（18）申请人、第三人逾期不起诉又不履行行政复议决定的，或者不履行最终裁决的行政复议决定的，按照下列规定分别处理。

① 维持具体行政行为的行政复议决定，由作出具体行政行为的税务机关依法强制执行，或者申请人民法院强制执行。

② 变更具体行政行为的行政复议决定，由行政复议机关依法强制执行，或者申请人民法院强制执行。

10.1.8　税务行政复议文书的送达

行政复议期间的计算和行政复议文书的送达，依照民事诉讼法关于期间、送达的规定执行。上述关于行政复议期间有关"5 日""7 日"的规定是指工作日，不包括法定节假日。

10.1.9　代理税务行政复议的基本前提与操作规范

引发税务行政复议的前提，是征纳双方产生的税收争议，税务师受托代理税务行政复议，应根据税务行政复议审理的法定规程进行操作，通过行政裁决使纳税人、扣缴义务人的异议申请获得行政救济。

1. 代理税务行政复议的基本前提

税务行政复议是保护纳税人、扣缴义务人的有效途径，也是维护税务机关依法行政的重要渠道。税务师作为征纳双方的中介，在决定受托代理税务行政复议之前，必须明确下述前提。

1）解决税收争议的途径

在税收征管的每个环节，税务机关所作出的具体行政行为都有可能引发税收争议，但是，更为普遍的情况是针对税务稽查结论所产生的税款滞补罚争议。解决这类争议的前一个环节，是在主管税务机关下达《税务行政处罚事项告知书》送达后 5 日内，由纳税人、扣缴义务人或委托税务师向税务机关书面提出听证，由作出具体行政行为的税务机关自行审查解决纳税争议。对于税务师而言，可视征纳双方争执的具体情况确定是否经过听证程序。

2）引起税收争议的焦点

引起税收争议的原因是多方面的，所涉及征免范围划分的纳税事项的调整也因事而异，在决定受托代理税务行政复议之前，必须以独立、客观的立场来调查了解产生税收争议的过程，征纳双方各自的主张和论据，税收法律、法规有关争议问题的解释，税务机关对以往类似问题的判例等。

3）代理税务行政复议的风险

由于税收争议多属于较为疑难复杂的问题，征纳双方都很敏感，直接涉及纳税人、扣缴义务人的税收权益，处于中介地位的税务师即使以完全独立、客观的立场来分析判断税收争议，仍要承担较高的代理风险。

2. 代理税务行政复议的操作规范

1）确定代理复议操作要点

代理税务行政复议的操作是从签订《税务代理协议书》开始的。但是，在正式决定受托代理之前，税务师应履行以下程序。

（1）了解分析税收争议双方的基本情况，产生税收争议的原因、过程与结果，税务机关最后的决定，纳税人、扣缴义务人请求复议的理由与要求。

（2）审核纳税人、扣缴义务人申请复议的条件是否具备。例如，申请复议的内容是否为受案和管辖范围，申请的时限是否符合法定的复议期限，如因纳税问题提请复议是否按照税务机关的要求缴纳了税款和滞纳金等。

（3）磋商代理事项、价格和收费方法，签订《税务代理协议书》。代理事项的结果有许多不可预见性，在签订合同时，应按商定代理价格的30%～40%预交费用，以预防代理中可能发生的过高成本与风险损失。

2）代理复议申请操作要点

（1）根据《税务行政复议规则》第三十七条，申请人表达诉愿的基本方式，是向税务行政复议机关提交《复议申请书》，以便于明确表述复议请求。税务师制作《复议申请书》，应认真填写各个栏目的内容，简单清晰地表达申请复议的要求和理由，针对税务机关的具体行政行为，提出持有异议的论据并进行充分的论证。

（2）在向税务行政复议机关提交《复议申请书》之后的10日内，税务师可视下列情况分别处理：①复议机关决定受理复议申请，应做好参加审理的准备；②复议机关要求限期补正，应按限定的时间提供有关资料；③复议机关通知不予受理，如果申请人对此裁决不服可以自收到不予受理裁决书之日起15日内，就复议机关不予受理的裁决向人民法院起诉。

（3）在法定的申请期限内，如因不可抗力而延误申请，税务师应在障碍消除后的10日内，向复议机关申请延长复议申请期限。

3）代理复议审理

审理是复议机关对决定受理的复议申请，审查其具体行政行为合法性和适当性的过程，它是复议机关最终作出复议决定的基础。税务师应根据审理过程中案情的发展而加以运作，力争复议请求的圆满解决。

（1）在采取书面审理的方式下，被申请人自收到《复议申请书》之日起10日内，向复议机关提交《答辩书》和有关证据材料，为支持原具体行政行为提供事实和法律方面的辩护。

（2）在采取公开审理的方式下，税务师要与被申请人就税收争议进行辩论，公开陈述申请人的复议请求，论证税务机关作出的具体行政行为在事实认定、适用法律及执法程序中存在的问题。

4）复议决定后的代理策略

税务行政复议机关作出复议决定，并向复议参加人送达《复议决定书》，标志着税务行政复议这一行政裁决税收争议程序的结束。复议决定的结论不同，税务师其后操作的代理策略也要有所区别。

（1）在复议机关作出维持原具体行政行为的决定时，意味着对代理复议的请求给予否认，该项税务代理未能达到预期的目的，税务师应作客观冷静的分析。

（2）在复议机关作出变更、撤销原具体行政行为的决定时，表明对代理复议的请求给予部分或全部肯定，可以认为该项税务代理的结局比较理想。

（3）在复议机关认为原具体行政行为有程序上的不足，决定被申请人补正时，税务师可根据申请人的复议请求决定是否服从复议机关的裁决。

（4）在复议机关对税务机关的不作为行为裁决应在一定期限内履行时，税务师应尽快与税务机关沟通，将所请求的办税事项予以完成，并以书面形式告知申请人。

10.2　税务咨询与税务顾问

10.2.1　税务咨询

税务咨询是咨询服务的一种。它通过电话、信函、晤谈等方式解答纳税人、扣缴义务人等咨询人有关税收方面的问题，是最具普遍性的涉税服务业务。

1. 税务咨询的内容

（1）适用税收实体法方面的税务咨询。为发挥税收的职能和作用，我国实行多种税、多层次的税收实体法体系，税收法律规定有税法或暂行条例、实施条例或实施细则、行政法规、部门规章等多种表现形式，纳税人具体经营活动适用相应的税收实体法及具体条款，专业性强、要求高，是一般税务咨询服务最重要的内容。

（2）适用税收程序法方面的税务咨询。纳税人和扣缴义务人应按照《税收征收管理法》《税收征收管理法实施细则》及国务院、财政部、国家税务总局发布税收征收管理的法规、规章和规范性文件办理涉税事宜。为准确、高效地办理涉税事宜，适用税收程序法方面的税收咨询也是一般税务咨询服务的主要内容。

（3）解决税收分歧方面的咨询。纳税人、扣缴义务人对税务机关作出的行政行为或处罚行为存在异议，寻求专业化的解决方案，维护其合法权益，向涉税服务人员咨询解决税务分歧的方法、途径，也是一般税务咨询服务的一类内容。

（4）涉税会计处理的咨询。主要是就有关涉税会计处理的问题给予咨询。

（5）税务动态方面的咨询。有关税收政策和税务工作动态方面的咨询。

除上述内容外，税收基础知识、税收协定知识和内容，以及外国税制规定，都可能是税务咨询的内容。

2. 税务咨询的形式

1）书面咨询

书面咨询是税务咨询最为常用的一种方法。它以书面的形式如"税务咨询备忘函""关于问题的解答"等方式释疑解难。

2）电话咨询

电话咨询又可称口头咨询。它主要是用于比较简单明了的税务问题的咨询服务，通过电话中的交谈就能给纳税人、扣缴义务人一个简要的答复。

3）晤谈

晤谈是当面解答纳税人、扣缴义务人提出的税收问题。这种咨询方式带有共同研讨的特点，往往是对于较为复杂的问题进行讨论，最后由税务师作出结论。

4）网络咨询

网络咨询是一种新兴的税务咨询形式。它是以网络为载体，通过咨询窗口（或专栏、论坛）、QQ 聊天或 E-mail 等方式，提供咨询服务，既可以在线即时解答，也可以延时留言答复。随着网络的广泛运用，网络咨询以其不受时空限制、可以随时存取查阅等便捷的优势，越来越多地应用于税务咨询中。

3. 税收政策运用咨询的操作要点

（1）把握咨询的税务事项实质。

（2）收集咨询问题相关的税收政策文件。

（3）分析税收政策适用条款。

① 税收政策适用时效。

② 不同税种政策规定的差异。

③ 税收政策制定的原则和精神。

（4）根据需要做必要的沟通说明。

（5）确定合适的答复方式。

10.2.2 税务顾问

税务顾问是综合性的涉税服务业务。它是指涉税专业服务机构接受委托人委托，指派涉税服务人员就委托的特定涉税事项提供专项税务咨询服务或者为委托人提供长期税务顾问服务。与税务咨询相比，税务顾问具有时间上连续、内容上综合、方式上多样的特点。其主要的咨询形式是书面咨询和晤谈。

1. 政策指导

担任纳税人、扣缴义务人税务顾问的人员，应是在财税方面学有专长并有一定造诣的税务师，不仅要为企业释疑解难，更主要的是指导其具体操作并最终解决问题，这是税务顾问不同于税务咨询的一个重要方面。

2. 办税指导

税务师为纳税人、扣缴义务人提供日常办税咨询服务与操作指南，包括纳税框架的设计，适用税种、税目、税率的认定，办税程序指南，以及为避免纳税风险提示关注的涉税事项等。对于担当税务顾问的企业，税务师在签订合同书之后，即要全面了解企业的基本情况、历年纳税档案、企业办税人员的业务素质等，以书面形式为企业提供一份办税指南。

3. 提供信息

税务顾问可向客户提供税收方面的信息，也可向客户提供财务、会计、法律方面的信息，以及其他相关的国家政策、经济动态，可以通过举办讲座、发函寄送、登门传递等形式向客户提供信息，供客户参阅。

10.2.3 现代税务咨询——税收筹划

随着现代咨询业的发展，税收筹划作为中介机构一种全新的税务咨询方式应运而生。税收筹划目前尚无权威性的定义，但一般的理解是：税收筹划是指在税法规定的范围内，通过对经营、投资、理财活动的事先筹划和安排，尽可能地取得"节税"的税收利益，其要点在于"三性"：合法性、筹划性和目的性。

可以降低税收负担的税收筹划方法主要有以下几种。

（1）不予征税方法。该方法是选择国家税收法律、法规或政策规定不予征税的经营、投资、理财等活动方案，以减轻税收负担的方法。

（2）减、免税方法。该方法是选择国家税收法律、法规或政策规定的可以享受减税或免税优惠的经营、投资、理财等活动方案，以减轻税收负担的方法。

（3）税率或征收率差异方法。该方法是根据国家税收法律、法规或政策规定的税率差异，选择税率或征收率较低的经营、投资、理财等活动方案，以减轻税收负担的方法。

（4）分割方法。该方法是根据国家税收法律、法规或政策规定，选择能使计税依据进行分割的经营、投资、理财等活动方案，以实现不同税负、税种的计税依据相分离，或者是分解为不同纳税人或征税对象，增大不同计税依据扣除的额度或频度，以求税收负担减轻的方法。

（5）扣除方法。该方法是依据国家税收法律、法规或政策规定，使经营、投资、理财等活动的计税依据中尽量增多可以扣除的项目或金额，以减轻税收负担的方法。

（6）抵免方法。该方法是依据国家税收法律、法规或政策规定，使经营、投资、理财等活动的已纳税额或相应支出，在其应纳税额中予以抵扣，以减轻税收负担的方法。

（7）延期纳税方法。该方法是依据国家税收法律、法规或政策规定，将经营、投资、理财等活动的当期应纳税额延期缴纳，以实现相对减轻税收负担的方法。

（8）退税方法。该方法是依据国家税收法律、法规或政策规定，使经营、投资、理财等活动的相关税额退还的方法。

税收筹划是一项综合性的、复杂的工作，涉及面广、难度大，在运用税收筹划方法时，应充分考虑具体情况和政策规定，各种税收筹划方法也不是彼此孤立和矛盾的，有时应相互配合、综合运用。

10.3　税务师执业文书

税务师执业文书（以下简称执业文书）是税务师在执业活动中制作的各种书面报告，用来表达税务师执业主张，综合反映其执业过程或结果，起到备查、鉴证、提示及沟通等作用。执业文书一般由税务师的工作底稿、执业相关证明资料、依据的政策文件和执业报告等组成，其中执业报告既是执业文书的核心，也是狭义的执业文书。

10.3.1　执业文书的种类

（1）执业文书按性质划分，可以分为涉税鉴证类执业文书和涉税服务类执业文书。

涉税鉴证类执业报告是税务师进行纳税申报类鉴证、涉税审批类鉴证和其他涉税鉴证等鉴证业务，对被鉴证人的涉税事项作出评价和证明而出具的书面报告。目前，常用的涉税鉴证类执业报告主要有企业所得税汇算清缴纳税申报的鉴证报告、企业财产损失所得税税前扣除的鉴证报告、企业所得税税前弥补亏损的鉴证报告、土地增值税清算税款的鉴证报告、房地产企业涉税调整的鉴证报告等。

涉税服务类执业报告是税务师进行税务咨询类服务、申报准备类服务、涉税代理类服务和其他涉税服务等涉税服务业务，根据需要出具的含有专业意见的书面报告，与涉税鉴证类业务报告不同，涉税服务类业务报告一般不具有证明性。目前，常用的涉税服务类执业报告主要有税收筹划报告、纳税审核报告、涉税咨询答复报告、纳税建议报告、办税事宜建议报告、执业活动有关问题沟通报告等。

（2）执业文书按收件人划分，可以分为向委托人出具、向相关税务机关出具和其他相关单位或部门出具等几种执业报告。

向委托人出具的执业文书主要有各种鉴证类查证报告、答复咨询问题、提出纳税建议、指导办税程序和方法、指出存在的纳税问题或风险、做出整改意见、制作纳税筹划方案、说明工作情况、报告纳税审查结果等。

向相关税务机关出具的执业文书主要是替委托人填报各种涉税文书，又可分为填报有固定格式的文表和替委托人代为制作的向专利税务机关报送的有关书面报告两种，这些书面报告主要有各类申请报告、陈述或申辩材料、情况说明和问题咨询沟通等。

向其他单位或部门出具的文书主要因在涉税鉴证或涉税服务时，委托人有关涉税事宜需要与客户或相关的机关、部门进行沟通说明，或者需要其配合支持的情况下，出具的一些书面报告，有的是提供政策依据并加以解释说明，有的是说明委托人实际情况起到旁证作用，有的则是提出操作建议等。

（3）执业文书按执业主张态度不同，可以分为积极方式提出的执业文书和消极方式提出的执业文书。

积极方式提出的执业报告是税务师在满足执业活动能合理保证，服务对象事实清楚、证据充分，符合相关法律、法规、规章和其他有关规定等条件下，出具的持明确态度或意见、结论的报告；如果税务师执业时相应的条件不能满足，则会以否定意见或无法表达意见方式提出消极的执业文书。

10.3.2　执业文书的基本要求

执业文书直接反映了税务师执业的成果和质量，必须规范严谨，避免不必要的执业风险。执业文书除与一般文书一样应做到文字清楚、准确、严密，内容齐全，结构合理外，作为专业化的文书还应做到以下几点。

（1）情况记录真实可靠。要求税务师对报告所反映的情况进行深入调查，在充分了解事实真相的情况下出具，执业文书反映情况的真实程度和可靠性，与其作用和执业责任是密切相关的。

（2）作出的结论或提出的意见、建议符合税收法规或办税程序。执业文书是税务师在业务开展过程中出具的专业文书，处理的是涉税事宜，必须针对所了解的情况，按照国家规定的、相应适用的税收政策，或者办税制度、措施、方法等程序要求提出处理意见，任何有悖于国家税收政策法规的执业文书，都会带来执业风险。

（3）数据准确。执业文书经常会涉及税额的计算和确定问题，这往往又与征、免、退、抵税的金额或经营决策密切相关，国家征税要求不能有丝毫偏差，也就决定了报告所涉及的数据必须准确无误。

（4）附件资料完整真实。执业文书所阐述的情况通常不能局限于文字的表达，需要有相应的附件资料，通过相应的附件资料来进一步佐证报告表达事实的真实性。

10.4　代理填报涉税文书操作规范

税务师填报涉税文书是在提供与此相关的税务代理事项中进行的，它贯穿于税务代理业务范围的始终，因受托代理项目不同而内容各异。填报符合税收征管规范要求的涉税文书，是顺利完成委托代理事项必不可少的工作环节。

10.4.1　代理填报涉税文书的种类

税务师代理制作的涉税文书是按照税收征管的业务流程要求确定的，主要有税务登记文书、发票管理文书、减免税文书、纳税申报文书、税款征收文书和税务行政复议文书。在通常情况下，税务机关都规定有各种涉税文书的格式、填报要求和报送份数，税务师在代理填报时，应按要求填报使用。

10.4.2　填报涉税文书的基本程序

涉税文书的一个显著特征是与办税有关，税务师代理填报涉税文书，除要有一般文书填报的知识外，还必须对文书所涉及的税收相关法律、法规有深入的了解，对实际操作的运行环节有一定的经验。

1. 收集整理原始资料

首先，根据涉税文书的内容收集有关的资料。例如，为纳税人制作《税务登记表》就要取得"营业执照"等证件，企业有关生产经营方面的基本情况的资料等。其次，要对收集的资料进行整理、分析，将涉税文书所需要的数据和内容进行摘录，为填报涉税文书做好准备。

2. 规范填写涉税文书

在收集整理资料的基础上，根据涉税文书的具体格式要求填写各项内容，做到字迹清晰、工整，填列完整，内容不缺漏。例如，填报属于申请类涉税文书，申请理由要符合纳税人的实际情况和政策规定，引用的法律条文要准确；属于纳税申报类涉税文书，反映的数据、逻辑关系要计算无误。

3. 交由纳税人审验签收

涉税文书制作完毕应将文书交给纳税人审验，确认文书填报的内容和申办要求是否符合意愿，如果无异议，由纳税人签字、盖章。

4. 按规定时限报送主管税务机关

税务师应将填报完毕的涉税文书及附报的各种资料，按规定时限及时报送到主管税务机关。

10.5 税务代理执业风险与质量控制

10.5.1 税务代理的执业风险

税务代理的执业风险是税务师因未能完成代理事项和履行代理职责所要承担的法律责任。它主要表现在两个方面：①税务师未能完成代理事项而使纳税人、扣缴义务人遭受税收权益的损失；②税务师未能履行代理职责而使纳税人、扣缴义务人承担纳税风险。

1. 从纳税人、扣缴义务人方面产生执业风险的因素

税务代理执业风险的产生原因是多方面的，从根本上分析主要来自征纳双方的牵制和税务师的专业胜任能力。

1）企业委托代理的意向

税务代理的特点是委托代理，确定税务代理关系的前提之一是由纳税人、扣缴义务人委托某一代理事项，其委托代理的意向与税收法律、法规和主管税务机关的要求偏离度越大，就意味着税务代理的执业风险越高。因为税务师事务所作为中介机构，其受托的代理项目不能完全独立控制完成，必须接受税务机关的监督管理，通过法定的程序和特定的环节加以运作。

2）企业纳税意识的强弱

企业的纳税意识较强则能够提供真实、完整的计税资料，其代理风险一般不高。但是，有的企业纳税意识淡薄，委托代理的目的是通过税务代理的运作尽可能地少缴税款，甚至采用少报收入、虚列成本费用的手段偷税，这类企业的代理风险就会很高。

3）企业财务核算的基础

企业财务会计制度是否健全，财务人员的业务素质对其提供的计税资料的真实程度有一定影响，也影响税务代理执业风险的高低。

2. 从税务代理执业人员方面产生风险的因素

税务师作为征纳双方的中介，必须具备一定的专业水平和操作技能。如果执业人员不具备专业胜任能力，不能把握实际操作的环节，也随时可能发生执业风险。

（1）执业人员的职业道德水平。

（2）执业人员的专业胜任能力。

（3）税务代理机构执业质量控制程度。

10.5.2 税务师事务所的质量控制

税务师事务所的质量控制是税务师事务所为实现业务质量目标而采取的政策和程序以及措施和方法。它是降低税务师及其税务师事务所执业风险的重要手段。

1. 质量控制制度的要素

（1）质量控制的组织结构。

（2）职业道德要求。

（3）业务承接与保持环节的质量控制制度。

（4）与质量有关的人力资源政策。

（5）业务委派环节的质量控制制度。

（6）业务工作底稿及档案、管理制度。

（7）业务计划、重大风险识别与处理、业务证据收集与生理、业务复核、业务分歧处理、业务监控等业务实施过程中的质量控制制度。

2. 质量控制的组织结构

税务师事务所应当建立内部治理结构，并制定质量控制政策和程序，培养以质量为导向的内部文化。这些政策和程序应当明确税务师事务所质量控制职责。税务师事务所的法定代表人或主要负责人对质量控制制度承担最终责任。

税务师事务所应当采取下列措施实现质量控制的目标。

（1）建立与质量控制相适应的管理组织结构，明确各岗位的质量控制职能与责任。

（2）建立以质量为导向的业绩评价、薪酬和晋升的政策与程序。

（3）投入足够的资源制定和执行质量控制政策与程序，并形成相关文件记录。

（4）建立完善的执业规程、质量监控、责任追究、重大事项呈报、财务管理等内部管理制度，保证质量控制政策与程序有效实施。

3. 职业道德要求

税务师事务所应当制定政策和程序，以合理保证税务师事务所及其人员遵守职业道德规范。

1）职业道德规范强化途径

（1）税务师事务所领导层的行为示范。

（2）税务师事务所内部教育及培训。

（3）税务师事务所对人员的监督、控制。

（4）税务师事务所对违反职业道德规范行为的处理。

2）涉税鉴证业务的独立性

（1）独立性的要求。

① 向与业务相关人员传达独立性要求。

② 识别和评价对独立性造成威胁的情况和关系，并采取适当的防护措施以消除对独立性的威胁，使之降至可以接受的水平，必要时可解除业务约定。

（2）独立性的监控。

① 项目负责人应及时提供与客户委托业务相关的信息，以使税务师事务所能够评价这些信息对执业过程中保持独立性的总体影响。

② 在执业过程中，从业人员发现对独立性造成威胁的情形，应立即报告税务师事务所，以便采取适当的应对措施。

（3）税务师事务所应及时向适当人员传达收集的相关信息，以确认以下几点。

① 税务师事务所及其人员是否满足独立性要求。

② 税务师事务所及其人员是否保持并更新有关独立性的记录。

③ 税务师事务所及其人员针对已识别的对独立性造成威胁的情形是否已采取适当的应对措施。

3）获知或解决违反独立性的情况

（1）所有应当保持独立性的人员，均应将注意违反独立性要求的信息，并立即报告税务师事务所。

（2）税务师事务所将已识别的违反独立性要求的情况，立即传达给需要与税务师事务所共同处理这些情况的项目负责人，以及事务所内部的其他相关人员和受独立性要求约束的人员。

（3）项目负责人、税务师事务所内部的其他相关人员，以及需要保持独立性的其他人员，在必要时，立即向税务师事务所告知他们为解决有关问题采取的应对措施，以便税务师事务所决定是否采取进一步行动。

税务师事务所和相关项目负责人采取的适当应对措施包括以下内容。

① 采取适当的防护措施以消除对独立性的威胁或将威胁降至可接受的水平。

② 解除业务约定书。

4. 业务承接与保持质量控制制度

税务师事务所应当制定业务承接和保持质量控制制度，明确对委托人事项了解和评估的内容、方法、确定接受或保持委托关系的决策程序。

在确定是否接受和保持业务委托关系前，税务师事务所应当对委托人的情况进行充分的调查评估，根据评估结果作出是否接受或保持委托关系的决策。

为控制涉税专业服务执业风险，税务师事务所可以根据不同的服务类型，对业务约定书的重要事项制定标准条款并定期修订。

税务师事务所在对业务承接进行管理时，对以下内容应重点关注：第一委托人的委托目的和目标；第二，委托人的诚信评价及风险级别；第三，委托人的信誉、诚信可靠性及纳税遵从度；第四，专业胜任能力；第五，委托业务在独立性方面对本机构及涉税服务人员的要求；第六，判断收费是否合理。

5. 与质量有关的人力资源政策

税务师事务所应当强调对全体员工进行职业教育和继续培训的重要性，并采取措施，使全体员工能够发展和保持必要的素质与专业胜任能力。

税务师事务所应当通过以下途径提高人员素质和专业胜任能力。

（1）职业教育与培训。

（2）职业发展规划。

（3）积累工作经验。

（4）经验丰富的员工提供辅导。

6. 业务委派环节的质量控制制度

税务师事务所应当制定业务委派制度，内容包括：项目组织结构、项目负责人和其他重要人员的回避情形以及职责。

税务师事务所在对业务委派环节进行管理时应当关注选定的项目组在业务能力、工作量、独立性等方面是否符合要求。

7. 业务工作底稿

业务工作底稿是税务师及助理人员在执业过程中形成的工作记录、书面工作成果和获得的资料。

1）工作底稿的分类

工作底稿一般分为综合类工作底稿、备查类工作底稿和业务类工作底稿。

（1）综合类工作底稿。综合类工作底稿是指执业税务师为承揽、规划、控制和管理服务项目所形成的内部工作记录。

（2）备查类工作底稿。备查类工作底稿是指执业税务师为形成涉税鉴证或涉税服务结论所获取、整理的各类备查性质的记录。其包括各种委托协议，纳税人、扣缴义务人的税务登记证、工商营业执照副本的复印件，企业合同章程，税务机关有关纳税事项的鉴定，各种批准文书，历年税务检查处理结论或处理决定书、处罚决定书，税务师的查账报告，年度会计决算报告等。

（3）业务类工作底稿。业务类工作底稿是指执业税务师在涉税鉴证或涉税服务业务实施阶段为执行具体涉税服务程序所形成的内部工作记录。其包括代理税务登记、代理发票领购与审查、代理纳税申报、代理纳税审核、代理税务行政复议、提供税务咨询、进行税收筹划、实施涉税鉴证和从事其他涉税服务等业务的工作记录，计税资料汇总、计算、审核、复核，以及各种涉税文书制作等。

2）工作底稿档案管理

（1）归档期限。税务师事务所应当根据业务的具体情况，确定适当的业务工作底稿归档期限。涉税鉴证及其他鉴证业务工作底稿的归档期限为业务报告日后 60 日内。

针对同一客户的同一信息执行不同的委托业务，出具两个或多个不同的报告，税务师事务所应当将其视为不同的业务，并在规定的归档期内分别将业务工作底稿归整为最终的业务档案。

（2）归档要求。税务师事务所应当制定政策和程序，以满足以下要求。

① 安全保管业务工作底稿并对其包含的信息保密。

② 保证业务工作底稿的完整性。

③ 便于使用和检索业务工作底稿。

④ 按照规定的期限保存业务工作底稿。

（3）保存期限。税务师事务所应制定政策和程序，使业务工作底稿保存期限满足法律、法规的规定和税务师事务所的需要。

涉税服务业务或涉税鉴证业务工作底稿属于税务师事务所的业务档案，应当至少保存10 年；法律、行政法规另有规定的除外。

8．质量控制与监督

税务师事务所应当制定监控政策和程序，合理保证与质量控制制度的相关性、适当性和有效性。这些监控政策和程序应当持续考虑和评价税务师事务所的质量控制制度，并达到以下目标。

（1）评价遵守法律、法规，职业道德规范和执业准则的情况。

（2）评价质量控制制度设计是否适当，运行是否有效。

（3）评价质量控制政策和程序应用是否得当，出具的业务报告是否恰当。

思考与练习

1．简述税务行政复议申请人的基本条件？

2．税务行政复议的范围包括哪些内容？

3. 代理税务行政复议的基本前提是什么？

4. 实务题

某化妆品生产企业 2022 年 5 月打算将购进的 100 万元的高档化妆品原材料加工成高档化妆品销售。据测算若自行生产需花费的人工费及分摊费用为 50 万元，而如果委托另一长期合作的企业加工生产，对方收取的加工费用也为 50 万元，此两种生产方式生产出的产品对外销售价均为 260 万元。

要求：

假定成本、费用、产品品质等要件都相同，且不考虑生产和委托加工期间费用，分别计算两种生产方式下消费税应纳税额、企业利润，并指出两种生产方式的优劣。（提示：消费税税率为 15%）

附录 A 相关税率表

表 A-1 消费税税目税率表

税目	税率
一、烟	
1. 卷烟	
（1）甲类卷烟（调拨价70元（不含增值税）/条以上（含70元））	56%+0.003元/支
（2）乙类卷烟（调拨价70元（不含增值税）/条以下）	36%+0.003元/支
（3）商业批发	11%+0.005元/支
2. 雪茄烟	36%
3. 烟丝	30%
二、酒及酒精	
1. 白酒（含粮食白酒和薯类白酒）	20%加0.5元/500克（或者500毫升）
2. 黄酒	240元/吨
3. 啤酒	
（1）甲类啤酒（出厂价3000元（不含增值税）/吨以上（含3000元））	250元/吨
（2）乙类啤酒（出厂价3000元（不含增值税）/吨以下）	220元/吨
4. 其他酒	10%
三、高档化妆品	15%
四、贵重首饰及珠宝玉石	
1. 金银首饰、铂金首饰和钻石及钻石饰品	5%
2. 其他贵重首饰和珠宝玉石	10%
五、鞭炮、焰火	15%
六、成品油	
1. 汽油	1.52元/升
2. 柴油	1.20元/升
3. 航空煤油	1.20元/升
4. 石脑油	1.52元/升
5. 溶剂油	1.52元/升
6. 润滑油	1.52元/升
7. 燃料油	1.20元/升
七、摩托车	
1. 气缸容量（排气量，下同）为250毫升的	3%

税目	税率
2. 气缸容量为 250 毫升以上的	10%
八、小汽车	
1. 乘用车	
（1）气缸容量（排气量，下同）在 1.0 升（含 1.0 升）以下的	1%
（2）气缸容量在 1.0 升以上至 1.5 升（含 1.5 升）的	3%
（3）气缸容量在 1.5 升以上至 2.0 升（含 2.0 升）的	5%
（4）气缸容量在 2.0 升以上至 2.5 升（含 2.5 升）的	9%
（5）气缸容量在 2.5 升以上至 3.0 升（含 3.0 升）的	12%
（6）气缸容量在 3.0 升以上至 4.0 升（含 4.0 升）的	25%
（7）气缸容量在 4.0 升以上的	40%
2. 中轻型商用客车	5%
3. 超豪华小汽车	10%（零售环节），生产环节同乘用车和中轻型商用客车
九、高尔夫球及球具	10%
十、高档手表	20%
十一、游艇	10%
十二、木制一次性筷子	5%
十三、实木地板	5%
十四、电池	4%
十五、涂料	4%

表 A-2　个人所得税预扣率表（居民个人工资、薪金所得预扣预缴适用）

级数	累计预扣预缴应纳税所得额	预扣率/%	速算扣除数
1	不超过 36 000 元的部分	3	0
2	超过 36 000 元至 144 000 元的部分	10	2 520
3	超过 144 000 元至 300 000 元的部分	20	16 920
4	超过 300 000 元至 420 000 元的部分	25	31 920
5	超过 420 000 元至 660 000 元的部分	30	52 920
6	超过 660 000 元至 960 000 元的部分	35	85 920
7	超过 960 000 元的部分	45	181 920

表 A-3　个人所得税预扣率表（居民个人劳务报酬所得预扣预缴适用）

级数	预扣预缴应纳税所得额	预扣率/%	速算扣除数
1	不超过 20 000 元的部分	20	0
2	超过 20 000 元至 50 000 元的部分	30	2 000
3	超过 50 000 元的部分	40	7 000

表 A-4　个人所得税税率表（居民个人综合所得适用）

级数	全年应纳税所得额	税率/%	速算扣除数
1	不超过 36 000 元的部分	3	0
2	超过 36 000 元至 144 000 元的部分	10	2 520
3	超过 144 000 元至 300 000 元的部分	20	16 920
4	超过 300 000 元至 420 000 元的部分	25	31 920
5	超过 420 000 元至 660 000 元的部分	30	52 920
6	超过 660 000 元至 960 000 元的部分	35	85 920
7	超过 960 000 元的部分	45	181 920

表 A-5　个人所得税税率表
（非居民个人工资、薪金所得，劳务报酬所得，稿酬所得，特许权使用费所得适用）

级数	应纳税所得额	税率/%	速算扣除数
1	不超过 3 000 元的	3	0
2	超过 3 000 元至 12 000 元的部分	10	210
3	超过 12 000 元至 25 000 元的部分	20	1 410
4	超过 25 000 元至 35 000 元的部分	25	2 660
5	超过 35 000 元至 55 000 元的部分	30	4 410
6	超过 55 000 元至 80 000 元的部分	35	7 160
7	超过 80 000 元的部分	45	15 160

相对于综合所得税率表（见表 A-4），本表也称为月度税率表。

表 A-6　个人所得税税率表（经营所得适用）

级数	全年应纳税所得额	税率/%	速算扣除数
1	不超过 30 000 元部分	5	0
2	超过 30 000 元至 90 000 元部分	10	1 500
3	超过 90 000 元至 300 000 元部分	20	10 500
4	超过 300 000 元至 500 000 元部分	30	40 500
5	超过 500 000 元部分	35	65 500

表 A-7　土地增值税实行四级超率累进税率表

级数	增值额与扣除项目金额的比率	税率/%	速算扣除系数/%
1	不超过 50% 的部分	30	0
2	50%～100% 的部分	40	5
3	100%～200% 的部分	50	15
4	超过 200% 的部分	60	35

表 A-8　印花税税目税率表

税目	税率	备注	
合同（指书面合同）	借款合同	借款金额的万分之零点五	指银行业金融机构、经国务院银行业监督管理机构批准设立的其他金融机构与借款人（不包括同业拆借）的借款合同
	融资租赁合同	租金的万分之零点五	
	买卖合同	价款的万分之三	指动产买卖合同（不包括个人书立的动产买卖合同）
	承揽合同	报酬的万分之三	
	建设工程合同	价款的万分之三	
	运输合同	运输费用的万分之三	指货运合同和多式联运合同（不包括管道运输合同）
	技术合同	价款、报酬或者使用费的万分之三	不包括专利权、专有技术使用权转让书据
	租赁合同	租金的千分之一	
	保管合同	保管费的千分之一	
	仓储合同	仓储费的千分之一	
	财产保险合同	保险费的千分之一	不包括再保险合同
产权转移书据	土地使用权出让书据	价款的万分之五	转让包括买卖（出售）、继承、赠与、互换、分割
	土地使用权、房屋等建筑物和构筑物所有权转让书据（不包括土地承包经营权和土地经营权转移）	价款的万分之五	
	股权转让书据（不包括应缴纳证券交易印花税的）	价款的万分之五	
	商标专用权、著作权、专利权、专有技术使用权转让书据	价款的万分之三	
营业账簿		实收资本（股本）、资本公积合计金额的万分之二点五	
证券交易		成交金额的千分之一	

参 考 文 献

［1］ 中国注册会计师协会组织编写．税法［M］．北京：中国财政经济出版社，2016．

［2］ 全国税务师职业资格考试教材编写组．税法Ⅰ［M］．北京：中国税务出版社，2021．

［3］ 全国税务师职业资格考试教材编写组．税法Ⅱ［M］．北京：中国税务出版社，2021．

［4］ 全国税务师职业资格考试教材编写组．涉税服务实务［M］．北京：中国税务出版社，2021．

［5］ 王彩洋，尹常君，张穆．纳税实务［M］．北京：中国经济出版社，2022．

［6］ 姚旭，荣红霞，崔艳辉．纳税实务［M］．北京：清华大学出版社，2020．

［7］ 艾华，王敏，高艳荣，等．纳税检查［M］．北京：中国人民大学出版社，2020．

［8］ 马海涛．中国税制［M］．北京：中国人民大学出版社，2021．